조장옥 김소영 양재진 백순근 심교언 신범철 진중권이 묻고

원희룡이 말하다

조장옥 김소영 양재진 백순근 심교언 신범철 진중권이 묻고

원희룡이
말하다

원희룡 조장옥 김소영 양재진 백순근 심교언 신범철 진중권 지음

자유와 혁신의 세상을 여는
국가 찬스

클라우드나인

머리말

저 원희룡이 혁신의, 자유의, 통합의 대한민국을
다시 세우겠습니다!

우리는 절망의 시대를 넘어 도전했고
당당히 세계를 무대로 용틀임했습니다

'나를 키운 건 팔 할이 바람이었다.'라고 한 시인은 고백했습니다. 가도 가도 부끄럽기만 한 이유의 팔 할은 가난 때문이었습니다. 식민지배를 벗어나자 전쟁이 기다리고 있었습니다. 전쟁이 끝나자 분단의 고통이 시작됐습니다. 경제는 어렵고 정치는 혼란했습니다. 글을 읽지 못하는 사람도 많았습니다. 가벼운 병에도 목숨을 잃었습니다. 하지만 절망의 시대를 넘어서려는 도전이 시작됐습니다. 배곯지 않고 자식들 공부 마음껏 시키며 어려운 이웃을 살필 수 있는 나라를 꿈꾸었습니다. 구습을 벗어 던지고, 패배 의식을 내려놓고, 역사상 처음으로 세계 무대에 도전장을 내밀었습니다. 과감한 도전의 길이었습니다. 대한민국은 용이 돼 승천하기 위한 용틀임을 시작했습니다.

　누군가의 도전은 다음 세대를 위한 밀알이 됩니다. 보통 사람들도 고등교육을 받게 됐습니다. 정의와 인권을 고민하면서도 취업 걱정이 없는 세대가 됐습니다. 세상은 넓고 할 일은 많았습니다. 우리가 만든 상품을 팔기 위해 세계를 누볐습니다. 도전의 시대를 시작하며 꿈꾼 대부분이 현실이 됐습니다. 가도 가도 부끄럽기만 했던 시대는 과거의 이야기가 됐습니다. 새로운 세대가 태어날 때마다 더 큰 미래를 기다리고 있다고 믿었습니다. 도전과 응전이 역동적인 역사를 새로 쓰게 할 것으로 생각했습니다.

그런데 산업화와 민주화 이후 대한민국은 위기의 늪에 빠졌습니다

산업화의 꿈을 이룬 대한민국은 늪에 빠졌습니다. 민주화의 꿈을 이룬 대한민국은 함정에 갇혔습니다. 꿈을 이룬 줄 알았던 것들이 실은 미완의 과제였습니다. 선진국 문턱을 넘기 전에 저출산, 고령화, 저성장의 장애물에 걸려 넘어졌습니다. 다음 세대 앞에 놓인 현실을 걱정해야 합니다. 이제 대한민국은 아이를 낳지 않습니다. 기업도 사람도 성장하는 대신 안주하려고만 합니다. 우리 사회는 도전에 직면하고 있습니다.

실질적 민주주의는 퇴보하고 있습니다. 자기 편과 아닌 편을 대놓고 구분하는 편 가르기와 공정, 평등, 정의를 웃음거리로 만드는 국가의 사유화가 진행되고 있습니다. 민주화 이후의 민주주의는 진전되지 않고 있습니다. 표현의 자유와 개인의 권리를 당연한 것으로 생각하는 세대와 투쟁을 통해 민주주의를 쟁취했지만 민주주의가 체화되지 않은 세대의 갈등이 여기저기서 눈에 띕니다.

우리가 처한 상황도 매우 낯설기만 합니다. 추격해 오던 나라도 추격하던 나라도 모두 경쟁하는 나라가 됐습니다. 표준을 학습하던 시대에서 표준을 창조해야 하는 시대가 됐습니다. 발자국 가득한 여름 모래사장은 사라지고 새하얀 첫새벽 눈길이 우리 앞에 펼쳐지고 있습니다. 한 치 앞도 알 수 없는 인공지능AI 디지털 시대입니다. 1만 년 동안 똑같았던 농경의 시대가 아닙니다. 먼저 출발했다고 먼저 도착한다는 보장이 없습니다.

다시 담대한 개혁을 통해
용틀임하는 대한민국을 만들겠습니다

대한민국을 늪에서 꺼내고, 다시 용틀임하는 국가로 만들 시작점을 생각해봅니다. 대한민국이 좌절과 절망을 딛고 일어설 때 그 디딤돌은 무엇이었을까요? 저는 두 가지 담대한 개혁이라고 생각합니다. 농지개혁과 교육개혁입니다. 100만 원을 벌면 60만 원은 소작료로 바쳐야 했던 제도를 농지개혁으로 일신했습니다. 농민들이 땅의 주인이 됐습니다. 피땀 어린 노력은 자신의 것이 됐습니다. 꿈에서나 바라던 소망이었습니다. 농민들의 꿈을 현실로 만든 것은 독립된 대한민국이었습니다.

국민의 80%였던 농민들이 6·25전쟁에서 조국을 지켰습니다. 그들이 온 힘을 다해 땅을 갈고 생산을 늘렸습니다. 신성한 소명을 느끼며 자식들을 학교로 보냈습니다. 나라는 가난했지만 곳곳에 학교가 세워졌습니다. 가르쳐야 한다는 생각과 배워야 한다는 생각이 만나자 기적이 일어났습니다. 교육 입국의 시동이 걸렸습니다. 용틀임의 시대를 만들어낼 역량들이 축적됐습니다. 가난에서 벗어나는 기적이 탄생했습니다. 담대한 개혁의 힘이었습니다.

행복한 대한민국을 만들
7개의 국가 찬스 기둥을 세우겠습니다

지금 우리는 어떻게 미래를 준비해야 할까요? 준비의 처음과 끝은 혁신입니다. 혁신이 다시 대한민국을 뛰게 하는 심장이 되고, 혁신이 다시 대한민국을 움직이는 혈액이 돼야 합니다.

정치인의 이해관계보다 국민의 민생이 우선하도록 정치를 혁신해야 합니다. 집권 세력의 정치적 이해관계에 따라 좌우되는 정책이 아니라 국가의 이익을 극대화하는 정책이 되도록 혁신해야 합니다. 전문가가 마음껏 날개를 펼 수 있게 과학기술 체제를 혁신하고 멸종 직전의 공룡이 된 공공부문을 혁신해야 합니다. 진짜 재능과 능력을 키울 수 있게 교육 체제를 혁신하고 문화가 생활이자 산업이 될 수 있도록 문화 관련 제도를 혁신해야 합니다. 정의와 공정을 가로막는 온갖 부조리를 혁신해야 합니다.

우리의 최종 목표는 행복한 국민입니다. 전면적 혁신은 용틀임 국가를 만들고, 용틀임 국가는 국민에게 다양한 분야에서 수많은 기회를 열어줄 것입니다. 경제와 산업, 노동과 금융의 혁신은 일자리를 만들 것입니다. 학교 교육과 평생학습 체제로 혁신의 순환을 만들 것입니다. 주택과 토지, 금융, 조세 혁신은 내집마련의 기회를 만들 것입니다.

일-교육-집의 국가 찬스는 대한민국을 다시 미래의 출발선에 설 수 있게 할 것입니다. 모든 국민이 손에 손을 잡고 함께 미래로

가는 나라, 모든 국민이 혁신의 혜택을 수많은 기회로 누리는 나라, 아시아의 용에서 세계의 용으로 용솟음치는 나라를 만들겠습니다.

국가 찬스 1 경제-좋은 일자리 창출

좋은 일자리 없이 양극화 해소와 국민의 안정과 행복을 이야기할 수 없습니다. 좋은 일자리 창출에 에너지를 집중할 것입니다. 정부가 만드는 공공일자리는 생산성이 낮고 지속가능성이 없습니다. 좋은 일자리는 기업이 제공합니다. 공공일자리는 사회적으로 꼭 필요한 일에 한정될 것입니다. 정부는 기업들이 자신들의 역량을 최대화해 일자리를 창출할 수 있도록 고용·노동정책, 재정과 세제, 그리고 규제 해결과 각종 인센티브를 통해 이끌어야 합니다. 국민이 능력을 배양할 수 있는 과정을 촘촘하게 설계해갈 것입니다. 부모 찬스로 양극화된 나라를 국가 찬스로 통합해갈 것입니다.

일자리 창출을 위해 정교한 인센티브를 제공하려 합니다. 기업에게 필요한 규제 완화와 고용을 연계합니다. 청년 신규채용과 임금 총액 5% 범위의 노동유연성을 허용하는 방법을 고려합니다. 육아휴직 의무화를 통한 대체근로 등 많은 대안을 모색했습니다. 중소기업의 고용 능력을 높이기 위한 방법과 중소기업을 기피하는 이유에 대해서 검토하고 개선 방안을 연구했습니다. 벤처 생태계가 자리잡도록 역할을 다할 것입니다. 기업의 고용 능력을 높이면 지나치게 높은 자영업 비중을 자연스럽게 낮아지겠지만 성공적인 자영업을 위한 지원은 아끼지 않을 것입니다. 〈백종원의 골목식당〉을 보시면 자영업자에게 전문 컨설턴트의 지원이 얼마나 효과적인지 알 수 있습니다. 노력하는 이들에게는 도움을 주어야 합니다.

경제 성장의 관건은 사람입니다. 끊임없이 변화하는 시대는 업 그레이드된 인재를 요구합니다. 의무교육 이후에도 자신을 업그레이드할 기회를 보장할 것입니다. 청년 재취업 교육바우처 최대 1년 1,000만 원, 군대 학점은행제, 국가 찬스 취업 컨설팅 프로그램을 시행합니다. 청년들의 실패도 경력으로 인정되는 '무한도전 실패경력할당제'도 도움이 될 것입니다.

디지털 혁신의 시대에서는 누가 더 빠르냐가 승패를 결정합니다. 공정한 경쟁의 인프라를 구축하고 혁신에 걸림돌이 되는 규제는 과감하게 교체해야 합니다. 일자리 창출을 가로막는 규제들은 리스트를 만들어 단호하게 지워가야 합니다. 노동시장의 이중구조와 연공서열적 임금구조도 극복해가야 합니다. 이렇게 기업의 힘, 사람의 힘을 드높여 혁신의 힘으로 일자리를 창출하는 것이 바로 혁신 성장의 국가 찬스 정책입니다.

국가 찬스 2 과학-추격형에서 선도형으로 미래 선점

과학은 미래를 여는 열쇠입니다. 근대화의 파도 속에서 식민지의 고통을 당한 것은 과학과 기술에 어두웠기 때문입니다. 우리가 압축적인 근대화를 이룩할 수 있었던 것은 국민의 헌신적인 과학기술 습득에서 비롯했습니다. 우리에게 과학과 기술은 4차 산업혁명의 폭풍이 몰아치고 미·중 간 기술패권 경쟁이 격화되는 상황에서 생존과 전진의 기반입니다. 디지털 혁신성장과 좋은 일자리가 만들어지는 힘도 과학기술에서 비롯될 것입니다. 가진 것이 사람밖에 없는 우리에게 과학과 기술은 생명과도 같습니다.

힘을 집중해야 합니다. 이념과 진영논리가 아니라 과학기술에 기반을 둔 정책 결정과 미래 전략을 수립해야 합니다. 정부는 과학 분야를 부총리급으로 격상시키고 최고의 과학기술 거버넌스를 구축해야 합니다. 추격형 과학기술에서 특화된 선도형 과학기술 혁신 체제로 전환할 것입니다. 응용과학 중심에서 기초·응용과학의 동시 발전을 추구해야 할 것입니다. 데이터 경제, 첨단 바이오, 청정에너지 및 모빌리티를 중점 육성해서 산업과 문화의 융합발전을 추동해야 합니다. 안전과 환경 규제는 업그레이드하고 다른 분야의 규제는 혁파해서 공정하고 과감한 기술경쟁을 촉진하려 합니다.

탄소중립을 선도할 기후 에너지 환경 체제를 구축하는 것도 중대한 사안입니다. 청정한 지구를 만드는 것은 인류 생존의 문제입니다. 깨끗한 환경은 대한민국의 국격이고 커다란 미래 먹거리 산업이기도 합니다. 파리기후변화 협정체결에 이어 2022년 출범할 신기후체제에 능동적으로 참여해서 전략적 이익을 극대화해야 합니다. 기후 변화의 직접적 당사자인 2030세대가 정부 정책 결정의 주체로 참여해 정책의 책임성과 지속성을 담보하는 것도 중요한 문제입니다.

탈脫 원전이 아니라 탈脫 석탄을 우선순위로 설정해서 탄소중립과 청정에너지의 안정적인 자립을 실현해가야 합니다. 재생에너지와 미래형 스마트 원전을 조화롭게 추진해야 합니다. 미국도 한국과 함께 미래원전을 발전시키고자 하고 있습니다. 한-미-중-일 4개국의 기후에너지 국가 정상급 협의체도 최대한 노력해서 구현해야 합니다. 대통령 직속 탄소중립 녹색성장위원회와 국회 내 기후에너지특위를 초당적으로 운영해 정권의 변화에 영향을 받지 않도록 할 것입니다. 모든 에너지를 전기화하고 화석발전의 비중을 지속적으로 줄여가야 합니다. 과학은 그것을 가능하게 할 것이고 우리의 미래를 열어갈 것입니다. 저는 과학의 물꼬를 힘차게 틔워줄 것입니다.

국가 찬스 3 복지-전 국민이 누리는 담대한 복지

담대한 복지는 고용을 매개로 경제와 복지를 선순환시키는 것입니다. 국가 찬스는 모든 국민이 그 선순환의 주인공이 되게 돕는 것을 말합니다. 주인이 주인공이 될 수 있도록 고용 확대와 인적자원 개발에 대한 과감한 투자에 주안점을 둡니다. 단기교육으로 지금의 기술 변화를 따라갈 수 없습니다. 어릴 때부터 인지능력을 키우고 단계별로 디지털 사회에 적합한 교육을 병행해야 합니다. 담대한 복지국가, 전 국민 국가 찬스는 질 좋은 공보육에서부터 시작될 것입니다. 유아 시절부터 높은 수준의 보육을 제공받아야 저소득 가정의 아이들도 중산층 가정의 아이들과 같은 출발선에 설 수 있습니다.

좋은 교육을 받은 사람들이 좋은 일자리를 구할 확률이 높습니다. 운 좋게 좋은 환경에 태어난 소수의 사람은 자기계발의 기회를 충분히 받지만 어려운 가정에 태어나면 뒤처질 수밖에 없습니다. 이런 격차를 없애야 합니다. 대한민국 국민이라면 누구나 충분한 교육과 직업훈련의 기회를 누릴 수 있어야 합니다. 교육과 훈련의 기회는 초등학교부터 대학교 그리고 평생교육에 이르기까지 생애 전 주기에 걸쳐 제공돼야 합니다. 임금체계를 호봉급제에서 직무급제로 전환해 유연성을 높이고 고용보험 사각지대 확대 및 취업·재취업을 위한 직무훈련 환류 시스템을 통해 안정성을 함께 높일 것입니다. 그리고 '전 국민 부모급여제도'를 통해 육아휴직자의 소득을 충분하게 보장해주면서 청년들에게는 괜찮은 디딤돌 일자리를 만들 것입니다.

현금을 뿌린다고 경제가 발전하진 않습니다. 국가로부터 기본소득같이 월급 받았던 공산주의 경제는 무너졌습니다. 정부 재정은 정말 필요한 국민에게 실질적인 도움이 돼야 하고 생산성을 높일 수 있는 곳에 집중해야 합니다. 우리에게 필요한 것은 무책임한 포퓰리즘 정부가 아니라 작지만 강한 복지국가입니다.

국가 찬스 4 교육-교육 격차 없는 전 국민 맞춤 교육

대한민국이 기적의 나라가 된 것은 교육의 힘이었습니다. 우리 미래를 열어가는 힘도 교육에 있습니다. 격변하는 사회에서 교육은 그 중요성을 더해가고 있습니다. 20년 공부해서 40년을 살아가는 시대가 끝났습니다. 새로운 교육 패러다임을 제시할 때가 됐습니다.

저출산 고령화 시대를 맞이해 모든 국민이 '국가 찬스'를 활용해 생애주기별 공적인 인생 삼모작을 할 수 있도록 해야 합니다. 부모 찬스로 인한 교육격차와 배타적 경쟁은 양극화를 극심하게 만듭니다. 공동체가 위기에 빠지게 됩니다. 모두 힘을 합해 상생과 협력의 교육 시스템을 새롭게 구축해야 합니다. 학생들에게 다양한 교육의 기회를 공정하게 제공하고 자신이 원하는 것을 선택할 수 있도록 국가가 보장해야 합니다. 시대에 뒤떨어진 상명하달식 간섭과 통제 위주의 교육정책과 결별해야 합니다. 자율과 지원 위주의 교육정책으로 각 교육 주체의 생동하는 힘이 발양되도록 해야 합

니다.

저는 새로운 교육 패러다임으로 두 가지를 구현해가고자 합니다. 첫 번째는 '인공지능 교육과 국가 찬스를 통한 공정한 교육 기회 보장'입니다. 두 번째는 생애주기별로 '성공적인 인생 삼모작을 위한 3대 안전망 제공'입니다. 이런 큰 그림 속에서 영유아 교육부터 노인 교육에 이르기까지 시기별 주요 교육 과제들을 구상하고 있습니다.

인공지능 교육은 우리에게 매우 의미 있는 수단들을 제공할 것입니다. 인공지능 기반 맞춤형 교육을 통해 개개인의 꿈과 비전을 실현할 수 있도록 할 것입니다. 개인의 재산 유무에 상관없이 자신에게 필요한 맞춤형 교육을 받을 수 있게 할 것입니다. 인공지능을 활용한 교수-학습 활동 지원, 인공지능 기반 교수-학습 프로그램 개발, 인공지능 연구 및 개발 전문 인력 양성 등을 통해 큰 역할을 하도록 할 것입니다. 선생님들은 지식을 전달하는 역할에서 학생들을 격려하고 공동체 역량을 함양하는 스승의 역할에 더욱 매진할 수 있게 할 것입니다.

성공적인 인생 삼모작을 위해 단계별로 3대 안전망을 제공하는 것도 매우 중요한 국가 찬스가 될 것입니다. 청소년들에게는 진학과 취업 교육의 기회를 보장하는 '교육 안전망'을, 중장년들에게는 직무 교육과 전직 교육의 기회를 보장하는 '일자리 안전망'을, 그리고 퇴직한 어르신들에게는 건강과 평안한 노후 생활을 위한 노인 교육의 기회를 제공하는 '노후 안전망'을 제공하는 국가 찬스 교육이 될 것입니다.

부모는 자식들이 잘되기를 바라기에 부모 찬스 그 자체를 탓할 수는 없습니다. 하지만 공적 부문에서 그에 뒤지지 않는 서비스를 제공하지 않으면 필연적으로 불공평한 경쟁과 사회의 양극화를 가져옵니다. 개인에게는 불공정한 일이며 공동체에는 치명적인 결과를 가져옵니다. 모든 학생과 국민이 국가 찬스를 통해 공정한 교육 기회를 보장받을 수 있도록 할 것입니다. 공정한 나라, 활기찬 대한민국의 미래를 위해 교육 패러다임의 대전환을 이루어내겠습니다.

국가 찬스 5 주택-내 집이 있는 삶

하루의 일을 마치고 집에 들어가 저녁을 함께하며 웃음꽃을 피우는 모습은 생각만으로도 행복합니다. 저녁이 있는 삶이라는 슬로건이 우리의 마음을 건드린 이유일 것입니다. 오늘 들어가 편히 쉴 수 있는 곳, 내일 내가 살고 싶은 집에 대한 희망은 본능적 바람입니다. 그런데 현정부는 세금폭탄을 안기고 '벼락거지'의 박탈감을 주었습니다. '소득주도성장'을 한다더니 '집값주도빈곤'을 가져왔습니다. 국가가 국민의 기회를 빼앗아가는 정책들에 전면적인 전환을 가해야 합니다.

사람들의 본능적 소망을 소중하게 여겨야 합니다. 쉬고 싶은 집, 살고 싶은 집이 다양하고 충분하게 공급돼야 합니다. 공급이 많으면 가격이 안정되는 것은 물이 아래로 흐르는 것처럼 자명합니다. 이를 위해 공공과 민간이 대립하지 않고 서로 역할을 분담하고 협력해야 합니다. 모든 국민은 자기 욕구와 형편에 맞는 주거를 보호받아야 합니다. 내 집을 꿈꾸는 모든 국민에게 네 가지 '국가 찬스'를 제공해야 합니다.

첫째, 1주택자에 대한 보호 강화, 총액기준 이내의 다주택자 보호가 필요합니다. 둘째, 무주택자들에 대한 다양한 맞춤형 지원이 필요합니다. 공공임대주택, 행복주택, 청년주택 등 많은 이름의 임대주택 공급은 꾸준히 확대하고 무주택자들에게는 주거지원 바우처를 통해 주거안정을 지원해야 합니다. 정부는 생애 처음주택을 통해 갚을 능력이 있는 국민이라면 누구나 자유롭게 내 집을 마련할 수 있도록 장기간 무이자 대출을 지원해야 합니다. 셋째, 전월세 시장을 교란시키는 개정임대차보호법 폐지해야 합니다. 넷째, 박원순식 도시재생을 당장 멈추고 전국에 규제 프리존 특구를 지정하고 도시재창조 수준으로 주거환경과 국토이용을 개선해야 합니다.

오늘 들어갈 보금자리가 편안하고 내일 살고 싶은 집을 꿈꿀 수 있는 나라를 향해 나아갈 것입니다.

국가 찬스 6 외교안보-원칙 있는 평화

우리 외교에서 가장 중요한 것은 '원칙'을 명확하게 세우는 것입니다. 일관된 원칙이 있어야 누가 흔들어도 흔들리지 않고 안전과 평화를 확립해갈 수 있습니다. 크게 세 가지 원칙을 확립하려고 합니다. 첫째, 자유주의적 중견국 외교입니다. 자유주의 시장경제가 확산될 수 있도록 국제적 협력을 확대해야 합니다. 이는 우리 헌법에 명시된 보편적 가치인 인간의 존엄과 개인의 자유를 보장하기 위한 것이기도 합니다. 개발도상국 의식에서 벗어나 세계의 중견국가로서 책임을 분명히 해나가야 합니다. 북한 중심의 외교가 아니라 다자 글로벌 외교로 우리의 시야를 확장해갈 것입니다. 둘째, 비핵·상생의 남북관계를 만들어야 합니다. 문재인 정부는 평화 프로세스를 내세웠지만 원칙 없는 무능력으로 오히려 평화와는 더

멀어졌습니다. 비록 시간이 더 걸리더라도 원칙을 지키면서 비핵화 협상 및 대북제재에 일관성 있는 정책 기조를 유지해야 합니다. 셋째, 전방위 국방력을 강화해야 합니다. 4차 산업혁명 등 첨단 기술의 군사적 활용에 관심을 두고 미래지향적 군사 역량을 구축해야 합니다.

한국은 '한·미동맹을 기반으로 한 한·중과 한·일 협력의 확대'라는 원칙을 견지해야 합니다. 미·중 갈등이 커져가는 상황입니다. 중요한 것은 한·미동맹을 기반으로 한다고 해서 중국 문제를 이차적인 것으로 보아서는 안 된다는 것입니다. 미국 주도의 규범 중심 국제질서에 적극적으로 가입해야 하지만 중국을 불필요하게 자극할 필요는 없습니다.

한반도 문제는 장기적 안목으로 풀어야 합니다. 우리가 북한을 상대로 원칙을 지키고 유연성을 보이며 북한의 벼랑 끝 전술에 흔들리지 않고 협상의 우위를 점하려면 호흡부터 달라져야 합니다. 본인의 임기 내에 자극적인 성과를 내겠다는 조급증을 버려야 합니다. 비핵화 협상을 몇 개의 단계로 나누고 각 협상의 단계가 1~2년 단위로 짧게 진행되는 것이 아니라 3~4년 또는 4~5년간 이어지도록 해서 약 20년 정도의 시간을 갖고 비핵화 협상을 진행해야 합니다. 저는 이것을 '더 긴 과정the longer process'이라고 부르고 싶습니다. 지금까지 북한과 맺은 여러 합의가 성공하지 못한 이유는 상호 간 신뢰 부족이 가장 큽니다. 신뢰 축적에는 시간이 필요합니다.

기술환경의 변화로 국방환경이 급격하게 변화하고 있습니다. 기술혁명은 무인전투장비로 이어지고 있습니다. 기술혁명에 따른 국방력 강화는 병영 문화나 장병 복지와도 긴밀하게 연결됩니다. 군 복무 중 교육 기회와 복지 및 급여를 획기적으로 확대해 군 복무가 성장과 축적의 시간이 되도록 하려 합니다. 부사관이나 직업 장병 제도를 확대하며 장병 확보에 심혈을 기울일 것입니다. 이러한 접근이 성공할 때 군 복무기간 단축으로 이루어질 수 있을 것입니다. 오랫동안 추진해왔던 군작전권의 반환은 임기 내에 최종적으로 매듭짓겠습니다.

국가 찬스 7 정치 사회—정치개혁과 합의제 민주주의

결국은 정치입니다. 모두의 국가 찬스로 일자리, 교육, 주택 혁명, 담대한 복지의 대개혁을 이루는 것도 정치의 몫입니다. 과학이 혁신의 기폭제가 되게 하는 것도, 원칙 있는 평화를 구현하는 것도 정치가 제 역할을 해야 가능합니다. 기득권 보수와 위선 진보를 넘어 역동적인 정치의 새로운 서사를 써가야 합니다.

1970년대식 국가주의와 1980년대식 민중주의를 역사책 속으로 보내야 합니다. 헌법 속에만 존재하던 자유주의의 정신을 온전히 구현해야 합니다. 산업화 세력의 성취를 존중하고 민주화 세력의 헌신은 기억해야 하지만 그 한계와 모순을 넘어서야 합니다. 청년세대의 역동적인 힘이 혁신의 원동력으로 마음껏 분출되게 해야 합니다. 우리 공동체가 법치와 공정의 기초 위에서 약자에 대한 연대 정신으로 물결치는 나라로 나아가야 합니다. 그 첫 시작은 적대와 분열의 시대와 결별하고 존중과 대화의 정치로 힘찬 발걸음을 내딛는 것에 있습니다.

분열의 근원은 제왕적 대통령과 국민의 의사를 제대로 대변하지 못하는 국회에 있습니다. 독선과 배제라는 과거의 적대적 악습은 이 구조에 기생하며 나라를 망쳐왔습니다. 권위주의 시대의 1인

통치는 지금 유용하지도 않을 뿐만 아니라 정상적인 국가 운영을 불가능하게 합니다. 최근의 비극들은 협치의 불가피성을 증명하는 증거들입니다. 합의 민주주의를 구현해야 합니다. 이미 우리 헌법은 태동 때부터 합의의 구조를 내장했습니다. 국민의 바람이 있어서 뚜렷한 의지를 가진 대통령이 일관되게 추진하면 얼마든지 가능합니다. 국회도 제자리를 잡아야 합니다. 국민의 지지에 기반한 국회가 돼야 합니다. 우여곡절 끝에 시작된 연동형대표제마저 위성정당의 이전투구로 기형화됐습니다. 이것들을 정상화하면서 합의 민주주의를 시작해야 합니다.

공정의 가치가 몸에 밴 청년들의 역할이 중요합니다. 청년들이 의사결정과 집행의 주인공이 되도록 해야 합니다. 국회와 정부에 세대별 대표성이 필요하기 때문만은 아닙니다. 격변하는 변화의 물결은 청년들이 가장 용감하게 도전할 수 있기 때문입니다. 상식에 기초한 합의 민주주의는 편견과 선입견이 없는 청년들이 활기차게 실현해갈 수 있으리라 확신합니다. 이제는 분열과 적대의 쳇바퀴에 머물 것인지, 고르디우스의 매듭을 끊고 미래로 나아갈지 선택해야 할 때입니다.

혁신의 나라이면서 모든 개인이 존중되는 자유의 나라를 만들어나가겠습니다

우리는 뜻깊은 대화를 나누며 생각을 공유했습니다. 결론은 '국민은 준비됐다. 국가가 자기 일을 해야 한다.'라는 것이었습니다. 우리 국민은 유능하며 청년은 약동하고 있습니다. 단군 이래 최고의 실력을 갖추었습니다. 그들이 무한도전할 수 있고 실패조차 우리 모두의 교훈이 될 수 있는 나라를 준비해야 합니다. 그것은 혁신의 나라이면서 모든 개인이 존중되는 자유의 나라일 것이라 믿습니다. 그 자유는 우리의 공동체를 더욱 깊은 우정으로 결속시켜 줄 것으로 생각합니다.

2021년 7월
원희룡

차 례

머리말 저 원희룡이 혁신의, 자유의, 통합의 대한민국을
다시 세우겠습니다! • **4**

국가 찬스 4
교육

모두에게 개인별 맞춤형 교육을 제공한다 · 277

국가 찬스 5

주택

온 국민은 내 집이 있는 삶을 살아야 한다 · 285

국가 찬스 6

외교안보

장기적 관점에서 원칙 있는 평화를
구축하자 · 337

국가 찬스 1

경제

디지털 전환 속도를 높여
혁신 성장을 한다

| 원희룡 - 조장옥 |

조장옥

서강대학교 경제학부 명예교수

서강대학교 경제학과를 졸업했다. 동 대학원에서 석사학위를 받았고
미국 로체스터대에서 경제학 박사학위를 받았다. 한국 거시경제학계
의 대가로 불린다. 서강대학교 경제학부 학장 겸 경제대학원장, 한국
경제학회 국제학술대회 조직위원장, 한국계량경제학회 회장, 한국경
제학회 회장, 한국금융학회 회장을 역임했다.
주요 저서로는 『거시경제학』 『새통계학(공저)』 『현대사회와 인문학적
상상력(공저)』 『한국경제의 현황과 문제(공저)』 『한국기업의 자본비용
과 국제비교(공저)』 등이 있다.

| 원희룡표 경제 철학의 핵심은
좋은 일자리 창출이다

조장옥 귀한 시간 내주셔서 감사합니다. 오늘은 대권 도전을 선언한 지사님의 경제 분야에서의 국정 철학과 주요 과제에 대해 알아보기 위해 자리를 마련했습니다. 경제의 몇몇 주요 분야에 대해 말씀을 나누도록 하겠습니다.

원희룡 한국경제학회장을 역임했고 우리나라 거시경제학계의 석학인 교수님과 대담을 하게 돼 설레고 영광입니다. 하지만 한편으론 선생님 앞에서 구술시험 보는 기분이라 긴장도 됩니다.

조장옥 대한민국에서 시험이라면 지사님 따라올 사람 없죠. 하하. 자, 이제 시작하도록 할까요? 문재인 정부는 소위 '소득주도성장'이라는 개념을 경제의 지도이념으로 제시했습니다. 저로서는 40년 이상 경제학 공부를 했지만 전혀 들어본 적도 없고 이론적 근거도 없는 해괴한 개념이 국가 경제의 지도이념으로 등장해 당황스럽습니다. 정교하게 정립되고 검증된 이론과 사상이라고 해도 실행은 쉽지 않습니다. 그런데 이론적 근거도 없는 해괴한 개념이 국가 경제를 살릴 수 있겠습니까? 국가 경제를 망치는 지름길은 경제에 대한 이해가 태부족한데다 이념적 편향성까지 가진 인사를 국가의 수반으로 선택하는 것이라고 봅니다. 그런 의미에서 국가 지도자를 지향하는 원 지사님의 경제관은 그 무엇보다도 중요하다고 생각됩니다. 경제 현안과 정책을 다루기에 앞서 먼저 지사님의 경제관을 듣고 싶습니다. 경제 분야에서 지사님의 국정 철학은 무엇이고 사안의 우선순위는 무엇일까요?

원희룡 '경제'란 단어가 '경세제민經世濟民'에서 왔다고 들었습니다. 결국 경제란 국민의 살림살이, 즉 민생民生을 돌본다는 걸 의미한다고 생각합니다. 민생을 돌보기 위해서는 경제가 성장해야 되고, 성장의 과실이 공정하게 분배돼야 하며 국민에게 최소한의 기초생활을 보장하는 사회안전망이 구축돼야 합니다. 특히 중산층이 튼튼하게 형성되고 건강하게 유지 발전돼야만 합니다. 그래야 우리나라의 헌법 가치인 자유민주주의와 이를 떠받치는 시장경제가 공고해지고 지속성을 확보할 수 있습니다. 그런데 최근 우리나라에서는 중산층 붕괴의 조짐이 여러 곳에서 나타나고 있습니다. 저는 경제 정책의 최우선 목표를 민생을 돌보는 것에 두고 무너진 중산층을 복원하는 데 정책의 초점을 맞추고자 합니다.

저는 예전부터 우리 사회가 시급하게 해결해야 할 문제의 핵심을 '일-교육-집'이라고 얘기해왔습니다. 여기서 '일'은 일자리 창출, '교육'은 교육 시스템의 개혁, 그리고 '집'은 주택정책의 혁신을 의미합니다. 국민에게 더 많은 양질의 일자리를 제공하고, 무너진 공교육 시스템을 복원해 과중한 사교육비 부담을 경감시켜주며, 주택을 원활히 공급해 안정적인 생활이 가능케 하는 것이야말로 민생 경제의 핵심이라고 봅니다.

특히 무너져가는 중산층을 복원하고 이 사회를 건강하게 유지 발전시키는 데 있어 가장 기본적인 과제는 역시 민간 분야에서의 좋은 일자리 창출이라고 생각합니다. 여러 가지 복지제도와 정책이 있지만 민생 경제를 위해서는 민간 부문에서의 좋은 일자리 창출 이상의 근본적인 복지정책은 없다고 봅니다. 좋은 일자리 없이 국민의 경제적 안정과 행복을 논하는 것은 결코 가능하지 않습니다. 그건 사기 내지는 언어도단에 가깝습니다.

조장옥 결국 '좋은 일자리가 곧 최선의 복지다.'라는 모토 아래 '좋은 일자리 창출'이 원희룡표 경제 철학의 핵심이라고 보면 되겠네요.

원희룡 그렇습니다. 그러기 위해 저는 '국가 찬스' 일자리 정책을 강력히 추진하고자 합니다. 과거 문재인 대통령의 아들 문준용 씨의 한국고용정보원 채용 논란, '조국 사태'를 통해 드러난 자녀의 입학 관련 비리 논란, 추미애 전 법무부장관 아들의 군 휴가 관련 비리 논란 등 아직도 금수저들의 '아빠 찬스' '엄마 찬스'가 곳곳에 널려 있습니다. 제가 생각하는 '국가 찬스' 일자리 정책이란 힘과 권력을 가진 아빠나 엄마를 갖지 못한 일반 서민을 위해 국가가 대신 나서 일자리를 찾아주는 역할을 하겠다는 겁니다.

다시 말해 일자리에 관한 한 '국가'가 그들의 '아빠' '엄마' 역할을 대신해주겠다는 거죠. 그러기 위해 재정과 세제, 고용 노동 정책 등 관련 부처의 정책뿐만 아니라 정부의 모든 기능과 정책을 일자리 창출과 연동시켜 총력을 기울일 것입니다. "모든 길은 로마로 통한다."라는 말처럼 "모든 정책은 일자리로 통한다."라는 기조로 정부 정책의 체계를 재정립하는 겁니다.

조장옥 '국가 찬스' 일자리. 바로 이것이 지사님의 핵심 공약이군요. 알겠습니다. 구체적인 내용은 세부 현안을 토론할 때 들어보도록 하겠습니다만 한 가지 궁금해서요. 국가 찬스 일자리 정책이라고 하니 언뜻 들으면 정부가 나서서 모든 걸 다 해결해주겠다는 사회주의 정부식의 '큰 정부'가 연상되는군요. 아울러 정부가 일자리를 제공한다는 면에서 현 정권의 단기 공공 일자리 정책이 떠오르기도 하는데요. 어떤 차이가 있습니까? 여기에 대해서만 간략히 말씀해 주시죠?

원희룡 말씀하신 현 정권의 단기 공공 일자리 정책과는 정확히 반대 방향이라고 보시면 됩니다. 공공 일자리의 제공은 궁극적으로 세금이나 기금 등을 통해 재원을 조달해야 합니다. 따라서 공공 일자리 확대는 재정에 부담이 될 수밖에 없습니다. 그렇다 보니 규모에 한계가 있고 지속성을 견지하기도 어렵습니다. 그런데도 불구하고 현 정권은 악화된 고용 지표를 높이기 위해 단기 공공 일자리, 특히 노년층의 단기 공공 일자리를 늘리는 데 급급했습니다. 일종의 분식粉飾 행위입니다.

반면 제가 주장하는 일자리 정책은 좀 더 정확히는 '시장 친화적 국가 찬스 일자리 정책'입니다. 기본적으로 좋은 일자리는 민간 부문에서 제공돼야 합니다. 민간 부문의 일자리는 크게 기업이 제공하는 일자리와 자영업이 제공하는 일자리로 분류할 수 있습니다. 그중에서 기업이 제공하는 일자리가 더 좋은 일자리라고 할 수 있습니다. 자영업자는 모든 사업과 재무 위험을 혼자 떠안아야 하는 반면 기업은 경영진, 근로자, 주주, 채권자 등 이해관계자들이 이러한 위험을 분산해서 공유하는 형태라 외부 충격에 덜 취약하고 사업의 안정적 추진이 가능하기 때문입니다. 물론 자영업 기반 비즈니스도 건강한 사회를 위해 어느 정도 필요합니다. 하지만 결국 좋은 일자리는 기업이 창출해 제공하는 형태가 최선이라는 것입니다.

그런데 우리나라는 전체 취업자 중 자영업이 차지하는 비중이 25.1%로 경제협력개발기구OECD 38개 회원국 중 7위에 해당합니다. 일본의 10.4%, 미국의 6.3% 등과 비교해 월등히 높습니다. 경제협력개발기구 국가 중 우리나라보다 자영업자 비율이 높은 나라는 그리스, 브라질, 터키, 멕시코 등입니다. 잘 아시다시피 지금 모두 경제적으로 문제가 많은 나라들입니다. 그런데 더 심각한 것은 최근 들어 자영업자의 비중이 더 늘어나는 추세에 있다는 점입니다.

조장옥 그러고 보니 2020년 9월 기준으로만 봐도 자영업자가 2019년 동기 대비 8만 8,000명이 증가한 것으로 나타나네요.

원희룡 맞습니다. 코로나19 사태로 자영업자가 직격탄을 맞은 상태에서 증가한 것이라 더 우려스러운 상황입니다. 50대 이상 중고령층에서 자영업이 늘어나고 있는데다 은퇴한 베이비붐 세대들이 생계형 창업에 뛰어든 것이 결정적 요인으로 보입니다. 그러나 더 근본적으로는 기업의 경쟁력이나 역동성이 쇠퇴되면서 이러한 노동 공급을 흡수하지 못했기 때문입니다. 결국 기업의 고용 역량은 정체되거나 줄어드는 반면 자영업자 비중이 늘어나고 땜빵식의 단기 공공 일자리만 확충되면서 좋은 일자리의 비중이 줄어들고 있는 것이죠.

조장옥 맞습니다. 일자리의 양만 줄어드는 것이 아니라 질도 악화됐다는 것이 가장 문제입니다.

원희룡 국가 찬스 일자리 정책은 바로 이런 고용의 양적, 질적 악화를 개선하기 위해 고안됐습니다. 정부의 각종 정책을 통해 고용 시장에서 시장 기능이 활성화되도록 유도함으로써 민간 부문, 특히 기업들이 채용을 늘리도록 인센티브를 제공하는 데 방점을 두고 있습니다. 한마디로 정부가 가진 정책 역량을 총동원해 민간 부문에서 고용이 획기적이고 지속적으로 증가하도록 유도하되 시장 기능을 최대한 활용하는 겁니다.

조장옥 듣고 보니 현정부의 일자리 정책과는 정반대라는 지사님의 말씀이 잘 이해되는군요. 더 자세한 내용은 일자리 정책을 논의할 때 듣도록 하겠습니다. 그런데 '아빠 찬스' '엄마 찬스'는 비단 일자리만의 문제가 아닙니다.

원희룡 바로 그 부분입니다. 사실 부모 찬스는 교육과 주택 등 모든 분야에서 독버섯처럼 번져나가고 있습니다. 현 입시제도하에서는 죽자 사자 공부해도 잘난 부모들의 스펙 품앗이를 당해내기란 여간 어려운 일이 아닙니다. 천신만고 끝에 겨우 대학을 졸업해도 취업이 안 됩니다. 이제 금수저가 아니라 다이아몬드 수저 정도는 돼야 집 장만을 꿈꿀 수 있습니다. 연애, 결혼, 출산 등 삼포세대는 옛말이고 모든 희망을 저당 잡힌 N포세대로 전락했습니다. 한 마디로 '이번 생은 망했다'는 '이생망'이 청년세대의 자화상입니다.

우리는 이들 젊은 세대에게 희망을 돌려줘야 합니다. 그러기 위해서는 잘난 부모에 맞서 국가가 찬스를 제공해야 합니다. '국가 찬스' 일자리 정책과 함께 '국가 찬스' 교육 정책, '국가 찬스' 주택 정책을 연계한 '국가 찬스 일-교육-집' 정책을 완성해 '국가 찬스 복지'를 실현하겠습니다. 그것이 국가가 국민에게 이르는 길이고 국민이 국가에 되돌아오는 길입니다.

조장옥 그런데 지사님의 '국가 찬스' 정책들이 마치 청년층만 타깃으로 설정하는 것처럼 들리는데요. 저처럼 이미 퇴임한 노년층 입장에서는 조금 소외감을 느끼게 됩니다.

원희룡 당연히 아닙니다. '국가 찬스' 시리즈는 중장년층, 노년층에게도 적용됩니다. 보건과 의학의 비약적 발전으로 이제 100세 시대가 목전에 다가왔습니다. 지금 60대는 중늙은이나 뒷방 늙은이로 취급받던 과거의 노년층 세대와는 지적 능력이나 체력 면에서 큰 차이가 납니다. 현재의 40대나 50대는 과거에 비하면 청년이나 다름없고 60대나 70대도 생산 활동을 지속하는 데 전혀 어려움이 없습니다. 미국의 바이든 대통령이 79세고 전임자인 트럼프 대통령도 75세입니다. 따라서 중장년층뿐 아니라 노인층까지 이분들의 직무 경험은 우리 경제에 중요한 자산입니다. 약간의 재교육을 통해 이분들이 현재 고용시장에서 요구하는 직무를 수행할 수 있도록 해드려야 합니다.

다만 이들 세대가 청년세대와 동일한 고용 부문에서 경쟁함으로써 세대 간 갈등이 일어나는 것을 피하기 위해 고용시장의 시장분할을 유도해야 합니다. 즉 교통정리를 해드리는 거죠. 그러기 위해서는 이들 세대의 노동을 수요로 하고 활용할 수 있는 새로운 산업 육성이 필요합니다. 중장년층, 노년층에게 특화된 맞춤형 일자리 정책이나 교육 정책은 여전히 유효합니다. 이 또한 제가 주장하는 '국가 찬스' 일자리나 '국가 찬스' 교육 정책의 중요한 일부분이라고 보시면 됩니다.

조장옥 네, 이제 지사님의 큰 그림이 보이는 듯합니다. 지사님은 '국가 찬스 일-교육-집'의 완성이 바로 '국가 찬스 복지'라고 말씀하셨습니다. 이를 거시적 복지정책이라고 한다면 보건복지부가 시행하는 것과 같은 미시적 복지정책도 있습니다. 최근 복지정책과 관련해 기본소득, 안심소득, 공정소득 등 보편적 또는 무차별적 복지정책이 많이 제안되고 있습니다. 미시적 복지정책에 대해서는 따로 복지 대담 파트에서 자세한 토론을 하는 것으로 알고 있습니다. 그렇지만 여기서도 간략히 '이것이 원희룡의 복지정책이다'고 요약해주시면 감사하겠습니다.

원희룡 제가 추진하는 복지정책은 한마디로 '맞춤형 집중 복지'라고 할 수 있습니다. 개인마다 처한 상황이 다른 만큼 불행한 이유 역시 다양합니다. 예를 들어 청소년들은 어려운 가정 형편으로 인한 학업 부진뿐 아니라 가정불화나 왕따 등 다양한 고민거리가 있습니다. 청년층은 취업 외에도 연애나 결혼, 주택장만 등의 다양한 걱정거리가 존재합니다. 중장년층은 어떻습니까? 실업, 투자 실패, 부부 관계, 자녀교육, 자녀 결혼 등 고민거리가 다양합니다. 고령층도 역시 마찬가지입니다. 우리나라는 국민연금의 소득대체율은 낮으면서 노인 빈곤율은 높습니다. 그러나 고령층에게 문제가 되는 것은 소득만이 아닙니다. 치매, 뇌졸중, 암, 신체장애 등 각종 질병으로 고생하고 계신 분들이 많습니다. 이렇게 개개인들마다 연령과 처한 환경이 다른 만큼 불행한 이유도 다양합니다.

정부의 복지정책의 목표는 궁극적으로 모든 국민의 행복을 증진시키는 데 있습니다. 따라서 가장 이상적인 복지정책은 개개인에 맞춘 맞춤형 복지라는 것에 이견이 있을 수 없습니다. 1인당 국민소득이 3만 달러를 넘어선 우리 국민들의 행복지수가 전 세계에서 최하위권이라는 것은 무조건 돈이 해결책이 아니라는 이야기입니다. 그런데 기본소득이나 부負의 소득세NIT, Negative Income Tax는 한마디로 현금을 지원하면 복지 문제가 해결된다는 단순한 접근법입니다. 이러한 제도가 주목받게 된 것은 개별 국민의 문제, 그중에서도 각각의 소득 수준을 파악해 지원하는 데 한계가 있다 보니 행정비용이 높아지고 또 정책의 사각지대가 생긴다는 문제점 때문입니다. 즉 제대로 맞춤형 복지정책을 할 수 없다 보니 '공평하게 주고 끝내자.'라는 단선적이고 행정편의적인 발상인 거죠.

조장옥 그렇습니다. 최근 정치권에서 논란이 됐던 아비히지트 바네르지Abhijit Banerjee-에스테르 뒤플로Esther Duflo 교수의 기본소득 논란에서도 볼 수 있듯이 결국 무차별적 복지냐, 맞춤형 복지냐의 문제는 행정 역량에 달려 있습니다. 행정 역량이 높아지면 맞춤형

복지가 유용하고 행정 역량이 떨어지면 무차별적 기본소득이 유용하다는 주장인데요. 이는 굳이 난해한 이론적 분석을 하지 않더라도 직관적으로 이해할 수 있는 수준의 내용입니다.

그래서 지금까지 맞춤형 복지정책은 스칸디나비아처럼 인구가 적고 국민 간 동질성이 높은 국가에서는 효율성이 높았던 반면 대규모 국가나 국민 간 이질성이 높은 국가에서는 상대적으로 효율성이 낮았다고 평가되고 있습니다. 맞춤형 복지정책을 하는 데 필요한 행정 역량 수준이 대규모 국가나 이질성이 높은 국가에서는 훨씬 높아야 했기 때문입니다. 후진국은 말할 것도 없고요. 그래서 기본소득이나 부의 소득세와 같은 무차별적 복지정책이 차선책으로 고려된 것뿐입니다.

원희룡 그렇습니다. 그런데 최근 맞춤형 복지정책의 효율성을 획기적으로 높일 수 있는 전기가 마련되고 있습니다. 바로 디지털 기술의 눈부신 발전입니다. 디지털 기술을 통해 개개인의 상황에 특화된 맞춤형 복지를 제공하는 것이 가능한 시대로 진입하고 있는 거죠. 국세청, 건강보험과 같은 공공정보뿐 아니라 다양한 온라인 상담 채널 등을 통해 빅데이터를 구축하고 이를 인공지능AI으로 분석하면 행정 역량을 대폭 높일 수 있습니다. 따라서 저는 장기적으로는 선진국의 복지체계는 오히려 행정의 효율성과 완비성을 높여 맞춤형 복지를 강화하는 쪽으로 진행될 것이라고 봅니다.

제가 주장하는 맞춤형 집중 복지는 이러한 인식 아래 디지털 기술을 도입해 국민 개개인의 니즈needs에 맞춘 필요한 지원을 집중적으로 또 충분히 제공하는 복지를 지향합니다. 이를 통해 국민 개개인이 느끼는 행복감을 높이는 겁니다. 이제까지는 우리가 다른 나라의 복지체계를 뒤에서 쫓아갔다면 이젠 디지털 혁신을 통해 이 상적 복지체제를 선도해야 합니다.

조장옥 동의합니다. 국민 개개인이 처한 상황을 디지털 기술을 활용해 정밀히 진단하고 기성복이 아닌 맞춤복 형식으로 지원함으로써 국민의 행복을 증진시키는 복지정책이 바로 '맞춤형 집중 복지'라는 말씀이시네요. 그리고 이를 '국가 찬스 일-교육-집' 정책과 연동시켜 미시적 복지정책과 거시적 복지정책을 결합하겠다는 것이고요. 일리 있는 말씀이라고 생각됩니다.

그런데 이런 정책에도 역시 상당한 규모의 재원이 필요합니다. 물론 '국가 찬스 일-교육-집' 정책이 생산적 복지정책이면서 동시에 장기적으로 성장에 도움을 줄 것이라는 점에 대해서는 이견이 없습니다. 그러나 잠재성장률을 견인하기 위해서는 좀 더 직접적인 성장 정책이 필요하지 않을까요? 이미 수많은 주류 경제학자들이 경제 성장은 결국 생산성 향상을 통해서 이루어진다는 것을 밝혀냈습니다. 아울러 생산성 향상은 국가 자원의 효율적 사용과 지식혁신을 통해 이루어진다는 점도 확인했습니다. 지사님이 생각하는 성장 정책의 핵심은 무엇인지요?

원희룡 마침 교수님께서 국가 자원의 효율적 사용에 대해 언급하셨는데요. 저는 이 문제를 약간 다른 각도에서 살펴보고 싶습니다. 경제학은 결국 자원의 희소성이라는 제약조건 아래에서 생산을 극대화하든 비용을 최소화하든 최적의 의사결정을 내리는 것에 관한 학문으로 이해하고 있습니다. 따라서 최근의 퍼주기 정책 또는 '돈표' 정책은 희소성이라는 제약조건을 무시한 채 무한정으로 퍼주는 것이 가능한 것처럼 국민들을 호도하는 것이기에 비판받아 마땅하다고 봅니다. 공짜점심은 절대 없는데 말이죠.

그러나 자원의 희소성 또는 유한성이라는 개념 역시 상대적이라는 점도 고려돼야 한다고 봅니다. 과거 석유는 화학이 발전하기 전까지는 자원으로서의 가치를 인정받지 못했습니다. 희소성 제약의 대상조차 아니었던 겁니다. 이처럼 제약조건 자체도 시간에 따라 변화하게 됩니다. 최근 디지털 기술의 발달로 새로운 비즈니스가 속속 등장하고 있습니다. 앞으로 인공지능이 발전하고 데이터가 집적되면 메타버스와 같이 자원의 희소성이라는 제약조건이 완화되거나 탈피된 세상을 구현할 수도 있습니다. 결국 우리가 어떤 혁신 능력을 갖추고.있느냐에 따라 제약조건의 강도는 달라지리라고 생각합니다.

조장옥 경제학의 저변에 깔린 철학적 사고까지 이해하고 계신 것이 놀랍습니다. 맞습니다. 기술의 발달은 기존의 제약조건들을 무력화시킬 수도 있고 새로운 제약조건을 만들 수도 있습니다. 지사님의 성장 정책이 어떤 방향인지 대충 감이 잡히는 것 같습니다. 디지털 분야의 혁신이죠?

원희룡 네. 바로 디지털 혁신 성장입니다. 현재 우리 경제의 성장 잠재력이 추락하는 것에는 여러 요인이 있습니다만 그중 하나가 주력 산업의 교체, 즉 산업의 리빌딩 작업이 더디다는 것입니다. 현재 우리 경제의 주력 산업은 1970년대 중화학공업 육성책으로 시작된 자동차와 철강 등의 산업과 1990년대 IT 육성책으로 시작된 반도체와 스마트폰 산업 등입니다. 대부분 연령이 30~50년 정도 된 산업으로 전성기를 맞았거나 지나가고 있어 글로벌 시장에서 힘겨운 경쟁을 하고 있습니다. 그 후 출현한 신산업들, 예를 들어 소재나 부품, 자동차 배터리, 바이오, 환경 산업 등은 아직 주력 산업을 대체할 만큼 성장하지 못했습니다. 이렇게 성장을 견인할 산업들의 세대교체가 늦어지면서 잠재성장률이 지속적으로 하락하고 있는 것입니다.

그런데 마침 지금은 4차 산업혁명으로 불리는 디지털 혁명기의 초기 단계입니다. 바로 여기에 기회가 있습니다. 우리는 이 기회를 활용해 향후 30년 이상의 먹거리를 확보해야 합니다. 디지털 기술이 무서운 것은 해당 산업의 발전뿐 아니라 거의 모든 산업에서 혁신을 불러와 경쟁구도를 완전히 변경시킨다는 것입니다. 즉 각 산업에서 기존 강자의 기득권이 해체되고 새로운 기업에게도 기회의 문이 열리게 된다는 점입니다. 따라서 우리는 디지털 기술을 활용해 한편으론 기존 산업들을 업그레이드시키면서 또 한편으로는 기술 혁신에 따라 속속 새롭게 등장하는 신산업 경쟁에서 뒤처지지 않고 앞서 나가야 합니다. 여기에 국가의 미래가 달려 있고 현재의 모든 국민과 다음 세대의 명운이 걸려 있다 해도 과언이 아닙니다.

결국 디지털 혁신만이 우리가 살 길이고 혁신의 핵심은 사람입니다. 현재 20대, 30대뿐 아니라 나이와 관계없이 모든 국민이 남은 인생을 디지털 세상에서 살아야 합니다. 따라서 이런 능력 배양을 각자 개인에게 맡겨 만인 대 만인의 약육강식 투쟁에 내던질 수는 없습니다. 이런 상황에서 "돈 줄 테니 표 좀 달라."는 것은 너무 한가하고 무책임한 이야기입니다. 모든 국민을 미래사회의 인재로 업그레이드해야 하고 여기에 '국가 찬스'와 '국가 책임'을 제공해야 합니다.

이와 함께 전 세계 인구의 고령화 추세로 헬스케어 산업, 바이오 산업, 그리고 온난화에 따른 친환경 산업 등이 핵심 산업으로 떠오르고 있습니다. 역시 가장 중요한 것은 디지털 전환입니다. 바로 이 디지털 전환이라는 기회의 제트기류를 타고 우리 경제의 성장을 견인해야 합니다. 이것이 제가 주장하는 '디지털 혁신 성장'의 요체입니다.

조장옥 지사님의 주요 성장 전략인 디지털 혁신 성장에 대해 잘 들었습니다. 제주도가 경제 성장률에서 지자체 중 선두권에 있는데요. 지사님께서 그동안 제주에서 디지털 전환 정책을 강력히 추진해왔다는 얘기를 들었습니다. 원 지사님이 인공지능이나 블록체인 산업 등 4차 산업혁명과 관련된 산업 육성 방안이나 규제 완화를 관철하기 위해 기획재정부나 금융위원회를 가장 많이 방문하신 지자체장이라는 이야기도 들은 적이 있습니다. 최근 청년세대의 가상화폐 투자 열풍을 체험하기 위해 투자까지 하셨다고 하니 디지털 분야에서는 가장 앞서가는 정치 지도자 중 한 분이 아닐까 생각되네요. 지금까지 말씀하신 원 지사님의 국정 철학을 종합해보도록 하죠. '원희룡' 하면 떠올릴 수 있는 키워드를 꼽는다면 '국가 찬스' 일-교육-집과 맞춤형 집중복지를 통한 '국가 찬스' 복지라고 할 수 있고 성장 전략으로는 디지털 혁신 성장을 제시하셨습니다. 제가 잘 정리한 건가요?

원희룡 네. 그렇습니다. 정확합니다.

| 포스트 코로나 시대 대한민국의 미래를
　이끌어야 한다

조장옥 이제 논의를 좀 더 세밀하게 진전시키도록 하겠습니다. IMF 경제위기 이후 한국경제는 계속해서 추락하고 있습니다. 이는 잠재성장률의 지속적인 하락으로 가장 극명하게 나타나고 있는데요. 잠재성장률의 하락은 궁극적으로 지사님이 가장 크게 걱정하는 일자리의 감소로 이어지고 있습니다. 40여 년 전 제가 대학을 졸업할 당시만 해도 선택할 수 있는 일자리가 수십 개에 달했지만 지금은 상황이 아주 심각합니다. 일자리를 찾지 못해 고민하고 심지어 극단적인 선택을 하는 젊은이들의 수가 폭증하고 있습니다.

문재인 정부는 시작하자마자 대통령 집무실에 일자리 상황판을 걸어놓는 등 온갖 법석을 떨었지만 상황은 오히려 악화일로입니다. 아직도 그 일자리 상황판이 그대로 있는지 모르겠군요. 문재인 정부는 일자리를 만들겠다고 국민의 세금을 물 쓰듯이 쓰고 있습니다. 하지만 양질의 일자리는커녕 비정규직은 증가하고 소득분배는 악화되고 있습니다. 지사님 말씀대로 일자리는 결국 민간 부문이 만들어야 하는데 나날이 늘어나는 규제와 기업 핍박은 거의 세계적인 수준입니다. 그럼에도 대통령은 경제가 순행 중이며 곧 회복된다고 국민들을 향해 거짓 주술을 외쳐대고 있습니다. 앞에서도 지적했듯이 경제 성과는 지도자의 인식과 안목 그리고 지식에 달려 있다고 생각됩니다. 한국경제에 대한 지사님의 상황 인식을 알고 싶습니다.

한국의 경제 성장률 추이(2001~2019)

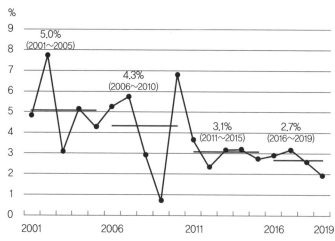

(자료: 경제협력개발기구)

한국 대 세계 경제 성장률 비교

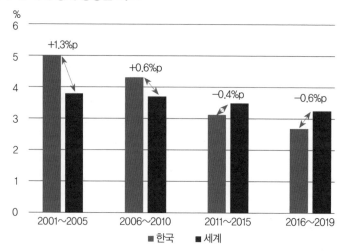

(자료: 경제협력개발기구)

원희룡 말씀하신 바와 같이 가장 우려되는 부분이 우리 경제의 잠재성장률이 급격하게 추락하고 있다는 점입니다. 평균 소득 3만 달러가 넘는 경제협력개발기구 국가 중에 우리보다 더 빠르게 경제 성장률이 하락한 나라가 없는 것으로 알고 있습니다. 바로 이같은 현상이 요즘 중산층 붕괴와 직결돼 있습니다.

조장옥 이러한 문제를 극복하기 위해 현 정권이 '소득주도성장'이라는 방법론을 제시했습니다. 하지만 이는 앞에서도 말씀드린 바와 같이 이론적 근거가 없습니다. 굳이 찾아본다면 후기 케인지언의 '임금주도성장'의 변형된 형태인데요. 임금주도성장론 역시 인과관계의 혼동과 내생성 결여란 이론적 결격 사유로 주류 경제학에서는 이단에 가까운 이론으로 취급되고 있습니다.

원희룡 맞습니다. 저는 문재인 정권이 경제 원칙의 기본을 무시하고 소득주도성장이라는 편향된 이념에 집착하다 문제를 더 악화시켰다고 봅니다. 2017년부터 2019년까지 글로벌 경제가 반등할 때도 우리나라 경제 성장률은 오히려 하락하고 양극화는 더 심해졌습니다. 긴급재난지원금이란 이름으로 현금을 살포하면서 재정을 고갈시키는 등 가뜩이나 떨어진 경제 체력을 바닥까지 다 소진해버렸습니다. 그런데 이러한 정부의 실책이 코로나19로 다 덮여버렸습니다. 다행히 최근 백신 접종에 따른 집단면역 효과로 서구권에서 경제가 반등하기 시작했고 우리나라의 수출 역시 빠르게 증가하고 있습니다.

결국 우리 경제 반등의 주역은 문재인 정권이 그렇게 핍박했던 기업이라는 사실이 분명해졌죠. 심지어 정부의 오판으로 난항을 겪던 백신 수입 문제 역시 기업들이 구원투수로 등장해 해결했습니다. 그런데도 현 정권은 마치 자신들이 잘해 성과를 얻은 것처럼 숟가락 얹기에 바쁜 한심한 모습을 보이고 있습니다. 이런 상황에서 포스트 코로나 시기에 집권하게 되는 다음 정부는 매우 힘든 시기를 맞게 될 것이 자명합니다. 코로나19라는 장막이 걷히게 되면 그동안의 경제 실정의 결과가 수면 위로 떠오를 테니까요. 재정이 고갈된 상태에서 훼손된 경제 성장률, 일자리 부족, 부동산 버블, 양극화 심화라는 엄청난 숙제를 넘겨받게 될 겁니다.

조장옥 솔직히 성장이 그렇다면 분배라도 확실히 개선시켰어야 부분적으로 점수를 줄 수 있겠는데요. 이번 정권 들어 분배 역시 오히려 악화됐습니다.

원희룡 그렇습니다. 현정부 들어 고용, 소득, 자산 등 세부 항목 모두에서 분배지표가 악화됐습니다. 앞서 말씀드린 바와 같이 고용 부문에서는 그야말로 총체적 난국입니다. 특히 청년층에서 직업과 소득이 불안정한 인구가 폭증하고 있습니다. 문재인 정부 4년 동안 30대 취업자는 30만 8,000명 감소하고 40대는 48만 6,000명 감소하는 등 경제의 중추가 되는 청장년층에서의 일자리 감소가 심각하게 나타났습니다. 역대 어떤 정권하에서도 40대 고용이 감소한 적은 단 한 번도 없었습니다. 초유의 사태가 벌어진 것이죠. 60대 일자리만 122만 개가 늘어났는데요 주지하다시피 이들 일자리는 정부가 재정지출을 통해 제공한 단기 공공 일자리로 지속가능한 일자리가 아니지 않습니까? 따라서 전체 일자리 총량뿐 아니라 일자리의 질이 급격히 나빠지는 상황이라고 할 수 있습니다. 100조 원에 가까운 자금을 일자리 증가에 쏟아부은 결과가 이처럼 참담합니다.

연령대별 불안정 노동자 비율

(단위: %)

	매우 불안정	불안정	약간 불안정	안정	매우 불안정	불안정	약간 불안정	안정
(연도)	2002				2018			
19~34세	19.2	23.9	29.3	27.6	31.4	8.1	18.7	41.7
35~64세	17.7	27.3	25.1	29.8	16.8	21.4	23.8	38.0
(연도)	2008				2014			
65세 이상	27.6	32.8	31.2	8.5	21.4	34.3	32.0	11.9

조장옥 소득 양극화는 굳이 설명이 필요 없을 정도입니다. 몇 가지 수치로도 확연히 드러납니다. 예를 들어 2011년 0.418이었던 소득 지니계수*는 박근혜 정부 때 조금씩 개선돼 2015년 0.396까지 줄어들다가 현 정권 들어 오히려 조금씩 상승해 2019년 말 기준으로 0.404까지 다시 악화된 상태입니다. 자산불평등의 척도로 사용되는 순자산 지니계수 역시 2017년 0.584에서 2020년 0.602로 높아졌고 순자산 상위 10% 가구의 점유율도 41.8%에서 43.7%로 높아졌습니다. 부동산자산 지니계수 역시 2017년 0.491에서 2020년 0.513으로 나빠져가고 있습니다. 양극화 지표인 소득 1분위와 5분위의 배수(분위배수)도 2019년에 11.56으로 역대 최고 수준을 기록하고 있습니다.

원희룡 네. 지금처럼 계속해서 저소득층의 소득이 줄어들고 이를 공적 이전지출로 보전해주는 것은 곧 한계에 직면할 수밖에 없습니다. 실제 이번 정권에서 저소득층의 소득은 계속해서 줄어드

---

* 빈부격차와 계층 간 소득의 불균형 정도를 나타내는 수치이다.

는 추세를 보이고 있는데요. 이를 보전하기 위해 고소득층뿐 아니라 중산층의 소득에 세금을 더 부과하다 보니 중산층의 가처분소득도 정체 상태를 보이고 있습니다. 그러나 뭐니 뭐니 해도 가계경제에서 분배 악화의 핵심은 자산 소유, 특히 부동산 소유에 따른 양극화입니다. 가계 자산에서 부동산이 차지하는 비중은 2018년 기준으로 70%에 육박하고 주택을 보유한 가구의 경우에는 무려 80%에 근접합니다. 최근 2년간 부동산 가격 폭등으로 이 수치는 더 높아졌을 것으로 추정됩니다. 따라서 우리나라에서 분배 문제의 핵심은 자산분배, 특히 부동산으로 인한 양극화 문제를 해결하는 것입니다. 그런데 현 정권은 알다시피 이 부문에서 최악의 결과를 낳았습니다.

조장옥 자산 가격이 폭등해 자산의 소유 여부에 따라 자산 격차가 커지게 된 것이 양극화의 절대적 요인입니다. 이를 맨큐Mankiw는 '제한된 참여' 현상이라고 지적했습니다. 주택을 예로 들면 주택을 소유하고 있더라도 수도권과 지방, 그리고 같은 수도권이라도 강남과 강북 등 주택가격 폭등이 지역에 따라 차별화되면서 자산분배가 악화됩니다. 그러나 이것보다 집을 가진 사람과 못 가진 사람 간의 격차가 가장 크다는 것이 바로 제한된 참여 현상입니다. 그러다 보니 아직 집을 소유하지 못한 청년세대의 좌절감이 상대적으로 더 클 수밖에 없는 거죠.

원희룡 그렇습니다. 생각해보면 소득주도성장은 작명부터 잘못됐고 굳이 개명한다면 '소득주도분배'라고 불렀어야 했습니다. 그런데 소득주도분배 역시 애초 진단부터 잘못된 것입니다. 소득분배를 개선한다 해도 자산분배가 악화된다면 무용지물이기 때문입니다. 근로소득 격차를 줄여봤자 주택가격 격차가 벌어지면 아무 소용이 없으니까요. 예를 들어 근로소득이 2,000만 원 증가하고 주택가격이 1억 원 오른 가계와 근로소득은 그대로지만 주택가격이 5억 원 증가한 가계 중 누가 더 부자가 된 것입니까?

조장옥 경제학적 설명을 좀 드리겠습니다. 소득은 일정 기간의 변화량을 측정하는 유량flow 변수고 자산은 특정 시점에서의 가치를 측정한 저량stock 변수입니다. 우리나라 분배 문제의 핵심은 유량 변수인 소득 중 잉여분을 누적해 저량 변수인 자산을 키워나가는 것보다는 저량 변수인 자산 자체가 저량 변수를 증가시키는 속도가 더 빠르다는 데 문제가 있습니다. 따라서 진정 분배를 개선시키겠다고 했으면 '소득분배개선'이 아니라 '자산분배개선'에 방점을 찍었어야 했습니다. 그러기 위해 정부는 주택가격안정에 모든 화력을 집중했어야 했습니다.

원희룡 그렇죠. 엉성한 진단에 극약적 처방, 이것이 이 정권의 경제 정책이었습니다. 결국 고용, 소득, 자산 항목의 분배 악화는 다수 중산층의 빈곤화를 가져왔습니다. 이것이 미래세대의 교육격차로까지 이어졌고 여기에 조국 사태에서 민낯을 드러낸 '아빠 찬스' '엄마 찬스'와 같은 불공정 행태가 20대와 30대, MZ세대의 민심 폭발로 이어진 것으로 보입니다.

종합하면 잠재성장률 하락, 청년층을 중심으로 한 고용악화, 자산의 양극화가 의미하는 것은 하나로 해석될 수밖에 없습니다. 바로 우리 경제의 기초체력이 약화되고 있다는 점입니다. 체력도 감당할 수 없는 선수가 아무리 잔기술을 부려봤자 일류로 성장할 수는 없습니다. '민생 경제 복원' 또는 '중산층 복원'이라는 목표하에 성장, 분배, 사회안전망 구축이라는 경제 정책의 삼각편대를 튼튼하게 만들어가야 우리 경제의 기초체력이 강해집니다. 현재는 성장 동력을 잃어가고 분배는 계속 악화되는 상태에서 재정에만 의존해 연명하는 상황입니다. 그러다 보면 경제의 체력은 언젠가 소진될 것이고 결국 재정과 복지 역시 파국을 피할 수 없을 것입니다. 종국에는 우리나라가 아시아의 '용'에서 승천에 실패한 '이무기'로 전락하게 될 거란 이야기입니다. 문제는 우리에게 주어진 시간이 별로 많이 남아 있지 않다는 점입니다. 끓는 냄비 속의 삶은 개구리가 되기 전에 과감하게 밖으로 튀어나와야 합니다.

| 경제 실패는 '시장의 실패'가 아니라 '정부의 실패'이다

조장옥 이제 현정부의 경제 정책에 대해 좀 더 구체적으로 진단하고 평가해보겠습니다. 앞에서도 언급했습니다만 문재인 정부는 소위 소득주도성장이라는 선동적인 캐치프레이즈를 국가 경제 운용의 기본이론으로 제시했습니다. 아직 그 용어를 쓰는 인사가 있는지 모르겠습니다만 제가 들은 바로는 집권 여당에서조차 이제 그 폐해를 인식하고 폐기한 모양입니다. 경제학에는 소위 '루카스 비평Lucas critique'이라는 것이 있습니다. 정책이 변하면 그에 따라 정책의 대상이 되는 국민의 기대가 변하고 그에 따라 선택과 행위도 달라진다는 사실까지 고려해야만 바뀐 정책의 효과를 제대로 진단

할 수 있다는 이론입니다.

예를 들면 정부가 전세가구의 안정을 목적으로 주택전세의 보장 기간을 4년으로 늘리고 전세금액의 상한선을 5%로 제한하는 규제법을 만들었습니다. 그런데 나타난 현상은 법의 취지와는 다르게 전세 매물의 감소와 전세 가격의 급등이었습니다. 법의 시효 이전 전세가격을 급격히 인상하는 경우도 많았습니다. 심지어 청와대 정책수석이라는 사람이 법 시행 직전에 자신 소유의 아파트 전세 가격을 14%나 인상했습니다. 정책을 입안한 인사로서 이런 위선이 어디 있습니까? 부동산 대책을 25번이나 내놓았습니다만 주택시장을 안정시키지 못하는 것은 이러한 정책당국의 무지 때문입니다. 저는 정책을 내놓을 때 시장이 어떻게 반응할지, 부작용은 무엇일지, 정책의 합목적성이 훼손되지는 않을지에 대해 전혀 고려하지 않고 이념에 따라서 정책을 만든 대통령의 잘못이라고 봅니다.

원희룡 임대차 3법은 국민을 실험실의 개구리로 만든 졸속 입법의 대표적인 예입니다. 전문가들이 그렇게 부작용에 대해 경고했음에도 밀어붙이다 전세 난민만 양산했습니다. 의도는 선했다고 강변을 하는데요. 그렇다면 불법 수술을 감행했다가 환자가 사망하자 '의도가 선했다.'라고 주장하는 무면허 의사와 뭐가 다릅니까?

조장옥 조금 과장해서 말하면 문재인 정부의 정책은 모두 이런 식입니다. 대통령이 되고 가장 먼저 한 것이 인천공항에 가서 비정규직을 정규직화하라고 압박한 것입니다. 최저임금의 급격한 인상, 52시간 근로제, 무리한 탈원전 정책 등 정책이 낳을 파장과 부작용을 전혀 고려하지 않고 즉흥적이고 단선적 정책을 남발했습니

다. 그런 실정이 코로나19라고 하는 팬데믹 때문에 묻힌 것을 보면 문재인 대통령은 참 운이 좋은 대통령입니다. 제주지사로서의 행정 경험을 토대로 현정부의 경제 운용을 평가해주시기 바랍니다.

원희룡 문재인 정부의 경제를 한 문장으로 정리하자면 정치와 이념의 과잉 그리고 이에 따른 정부의 실패라고 규정하고 싶습니다. 과연 정부가 시장을 이길 수 있을까요? 최근 이재명 지사가 그에 대한 자신의 경제관을 드러낸 적이 있습니다. 현정부의 부동산 정책을 지지하면서 "시장이 정부를 이길 수 없다."고 단언했죠. 매우 위험한 발상입니다. 물론 정부가 법이나 세금을 앞세워 시장을 억지로 이길 수는 있겠죠. 그러나 그 결과는 어떨까요? 정부가 할 수 있는 역할은 시장이 왜곡될 때 옆에서 다시 정상화되도록 보조하고 넛지하는 정도로 국한해야 합니다. 문재인 정부는 '시장의 실패' 때문에 정부가 나서야 한다고 하지만 최근 4년간 한국경제의 문제점은 '정부의 실패'라고 봐야 합니다.

조장옥 '시장의 실패'가 아닌 '정부의 실패'다. 아주 정확한 지적이라고 생각합니다.

원희룡 두 가지 예를 들겠습니다. 먼저 최저임금의 급격한 인상을 들 수 있습니다. 최저임금을 인상하면 노동 공급자인 알바생의 임금이 늘어나 무조건 좋을 것 같지만 현실은 그렇지 않습니다. 당연히 자영업자가 고용을 줄여 일자리를 잃는 알바생들만 생겨나게 됩니다. 결과적으로는 고용총량이 줄어 자영업자와 알바생 모두 피해를 보게 되죠. 정부가 '을'과 '을'의 싸움을 붙여 모두 피해를 보도록 만든 셈입니다. 그래서 최저임금 인상은 시장 상황을 면밀히 살펴가며 신중하게 시행해야 합니다. 모든 국가가 최저임금 인상에 속도를 조절하는 이유가 여기에 있죠.

이런 경제학의 기초원리도 무시한 채 정치적 계산만으로 밀어붙인 것이 급격한 최저임금인상 정책입니다. '포퓰리즘populism'이라는 게 별다른 게 아닙니다. 국민에게 해가 되는데도 자신들에게 정치적으로 이득이 된다면 밀어붙이는 정책, 그것이 바로 포퓰리즘이죠. 이러한 포퓰리즘을 방지하는 최선책은 국민들이 이러한 의도를 읽고 표로 응징하는 것입니다. 그런데 경제 정책은 내용이 복잡하다 보니 이해하기가 쉽지 않습니다. 그래서 정치인들이 악용하는 겁니다. 그러나 올바른 정치인이라면 국민을 최우선으로 두고 이러한 정책은 삼가야 했습니다. 몰라서 그랬다면 무지한 지도자인 것이고 알고도 그랬다면 참 사악한 지도자인 거죠. 지도자의 무지든 포퓰리즘이든 폐해는 고스란히 국민의 몫이라는 데 문제의 심각성이 있습니다.

조장옥 바로 그 부분에서 지사님이 말씀하신 정치의 과잉과 이념의 과잉이 나타나는 것이죠. 정치적인 목적이나 이념에 경도돼 무리한 정책을 밀어붙인 것입니다. 전문가를 배척하고 자신과 정치 성향을 공유하는 아마추어들로 그들만의 리그를 구축하니 이런 결과가 나온 겁니다.

원희룡 52시간 근로제 역시 마찬가지입니다. '저녁이 있는 삶'이란 구호 아래 52시간 근로제를 밀어붙였더니 상대적으로 보수가 높고 고용의 안정성이 높은 공기업이나 대기업의 화이트컬러만 혜택을 받았습니다. 블루컬러 계층이나 중소기업의 화이트컬러 계층은 초과근로수당을 얻을 기회가 줄어들어 극단적으로 표현하면 '저녁을 굶는 삶'이 됐습니다. 아니면 대리기사나 택배와 같은 알바라도 해서 줄어든 소득을 벌충해야 합니다. 이럴 때 아예 '저녁이 사라진 삶'이 되는 거죠. 이로 인해 양극화가 더 심화된 것 역시 또 다른 폐해입니다.

마찬가지로 최저임금의 급격한 인상, 부동산 문제, 단기 공공일자리 확대에 이르기까지 대부분의 문제가 이념우선주의에서 비롯됐습니다. 최근 임대차법을 비롯한 부동산 정책이 비판을 받자 여당 관계자 한 분이 방송에서 "여러 부작용이 있는 것은 인지하고 있다. 그러나 이러한 정책의 후퇴는 우리 당의 이념적 강령을 부정하는 것이기 때문에 후퇴란 있을 수 없다."라고 말하는 걸 들었습니다. 정책이 잘못된 것을 인정하지만 정책을 되돌린다는 것은 자신들의 이념에 반하기 때문에 불가능하다는 얘기입니다. 이것이 과연 국민을 위한다는 정치인이 할 얘기인가요?

조장옥 어떻게 그런 말을 방송에서 떳떳이 할 수 있을까요? 그야말로 잘못된 '선민의식'에 사로잡혀 있다고밖에 볼 수 없네요.

원희룡 규제 남발, 잘못된 조세제도, 재정 살포, 부동산 망치기 등 경제에 나쁜 신호를 주는 정책 대부분이 정치와 이념의 과잉에서 나왔습니다. 이러한 '정치 과잉'과 '이념 과잉'이 경제를 망치는 악의 축입니다. 이것부터 바로잡아야 합니다. 포퓰리즘적 경제 정책, 논리가 아닌 이념에 기반한 경제 정책을 펼친 정치 세력의 반성이 있어야 합니다. 제대로 된 정치 없이 경제가 좋아질 리 없습니다.

조장옥 부동산 문제도 마찬가지입니다. 부동산 시장을 가장 우선적으로 좌우하는 힘은 당연히 시장의 수요와 공급이지 세제강화나 대출한도 제한이 아닙니다. 집을 사려니 취득세, 보유하려니 재산세와 종합부동산세, 팔려니 양도세로 옴짝달싹 못하게 합니다. 전세를 얻으려니 임대차법으로 전세 매물이 줄어들어 월세 내고 살게 됩니다. 월세, 전세, 자가 주택으로 이어지는 주거 사다리를 붕괴시켜 놓고 해당 부처 고위당국자란 사람이 "월세 증가는 우리나라 주거 형태가 선진국형으로 전환된다는 점을 보여주고 있다."라는 궤변을 늘어놓고 있습니다.

세금이나 대출한도 제한은 어디까지나 2차적 대책입니다. 아무리 인위적으로 수요를 억제해도 공급이 줄어들면 가격은 오를 수밖에 없습니다. 특히 부동산 관련 세금은 전가 가능성이 크다는 사실을 누구나 다 예측할 수 있었습니다. 그럼에도 규제와 세금 일변도로 정책을 밀고 온 아마추어 정신에 대해서는 오히려 경의를 표하고 싶습니다. '임대차 3법' 역시 마찬가지입니다. 몇 년 전 미국 경제학회에서 역대 최악의 정책 중 하나로 임대차법을 꼽았는데 우리는 준비도 없이 2020년에 무작정 도입했습니다.

원희룡 참 안타깝습니다. 이 정부의 부동산 정책이야말로 대표적인 이념의 과잉과 철학의 빈곤을 보여주고 있습니다. 여론에 따라 공표 하루 만에 대출규제 대상이 바뀌는 코미디를 목격하지 않았습니까? 임대사업자에 대한 대우 역시 정권 초 '구세주'에서 정권 말 '투기세력'으로 180도 달라져버렸습니다. 정부 정책과 거꾸로 가면 부동산 수익을 낼 수 있다고 하지 않습니까? 정부 정책에 대한 신뢰도가 땅에 떨어졌습니다. 참담합니다. 그러면서 어떻게 시장 실패 운운하며 "시장이 정부를 이길 수 없다."라는 망언을 계속할 수 있습니까? 시장을 맹신해서도 안 됩니다만 시장을 무시해서는 더 큰 부작용을 낳을 뿐입니다.

| 원희룡표 경제 정책 1 : '부모 찬스'가 아닌 '국가 찬스' 일자리를 만든다

조장옥 토론이 진행될수록 지사님의 눈에서 뭔가 절실함과 함께 절박함이 느껴집니다.

원희룡 그렇게 보였나요? 사실 요즘처럼 절박함을 느낀 적이 없습니다. 국제 정세를 둘러싼 경제 환경이 급변하고 있습니다. 가히 코페르니쿠스적 전환이라는 말이 실감납니다. 그런데 우리만 '끓는 냄비 속의 삶은 개구리'처럼 현실에 안주하고 있습니다. 대통령이란 분이 "잘한 것이 더 많은데 내로남불 프레임에 갇혀 평가가 인색하다."면서 불평이나 하고 있으니 어떻게 절실함과 절박함을 느끼지 않을 수 있겠습니까?

조장옥 지금 절실함과 절박함을 가장 크게 느끼는 세대는 아마 청년세대일 겁니다. 서두에 지사님이 'N포세대'와 '이생망' 이야기를 했는데 현재 청년들에게 가장 절실한 것 하나를 뽑으라면 당연히 일자리일 겁니다. 일자리가 있어야 인생의 다음 챕터로 넘어가는데요. 일자리에서 막히니 나머지 N포가 따라오는 셈입니다. 앞서 토론한 바와 같이 사실 일자리 문제는 청년들의 문제만이 아닙니다. 40대 고용도 감소했고 50대 이상은 자영업에 내몰리고 있습니다.

그런데 지금 대한민국의 노동시장은 다른 어떤 나라보다도 경직돼 있습니다. 여러 면에서 양극화 또한 커져가고 있습니다. 저는 평소 노동 개혁의 첫 번째 과제는 정규직의 과보호 완화라고 생각하고 있습니다. 그렇게 하지 않고는 비정규직의 비율을 획기적으로 낮출 방법이 없습니다. 같은 노동을 하는데 임금과 근로조건이 크게 차이가 나는 것은 시장 친화적이지도 않고 사회정의에 들어맞지도 않습니다. 노동시장이 유연해진다고 해서 고용의 안전성이 떨어지는 것은 아니라는 연구결과가 있음을 상기해봐야 합니다. 귀족노조의 전횡부터 견제돼야 마땅합니다. 이 나라의 노동운동은 많은 의미에서 이미 그 의미를 상실했다고 봅니다. 전체 노동자의 10%도 안 되는 귀족 노동운동 집단이 90% 이상을 차별하는 기형적 행태를 보이고 있습니다.

규제개혁 얘기는 더는 강조하지 않겠습니다. 양질의 일자리 창출이라는 대명제 아래 이와 같은 혁신들이 일거에 이루어져야만 한다는 것이 제 생각입니다. 시인 김수영은 "예술이란 불가능한 꿈을 추구하는 것이므로 본질적으로 불온하다."라고 말한 적이 있는데요. 불가능을 추구한다는 의미에서 제가 매우 불온한 꿈을 꾸는 것인지도 모르겠습니다. 지사님의 경제 정책의 첫 번째인 일자리 창출에 관한 생각을 말씀해주십시오.

원희룡 저에게 절박해 보인다고 하셨지만 교수님이 더 절박한 것처럼 보이네요. 앞서 말씀드린 바와 같이 일자리는 근본적으로 민간 기업이 성장을 통해 창출하는 것이 최선입니다. 이러한 일자리들이 양질의 일자리죠. 그래서 혁신의 중심이 되고 다음 세대를 이어갈 중간 다리가 되는 청년들이 민간 영역에서 일자리를 얻을 수 있도록 정부의 화력을 집중할 필요가 있습니다.

먼저 제가 우리나라 일자리 시장에서 관찰한 심각한 왜곡 현상에 대해 간략히 말씀드리고자 합니다. 경제학에 '고위험high risk-고수익high return'이란 말이 있지 않습니까? 그런데 우리나라 고용시장에서는 오히려 반대 현상이 관찰됩니다. 대표적인 것이 교수님이 말씀하신 정규직과 비정규직이죠. 정규직은 안정적인 고용환경 속에서 보수도 높은 반면 비정규직은 불안한 고용환경에 보수도 낮습니다. 또 다른 예를 들어보죠. 요즘 대학생들이 가장 취업하고 싶어하는 직장이 한국은행이나 산업은행과 같은 금융공기업입니다. 이러한 공기업은 60세까지 정년이 보장됩니다. 그런데 보수 역시 대기업과 비교해도 손색이 없거나 오히려 더 높습니다. 공기업은 문자 그대로 공공업무를 수행하는 만큼 국가 경제에서는 보조적 역할을 하는 곳입니다.

물론 공기업의 기능과 역할도 있습니다. 그런데 국가 경제 입장에서 보면 인재들이 죄다 공기업을 지원하고 사기업을 회피하니 인력 수급에 왜곡이 발생하는 겁니다. 뭔가 잘못돼도 한참 잘못된 거죠.

조장옥 그렇습니다. 성장을 견인할 유망 업종에 인재들이 몰리고 정부는 제도나 정책으로 그러한 산업을 뒷받침해줘야 경제가 성장할 수 있습니다. 그런데 인재들이 모두 공기업, 특히 금융공기업을 희망하다 보니 그 분야의 경쟁만 치열합니다. 공무원 열풍도 비슷한 이유일 겁니다. 그럼 이제 본론으로 돌아와 서두에서 지사님이 말씀하신 '국가 찬스' 일자리에 대해 보따리를 풀어봐주시기 바랍니다. 국가 찬스 일자리 정책, 모든 정부의 정책 역량을 일자리에 연동시킨다고 말씀하셨는데요. 구체적으로 어떤 내용입니까?

원희룡 제가 구상하는 '국가 찬스' 일자리는 정부 각 부처가 가진 모든 정책 기능을 일자리에 연동시키는 겁니다. 즉 정책의 중심 hub은 '일자리' 정책이고 그 외 정부의 모든 정책, 제도, 규제, 지원 등이 '가지spoke'에 해당한다고 보면 됩니다. 구체적으로는 기재부가 담당하는 거시경제 정책, 재정·세제 정책, 고용노동부가 담당하는 고용과 노동 정책은 말할 것도 없고 기업의 규제 정책, 중소벤처와 자영업과 같은 소상공인 지원 정책, 교육, 연구개발, 심지어 국방 정책까지 모든 정책 역량을 일자리 창출에 연계시키는 겁니다.

제가 구상하는 '국가 찬스' 일자리 정책은 세 개의 꼭지로 구성돼 있습니다. 첫째, 일자리를 창출하기 위해서는 구직자가 자신의 직무 능력을 알릴 기회가 많아져야 합니다. 그리고 구직에 실패했을 때 어떤 부분이 부족한지 피드백을 받아 보완할 수 있어야 합니다. 자신을 '판매sell'할 수 있는 기회조차 없고 자신의 약점을 보완하고 역량을 높일 기회가 없어서는 취업이 힘들 수밖에 없습니다.

둘째, 취업희망자들이 선호하는 대기업이나 공기업들이 고용을 늘릴 수 있도록 인센티브를 제공하고, 중소기업 일자리는 고용 여건을 개선하며 창업이나 벤처기업, 자영업자에 대해서는 국가가 컨설팅을 알선해 경쟁력을 보강해줘야 합니다. 그래서 대기업, 중소기업, 벤처, 자영업 등 민간 부문의 모든 영역에서 일자리가 창출되도록 유도하는 것이 국가 찬스 일자리 정책입니다. 이 모든 정책에 경제 주체들이 자발적으로 동참하도록 인센티브를 제공해 시장 기

'국가 찬스' 복지체계

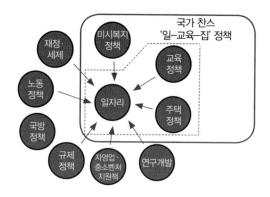

능을 최대한 이용하는 시장친화적 방식을 활용합니다. 그래서 앞서 '시장친화적 국가 찬스 일자리' 정책이라고 강조한 겁니다.

마지막 세 번째 꼭지는 교육과 컨설팅입니다. 이 세상에 쓸모없는 전공은 없습니다. 다만, 그 전공 지식을 현업에 활용할 연결고리가 약하다 보니 취업에 어려움이 있는 것입니다. 정부가 재교육 정책을 통해 그 연결고리를 제공하겠습니다. 또한 구직자 개인에게 맞춤형 구직 컨설팅 서비스가 절실합니다. JTBC 드라마 〈SKY 캐슬〉에서 상위 0.1%의 부모가 입시 코디네이터를 이용하듯 이제 모든 취업희망자에게 정부가 나서 취업 코디네이터를 붙이겠습니다.

조장옥 듣고 보니 '국가 찬스' 일자리는 범위가 상당히 넓은 것 같습니다. 그렇게 그물이 넓을수록 그물망 자체는 촘촘해야 합니다. 얼마나 세밀한지 세부 정책을 하나씩 들어볼 수 있을까요?

원희룡 네. 첫 번째는 말씀드린 바와 같이 취준생들이 가장 선호하는 대기업과 공기업들이 취준생들에게 취업 문호를 여는 정책입니다. 최근 명문대 경영학과 졸업생이 입사원서를 100통을 넘게 썼는데 모두 불합격되고 달랑 세 곳에서 면접심사를 받았다는 기사를 읽었습니다. 왜 떨어졌는지 알 수도 없습니다. 단지 '불합격'이란 문자 통보만 받았으니까요. 필기시험에서 떨어졌다면 모르겠지만 그것도 아닙니다. 뭐가 부족한지 알아야 부족한 점을 보완할 수 있지 않겠습니까?

조장옥 기업 입장에서도 어려움이 있습니다. 달랑 입사서류 검토와 몇십 분의 면접으로 향후 30년 이상 함께 일해야 하고 해고도 할 수 없는 신규 인력을 뽑아야 하니 선발 과정에 정확성이 떨어질 수밖에 없습니다. 그렇다 보니 뽑아 놓은 후 '고문관'이 되지 않을까 하는 우려로 되도록 신규채용을 삼가하고 기존 직원들의 생산성을 높이는 쪽으로 가닥을 잡게 되는 거죠. 반면 미국이나 유럽의 기업들은 채용 후에도 언제든지 해고가 가능하니 일단 신규채용 숫자가 많을 수밖에 없습니다. 일장일단이 있을 겁니다. 하지만 현재 취준생들이 겪는 취업난 배후에는 우리 노동시장의 경직성이 주요 원인이 있다는 데는 이견이 없을 겁니다.

원희룡 그래서 대기업을 중심으로 인턴제가 더 활성화돼야 합니다. 함께 일해보면 지원자의 직무역량, 적성, 성품에 대해 파악이 가능하니 맞춤형으로 인재를 뽑을 수 있을 겁니다. 물론 인턴제도는 '무보수'나 '열정페이' 등의 단점이 생길 수 있습니다. 기업들이 잡일이나 시키고 저임금을 지급하는 식으로 악용하는 경우도 생길 수 있겠죠. 인턴사원은 '을'도 아닌 '병'이니까요. 따라서 현행 인턴제도가 가진 장점을 살리고 단점을 보완하는 식으로 바꿔야 합니다.

그러기 위해 매해 일정 규모 이상의 대기업과 중견기업 그리고 공기업이나 공공 유관 기관으로 하여금 현재 근로자 대비 15% 이상은 반드시 6개월 인턴 채용을 의무화하고자 합니다. 그리고 인턴사원의 보수는 신규 입사자 보수의 70% 이상으로 하고 그중 절반을 정부가 재정으로 충원하도록 하겠습니다. 그렇게 인턴 기회를 넓혀야 기업은 자신들에게 맞는 직원을 뽑을 수 있고, 입사지원자는 자신의 능력을 알릴 기회의 장이 넓어지며, 혹 실패하더라도 뭐가 부족한지 피드백을 받을 수 있습니다.

조장옥 무보수나 열정페이를 막기 위해 인턴사원의 보수를 신규 입사자의 70%로 규정한 것은 이해가 됩니다. 그런데 인턴 인원을 총 근로자의 15%로 정한 데는 특별한 이유가 있습니까?

원희룡 15%라는 숫자를 확정한 것은 아닙니다. 하지만 제가 생각하는 요지는 다음과 같습니다. 한 기업에 100명의 근로자가 있다고 가정하고 30년에 걸쳐 근로자가 채용됐다면 현재 근로자 총량을 유지하기 위해서는 매년 총 근로자의 3.3%를 신규 채용해야 합니다. 인턴 네 명당 한 명을 채용한다고 하면 인턴 인원은 3.3% 곱하기 4를 해서 13.4%가 됩니다. 그런데 중간에 이직하거나 퇴직한 인원을 고려하고 제대로 된 기업 조직이 상부보다 하부구조가 더 큰 삼각형 형태라는 점을 고려하면 채용 인원이 더 커야 합니다. 이를 고려해 15% 정도의 수치를 제시한 겁니다.

조장옥 그렇군요. 그렇다면 인턴 기간 6개월은 어떻습니까? 너무 길지 않나요?

원희룡 6개월이란 기간 역시 확정된 숫자는 아닙니다. 사실 제가 말씀드리는 인턴제도는 이미 경제협력개발기구에서 추천하는 '청년보장제도'라는 정책과 유사한데요. 경제협력개발기구의 청년보장제도는 인턴 기간을 1~2년 정도로 설정하기도 합니다. 그런데 미국이나 유럽은 노동시장이 유연해서 가능한 것이고 우리나라 현실에는 맞지 않습니다. 취업 후 2년 만에 다시 노동시장에 나올 때 오히려 재취업이 힘들어질 수도 있습니다. 또 취준생들을 대상으로 면담해보면 대체로 가장 높게 선호하는 기간이 6개월 내외로 조사됩니다. 너무 짧으면 배운 것도 없지만 특히 취업에 실패했을 때 경력으로 인정받기 힘들다는 단점이 있습니다. 그렇다고 너무 길면 인턴을 그만두고 나왔을 때 다른 기업을 알아볼 기회가 줄어드는 단점이 있죠. 6개월 정도로 설정하면 1년에 두 번 정도 인턴 기회가 주어지게 되는 셈입니다.

조장옥 매우 획기적입니다만 기업으로서는 인턴사원 관리에 인력, 시간, 비용이 들지 않을까요?

원희룡 그래서 정부가 인턴사원의 월급을 절반 정도 부담하는 겁니다. 기업 입장에서는 신입사원을 한 번 뽑으면 몇십 년 이상 같이 일해야 하는데요. 기업에 맞는 인재인지를 선별할 기회를 얻게 되니 그 정도 비용은 부담할 수 있는 것 아닌가요? 기업 입장에서도 뽑을 수 있는 인력 풀 자체가 늘어나니 손해는 아니라고 생각합니다.

조장옥 한 가지 추가적인 질문이 있습니다. 아까 말씀하신 것처럼 6개월 인턴을 하는 동안 잡일만 시키고 일을 배울 기회를 주지 않는다든지 혹은 6개월 종료 후 인턴사원을 고용하지 않고 전원 해고한다든지 하는 등의 부작용은 없을까요? 인턴으로만 부려먹고 채용은 하지 않는 것이죠.

원희룡 그런 우려를 해결할 방법이 있습니다. 정부가 인턴사원의 급여 보조금으로 재정을 투입한 이상 각 기업의 인턴 시행에 대해 평가를 할 근거가 주어진 겁니다. 인턴사원의 채용 여부와 함께 불합격한 인턴사원을 대상으로 기업이 잔심부름만 시켰는지, 직무 능력이 배양되도록 관리는 잘됐는지, 채용과정은 공정했는지 등을 설문조사하면 됩니다. 이러한 설문조사 결과를 통해 개선점을 마련하고 ESG 환경·사회·지배구조 평가의 주요 항목에 포함시키면 됩니다.

그럼 기업들도 관리와 채용 과정에 공정성을 기하게 될 겁니다. 만약 제대로 인턴 관리도 하지 않고 채용도 공정하게 하지 않으면 주가도 타격을 입겠지만 추후 취준생들의 기피 기업으로 낙인이 찍혀 인재들을 구하기 어려워지는 문제에 봉착하게 될 겁니다.

조장옥 그렇군요. 첫 번째 주제에 대한 설명만 들어도 그동안 많이 고민해온 흔적이 엿보입니다. 알겠습니다. 그럼 두 번째 주제, 즉 대기업, 중소기업, 벤처기업과 자영업들이 고용을 확장하는 정책에 관한 얘기를 나누어보도록 하겠습니다.

원희룡 네. 먼저 대기업들이 자발적으로 고용을 늘릴 수 있도록 인센티브를 제공해야 합니다. 그러기 위해서는 두 가지가 필요합니다. 첫째, 청년고용과 연구개발R&D 세제혜택을 연동시켜 둘을 동시에 증가시킬 수 있도록 유도하는 겁니다. 현재 국내 대기업은 연구개발 투자액의 약 2%를 세액공제와 감면의 형태로 지원받고 있습니다. 반면 G5인 미국, 일본, 영국, 프랑스, 독일의 대기업들은 평균 19%에 달하는 지원을 받고 있습니다. 중소기업은 26%의 지원을 받아 G5 평균 23%를 조금 웃도는 것과 크게 대비됩니다.

따라서 대기업의 연구개발 투자액의 지원을 G5 평균인 19% 수준까지 늘리되 고용 증가에 비례해 지원 정도를 조정하는 안을 구상 중입니다. 최근 정부는 기업 대상 세액공제 중 반도체와 같은 국가 핵심기술 관련 트랙을 신설해 세제 혜택을 늘리는 방안을 검토 중입니다. 그런데 특정 산업 육성책도 중요하지만 그보다 더 시급한 것이 일자리 창출인 만큼 산업별 공제 수준을 조절하는 것과 함께 고용에 따라 공제 수준을 조절하는 방안을 병합하는 것이 바람직합니다.

둘째, 대기업에 임금총액제도를 도입해 신규 채용으로 임금총액을 유지하는 한 기존 근로자의 특정 퍼센트, 예를 들어 5% 내에서 해고가 가능하도록 노동시장의 유연성을 허용하는 것도 한 가지 방법으로 검토해볼 만합니다.

조장옥 5% 정도의 노동유연성 허용. 저 같은 경제학자를 비롯해 많은 기업인이 크게 환영하겠지만 과연 양대 노총이 받아들일까요?

원희룡 청년들의 취업난을 고려한다면 양대 노총도 대승적 차원에서 긍정적으로 고려할 수 있다고 봅니다. 노조 얘기가 나왔으니 말씀드리는 건데요. 이제 양대 노총도 근로자 전체의 이해를 대변하는 '대표성'을 확보해야 합니다. 노조 본연의 역할, 즉 근로자 임금, 복지, 그리고 근로 환경 개선과 같이 실제로 근로자의 피부에 와 닿는 주장을 해야 합니다. 진정 근로자의 권익을 위하는 노조라면 지역별-산업별 단체협상을 할 때 소속 근로자 임금이나 복지뿐 아니라 비정규직 차별에 대해 같이 고민해야 합니다. 아예 취업조차 못하는 청년들의 고통에도 공감하면서 해결방안을 같이 모색해야 합니다.

정치적 구호나 외치고 전체 노동자의 10% 정도밖에 안 되는 노조원들의 이익만을 주장하니 귀족노조라는 비판을 받는 거죠. 이런 것을 두고 서강대 사회학과의 이철승 교수는 "자본과 586노조가 야합한 것이 지금의 구조이다."라고 지적했습니다. 그 지적이 틀리다고 할 수가 없어요. 386세대가 사회에 진출한 직후 IMF가 터졌습니다. 윗세대가 대거 해고됐고 아랫세대는 취업이 어려웠죠. 386세대는 이 과정에서 자신의 지위를 더 단단하게 했어요. 이철승 교수는 그 혜택이 시간이 흘러 공고한 기득권이 돼버렸다고 지적하며 불평등 세대의 탄생이라고 일갈하고 있습니다. 노동시장의 이중구조를 해결하고 연공형 임금체계 개편과 연금구조 개혁을 통해 세대 간 형평성과 시장의 정의를 구현해야 합니다. 그런데 이를 양대 기득권 노조가 가로막고 있으니 자본과 586노조의 야합이라고 비판하고 있다고 봅니다.

이대로 기득권만 지키려 한다면 양대 노총은 사라질 것입니다. 국민도 개혁을 원하고 있습니다. 젊은 층들의 사고방식은 과거와 다릅니다. 자신들의 이해를 대변하는 노조를 지지할 겁니다. 공정을 가장 중요하게 여기는 MZ세대를 대변할 새로운 노조가 등장해 경쟁할 수밖에 없을 거예요.

조장옥 알겠습니다. 최근 청년세대는 조국 사태에서 보듯 '공정'을 최우선의 가치로 여기는 것은 틀림없습니다. 그들의 깨어 있는 지성이 우리나라를 한 단계 업그레이드시킬 것이라는 점은 분명합니다. 그들의 목소리가 커질 때 정치권이 변화하듯 기업뿐 아니라 노조도 변화할 것이라 기대합니다.

원희룡 셋째, 고용을 늘리는 정도에 따라 상속세에서 공제해주는 방법도 고민해볼 수 있습니다. 우리나라 상속세율은 최고 50%로 경제협력개발기구 국가 중 일본의 55% 다음으로 높습니다. 그런데 대주주 보유 주식에는 20%를 할증하기 때문에 최고세율은 60%입니다. 경제협력개발기구 국가 중 가장 높습니다. 이런 과중한 상속세로 가업 승계가 어려워지자 현재 중소기업과 중견기업은 사후 고용을 10년 동안 유지한다는 조건하에 가업상속 재산가액의 일부분을 공제하는 '가업상속공제'라는 제도를 시행하고 있습니다.

하지만 이 제도가 대기업에는 적용되지 않고 있습니다. 이러한 제도를 대기업까지 적용하되 고용창출과 연동해서 적용하는 방식을 고려할 수 있습니다. 또 다른 방법으로는 대기업의 최대주주 보유 주식에 부과하는 할증률 20%를 부분적으로 감면해주되 이것 역시 고용총량의 증가율에 비례해 부분적으로 낮춰주게 되면 대주주들이 채용을 늘릴 유인책이 되겠죠. 다만 상속세 문제는 국민 입장에서 매우 민감한 이슈인 만큼 여론을 충분히 수렴해보도록 하겠습니다.

넷째, 대기업을 비롯한 공공기관과 정부 출연 연구기관 등에 남녀 상관없이 육아 휴가를 의무화하고 반드시 대체고용을 하도록 의무화하는 겁니다. 대개 여성의 육아 휴가를 의무화하다 보니 기업들이 사전적으로 여성 고용을 기피하고 사후적으로는 여성들이 회사의 눈치를 보게 돼 퇴직을 결정하게 되고 결과적으로 경력 단절이 생기게 됩니다. 남성에게도 육아 휴가를 의무화해 부부 공동으로 육아에 전념하는 한편 대체인력 채용을 의무화해 고용을 늘리도록 일정 부분 강제해야 합니다.

다섯째, 정부에서 발주하는 공공사업, 공공조달 입찰, 민간투자 등 민간 기업이 참여하는 모든 입찰에 고용총량의 증가와 질적 평가 항목에 높은 배점을 부과하고자 합니다.

여섯째, 대기업 규제를 완화하는 것 역시 고용과 연동시키겠습니다. 기업들의 애로사항과 관련한 규제를 풀어주는 조건으로 고용총량 증가를 요구하면 됩니다.

조장옥 기업 입장에서도 신규 채용을 늘리고 세금공제 등의 혜택을 받는다면 그렇게 나쁜 조건은 아니군요. 특히나 기업의 자유로운 경영 활동을 저해하는 규제도 풀고 청년들에게 일자리도 제공하는 일거양득의 효과를 기대할 수 있겠다는 생각이 듭니다.

원희룡 네. 맞습니다. 그만큼 청년실업이 절박하기 때문입니다. 기업에도 충분한 인센티브를 제공하는 만큼 많은 기업이 국가경제 발전이란 대승적 차원에서 기꺼이 협조해줄 것으로 기대하고 있습니다.

마지막으로는 지방대학의 구조조정을 기업의 고용과 연계시키는 겁니다. "벚꽃 피는 순서대로 망한다."라는 말처럼 지방대학은 정원을 채우지 못해 위기에 처해 있습니다. 이제 대학은 연구 중심 대학과 취업 전문 대학으로 이원화할 수밖에 없습니다. 취업 전문 대학은 지역 기업들과 협력해서 수요에 맞는 전공을 개설해 필요 인력을 제공하는 식으로 탈바꿈해야 합니다. 대학이 이러한 학과를 개설하는 대신 기업은 졸업생 전원이나 최소 몇 명 이상을 고용하겠다는 서약서를 통해 채용을 약속해야 합니다. 이런 식으로 고용의 미스매칭 문제와 지방대학의 구조조정 문제도 자연스럽게 해결할 수 있을 겁니다.

조장옥 대기업들의 고용 촉진과 미스매칭 문제를 해결하기 위해 다양한 당근과 채찍을 준비하셨군요. 가히 전방위적이라는 느낌이 듭니다. 그렇다면 중소기업의 일자리 창출에 대해서는 어떤 복안을 가지고 계신가요?

원희룡 청년노동 시장에서 대기업은 구직난을 겪고 중소기업은 구인난을 겪는 전형적 '미스매치'의 문제가 청년실업의 심각성을 가중시키는 주요 요인 중 하나입니다. 따라서 중소기업은 대기업과 비교해 낮은 임금과 열악한 근무조건 및 환경을 개선해 구인 시장에서 경쟁력을 확보하도록 지원하는 데 초점을 맞춰야 합니다.
첫째, 현재 중소기업을 대상으로 시행 중인 '청년추가고용장려금제도'라는 것이 있습니다. 청년 신규채용에 대해 기업 규모별로 1인당 900만 원씩 최대 4명까지 정부 보조금을 지급하는 정책입니다. 그런데 이를 기업 규모에 따라 최대 8명까지 확대하는 방안을 고려하고 있습니다. 그러나 이는 신규채용인력의 임금을 보조해주는 지원책으로 대기업과 비교해 열악한 중소기업 근로자의 보수를 높이는 데는 직접적으로 기여하지 못하고 있습니다. 그래서 두 번째로는 대기업 대비 중소기업의 임금비율의 목표치를 정하고 (예컨대 75%) 부족한 부분을 정부가 보조해주는 직접적인 임금지원 방식을 고려해볼 수 있을 겁니다. 다만, 이런 임금지원방식은 재원 마련의 문제 외에도 정부 지원이 아니라면 당연히 퇴출해야 할 중소기업을 연명시키는 등 시장 왜곡과 도덕적 해이를 불러올 개연성이 높기 때문에 정교한 설계가 필요합니다. 따라서 아직 확정 단계는 아니고 좀 더 정밀하게 구상 중이라는 말씀을 드립니다.

셋째, 현재 중소기업에 입사하면 '청년내일채움공제'라고 해서 예를 들어 본인 300만 원, 기업 300만 원, 정부지원금 600만 원씩 기여해 2년 뒤 1,200만 원의 목돈을 만드는 제도가 있습니다. 제주도는 이 기간을 5년까지 확장해 목돈 크기를 더 불려놨습니다. 이 제도를 전국적으로 확대해 5년까지로 기간을 확장하고 정부 기여율을 더 높일 생각입니다.

넷째, 사실 청년들이 중소기업에 취직하는 대신 잠재적 실업을 택하는 데는 대기업과 비교해 중소기업의 성장 가능성이 낮고 복지혜택도 열악하기 때문입니다. 중소기업 역시 청년들이 장기적으로 다닐 수 있는 매력적인 일자리로 변화돼야 합니다. 그러기 위해서는 앞서 논의된 중소기업 육성책 외에도 중소기업 청년층 근로자에 대한 복지 혜택을 늘리는 비임금지원방식을 고려해볼 필요가 있습니다. 예컨대 중앙정부·지방자치단체가 프로그램에 참여하는 중소기업들과 협력해 근로자들에게 사택 형태의 임대주택을 제공하는 프로그램을 생각할 수 있습니다.

구체적으로 사원용 임대주택은 세제혜택을 준다거나 부동산 규제를 풀어주고 공공토지를 임대해주는 방식도 고려할 수 있습니다. 이 회사에 근무하는 동안은 주거 불안 없이 살 수 있겠다는 확신을 정부가 만들어줘야 합니다. 또한 해당 회사들의 근로자들을 대상으로 한 공동 영유아 돌봄서비스를 제공하는 프로그램 등을 고려해볼 수 있을 것입니다. 문화쿠폰을 공동으로 발행하고 공동 통근버스를 만들어 주말에 스포츠나 문화관람에 활용할 수도 있을 겁니다.

이와 같이 문화접근성, 교통, 주택, 보육, 재산 형성을 지역 중소기업이 정부와 공동으로 향상시키는 정책입니다. 특히 이 같은 비임금지원방식은 앞서의 직접적인 임금지원방식에 비해 상대적으로 적은 재원으로도 운영이 가능할 것이며 시장 왜곡이나 도덕적 해이의 문제도 상대적으로 작을 것으로 보입니다.

조장옥 행정 경험이 많아서 그런지 아이디어가 마치 화수분처럼 뿜어져 나오는 것 같습니다. 자, 그럼 마지막으로 벤처기업이나 자영업자의 고용대책은 무엇인가요?

원희룡 벤처산업은 과거 이명박, 박근혜, 그리고 문재인 정부까지 무려 삼대에 걸쳐 핵심 성장 전략으로 육성돼왔습니다. 나중에 성장 전략에 대해 논의할 때 좀 더 자세히 설명드리겠습니다만, 벤처기업에 가장 필요한 것은 액셀러레이터나 벤처캐피털과 같이 창업 초기 멘토로서 컨설팅 업무를 지원해주는 기관들입니다. 그런 면에서 국내 벤처 산업은 아직 갈 길이 멀지만 그래도 조금씩 생태계가 조성돼가는 느낌을 받습니다.

문제는 자영업입니다. SBS 프로그램 〈백종원의 골목식당〉을 보면 아시겠지만 자영업들이 가게 운영에 필수적인 지식이나 경험도 없이 뛰어들어 낭패를 보는 것을 심심치 않게 볼 수 있습니다. 지금 자영업자들에게 가장 필요한 것은 백종원 대표와 같은 전문적 컨설턴트의 도움입니다. 그래야 경쟁력을 확보하고 종업원을 늘려 고용을 창출할 수 있습니다. 이에 대해서는 산업 양극화 현상에 관해 얘기할 때 자세히 설명드리도록 하겠습니다.

조장옥 알겠습니다. '국가 찬스' 일자리 정책의 두 번째 주제인 기업 규모별 고용촉진책의 설명이 끝났습니다. 매우 긴 시간 동안 자세한 설명 감사합니다. 이제 마지막 세 번째 주제입니다. 교육과 컨설팅을 말씀하셨는데요.

원희룡 맞습니다. 첫째는 교육입니다. 지금 청년 취업난이 발생하는 요인 중 하나가 기업이 뽑고자 하는 인재의 직무능력과 구직자의 직무능력 간 미스매치 때문입니다. 디지털 혁명 시대를 맞아 과거와 달리 기업에서 요구되는 직무능력과 대학에서 공부한 지식 사이에 간극이 점점 커지고 있습니다. 대학도 분발해야 합니다만 대학 자체가 직업 양성소가 아닌 만큼 강제할 수만은 없습니다. 그런 면에서 졸업 후 6개월이 지나도 취업에 실패한 청년에게 향후 최대 1년간 최대 1,000만 원까지 학원이든 인터넷 강의를 수강할 수 있는 비용을 지원하겠습니다. 일종의 재교육 바우처라 할 수 있는데요. 산업 현장에서 필요로 하는 인력을 고교나 대학에서 제공하지 못하는 만큼 정부에서 재교육시킨다고 생각하면 될 것 같습니다. 아까 말씀드린 것처럼 어떤 전공도 쓸모없는 전공은 없습니다. 다만, 그 전공 지식을 현업에 활용할 수 있는 연결고리가 약하다 보니 취업이 어렵습니다. 정부가 재교육 정책을 통해 그 연결고리를 제공하겠습니다.

　그리고 최근의 '이대남' 사태에서 보듯 군 입대가 인생의 낭비라고 생각하는 경향이 늘고 있습니다. 그런 면에서 오히려 군대가 또 다른 교육의 장이 되도록 변화해야 합니다. 대개 5시면 일과가 끝나니 대학 재학 중 입대했다면 자신의 소속 대학에서 제공하는 인터넷 강의를 통해 일정 부분 학점을 이수할 수 있도록 배려하는 정책을 생각할 수 있습니다. 이때 해당 학점 이수에 필요한 등록금은 정부가 부담하도록 하겠습니다. 대학을 졸업했거나 소속 대학에서 제공하는 강좌 중 관심 있는 강좌가 없을 수도 있습니다. 그럴 경우 관심 분야의 자격증을 딸 수 있도록 관련 학원 인터넷 강좌를 수강할 수도 있습니다. 특히 컴퓨터 프로그래밍 강좌를 초급부터 고급까지 인터넷 강좌로 개설해 동 학점을 소속 학교에서 인정하도록 하거나 자격증을 딸 수 있도록 제도화하겠습니다.

　조장옥　최근 여권의 모 후보는 군대 제대 시 3,000만 원을 일괄 지급하는 안을 제시한 적이 있습니다.

　원희룡　현재 젊은 세대들은 현명합니다. 그런 '돈표'식 방식은 먹히지 않습니다. 그 3,000만 원을 결국 누가 내야 할까요? 자신들입니다. 앞으로 주고 뒤로 빼앗는 방식이죠. 그들이 원하는 건 자신들의 역량을 높여 좋은 일자리를 얻는 겁니다. 정부가 해줘야 할 역할은 그걸 돕는 것이죠.

　다음은 취업 컨설팅에 대해 말씀드리도록 하겠습니다. 금수저가 가진 많은 불평등한 이점 중 하나가 정보력입니다. 어떤 회사가 신규 채용을 하고 있고 어떤 스펙과 스킬셋을 원하는지 '부모 찬스'

를 통해 더 잘 알 수 있다는 거죠. 이러한 정보의 비대칭성은 생각보다 심각합니다. 그리고 부모의 인적 네트워크를 이용해 어떻게 자신을 '판매sell'할지, 자신의 약점을 어떻게 보완할지도 훨씬 잘 알고 있습니다. 그래서 '국가 찬스'가 필요한 겁니다.

고등학교나 대학을 졸업한 후 1년 동안 취업에 실패한 구직자에게 취업 컨설팅 업체를 연결해주는 겁니다. 마치 벤처캐피털 회사가 벤처 회사에 투자하듯 민간 취업 컨설팅 회사들이 구직자 개개인에게 맞춤형 전문 컨설팅을 제공하는 거죠. 정부가 정부기금을 모아 모태펀드나 성장 사다리를 설정한 후 벤처캐피털을 통해 벤처기업에 투자하는 방식처럼 정부가 기금을 형성한 후 취업 컨설팅 회사들을 선정해서 취준생들에게 전문적 컨설팅을 제공하고 부분적으로는 투자도 하는 방식이라 생각하면 됩니다.

이것이 바로 '국가 찬스 취업 컨설팅' 프로그램입니다. 취준생 개개인의 능력, 적성, 스펙 등에 대해 분석 진단해 적절한 회사를 알선해주고 필요한 정보를 제공하며 자기소개서 준비부터 면접 훈련까지 맞춤형 코디네이션을 제공합니다. 필요하면 제휴한 학원을 연결해 강의를 받고 약점을 보완하도록 해줄 수도 있습니다. 이때 필요한 학원비는 앞서 말한 정부가 제공하는 재교육비를 이용하면 됩니다. 그렇게 해서 취업에 성공할 경우, (정확한 수치는 추후 더 연구해 봐야하겠습니다만) 예를 들어 첫해 연봉에서 컨설팅 회사에 5%, 정부에 2%를 지불하고 정부가 추가로 7%를 컨설팅 회사에 부담하는 방식입니다. 취업 컨설팅 회사도 취업 연봉에 비례하는 수수료를 받는 만큼 좋은 직장에 취업시키는 것이 유리합니다.

조장옥 앞서 말씀하신 JTBC 드라마 〈SKY 캐슬〉의 입시 코디네이터 얘기가 이거군요.

원희룡 맞습니다. 국가가 취준생들에게 〈SKY 캐슬〉의 취업 코디네이터를 붙여주는 겁니다. 청년들뿐만이 아닙니다. 중장년층, 노년층 등 재취업을 원하는 국민 누구에게나 서비스를 제공할 겁니다. 고령화 시대가 되면서 이제 모든 국민이 미래 인재이고 모든 국민의 인적자본을 높여 취업을 시키는 것이 정부가 할 역할입니다. 취업 컨설팅 회사도 청년층 전문과 중장년층 전문 등으로 세분화되는 계기가 마련될 겁니다.

조장옥 기존의 헤드헌팅 회사가 대거 취업 컨설팅 회사로 탈바꿈하겠네요. 여기서도 고용이 창출되겠는데요?

원희룡 한번 그렇게 인연을 맺게 되면 컨설팅 회사는 평생 그 사람의 취업을 관리할 수도 있습니다. 연예계나 프로 스포츠로 따지면 일종의 매니저 역할을 하게 되는 거죠. 물론 여기에도 재정 지출은 피할 수 없습니다. 그런데 이런 재정은 일자리를 만들기 위한 재정입니다. 그리고 이것이 바로 최선의 복지정책이라고 봅니다. 일자리를 만드는 데 기여하는 재정 지출은 대폭 확대할 생각입니다.

조장옥 종합하면 청년 구직자에게 자신의 능력을 알릴 기회의 폭을 넓혀주고 모든 기업이 신규채용을 늘릴 수 있도록 인센티브를 주는 정책이군요. 여기에 재교육을 통해 현장에서 필요한 직무 능력 배양과 미스매치 문제를 해결하고 전문 컨설팅을 통해 취준생의 상품성을 높여주는 것이고요. 청년취업의 종합대책이라 할 만합니다. 취업난이 대폭 개선될 것으로 기대됩니다.

원희룡 이러한 미시적 정책도 필요합니다. 하지만 좀 더 근본적으로는 신산업 육성을 통해 일자리 자체를 증폭시켜야 합니다. 뒤에 말씀드릴 디지털 혁신 성장을 통해 새로운 산업이 잉태되고 발전하게 되면 청년 일자리 창출에서 핵심적인 돌파구가 될 수 있습니다. 디지털 기업의 성장 속에서 고용이 이루어지고 디지털 기술을 통해 기존의 사회문제를 새로운 방식으로 해결하고 비즈니스 기회를 창출함으로써 창업 역시 늘어날 수 있습니다. 정부는 이러한 디지털 기업의 성장과 창업 기회 제공에 투자를 아끼지 말아야 합니다. 특히 창업 생태계 구성에서 정부는 자본조달을 넘어 혁신의 안전망을 생성할 수 있도록 도와주고 노력해야 합니다.

그리고 한 가지 추가하고 싶은 것이 '무한도전 실패경력할당제'입니다. 현재 청년 중에는 자기 경력에 훼손이 될까 봐 지원에 너무 소극적인 취준생들이 많습니다. 실패는 성공의 어머니라고 했습니다. 실패를 두려워하지 않고 도전할 수 있어야 경제 전체의 위험 선호도가 높아져 경제가 성장할 수 있습니다. 실패경력이 있으면 앞서 말씀드린 취업 컨설팅을 통해 실패했던 경험을 내재화하고 보완하는 노력을 통해 경력으로 내세울 수 있게 해야 합니다. 이에 따라 정부기관, 지자체, 공기업, 대기업이 채용 과정에서 실패경력자를 우대하도록 하는 '무한도전 실패경력할당제'를 통해 실패도 경력으로 인정하도록 제도화하겠습니다.

조장옥 알겠습니다. 지사님이 일자리 문제를 얼마나 고심했는지 말씀하신 정책들에 절절히 녹아 있는 것 같습니다. 청년 일자리 문제는 이쯤에서 매듭을 짓도록 하겠습니다.

| 원희룡표 경제 정책 2 : 디지털 전환으로 성장과 복지를 동시에 한다

조장옥 자, 이제 다음 주제로 넘어가도록 하겠습니다. 현재 여야를 막론하고 대권 주자들이 서서히 모습을 나타내고 있습니다. 여권의 경선 일정이 조금 빠르다 보니 여권 후보들의 경제 철학이나 주요 정책은 일부나마 드러나는 데 반해 야권 후보들의 정책은 아직 조금 더 기다려야 할 것 같습니다. 하지만 한 가지 주목할 점은 어떤 후보도 '성장'에 대해서는 구체적으로 이야기하지 않고 있다는 점입니다. 오로지 '분배'뿐입니다. 이 정도쯤이면 성장에 대해 뭔가 방향성을 제시할 때가 됐는데 말이죠.

원희룡 그렇습니다. 지금까지 모든 후보가 공통으로 '분배' 또는 '복지' 문제를 얘기하고 있습니다. 하지만 그 누구도 성장에 대한 담론을 뚜렷이 얘기하지 않는 것으로 알고 있습니다. 이재명 지사의 소위 '돈표'식 기본소득은 차치하고라도 다른 여권 후보들의 '청년 1억 기본자산'이나 '군 제대 시 3,000만 원 지급' 역시 일회성 '돈표' 정책으로 성장 담론과는 거리가 멉니다. 아마도 이런 기조는 가장 먼저 대권 도전을 천명한 이재명 지사가 기본소득이라는 담론을 선점하면서 치고 나오니 어쩔 수 없이 이에 대한 논의가 시작된 측면도 있었다고 생각됩니다. 뒤에 나온 '안심소득'이나 '공정소득' 역시 부의 소득세란 개념으로 이러한 논의에 뛰어든 것이죠.

기본소득에 대한 논의는 복지에서 다루겠습니다. 기본소득이든 전통적 복지정책이든 많은 재정투입이 불가피합니다. 그러다 보니 복지가 지속성을 가지기 위해서는 경제 성장이 뒷받침돼야 합니다. 그런데 어떤 후보도 성장을 어떻게 견인할지, 기본소득이나 복지의 재원을 어떻게 마련할지에 대해서는 불투명한 자세를 취하고 있습니다. 이는 심히 우려스러운 대목입니다. 돈을 쓸 궁리만 하지 어떻게 돈을 벌지는 이야기하지 않는 거죠. 저는 이 부분에서 복안을 가지고 있고 이것이 제가 다른 후보들과 차별화되는 지점이라고 봅니다.

다만, 오해의 소지가 있을까 봐 미리 말씀드리고 싶은 것이 있습니다. 저는 성장만 중시하는 성장주의자가 아닙니다. 저 역시 다른 후보 못지않게, 아니 어쩌면 더 복지와 사회안전망 구축에 많은 관심을 가지고 있습니다. 그러나 이러한 복지와 사회안전망의 구축에 필요한 재원을 확보하기 위해 어떻게 성장을 견인할 것인가의 중요함도 잘 인식하고 있습니다. 원희룡의 경제 정책은 성장과 복지를 동시에 고려하는 정책이라고 말씀드리고 싶습니다.

조장옥 그렇다면 원 지사님이 구상하시는 성장 전략의 요체는 무엇인가요? 이명박 정부나 박근혜 정부, 현정부 모두 이름만 테크노경제, 창조경제, 혁신경제로 다를 뿐 벤처 활성화 정책에 근 14년을 할애했습니다. 그런데도 아직 성장의 주요 동력으로 성장하지 못했습니다.

원희룡 맞습니다. 그만큼 성장 동력을 발굴하고 발전시켜 나가는 것은 결코 쉽지 않은 과제입니다. 장기적 투자이기 때문에 단기성과에 급급하다 보면 제대로 된 설계를 할 수가 없습니다. 서두에 말씀드린 바와 같이 지금은 디지털 혁명기의 초입 단계입니다. 혁명이란 위험과 기회를 동시에 제공합니다. 이를 제대로 활용하면 제2의 도약을 할 기회가 될 것이고 잘못하면 2류 국가로 전락할 위기가 될 수도 있습니다. 그만큼 중대한 기로에 서 있다고 볼 수 있죠.

디지털 혁명기에 글로벌 경쟁의 가장 중요한 요소는 일단 디지털 전환의 속도입니다. 얼마나 빠르게 디지털 경제로 전환할 수 있는가가 국가 경쟁력을 좌우할 것입니다. 특히 코로나19로 디지털 전환이 크게 앞당겨졌습니다. 디지털 경제는 주로 플랫폼 위주의 경쟁을 촉진할 것입니다. 그리고 이러한 플랫폼 위주의 경쟁에서는 선점효과가 가장 중요합니다. 즉 디지털 전환 속도가 국가 경쟁력의 가장 중요한 요소가 될 것입니다. 메타버스나 디파이_{DeFi 분산금융} 등 관련 산업의 부상은 플랫폼 경제에서 한 발 더 나아가 프로토콜 경제로 진화할 가능성까지 보여주고 있습니다. 디지털 경제의 경쟁은 그야말로 숨 돌릴 시간을 주지 않고 있습니다. 자칫 방심하면 후발 주자가 바로 추월합니다.

따라서 디지털 방식으로의 전환은 계속해서 새로운 비즈니스 모형을 구축해야 하고 이러한 비즈니스 간의 효율적인 생태계 구성 역시 필수적입니다. 승자독식 구조이기 때문에 새로운 성장 기회를 원하는 모든 국가가 지금 사활을 걸고 선점 경쟁을 하고 있습니다.

조장옥 말씀 중에 죄송합니다만 디지털 전환 속도를 높여 성장 동력으로 가져가겠다는 말씀만으로는 여전히 창조경제나 혁신경제와 무슨 차이가 있는지 명확하지 않습니다. 문재인 정부에서도 그린 뉴딜정책과 함께 디지털 뉴딜정책을 내놓고 뉴딜펀드까지 조성했습니다. 지사님의 디지털 정책은 어떤 차이가 있습니까?

원희룡 지난 정권들이 벤처 활성화를 통해 혁신을 시도했지만 기대했던 만큼의 성공을 거두지 못했습니다. 그렇게 된 데는 몇 가지 근본적 이유가 있습니다. 모든 정권이 단기적 성과에 집착한 나머지 '마중물 퍼주기'에만 주력했습니다. 모태펀드니 성장사다리펀드를 비롯해 각종 형태의 창업지원자금 등 정부의 마중물을 늘려왔습니다. 마중물은 문자 그대로 마중물의 역할에 그쳐야 합니다. 펌프 설치의 성공 여부는 어느 곳에 설치하느냐에 달려 있습니다. 지하수가 많은 곳에 펌프를 설치하면 마중물을 조금만 부어도 당연히 많은 지하수를 끌어올릴 수 있습니다.

그런데 정부가 워낙 마중물을 많이, 그리고 무분별하게 퍼주다 보니 굳이 지하수가 잘 나올 만한 곳을 찾는 노력을 하지 않게 돼버렸습니다. 그냥 그 마중물을 쓰기만 하면 되죠. 한마디로 옥석을 가리는 시장 기능이 약화되고 '먼저 본 사람이 임자'라는 도덕적 해이까지 퍼져 있습니다. 혹시 말씀하신 현정부의 디지털 뉴딜 정책을 자세히 읽어보신 적이 있습니까? 내용을 읽어보면 모두 인프라 구축에 대한 것들입니다. 그러나 디지털 경제는 인프라만이 중요한 것이 아닙니다. 디지털 경제의 요체는 하드웨어가 아니라 소프트웨어에 있습니다. 소프트웨어적 측면에서 해답을 찾아야 합니다. IT 산업에서는 인터넷 통신망과 컴퓨터 연산속도 문제 등 하드웨어적 인프라 개선이 중요했습니다. 그러나 현재 상황은 완전히 다릅니다.

디지털 경제의 본질은 인공지능, 블록체인, 빅데이터 기술을 가지고 무언가를 개선시키거나 새로운 상품을 만들고 그것을 비즈니스로 연결시켜 이익을 창출하는 것입니다. 인터넷 통신망이 발전하지 않았을 때는 인터넷 속도만 빠르게 해도 할 수 있는 비즈니스가 많았습니다. 하지만 지금 디지털 경제가 그렇습니까? 전혀 그렇지 않습니다. 인프라 확충이라는 단선적 해법 가지고는 해결할 수 없는 고차 방정식입니다. 아무리 데이터가 많다고 해도 소용없습니다. 디지털 기술을 기반으로 기존의 사회문제를 풀거나 새로운 서비스를 만들지 않는다면 경제적 부가가치를 전혀 창출할 수가 없습니다.

한번 생각해보죠. 인터넷망이 확장됨으로써 오프라인을 대체하는 온라인 마켓이 생겼습니다. IT 시대에는 오프라인의 한 부분을 온라인 버전으로 변경만 하면 수익을 낼 수 있었습니다. 그러나 디지털 전환은 다릅니다. 온라인 시장에 디지털 기술을 접목해서 좀 더 효율적이고 생산적으로 만들 수 있을 때만 경쟁력을 갖춘 시장이 됩니다. 인터넷망만 깐다고 새로운 수익 기회가 생기진 않는다는 겁니다. 현정부 정책은 이에 대한 이해도가 전혀 없습니다. 데이터만 많이 모으자는 건 30년 전 마인드로 이 문제에 접근하는 것입니다. 디지털 경제의 핵심은 오히려 이 기술을 소프트웨어적으로 잘 다룰 수 있게 해 비즈니스로 연결되도록 하는 부문이 가장 중요합니다. 또한 새로운 서비스 구현에 장애가 되는 규제를 없애는 규제 철폐가 훨씬 중요한 일입니다.

조장옥 그런데 과연 이 디지털 혁신 성장이 바라는 만큼 잠재성장률을 견인할 수 있을까요? 예를 들어 현재 2% 중반 정도의 잠재성장률을 3% 초반대로 견인할 수 있을까요?

원희룡 그건 우리가 어떻게 하느냐에 달려 있습니다. 성공하면 3% 초반이 아니라 4~5%도 가능할 것으로 봅니다. 디지털 전환은 디지털 혁명으로도 불립니다. 혁명이란 모든 걸 일거에 바꾸는 겁니다. 그러니 엄청난 잠재력을 가진 것이죠. 지각의 단층을 갈아타는 겁니다. 이 기회를 활용하기 위해서는 교육, 규제 내용, 정부 조직 등 모든 것이 역시 혁명적으로 변화해야 합니다.

먼저 기존 기업들의 디지털 경쟁력 확보 노력, 국제 경쟁력을 가진 스타트업 육성, 기업가정신의 고양 등 기업이 변해야 할 이슈가 많습니다. 이런 부분은 기업 간 경쟁에 의해 자연스럽게 촉진되도록 해야 할 것입니다. 핀테크 기업들이 성장하면서 은행들의 디지털 전환이 촉진되고 있지 않습니까? 이 예에서 보듯 디지털 기술의 발전은 새로운 경쟁자를 출현시키고 기존 기업들의 기득권을 무력화하는 등 혁신의 동인을 제공하게 됩니다. 지금이 디지털 혁명 시대라 가능한 것이죠. 앞으로 자산운용이나 증권 중개 및 거래 기능은 디지털 기술에 의해 아찔할 정도의 변화가 있을 겁니다. 대학을 비롯한 교육, 회계, 세무 업무, 심지어 농업까지도 그 변화의 물결에서 자유로울 수 없습니다. 경쟁의 촉진과 그로 인한 기득권 해체는 그만큼 전방위적이고 거세질 겁니다.

조장옥 결국 디지털 전환의 생태계만 잘 만들면 기업들은 생존을 위해 혁신 경쟁을 할 것이고 그러면 성장이 견인될 것이라는 말씀이네요. 그렇다면 정부가 디지털 전환의 생태계 구축을 위해 해야 할 역할은 무엇인가요?

원희룡 일단 유망한 선수들을 발굴해 키우고 선수들 간의 경쟁에 걸림돌이 되는 불필요한 규제를 과감하게 혁파해야 합니다. 즉 단순한 의미의 인프라 구축이 아니라 더 광범위한 의미의 '공정한 경쟁'의 인프라를 구축하는 것이 정부의 역할입니다. 지난 정권들이 혁신에 실패한 이유가 여기에 있습니다,

먼저 디지털 인재를 육성시킬 수 있도록 교육 시스템의 전면적 개편이 필요합니다. 서울대학교 김난도 교수가 말했듯이 에베레스트산이 높은 것은 히말라야라는 산맥이 존재하기 때문입니다. 일단 디지털 인재의 수가 많아야 그중에서 특출한 디지털 인재가 나올 가능성이 커집니다. 일본에는 고교 야구팀이 4,000개가 넘는 데 반해 우리나라는 80개에 불과합니다. 단기전에서는 일본과 대등한 경쟁을 벌여왔습니다만 장기적으로 경쟁하기에는 힘에 부칠 겁니다. 따라서 일단 디지털 인력의 수를 획기적으로 늘려야 합니다.

우리가 경쟁력을 가진 반도체와 바이오뿐 아니라 IT 인력을 최소 지금의 10배 이상으로 키워야 국제적으로 경쟁력을 갖출 수 있습니다. 여기에 더해 잠재력 있는 인재에 대해서는 최고급 전문인력으로 적극 양성함으로써 핵심기술에 도달할 역량을 확보해야 합니다.

조장옥 그러나 말씀하신 게 그리 쉽지만은 않습니다. 제가 대학에 있으면서 느낀 점 중 하나가 학과 이기주의입니다. 대학 정원을 교육부가 고정한 상태에서 예를 들어 컴퓨터 공학과의 정원과 교수 수를 늘리려면 다른 학과의 정원과 교수 수를 동수로 줄여야 합니다. 그럴 경우 축소되는 학과의 교수들, 재학생들, 졸업생들이 절대 가만히 있지 않을 겁니다.

원희룡 저도 그 문제점을 잘 알고 있습니다. 현재 대학은 닫힌

학제로 인해 디지털 전환을 수행할 교육 역량이 한계에 다다랐습니다. 일단 강력히 학과 개편을 추진하고 안 되면 앞서 대기업 고용 촉진책으로 말씀드린 지방대학 구조조정안을 통해 대학이 디지털 산업에서 필요로 하는 인재를 양성하고 공급하도록 유인할 생각입니다. 더불어 정부가 중심이 돼 새로운 교육 플랫폼을 통해 디지털 인재 양성에 더 적극적으로 나서야 합니다. '디지털 인재 10만 양병설'이 허튼 농담이 아닙니다. 절체절명의 과제입니다. 반도체, 의학, 약학 계열 역시 마찬가지입니다. 또한 관련 학과의 대학원을 확대하고 활성화해야 합니다. 학부 수준의 지식으로는 글로벌 경쟁에서 선도적 역할을 하는 데 한계가 있습니다. 국가가 이들 전문 대학원의 육성에 집중적으로 투자해 고도의 전문성과 경쟁력을 갖춘 인재들을 집중적으로 양성해야 합니다.

둘째, 혁신에 장애가 되는 규제는 과감하게 철폐해야 합니다. 앞서 디지털 혁명이라고 언급했듯이 규제에서도 개혁이 아니라 혁명 수준의 변화가 일어나야 합니다. 우선 현재의 포지티브 규제 시스템을 네거티브 규제 시스템으로 전면 전환해야 합니다. 네거티브 규제체제로의 전환을 특별법과 같은 최상위법에 넣어 강제화하는 것이 가장 바람직합니다. 물론 국회의 문턱을 넘어야 한다는 어려운 점이 있습니다. 하지만 디지털 전환을 가속화하기 위해서는 이런 혁명적 조치는 절대적으로 필요합니다.

기업의 규제를 풀 때도 고용과 연동시키는 방법 등을 통해 당위성을 얻으면 됩니다. 예를 들어 기업들이 애로를 겪는 규제나 청년 세대가 불공정하다고 행각하는 규제 리스트를 만들고 전문가 패널로 이루어진 청문회를 열어 일자리 창출에 방해되는 모든 규제부터 일거에 폐지하거나 일몰제를 적용해야 합니다. 이와 함께 현재 비상임인 규제개혁위원회를 금융위원회나 공정거래위원회와 같은 상임위원회로 전환해 규제개혁에 대한 전권을 주고 부처 간 이기주의까지 모두 혁파해나가야 합니다. 각 시도에 규제 샌드박스 지역을 선정해 지역 간 규제개혁 경쟁을 통해 현재 지지부진한 샌드박스 제도를 획기적으로 확대하고 실효성을 높일 필요성도 있습니다.

마지막으로 정부 역시 디지털화해야 합니다. 프로그래밍 코드 한 줄도 못 짜는 관료들이 디지털 경제를 이해할 수 없습니다. 기술은 마인드뿐만 아니라 사고체계까지도 바꿀 수 있기 때문이죠. 정부 구조도 기존의 수직형 거버넌스가 아니라 디지털 기술을 기반으로 민간과의 파트너십을 중요시하는 좀 더 효율적이고 수평적인 거버넌스로 바꾸어야 합니다. 이와 관련해 생각할 점이 있습니다. 최근 선진국에서는 정책의 효율성 증대를 위해 '증거 기반 정책'의 중요성이 대두되고 있습니다. 경험이나 직관에 의해서가 아니라 객관적 자료에 기반해 과학적으로 정책을 입안해야 한다는 것입니다.

과거와는 달리 디지털 혁명의 총아라 할 수 있는 빅데이터를 폭넓게 활용할 수 있어 증거 기반 정책의 실효성이 더욱 높아지고 있습니다. 재정이나 조세 정책의 수립 역시 증거 기반 정책을 통해 비효율성과 재정 누수를 최소화할 수 있습니다.

조장옥 현정부가 추진하는 디지털 뉴딜과는 내용 면에서 중요한 차이가 있네요. 그렇다면 그린 뉴딜 정책은 어떻게 보십니까?

원희룡 저는 녹색 성장의 많은 부분 역시 디지털 전환을 통해 해결이 가능하다고 보고 있습니다. 예를 들어 에너지와 해양 문제 등에 대한 대응책은 상당 부분 디지털 기술을 활용해 풀어나갈 수 있습니다. 실제로 네덜란드를 중심으로 유럽 국가들은 지속가능한 성장하에서 녹색경제를 이해하고 디지털 기반 비즈니스 모델을 통해서 이러한 문제를 해결하고자 합니다. 어떤 면에서는 빠른 디지털 전환이 녹색경제를 달성하는 가장 중요한 기반이 될 수 있습니다. 그리고 녹색경제를 추진하는 데 ESG환경·사회·지배구조 평가를 활용해 가속력을 높일 수도 있습니다. 예를 들어서 스타벅스는 일회용 컵을 없애는 사업을 통해 새로운 기술을 개발하고 일자리도 창출했습니다. 녹색경제 추진을 위해 어차피 기술개발이나 대형 인프라 구축에 쓸 돈을 마중물로 일자리와 연계해 고용을 촉진하는 방법도 고려할 수 있습니다.

| 원희룡표 경제 정책 3 : 산업양극화와 가계양극화를 반드시 해결한다

조장옥 네. 이제 다음 주제로 넘어가도록 하겠습니다. 지금 대한민국 경제가 직면한 가장 심각한 문제 가운데 하나가 '양극화polar-ization' 문제입니다. 외환위기 이후 우리 경제에서도 그 이전과 비교해 양극화 현상이 눈에 띄게 심화됐습니다. 그러다 보니 여러 가지 사회적인 문제가 나타나고 있습니다.

양극화는 먼저 산업 양극화와 가계 양극화로 나눌 수 있습니다. 기업 부문 안에서는 산업별로 또 기업의 규모별로 소득과 수익성에서 양극화가 나타나고 있습니다. 가계 부문에서는 직업별로도 양극화가 나타나고 있으며, 특히 정규직과 비정규직의 양극화는 심각한 수준입니다. 이와 같은 양극화는 다양한 특성과 함께 복잡하게 얽혀 있어서 어떻게 풀어야 할지 해결책이 쉽지 않습니다. 지사님께서 생각하시는 양극화의 심각성과 해결책에 대해 듣고 싶습니다.

원희룡 먼저 산업 양극화에 대해 말씀드리겠습니다. 산업별 양극화는 어찌 보면 경제 발전의 단계와 시대적 변화에 따른 흐름의 결과일 수 있습니다. 예를 들어 1960년대 섬유산업과 같은 경공업은 1970년대 들어 중화학 공업이 육성되면서 점차 도태됐고 1990년대 이후 IT 산업이 새로운 산업으로 등장해 현재 우리의 주력산업으로 성장했습니다. 이런 경우는 주력산업의 변천 과정에서 생기는 자연스러운 현상으로 이해할 수도 있습니다. 그러나 규제나 금융시장의 왜곡 등 외부 요인으로 인해 특정 산업이 수혜를 입고 다른 산업이 피해를 보는 경우라면 정부가 해결해 나가야겠지요.

또 현재는 유치단계에 있으나 장래가 유망한 산업의 경우라면 정부가 관련 인력양성이나 인프라 구축을 통해 지원할 필요성도 있을 겁니다. 그러나 이 경우에도 과거와 같이 정부가 '백시트 드라이버backseat driver'로 운전대 뒤에 앉아 '이쪽으로 가자, 저쪽으로 가자.' 하는 시대는 지났습니다. 어디까지나 운전은 민간이 하고 정부는 도로를 닦고 신호등을 설치해 사고를 방지하는 역할을 하는 거죠.

그런 면에서 산업 양극화의 핵심은 바로 규모에 따른 양극화, 즉 대기업과 중소기업 간 양극화에 있습니다. 기업 간 양극화 해소를 위해 대기업에 대한 규제는 강화하고 중소기업은 무조건 보호해야 한다는 단순 논리에는 찬성할 수 없지만 대기업 집단의 독과점이나 수요독점 등에 대해서는 공정거래법을 통한 강력한 규제가 필요하다는 주장에 원칙적으로 동의합니다. 동시에 중소기업들이 건강하게 발전할 수 있도록 정부가 과감한 육성책을 마련해야겠지요. 중소기업 육성책은 크게 두 가지로 분류할 수 있습니다. 첫째는 기존 중소기업이 건강하게 성장하도록 지원해서 기업의 경쟁력을 높이고 고용을 창출하도록 하는 것입니다. 둘째는 디지털 전환을 통해 향후 수없이 창업되고 또 그만큼 많이 실패하게 될 혁신 스타트업에 대한 육성책과 안전망 확보입니다.

현재 우리나라 중소기업들의 핵심적인 문제 중 하나는 현재 사업을 운영할 동력은 있지만 미래의 성장 동력이 불투명하다는 점입니다. 현재 보유 기술을 가지고 어디에 투자할지 갈피를 못 잡는 중소기업 경영인들을 여러 명 만나보았습니다. 이러한 중소기업들에 대해서는 글로벌 경쟁력이 있는 대기업과 민간 컨설팅 그룹 등과 협력해 투자의 방향성을 함께 분석해주고 국내 대기업의 하청업체에 머무는 것이 아니라 글로벌 공급체인의 일부로 편입돼 활동할 수 있도록 지원해야 합니다. 그러기 위해 중소기업 컨설팅과 판매처 확보를 전문적으로 지원해주는 '중소벤처기업지원공사'를 중소기업은행, 무역진흥공사, 수출입은행의 일부 기능을 혼합해 출범하고 외부 전문가를 특채해 전문성과 효율성을 높이고자 합니다.

이와 함께 일자리정책 부분에서 말씀드린 자영업 전문 컨설팅 회사인 소상공인지원공사를 설립해 전문성과 경험 부족으로 힘들어하는 자영업자들에게 실질적 도움을 주는 방안도 검토하고 있습니다.

조장옥 또 다른 이슈는 혁신 스타트업 문제입니다. 디지털 기반 혁신 스타트업들이 스케일업해서 유니콘 기업으로 성장해야 경제 성장도 이루어지고 그 과정에서 고용창출이 일어나게 됩니다. 그러기 위해서는 결국 스타트업의 자본조달 문제도 해결해야겠지만 경영 역량이라는 소프트웨어적 측면의 지원도 강화해야 합니다. 스타트업 기업들과 제조 전문가-시장 전략 전문가-자금조달 전문가 간의 네트워크 형성이 필수적입니다. 실제로 이스라엘 등 스타트업 강국은 실리콘밸리로 가는 글로벌 네트워크 형성에 큰 강조점을 두고 있는 상황입니다.

원희룡 앞서 제가 말씀드린 중소벤처기업지원공사가 바로 그런 역할을 하는 전문 기관입니다. 원스톱 원서비스로 기존의 중소기업과 혁신 스타트업으로 구분해 맞춤형 서비스를 제공하는 것이죠.

조장옥 그렇군요. 다만 이러한 혁신 스타트업은 그 성격상 실패 확률 또한 높을 수밖에 없습니다. 그들이 실패를 딛고 다시 성장할 수 있도록 안전망 역시 강화해야 합니다. 정부가 창업자 연대보증 해제 등을 통해 간접적으로 지원할 수도 있습니다. 하지만 근본적 해결 방법은 혁신에 실패한 사업가들의 노하우를 가지고 재도전하고 재취업할 수 있게 도와주는 시장을 형성해주는 겁니다. 지사님이 말씀하신 '무한도전 실패경력할당제'와 같이 패자 부활전이 가능하도록 생태계를 조성해줘야 하는 거죠.

원희룡 미국은 엔젤투자자들 간의 네트워크 형성을 통해서 이것이 가능하게 된 것으로 알고 있습니다. 그들이 실패한 기술과 기업가로서의 미래 가능성을 재평가해 다시 사업 기회를 주거나 유사한 비즈니스를 하려는 다른 기업으로의 재취업을 도와줍니다.

스타트업의 생태계 자체를 단순한 창업 유도뿐만 아니라 실패를 발판 삼아 재도전할 수 있도록 혁신의 안전망까지 구축해야 합니다. 그 일은 정부가 나서서 적극적으로 도와야 하는 영역이라고 생각합니다.

조장옥 자, 이제 가계 양극화에 관해 얘기하도록 하죠. 가계 양극화는 우리 경제를 갉아먹는 암적 존재입니다. 이 문제는 어떻게 해결해야 할까요?

원희룡 가계 양극화 해법에 관해 이야기하기 전에 기성세대의 한 사람, 특히 정치권에 몸담고 있는 586세대의 한 사람으로서 책임을 통감하고 20대와 30대의 MZ세대에게 사과의 말씀부터 드리고자 합니다.

조장옥 어떤 측면에서 책임과 사과 말씀을 하시는 건가요?

원희룡 '어쩌다 우리 자식 세대에게 이런 세상을 물려줬는가?'에 대한 자괴감이 드는 것이 사실입니다. 저 때만 해도 4년제 대학 졸업하면 어디든 취업할 수 있었고 알뜰히 월급 모으면 몇 년 만에 변두리 작은 집이라도 장만할 수 있었습니다. 그런데 지금 청년들을 보세요. 아무리 열심히 공부해 좋은 대학 나와도 취업은 하늘의 별따기입니다. 과거 중산층 부모를 둔 자녀들은 결혼할 때 전세금 정도는 보조를 받을 수 있었습니다. 하지만 현재는 서울의 주택 중위가격이 9억 원을 넘어섰고 전세도 5억 원이 넘습니다. 겨우겨우 취업해도 월급 모아 전세금 마련하는 건 불가능에 가깝습니다.

자녀의 전세비 정도를 도와주려면 부모가 살던 집을 팔아야 합니다. 매각 자금으로 양도세 내고 자녀 전세비 도와주고 나면 부모도 계속 서울에 남아 있기가 불가능합니다. 그러니 중산층 자녀들이 '월세'부터 시작할 수밖에 없는 거죠. 그런데 임대업자에 대한 보유세를 높이니 덩달아 월세도 뛰어오릅니다. 월세에서 탈피를 못 하니 연애도 결혼도 꿈꾸지 못합니다. 그러니 MZ세대가 불나방처럼 주식이나 가상자산 등 위험 자산에 뛰어들 수밖에 없는 것이죠.

이게 우리 586세대가 20대 시절 꿈꾸었던 세상입니까? 이게 586세대가 주축이 된 현 정부가 만들고자 했던 세상입니까? 물론 586세대는 1987년 항쟁을 통해 민주화를 이끈 주역이라는 점에서 역사에 기록될 겁니다. 그런데 그런 성취에 너무 취해버렸습니다. '나만 옳다.'라는 선민의식에 젖어 이념에 경도된 정책을 펴다가 이 모양 이 꼴이 된 겁니다. 그러한 문제의 꼭짓점이 바로 가계 양극화입니다. 사후적 '공평'에만 집착하다 보니 분배의 '공정'이 악화됐습니다. 그 결과 그들이 추구하던 사후적 공평마저 더 악화되는 역설적 상황이 벌어진 겁니다.

MZ세대와 나라의 미래를 위해 개혁이 절실합니다. 대한민국 초기 토지개혁에 비견되는 사회 대개혁을 해야 합니다. 당시 우리 국민의 80%가 농민이었는데 정작 농지는 지주들에게 집중돼 있었죠. 이 농지를 농민들에게 분배하는 개혁을 하니 당연히 농민들의 일할 의지가 샘솟았습니다. 대한민국이라는 나라에 소속감도 자연스럽게 높아졌고요. 농민들은 열심히 일해서 자식들을 교육시켰습니다. 그 후 산업화와 민주화의 성취에 크나큰 역할을 하게 됐죠. 대한민국의 기적에 이 토지개혁이 자리하고 있습니다. 현재 노동시장 이중구조를 개혁하고 일자리를 창출하는 개혁, 안정된 주거

환경을 마련하는 개혁은 한쪽에 쏠려 있는 일자리 자원을 분배하는 것입니다. 그래야만 MZ세대의 열정을 불러일으킬 수 있습니다. 디지털 혁신 성장의 길목에서 과거의 토지개혁에 준하는 개혁이 필요하다고 생각합니다.

조장옥 맞습니다. 요즘의 코인 열풍에서도 보듯이 MZ세대 입장에서는 어차피 투자해서 실패해도 크게 달라질 위험은 없고 잘되면 계층 사다리를 타고 올라갈 수 있으니 위험한 투자를 감행할 수밖에 없을 겁니다. 위험 추구를 할 수밖에 없고 따라서 기대 수익률과 관계없이 변동성이 높으면 높을수록 더 매력적인 투자처라고 생각하는 것 같습니다.

원희룡 맞습니다. 정부 관계자들이 MZ세대의 가상화폐 투자를 비판하면서 심지어 "잘못된 길로 갈 때는 어른들이 바로 잡아줘야 한다."고 말했는데요. 그 이전에 MZ세대들이 가상화폐 투자에 몰릴 수밖에 없는 상황을 만든 것에 대해 먼저 사과했어야 합니다. 그러니 '꼰대' 소리를 듣는 겁니다. 최근 제가 가상화폐에 소액이지만 투자를 하게 된 것도 그들의 아픔을 이해하고 체험하기 위해서입니다.

조장옥 저는 586보다는 약간 윗세대지만 저 역시 그 부분에 동감합니다. 제가 볼 때 586세대가 특히 비판의 대상이 된 이유는 이제 자신들이 꼰대세대가 됐는데 민주화를 이룩했다는 선민의식에 사로잡혀 기득권을 내려놓지 못하기 때문입니다. 젊은 세대나 깨어 있는 국민들은 조국 사태와 현정부의 내로남불식 이중적 태도 등에서 586세대의 위선적 민낯을 보게 된 것이죠.

원희룡 그렇습니다. 다시 한 번 586세대의 일원으로서 MZ세대에게 사과의 말씀을 드립니다. 얘기가 지엽적으로 흘렀으니 이제 제가 생각하는 가계 분배의 양극화에 대해 말씀드리도록 하겠습니다.

가계 양극화의 주범은 멀리서 찾을 필요가 없습니다. 부동산입니다. 집값이 오르면 자동적으로 전세가격도 오르게 되고 월세가격도 오르게 됩니다. 집이 없는 사람들이 현재의 월급 가지고는 도저히 집을 살 수 없는 상황이 되면서 전세나 월세에 지불해야 되는 비용이 늘어나고 그에 따라 소비를 줄여야 하는 악순환이 발생합니다. 결국 부동산 가격을 안정시키는 것이 가계 양극화 문제를 해결하는 핵심 중의 핵심입니다. 그러기 위해서 복잡하게 풀지 말고 단순하게 접근하자는 겁니다. 시장원리에 입각해 공급을 늘리면 되는 거죠. 공급도 사람들이 살고 싶어하는 지역에 공급을 늘려 집값을 안정화시키면 됩니다. 더 구체적인 주택 정책에 대해서는 주택 관련 대담에서 따로 자세하게 말씀드리도록 하겠습니다.

조장옥 네. 저도 꼭 경청하도록 하겠습니다.

원희룡 소득 양극화 역시 정답은 좋은 일자리 제공입니다. 청년들에게 양질의 일자리를 풍부하게 제공하는 것 이외에 해답이 없습니다. 동시에 같은 일을 하는데 월급은 적은 비정규직의 문제와 직장이 안정적이면서 월급도 많은 정규직 문제 등을 손질해 고용시장의 안정성과 합리성을 강화하기 위해 노력하겠습니다.

| 원희룡표 경제 정책 4: 맞춤형 집중 복지로 사회안전망을 구축한다

조장옥 이번 대권 경쟁에서 빼놓을 수 없는 주제가 바로 기본소득입니다. 이재명 지사가 '기본소득+지역화폐'를 주장하면서 심지어 국책기관인 조세재정연구원과도 각을 세울 정도로 성역화하고 있습니다. 기본소득은 기본적으로 사회안전망과 관련된 현 복지체제의 상당 부분을 대체하기 때문에 복지 파트에서 따로 자세히 다룰 예정인데요. 여기선 대략 이 문제에 대해 논해보도록 하죠. 지사님은 기본소득에 대해 어떤 견해를 가지고 계신가요?

원희룡 기본소득은 '자산 심사나 노동에 대한 요구 없이 무조건적으로 모두에게 개별적으로 주어지는 정기적인 현금 이전'이라고 정의할 수 있습니다. 특히 '무조건성' '보편성' '개별성' 등이 기본소득의 개념 중 가장 핵심적인 원리입니다. 이재명 지사가 주장하는 내용도 겉모양으로는 기본소득이라고 볼 수 있습니다. 모든 국민에게 동일한 현금을 지급하는 형태니까요. 그런데 재정이 뒷받침되지 않아 충분히 지급할 수는 없습니다. 너무 소액이죠.

조장옥 제가 알기로 기본소득 지구네트워크BIEN, Basic Income Earth Network의 원칙에는 지급 수준의 충분성을 포함시키진 않았으나 안정적이고 충분하게 높은 수준의 기본소득을 지지하는 것으로 보입니다. 그런 면에서 이재명 지사의 연 50만 원 기본소득 제도는 기본소득 지구네트워크의 기본소득과는 다른 형태의 기본소득입니다.

원희룡 그렇습니다. 이재명 지사의 기본소득에 대해 더 자세히 논해보도록 하겠습니다. 이재명 지사는 우선 기초생활수급자의 생계비 정도인 월 50만 원을 1년에 한 번 지급하고 이를 장기적으로 월 50만 원으로 늘려가자고 합니다. 이에 필요한 재정은 소득세나 부가세, 국토보유세 등의 증세로 마련하자고 합니다. 부유층에게까지 기본소득을 지불해야 조세 저항을 줄일 수 있다며 본인의 기본소득안이 맞춤형 복지나 부의 소득세NIT, Negative Income Tax와 비교해 우월하다고 주장하죠. 장기적으로 무지개를 그리는 것은 국가정책상 무책임하니 연 50만 원 기본소득에 대해 논의를 집중해보죠.

이 지사의 기본소득과 그나마 유사한 정책, 즉 개인의 소득이나 재산과 관계없이 무차별적으로 현금을 지급하는 정책은 1982년 미국 알래스카주, 2017년 핀란드, 캐나다 온타리오 주에서 시행된 적이 있습니다. 2016년 스위스는 18세 이상의 모든 성인에게 2,500스위스 프랑, 어린이와 청소년에게 650스위스 프랑을 지급하는 안건을 국민투표에 상정했다가 76.7%의 반대로 부결된 적이 있습니다. 지금까지도 유일하게 이 제도를 운영하는 알래스카는 모든 주민에게 1,200달러를 지급하고 있습니다.

그런데 알래스카의 기본소득제도는 공공 재산인 알래스카에서 생산된 원유 판매로 발생한 소득을 일종의 배당 형태로 지급하는 것으로 이해하면 됩니다. 즉 공공재로부터 얻은 수익은 모든 주민의 것이니 일괄적으로 배분하는 것이죠. 세금을 걷어 지급하는 형태가 아니기 때문에 정확히는 기본소득제도와 다른 면이 있습니다. 핀란드와 스위스는 기존의 복지제도를 모두 기본소득제로 대체하는 형태였고, 캐나다 온타리오는 우리의 기초생활지원금과 유사한 형태라 이재명 지사가 주장하는 방식과는 완전히 다른 정책입니다. 어찌 보면 이 지사의 기본소득제도는 전 세계 어디서도 찾아볼 수 없는 정책이라고 볼 수 있습니다. 또한 앞서 논의된 국가들의 기본소득과도 아무 관계가 없습니다.

조장옥 이재명 지사의 기본소득은 사회안전망과는 거리가 멀다는 말씀이네요. 그런데 애초 모든 국민에게 동일한 금액을 지급하는 것이 과연 공정할까요?

원희룡 바로 그 부분이 제가 전혀 이해가 안 되는 부분입니다. 이재명 지사의 기본소득은 공정의 가치에 위배됩니다. 사람들마다 소득 수준이 다른데 왜 동일하게 지급합니까? 그게 공정한 건가요? 앞에서는 현금을 주는 것 같지만 뒤에서는 경제 기반과 복지 기반을 허무는 것이기에 결국 국민에게 해를 끼치는 정책입니다. 또 막대한 국가재정을 소진시키기 때문에 장기적으로 지속가능한 정책도 아닙니다. 한마디로 돈을 줄 테니 표를 달라는 '돈표' 정책으로 인심만 얻고 책임은 지지 않겠다는 무책임한 말입니다.

조장옥 이 지사는 자신의 기본소득 정책이 일종의 재정부양책이라고 주장합니다. 기본소득을 지원할 때 지역화폐로 지원하면 지역 내 소상공인들의 매출이 늘어나는 수요 확충 현상으로 경제가 부양되고 성장이 가능하다고 주장하고 있죠.

원희룡 여기서 논의가 헷갈리기 시작합니다. 원래의 기본소득은 모든 국민이 최소한의 생활이 가능하도록 하는 데 방점을 두는 사회안전망 정책이죠. 그런데 전혀 소득이 없는 사람에게 1년에 100만 원씩만 지급해서는 생계를 이어갈 수가 없습니다. 충분한 금액이 아니기 때문에 기본소득의 본래 취지와도 전혀 맞지 않습니다. 이런 비판을 하면 말씀하신 바와 같이 갑자기 화제를 돌려 자신의 기본소득은 효율적인 재정부양책이라고 선전합니다.

그렇다면 이는 기본소득 본래의 취지, 즉 사회안전망 확충과는 아무 관계가 없습니다. 따라서 기본소득이라고 명명하는 것 자체부터 잘못된 겁니다. 백번 양보해서 재정부양책으로라도 효과가 있는지 살펴봐도 그 효과가 너무 미미합니다.

조장옥 그 부분은 제 전공이 거시경제인 만큼 제가 얘기하도록 하겠습니다. 재정정책에서 가장 효과가 높은 것은 정부 투자, 그다음이 정부 소비, 그리고 마지막이 공적 이전지출입니다. 이를 재정승수로 측정하는데 쉽게 말해 재정투입 1원당 산출물, 즉 국내총생산GDP이 몇 원 늘었나로 측정합니다. 정부 투자나 소비의 재정승수가 0.9 내외인 반면 공적 이전지출의 경우 0.3을 조금 넘는 것으로 알려져 있습니다. 이재명 지사의 기본소득은 전체적으로 공적 이전지출과 유사한 부양책이니 재정승수 효과도 0.3 내외일 것으로 유추할 수 있습니다.

실제 한국개발연구원KDI의 실증 분석을 보면 2020년에 정부가 지급했던 긴급재난지원금의 재정승수 효과 역시 0.3을 조금 넘는 정도인 것으로 분석된 바 있습니다. 재정부양책 면에서도 이재명 지사의 기본소득은 그리 효과적이지 않다는 것이죠.

원희룡 제가 말씀드리고자 했던 부분을 교수님께서 자세히 설명해주셨네요. 추가로 원래 기본소득 논쟁에서 가장 어려운 문제는 과연 어느 정도를 지급해야 하는가입니다. 어차피 이재명 지사의 기본소득은 정확한 의미에서의 기본소득과는 관계가 없긴 합니다. 어쨌든 부의 소득세를 포함한 정통 기본소득 논의에서는 기본소득 액수의 설정이 가장 중요합니다. 너무 많이 지급하면 노동 욕구를 꺾어버려 실업률만 높아집니다. 그렇다고 너무 적게 지급하면 생계유지가 되지 않죠. 그래서 적절한 기본소득 수준을 정하는 것이 기본소득제도의 성패를 가르는 가장 중요한 결정변수입니다. 그런데 개인마다 근로 의욕이 다르고 소비 성향이 달라서 수치를 정확히 파악하기가 쉽지 않다는 문제가 있습니다.

조장옥 경제학적으로는 기본소득의 수준은 '생계소비'에 해당하는 소득이라고 볼 수 있습니다. 문제는 지사님 말씀대로 이러한 생계소비 수준과 근로 의욕이 개인별로 다르기 때문에 노동시장의 경직성까지 고려하면 '이질적 경제주체 모형'을 통해 풀어내야 할 정도로 어려운 내용입니다. 그렇기 때문에 말씀하신 기본소득 수준은 이론적으로나 과거 자료를 활용한 실증분석으로는 찾을 수가 없습니다. 실제 실험만이 유일한 방법이죠. 그래서 앞서 말씀하신 핀란드나 캐나다 온타리오도 일부 국민이나 주민을 선별해 실험적으로 실시했습니다만 뚜렷한 결론을 내리지 못했고 재원 부족으로 중단했습니다.

그런데 최근 오세훈 시장이 '안심소득'이란 이름으로, 유승민 전 대표가 '공정소득'이란 이름으로 밀턴 프리드먼Milton Friedman의 부의 소득세NIT를 이재명 지사의 기본소득에 대한 대안으로 제시했습니다. 그리고 최근 5명의 전직 고위 경제 관료들이 『경제 정책 어젠다 2022』라는 책에서 부의 소득세를 추천하기도 했습니다. 부의 소득세에 대해서 지사님께서는 어떤 생각을 가지고 계십니까?

원희룡 저와 우리 경제팀에서도 2020년에 이미 부의 소득세에 대해 자세히 검토하고 고민한 적이 있습니다. 우선 현재 복지체제는 맞춤형 복지를 근간으로 하고 있습니다. 그런데 이러한 맞춤형 복지는 선별에서 행정비용이 높을 뿐 아니라 선별결과가 잘못될 수 있고 또 사각지대가 존재할 수도 있습니다. 그렇다 보니 핀란드나 스위스에서 기본소득이 고려된 적이 있는 것이죠. 그 대척점에 있는 것이 현 맞춤형 복지제도구요. 부의 소득세는 기본소득 수준을 정한 후 이에 미달하는 가계에만 부족한 만큼 지원하는 제도입니다. 따라서 선별의 어려움, 사각지대, 행정비용 면에서는 중간 정도에 해당한다고 볼 수 있습니다.

또 하나 차이가 있습니다. 기본소득이나 부의 소득세는 생계소득과 관련된 부분을 커버하는 것이고 건강보험, 노인 복지, 장애인 복지 등을 커버하진 못합니다. 이와 관련된 부분은 여전히 현 복지제도를 유지해야 합니다. 무차별적 기본소득보다는 부의 소득세가 이론적인 면에서 매력적인 대안 중 하나인 것은 분명합니다. 문제는 이를 현실에 적용하는 것은 또 다른 얘기라는 겁니다. 앞서 말한 바와 같이 기본소득 수준을 얼마로 정할 것인가 하는 부분에서 걸리는 것이죠. 기본소득 수준은 생계유지가 가능하면서 근로의욕을 꺾지 않는 수준이어야 합니다. 한마디로 '매직 넘버'를 찾아야 하는데요. 개인별로 다른 그 매직 넘버를 찾기가 매우 어렵습니다. 억지로라도 적용을 한다면 비교적 동질적 집단에서만 적용이 가능합니다.

그래서 과거 1970년대 미국의 몇몇 도시에서 부의 소득세 실험을 할 때도 동질성을 유지하기 위해 대부분 흑인이나 히스패닉과 같이 특정 인종이나 여성이 혼자 가구주인 가계에만 적용했습니다. 그런 면에서 본다면 이런 실험도 원래의 부의 소득세 취지와는 달리 맞춤형 복지제도와 큰 차이가 없습니다. 그나마 효율성이 떨어지고 재원 마련에 어려움이 있어 모두 중단됐습니다.

부의 소득세 정책은 이론적으로 충분히 매력적인 정책이지만 국민 전체를 대상으로 도입하기에는 너무 이르다고 평가합니다. 섣불리 도입했다가는 근로 의욕을 꺾어버리거나 사회안전망이 무너질 수 있기 때문입니다. 매직 넘버를 찾기도 쉽지 않습니다. 또 이 매직 넘버를 찾겠다고 전 국민을 대상으로 일정 기간 실험을 하기에도 너무 위험합니다. 국민을 대상으로 한 경제실험의 위험성은 이미 이 정권에서 충분히 봤으니까요.

그래서 저는 결론적으로 '맞춤형 복지'가 가장 완벽한 제도에 가깝다고 생각합니다. 현재의 행정력으로는 선별과정에서 완성도가 떨어지고 행정비용이 높다는 문제가 있어서 기본소득이나 부의 소득세가 대안으로 논의되고 있습니다. 하지만 디지털 기술이 비약적으로 발전하면 맞춤형 복지의 실효성이 급격히 올라갈 수 있습니다. 그래서 저는 현 복지제도를 강화하고 완성도를 높이는 쪽으로 가닥을 잡았습니다. 장기적으로 어차피 가야 하는 길이니까요. 오히려 다른 나라 복지 체제를 추격하는 것보다는 우리가 먼저 디지털 기술과 결합해 복지모형을 선도한다는 적극적이고 진취적인 접근을 하려 합니다. 저는 이를 '맞춤형 집중 복지'라고 부릅니다. 이에 대한 자세한 내용은 복지 파트 대담에서 좀 더 자세히 말씀드리도록 하겠습니다.

조장옥 예. 알겠습니다. 그럼 이제 경제 분야의 대담을 마무리해야 할 것 같습니다. '국가 찬스' 교육 정책과 '국가 찬스' 주택 정책에 대해서는 관련 파트에서 충분하게 이야기가 되리라 생각합니다. 이 외에 이 정권이 파탄 낸 국가재정의 복구책, 통상정책 운용, 통화정책 운용 등 많은 현안에 대해 다루지 못한 것이 못내 아쉽습니다. 이제 대권 출마를 선언하셨으니 오늘 다루지 못한 현안들에 대해서도 앞으로 따로 말씀하실 기회가 충분히 있을 것으로 봅니다. 오늘 장시간 대담하시느라 고생하셨습니다. 부디 좋은 결과 있기를 기원하고 그 과정에서 우리 경제에 대해 올바른 방향을 공론화하고 널리 알려주시기 바랍니다. 감사합니다.

원희룡 교수님께서도 장시간 수고하셨습니다. 앞으로도 제가 잘할 때는 응원을 해주시고 잘못할 때는 채찍을 마다하지 않으셨으면 합니다. 감사합니다.

국가 찬스 2

과학

과학기술이 만들어갈
미래를 선점하자

|원희룡 - 김소영|

김소영

카이스트 과학기술정책대학원 교수

국제정치경제학자이자 연구개발정책 전문가로 연구개발 예산 및 평가, 신기술 거버넌스 등에 관한 국제 비교 연구를 수행해왔다. 카이스트 과학기술정책대학원장을 역임하고 현재 카이스트 한국4차산업혁명정책센터장, 케냐과학기술원건립사업 부단장을 맡고 있다. 세계경제포럼의 글로벌미래위원, 한국과학기술단체총연합회 4차산업혁명넷 공동위원장, 한국여성과학기술단체총연합회 정책연구소장, 바른과학기술사회실현을위한국민연합 공동대표를 맡고 있다. 국가연구개발사업, 기초 및 거대과학 정책, 과학기술인재 육성-지원, 여성과학기술인 중장기 정책, 과학기술 국제협력 등과 관련해 다양한 정부 위원회 활동에 참여하고 있다.
주요 저서로는 『과학기술정책(공저)』『4차 산업혁명이라는 유령(공저)』『미래의 귀환: 코로나19와 4차 산업혁명 대전환(편저)』등이 있다.

| 전 세계 기술패권 전쟁에서 앞서나가야 한다

김소영 2016년 이세돌과 알파고 대국으로 온 국민이 인공지능의 위력을 체감했고 최근에는 코로나19로 비대면 서비스가 부상하면서 소위 4차 산업혁명 기술이 하루가 다르게 우리 일상에 스며들고 있습니다. 오늘은 과학기술 분야, 특히 4차 산업혁명에 관한 얘기를 나누어볼까 합니다. 잘 아시겠지만 현재 우리는 인공지능, 블록체인, 가상현실·증강현실, 자율주행 자동차, 5G, 빅데이터 등 엄청난 기술의 발전을 목도하고 있습니다. 이와 관련해 새로운 미래 먹거리와 산업구조, 규제 공백 등 수많은 이슈도 제기되고 있습니다.

원 지사님은 평소 데이터 혁명에 대한 남다른 관심과 열정을 갖고 계시니 오늘 대담이 더욱 기대됩니다. 그럼 이야기를 나눠볼까요?

원희룡 우선 과학의 중요성, 현 시점에서 과학기술이 왜 중요한지에 대해 짚고 넘어갔으면 합니다. 과거 우리나라의 근대화 과정에서는 기술입국을 목표로 집중적인 투자가 이루어졌지만 최근 들어 과학 정책이 흔들리고 있다고 느끼기 때문입니다. 더구나 지금은 전 세계적인 기술경쟁이 벌어지는 4차 산업혁명 시기 아닙니까. 4차 산업혁명은 컴퓨팅이 모든 부분에 융합돼 산업 분야 전체에 혁명을 일으키는 것이기 때문에 국가의 과학기술 정책은 생존전략 그 자체라고 볼 수 있습니다. 결국 우리의 미래와 직결될 수밖에 없습니다. 따라서 4차 산업혁명이 우리 과학기술에서 얼마나 중요한지, 어떤 산업과 어떤 일자리 변화가 일어나는지, 교육이나 정책은 어떻게 바꿔나가야 하는지 등을 논의하는 게 우선일 것 같습니다.

김소영 2020년 카이스트 50년사 편찬위원장을 맡게 되면서 자연스럽게 한국 과학기술 50년을 되돌아볼 기회가 있었습니다. 한국의 과학기술 발전 과정에 중요한 부분을 차지한 분야 중 하나가 카이스트였기 때문에 그 역사적 경로를 파악할 수 있었지요. 인상 깊었던 부분은 과거에는 국민 모두에게 과학기술에 대한 폭넓은 공감대가 있었다는 점입니다. 당시는 우리의 기술 수준이 매우 낮은 상태였습니다. 하지만 작은 기술이라도 하나 개발되면 국산화 가능성, 연구개발 진척, 특허 여부 같은 것이 전 국민적 관심사였다고 합니다. 기자들도 관련 내용을 앞다퉈 보도했고요. 밀가루 한 포대가 아쉬운 시절이었지만 지금 당장 굶어도 과학기술에 대한 투자가 필요하다는 인식이 있었던 겁니다.

지금은 과거와 비교해 과학기술 수준은 비할 수 없을 정도로 높아졌고 논문이나 특허 수준도 선진국에 뒤지지 않습니다. 하지만 오히려 과학기술에 관한 관심과 흥미, 국민적 신뢰는 크게 하락했습니다. 실제 최근 한국과학창의재단의 조사를 보면 과학기술의 국민적 관심도와 흥미도, 지지도는 계속 떨어지고 있다고 합니다. 2018년 '과학기술 국민인식조사'를 보면 우리나라 성인의 과학기술 관심도가 50점을 넘은 적은 한 번도 없었습니다. 2010년(49.9점)을 제외하면 계속 30점대에 머물고 있거든요.* 이런 점에서 보면 오히려 지금이 과학기술의 위기일 수도 있다고 생각합니다. 하지만 이는 단지 정치 사회적 변화나 국민 인식만의 문제로 볼 수는 없고 과학기술 분야 스스로도 반성할 점이 있겠지요. 지난 50년 동안 한국의 경제 발전에 크게 이바지한 것은 중요한 성과입니다. 하지만 산업적 성과 외에 실제 국민이 체감할 수 있는 결과물, 예컨대 최근 관심이 증가하는 기업의 비재무적 요소 ESG환경·사회·지배구조를 비롯해 우리 사회 전반에 과학기술이 얼마나 기여하는지 자문해봐야 합니다.

원희룡 저는 우리나라가 세계에서 가장 가난한 나라, 약소국 식민지가 된 것은 조선 후기 과학기술에 대해 너무 무지했기 때문이라고 생각합니다. 물론 이는 실용과학을 경시한 오랜 관행 때문이기도 했지만 그로 인한 결과는 너무나 치명적이었습니다. 백성들

---

* 한국과학창의재단의 2018년 「과학기술 국민인식 조사」에 따르면 2000년 첫 조사에서는 36.8점을 기록했고 2010년에는 49.9점까지 올랐다. 하지만 그 후 점차 떨어져 2016년에는 37.6점으로 다시 30점대가 됐다. 또한 2020년 「과학기술 국민 인식도 조사와 발전방안 연구 용역」 조사(현대리서치컨설팅, 2020.12)를 보면 과학자를 신뢰한다는 응답이 성인은 62.6%로 높았으나 청소년은 49.8%로 성인보다 낮았다.
한편 '과학자들은 자신보다 인류의 이익을 위해 일하는 사람'이라는 의견에 대해 성인의 65.8%, 청소년의 48.5%가 동의했지만 '과학적 내용에 대해 대중과의 소통에 적극적이다.'라는 의견에 대한 동의율은 성인 33.5%, 청소년 35.7%로 낮은 수준이다.

이 굶주린 것에서 끝나지 않고 식민지 노예로 굴종의 삶을 살아야 했으니까요. 문제는 이러한 일이 또다시 반복될 수 있다는 데 있습니다. 오늘날 미중 기술 패권 경쟁은 앞으로도 10년, 20년 계속될 가능성이 크고 그 결과는 앞으로의 100년을 결정할지 모릅니다.

특히 중국이 하루가 다르게 기술 패권을 장악해나가는 상황에서 중국에 대한 무역·경제의존도가 높은 우리나라는 핵심기술을 얼마나 보유하는가에 따라 국가 생존이 달려 있다고 해도 과언이 아닐 겁니다. 중국이 함부로 할 수 없는 우리만의 기술을 갖고 있어야 그나마 존중받을 수 있을 테니까요. 반도체를 보면 쉽게 이해할 수 있을 겁니다. 따라서 과학기술은 향후 한-중 관계에서 한국의 위상과 존재를 결정짓는 중대 사안이 될 가능성이 큽니다. 다시 말해 과학기술은 국가안보 전략 차원에서 핵심 요인이 되는 것입니다.

김소영 매우 중요한 점을 지적하셨습니다. 저는 지난 50년과 구분되는 미래 과학기술의 세 가지 역할이 있다고 생각합니다. 첫째, 이제 과학기술은 경제뿐 아니라 사회 전체를 커버할 수 있어야 합니다. 우리나라 헌법 127조는 과학기술의 역할을 국민경제의 발전으로 규정하고 있습니다. 중국이나 대만은 과학진흥이 문화 창달을 위한 것으로 돼 있는 반면, 우리는 국민 경제 발전을 위한 수단으로 한정돼 있는 것입니다. 이는 과학기술계의 해묵은 이슈이기도 한데요. 좁은 의미의 산업과 경제 성장뿐 아니라 사회문제 해결 전반에 도움이 될 그런 과학기술을 추구할 필요가 있습니다. 기후변화와 탈 탄소 전환, ESG환경·사회·지배구조, 감염병 등 최근 이미 글로벌 이슈를 해결하기 위한 과학기술의 역할을 실감하고 있지 않습니까. 과학기술의 역할에 대해 더 폭넓은 정의가 필요한 시대가 된 것입니다.

둘째, 응용 분야에 치우친 연구개발 투자를 기초과학 분야, 특히 연구자 중심의 풀뿌리 연구로 전환해야 합니다. 압축 성장 시기의 기술개발은 해외기술을 역공학으로 하루빨리 국산화하는 것이 목표였습니다. 때문에 투자가 응용개발에 집중한 측면이 있었고, 그런 관행이 지금까지도 이어지고 있습니다. 그러다 보니 기술의 불균형이 나타나고 있습니다. 반도체 분야의 경우 메모리 반도체는 강하지만 정작 필요한 회로 디자인이나 시스템 반도체는 상대적으로 약한 편입니다. 그렇게 잘 나가던 조선사업이 고전하게 된 것도 최강의 제조기술을 갖고 있음에도 이를 뒷받침할 설계역량이 부족하기 때문이거든요. 그런 점에서 앞으로 응용개발을 넘어 기초과학을 어떻게 육성할 것인가는 대한민국 미래의 큰 도전과제일 수 있습니다.

셋째, 어쩌면 가장 중요한 부분일지 모르는 정치 지도자의 역할입니다. 현대의 다원화된 사회에서 분야별 정책의 균형을 유지하는 일은 더욱 중요해지고 있습니다. 현재 이슈가 된 에너지 전환 문제도 '탈 탄소'라는 방향성은 맞지만 '정의로운 전환'과 관련해서는 화력발전소를 폐쇄할 때 생길 다양한 문제도 함께 해결해야 하기 때문입니다. 미래 먹거리 문제도, 과학기술 분야도 마찬가지지요. 현재의 니즈와 미래의 수요 사이에서 어떤 것을 선택할 것인지 결정해야 합니다. 우주 탐사도 중요하지만 현실적으로는 당장 백신을 개발하는 것이 더 큰 문제일 수도 있으니까요. 모든 과학기술 분야를 커버할 수 없는 만큼 정책의 밸런스를 유지하는 것이 필요합니다. 그런 점에서 미래 과학기술의 방향을 결정할 정치 분야, 특히 최고 리더십의 역할이 중요하다고 할 수 있습니다.

원희룡 맞습니다. 과거에는 그저 선진국의 기술을 따라가는 패스트 팔로어로도 충분했습니다. 심지어 국가 형성 초기에는 우리나라 경제개발계획까지도 미국에 의존할 정도의 수준이었지만 지난 50년 동안 꾸준히 성장하면서 과학기술입국의 면모를 다져왔습니다. 하지만 이제는 우리만의 특화된 전략이 필요합니다. 그러려면 우리의 강점을 살릴 수 있는 실질적인 접근 전략이 있어야겠지요. 제가 생각할 때 우리나라의 강점은 세 가지입니다. 첫째, 교육 수준이 높은 인재풀을 갖추었다는 점입니다. 둘째는 제조업 기반이 있다는 점입니다. 셋째는 글로벌화라고 봅니다. 디지털 측면에서의 빠른 적응 능력과 수용 능력도 빼놓을 수 없는 강점이지요. 이런 장점을 살려서 제대로 된 과학기술과 디지털 전환에 대한 전략을 마련할 필요가 있습니다.

특히 과학기술은 미래세대의 일자리와도 직결되는 사안입니다. 우리 자녀들은 단군 이래 최고의 교육을 받고 있고 최고의 스펙을 쌓았고 삶에 대한 기대 수준도 선진국에 버금갈 정도가 됐습니다. 하지만 막상 이를 충족시켜줄 일자리가 없다는 게 현실 아닙니까. 새롭고 좋은 일자리를 창출하는 것은 결국 과학기술일 수밖에 없습니다. 새로운 영역을 만들고 기존의 일자리를 고도화시키면서 좋은 일자리를 만드는 것은 과학기술이라는 선도자가 이끌어줘야 가능한 것입니다. 현재 수준에서 기득권을 빼앗기 위한 투쟁에 머물 것이 아니라 신규 일자리를 창출하고 저변을 확대하기 위해서는 과학기술이 이끌고 산업-교육-문화가 따라오는 발전 모델을 추구해야 한다고 생각합니다.

김소영 지난 대선 때 카이스트 대학원과 20여 개 과학단체들이 모여서 각 정당 대선주자들의 과학정책에 대해 논의한 적이 있었습니다. 그때 모든 대선주자가 4차 산업혁명 공약을 제시했는데 쟁점 중 하나가 4차산업혁명위원회 설치에 관한 것이었습니다. 문재인 후보측은 정부가 위원회를 만들어서 거국적으로 정책을 추진하겠다는 입장이었습니다. 그런데 다른 후보측에서는 전부 반대했던 게 기억이 납니다. 물론 문재인 후보측도 정부 주도의 위원회에 민간 전문가를 대거 포진시킨다는 구상이었습니다. 하지만 실제 현장에서 보면 민간 전문가가 정부위원회에서 일하는 것과 외부에서 직접 연계해 참여하는 것은 전혀 다르거든요. 정부위원회에 참여하는 민간 전문위원의 숫자와 실제 정부가 민간의 요구를 얼마나 개방적으로 수용하는가는 다른 문제이기 때문입니다.

일자리 문제도 마찬가지입니다. 실제 플랫폼 노동자 이슈 문제로 TF를 구성한 적이 있었는데요. 논의 과정에서는 다양한 주장과 이야기가 나왔습니다. 하지만 실제 정책으로 구현되는 건 너무나 힘든 작업이었습니다. 플랫폼 노동자들은 특수고용노동자여서 기존의 근로기준법에 포함되기 어렵고 플랫폼의 종류도 워낙 다양하다 보니까 실질적인 정책으로 연결되기가 쉽지 않은 겁니다. 한편으로는 이런 문제들이 발생할 때마다 공론화로 해결하려는 정부의 태도 역시 문제가 있다고 생각합니다. 신고리 원전도 3개월 만에 서둘러 결론을 낸 바 있지만, 정부가 중요한 정책 결정을 공론화로 전환하는 것은 일종의 책임회피로 볼 수 있거든요. 정부가 직접 환경이나 기술, 일자리 등 복잡한 문제가 얽혀 있는 사안들에 대해서 문제를 파악하고 해결해야 하는데 외부위원회에 맡겨버린다면 민주주의를 가장한 책임 방기라고 생각됩니다.

원 지사님 말씀처럼 4차 산업혁명을 비롯한 과학기술은 정부가 미래 전략과 방향을 제시하고 민간은 다양한 기술개발과 연구를 통해 성과를 내야 합니다. 그런데 지금까지 정부는 그러지 못했죠. 정작 중요한 정책 결정은 미룬 채 오히려 과학기술 분야를 정부 정책에 끼워 맞추려 했으니까요.

원희룡 과거 그런 일들은 비일비재했습니다. 정부의 연구개발 투자나 기초과학 연구도 흔한 사례 중 하나일 겁니다. 문재인 정부의 공약 중 하나는 기초연구 예산을 임기 내에 2배(2.52조 원) 증액하겠다는 것이었죠. 그게 1.26조 원 정도였는데 산술적으로 계산하면 매년 2,000억 이상 투자해야 가능한 규모입니다. 지금 통계상으로 보면 기초 분야 연구 예산 비중이 꾸준히 증가하는 깃으로 나타납니다. 수치상으로만 본다면 공약은 충분히 이행된 것입니다. 그렇다면 기초연구 분야에서 일하는 연구자들의 연구 환경이나 만족도는 상당 부분 개선됐어야 합니다. 하지만 현장의 반응은 전혀 그렇지 않습니다. 정부가 투입한 기초연구 예산에는 인프라와 장비 구축 비용은 물론 심지어 국립대 인건비까지 포함돼 있기 때문이지요. 그러다 보니 정작 연구자들은 예산 증액을 체감하지 못하는 겁니다.

김소영 네. 실제 그런 일이 벌어지고 있습니다. 2016년 연구자 주도 기초연구 국회 청원 운동을 이끌었던 서울대학교 호원경 교수 등 몇 분과 최근 지난 4년 기초연구 예산 증가 내역을 살펴본 결과 예산이 늘어난 것은 맞지만 당시 신진-중견-리더급 연구비 규모와 배분 형태는 매우 다르게 진행됐음을 확인할 수 있었습니다. 기초연구 예산이 늘었는데 정작 현장에서는 체감하기 어렵다는 불만이 종종 제기됩니다. 예산 자체를 늘리는 것보다는 예산을 어디에 어떻게 쓰는지가 더 중요하기 때문입니다. 현장의 기초연구자가 체감할 수 있는 예산은 연구자 주도의 상향식 연구비이기 때문이지요.

또 다른 문제는 특정 현안이 발생할 때 나타나는 정부 예산의 쏠림 현상입니다. 예컨대 2019년 일본의 반도체 소재-부품-장비(소부장) 수출 규제라든가 2020년 코로나19 등이 발생하면 과학기술 분야에 정부 예산이 집중되는 경우입니다. 관점에 따라서는 정부가 시장의 현안에 즉각 개입해서 적극적으로 해결책을 마련하는 것으로 긍정 평가할 수도 있을 겁니다. 하지만 그로 인해 과학기술 분야의 안정적인 연구 환경이 위협받을 가능성도 상존하거든요. 흔히 80:20 법칙이라고 하는데 80%는 일상적인 예산집행이고 나머지 20%는 그때그때의 이슈에 대응하는 예산을 말합니다.

최근에는 워낙 사회가 다원화되고 다양한 이슈가 발생하기 때문에 70:30 정도로 비율이 조정되는 경우도 있기는 합니다. 어쨌든 80% 예산으로 어렵게 연구를 이어가는 대부분의 연구자들은 과학기술 예산의 상당 부분이 점점 일시적인 이슈 대응에 쏠리는 건 아닌지 우려합니다. 실제 20%에 속하는 사람들은 연구자들의 기득권 때문에 필요한 예산조정이 잘 이루어지지 못한다고 여기기도 하고요. 그만큼 정부가 얼마나 균형감을 느끼고 예산을 집행하는가는 과학계의 중요한 현안입니다.

원희룡 과학기술 정책이 그때그때의 정치적 구호에 따라 유행을 타는 건 우리나라의 고질적 문제 중 하나입니다. 사실 과학정책이라는 것도 이명박 정부 때는 '녹색'이라는 이름을 사용했고 박근

혜 정부 때는 '창조'라고 바뀌었습니다. 이제 문재인 정부 들어서는 '뉴딜'로 통용되고 있지 않습니까. 실제 내용을 들여다봐도 거의 비슷하거나 타이틀만 바뀐 경우가 대부분입니다. 심지어는 타당성이 없어 배제됐던 정책도 정권이 바뀌고 이름이 달라지면 포장만 바꾸어 다시 정책화되는 경우도 있습니다. 중요한 것은 정치적 포장이나 구호가 아니라 그 안에 담긴 정책 내용인데 말이지요.

하지만 새로 들어선 정부가 거창한 구호와 함께 예산을 집행하면 행정부 관료들은 '예산 확보' 경쟁을 벌일 뿐 정책이 집행되면 그 결과에 대해 아무도 책임지지 않습니다. 정작 현장에서 일하는 과학기술 인력들만 가치사슬이나 가치 피라미드 속에서 그 피해를 고스란히 입게 되는 것이지요. 지금처럼 제한된 임기 내에 일정한 성과를 내야 한다는 압박에 시달리는 정부나 예산 밀어내기와 정책 성과 포장에만 급급한 관료주의로는 성공적인 과학기술 정책이 이루어질 수 없는 구조인 것입니다. 그런 점에서 저는 과학기술을 핵심적인 국정 목표로 설정하고 국가의 미래 전략 차원에서 실효성 있는 과학기술 정책이 이루어질 의사결정 구조와 실행 방안이 마련돼야 한다고 생각합니다.

| 국가의 과학기술 거버넌스부터 바뀌어야 한다

김소영 원 지사님은 국회에도 오래 계셨고 실제 도정도 운용하기 때문에 예산이나 정책이 어떻게 집행되는지 잘 아실 겁니다. 과학기술계 원로들이 지적하는 것 중 하나가 국가의 과학정책을 이끄는 리더십 문제입니다. 예컨대 미국 바이든 정부는 백악관 과학기술 정책실장OSTP, Office of Science and Technology Policy에 MIT의 에릭 랜더Eric Lander 교수를 임명했습니다. 백악관 과학기술 정책실장은 우리나라의 과학기술부장관보다 지위도 높을 뿐 아니라 과학기술 분야의 예산 편성과 집행을 담당하는 막강한 자리이지요. 미국은 이 자리를 항상 과학계에서 가장 인정받는 과학자들이 맡고 있습니다. 오바마 정부 때도 존 홀드런John Holdren이라는 하버드대학교 물리학자가 맡았고 에너지 장관은 노벨물리학상을 받은 스티븐 추Steven Chu가 임명됐습니다. 국립과학재단NSF이든 미국국립보건원NIH이든 핵심 기구의 최고 수장은 누구나 인정하는 과학계의 대표 인물인 것입니다.

그런데 문재인 정부에서는 이런 원칙들이 다 무너져 버렸습니다. 과학기술 분야에 종사하는 사람들은 다 전문가들입니다. 그런데 그들을 이끌어갈 수장이라면 누구에게나 인정받을 수 있는 인물이어야 하는 건 당연한 일 아닐까요? 하지만 정부 출연 연구원의 기관장 선임에도 잡음이 많았고 관련 기구의 인선을 보면 과학기술 분야가 홀대받고 있다고 느낄 정도입니다. 과거에는 최소한 동료 과학자들에게 인정받는 사람이 장관직을 맡곤 했는데 말이지요. 최소한의 권위조차 보장되지 않으니 제대로 된 정책구상이나 집행이 이루어지지 않는 겁니다.

원희룡 과거 우리나라가 빠른 경제 성장과 산업화를 위한 도구로써 과학기술을 정책의 보조 수단으로 취급해왔던 것은 사실이지만 역대 정권은 물론 현 정권도 이 관성에서 벗어나지 못했고 그럴 생각도 없는 듯합니다. 과학이 정책 보조 수단으로서가 아니라 국가의 혁신 성장을 이끄는 토대가 되기 위해서는 정부의 과학기술 거버넌스부터 달라질 필요가 있다고 생각합니다. 과학기술이 정책의 설계부터 사회적 문제를 해결하는 영역까지 두루 연계돼 반영돼야 한다는 것이지요.

교수님께서 지적하신 예산이나 정책의 쏠림 현상 역시 과학기술 영역이 디지털 영역과 함께 뒤섞여 있기 때문입니다. 단기간 성과가 나올 수 있는 응용기술 쪽에 예산과 공공 연구개발 사업들이 몰리면서 기초과학 분야는 늘 소외받아온 것입니다. 따라서 과학기술의 균형 있는 발전을 추구하기 위해서는 디지털 분야, 전략 투자가 필요한 중장기 프로젝트, 기초과학 분야 등으로 영역을 세분화해서 정책과 예산 배분을 고려해야 합니다.

김소영 지사님도 언급했지만 기초과학 연구 분야는 앞으로 우리 과학 발전의 토대를 형성하게 될 아주 중요한 이슈입니다. 그런데 우리는 기초과학 분야에 대한 투자가 부족하기도 하지만 정책적 차원에서 지원과 투자가 이루어진다 해도 양성자가속기를 만들거나 달 탐사 프로젝트 같은 거대 이슈에만 관심이 집중되는 경향이 있습니다. 물론 대규모 프로젝트도 반드시 필요한 사업임은 분명합니다. 하지만 실제 과학 분야에서 중요한 것은 연구자 중심의 다양한 기초연구거든요.

저희는 이걸 풀뿌리 연구라고 하는데 연구자들 각각의 이런 연구에 대해 지속적으로 투자가 이루어지는 경우는 거의 없습니다. 그러다 보니 장기적으로 연구를 진행하기 어렵고 성과를 낼 수도 없는 구조인 것이지요. 하지만 백가쟁명식으로 개별적인 연구가 많이 이루어져야 그 안에서 소위 '대박'이 터질 가능성이 커질 수 있고 실제 노벨상 수상도 그런 연구자 중심 기초과학 연구에 주어지는 경우가 훨씬 많습니다.

원희룡 사실 기초과학 연구 역량이 뒷받침되지 않고서는 과학기술 역량의 퀀텀점프가 어렵습니다. 역대 정권이 그 사실을 몰랐던 것은 아니었고 다만 실천이 되지 않았을 뿐입니다. 임기 내 성과가 필요한 정권 입장에서 언제 성과가 날지 모르는 기초과학 연구에 10년, 20년씩 장기투자를 할 이유가 있겠습니까.

김소영 과학기술 인재 양성 역시 기초연구의 관점에서 이루어질 필요가 있습니다. 최근 인공지능 분야가 급속히 성장하면서 전문인력 양성 문제가 화두로 등장했는데 10만이니, 20만이니 하며 양적 규모를 늘리는 데만 급급한 듯합니다. 물론 과학 분야의 발전을 이끌 수 있는 인력풀을 광범위하게 만드는 것은 매우 중요한 일입니다. 하지만 정작 과학 발전을 주도하는 것은 핵심 고급인력이거든요. 현재 인공지능 연구에서 선두를 달리는 캐나다의 토론토 대학교는 인재 피라미드의 꼭대기에 있는 소위 일류top-tier들입니다. 그들은 수많은 인공지능 난제를 풀 수 있는 최고의 과학자들입니다. 그런 고급인력은 단기적인 인력양성이나 앱 개발 같은 응용 위주의 인력양성 프로그램으로는 절대 키울 수 없는 인재들이지요.

우리나라는 전 세계적으로 인정받는 IT 강국이고 그러다 보니 인공지능 역시 선도그룹이 될 수 있으리라 생각하지만 그렇지 않습니다. IT는 사실 범용기술GPT, general purpose technology이라고 불리는데 무엇을 집중하느냐가 중요하기 때문입니다. 하지만 인공지능 등 개별 분야는 그렇지 않죠. 아랍에미리트UAE는 인공지능부를 만들어 30대 장관을 앉혔을 뿐 아니라 정책에서도 특히 일류 인재

양성에 집중하고 있습니다. 하지만 우리의 예산 나눠주기식 정책과 공급 위주의 인재양성 정책으로는 그저 적당히 코딩 가능한 인력만 양산하게 될 뿐입니다. 이럴 경우 5~10년 뒤에는 인재 피라미드의 하단에 해당하는 초-중급 인재만 양산돼 인재공급 과잉 문제가 발생할 수 있고 정작 필요한 일류 인재는 부족해지는 인력 수급의 불균형이 발생할 가능성이 매우 큽니다.

원희룡 우리나라는 상당히 역동적이고 이슈가 발생할 때 에너지를 집중해 단기간에 해결하는 강점이 있습니다. 그러다 보니 새로운 분야가 인기를 끌거나 어떤 이슈가 발생하면 돈과 사람이 몰리고 국가정책도 그쪽에 집중되는 경향이 있지요. 과거 발전주의 전략하에서는 생산가능인구도 많았고 국가가 지속적으로 성장하는 과정이었기 때문에 효과가 있었지만 지금은 시대가 달라졌습니다. 인구는 눈에 띄게 줄어들고 있고 성장은 한계점에 도달한 상황에서 그나마 있는 잠재 인력들이 다 같은 분야에 집중되면 공급 불균형이 일어날 수밖에 없습니다. 더구나 지금처럼 하루가 다르게 변화하는 사회에서 대학 4~5년에 석박사 과정까지 약 10년의 시간을 투자하고도 제대로 된 일자리를 구할 수 없다면 개인뿐 아니라 국가로서도 엄청난 손실입니다.

김소영 비슷한 일이 미국에서도 발생한 적이 있습니다. 제2차 세계대전 때 미국이 원자폭탄을 개발 과정에서 맨해튼 프로젝트가 추진된 적이 있습니다. 이때도 많은 물리학 박사들이 대거 투입됐습니다. 단기간 연구가 집중되다 보니 짧은 기간에 많은 물리학자가 양산됐는데, 전쟁이 끝나면서 그들은 모두 실업자 신세가 됐지요. 그래서 물리학자 경력을 틀어 과학사나 과학사회학으로 연구를 해서 훌륭한 과학사가 된 사람도 꽤 생겨났습니다. 1990년 중반 클린턴 행정부 때도 똑같은 일이 일어났습니다. 당시는 바이오 분야가 엄청 인기를 끌었는데 국립보건원NIH의 예산이 두 배로 증액되는 국립보건원 배가NIH doubling 현상이 발생했습니다.

미국 국립보건원은 보건의료뿐 아니라 연구개발 투자도 병행하기 때문에 과학 분야에서 가장 예산을 많이 쓰는 기관 중 하나입니다. 이런 곳에서 예산을 갑자기 두 배로 늘렸으니 그 규모가 어마어마하지 않았겠습니까. 갑자기 늘어난 예산을 쓰려다 보니 건물도 세우고 박사후 연구원Post Doctor과 대학원생도 훨씬 많이 뽑았습니다. 그러다 보니 생명과학 분야에 인력들이 엄청나게 증가하게 됐고 나중에는 박사후 과정을 세 번 해도 모자랄 정도로 심각한 취업난을 겪게 됐습니다.

우리나라 인공지능 분야도 비슷한 부작용이 생길 수 있습니다. 중급 인력만 양산되면 실제 경제적-사회적 수요가 존재하지 않는 한 자기 역량보다 낮은 일을 하게 될 테니까요. 인재정책은 크게 '채용recruiting-유지retention-개발advancement'의 3단계로 이루어집니다. 채용하는 것도 중요하지만 인재가 다른 분야로 옮겨가지 않도록 지속관리하고 해당 분야에서 자신의 경력을 발전시킬 수 있도록 지원해야 한다는 의미입니다. 하지만 우리나라의 인재관리는 공급 위주에 치우치다 보니 1단계 '채용'에만 집중되는 경향이 있습니다. 2,3단계를 생각하지 않고 일단 부족한 분야에 사람을 투입시키는 방식이지요.

사실 관료의 입장에서는 이런 정책이 가장 손쉽고 가시적 성과도 두드러지기 때문에 선호할 수 있지만 국가 장래를 생각하면 책임 있는 자세라고 할 수 없습니다. 공급이 아닌 수요의 관점에서, 다시 말해 대학이나 산업체 같은 최종 수요자들이 이런 고급 기술자를 받아들일 수 있을 만큼 고도화돼 있는지, 지금 조성되는 스마트 공장이 2, 3단계로 변화되는지 등을 자세히 검토한 후 단계별로 인재 양성이 이루어져야 합니다. 시장을 먼저 변화시키지 않은 상태에서 신규 인력이 대거 투입되는 형태의 인재 양성이 이루어진다면 미국의 사례처럼 '호황과 불황 주기boom and bust cycle'가 반복될 수밖에 없는 것입니다.

원희룡 김 교수님이 핵심적 부분을 잘 짚어주셨습니다. 우리 사회가 디지털 전환으로 가는 데 공급 위주의 인재양성 정책만으로는 부족하다는 문제의식에 깊이 공감합니다. 저 역시 인공지능 인재 '10만 양병설'에 공감하는 사람 중 한 명입니다. 그런데 애초 '10만 양병설'은 '10만'이라는 숫자보다는 율곡 이이 선생의 '구국의 심정'에 착안한 상징적 수사라고 합니다. 디지털 대전환의 시기에 인공지능 인재 양성이 그만큼 중요하다는 것을 강조하기 위한 것이지요.

하지만 '10만'이라는 숫자가 교수님 말씀처럼 양적 규모가 전부인 것처럼 오해될 소지가 있고 의도와 달리 실제 현장에서는 숫자(실적)에 급급해 비슷한 수준의 인력만 양산될 가능성도 있는 게 사실입니다. 하지만 또 다른 측면에서 본다면 전반적으로 인재풀이 확대되고 관련 업무에 종사하는 사람이 많아야 전문인력도 양산될 수 있다고 생각합니다. 인공지능 강국이 되려면 인공지능 인력을 확보해야 합니다. 그러기 위해서는 집중적인 투자가 필요한 것이지요.

다만, 공급과잉의 부작용을 최소화하기 위해 현장의 수요를 자세히 파악해서 인력 규모를 조절하고 교육의 질적 수준을 담보할 수 있도록 할 생각입니다. 성장 잠재력을 갖춘 인력은 최고 전문가로 키워내고 나머지 인력은 기업과 산업체에서 필요한 기술을 습득할 수 있도록 지원함으로써 수요와 공급이 원활히 이루어질 수 있도록 하는 것이지요. 인재 양성은 결코 '일자리 상황판' 같은 전시행정이 돼서는 안 되고 국가의 미래 생존전략과 더불어 개개인의 인생설계가 함께 연결될 수 있도록 해야 합니다.

김소영 지사님 말씀을 들으니 다소 안심이 됩니다. 과학예산의 80:20 원칙에 대해서도 말씀드렸지만 그때그때 발생하는 현안에 대응하는 것도 정부의 중요한 역할이니까요. 그런 점에서 정부가 어떤 정책을 선택하고 집중하는가는 국가의 미래를 좌우하는 가늠자라고 할 수 있을 것 같습니다.

예전에 제가 케냐에서 우리나라 카이스트 같은 이공계 중심 대학 건립 사업에 참여한 적이 있습니다. 한국수출입은행의 대외원조로 추진된 사업인데 케냐의 과기원은 종합대학이 아니기 때문에 모든 학과를 만들 필요가 없는 곳이죠. 그때 주로 논의됐던 것이 '과연 어떤 학과가 필요한가?'에 관한 것이었습니다. 보편적인 학과를 만들면 다른 대학과의 차별성이 없고 새로운 학과를 만들자니 당장의 수요가 없어 보였기 때문입니다. 예컨대 케냐는 농업이나 원예 등이 특화돼 있는데요. 이미 잘하는 분야까지 과기원에 굳이 만들 필요가 있느냐는 문제 제기가 있을 수 있습니다.

그렇다고 기계, 원자력, 항공우주 같은 미래 분야 학과를 신설하자니 현재 케냐가 가진 수요와 역량을 고려하면 너무 비현실적으로 보였던 것이지요. 케냐의 향후 30년을 생각하면 과감히 투자가 필요하지만 당장 거리에서 굶주리는 사람을 외면할 수 없다는 점에서 딜레마였습니다. 결국 현실적인 수요와 미래에 대한 대비를 절충하는 방식으로 해결됐습니다. 이처럼 과학기술 분야에 대한 국가의 정책 결정은 미래를 좌우할 수 있기에 그 어떤 정책보다 중요하고 그만큼 정치인과 정책 결정자는 막중한 책임의식을 가질 필요가 있습니다.

과거 경제개발 초기에는 경제기획원이 중추적 역할을 담당했습니다. 이런 기관을 파일럿 에이전시pilot agency라고 부릅니다. 대부분의 부처가 주로 정책 집행에 주력하는 반면에 경제기획원은 방향을 결정하는 역할을 하기 때문입니다. 그만큼 중장기적 안목도 필요하고 국가 발전 전략의 차원에서 어떤 정책을 선택하고 어떤 방향으로 나아갈 것인가에 관한 중요한 결정권을 갖고 있었지요. 그런데 언젠가부터 이런 중장기적 발전 방향과 전략적 사고가 점점 희미해지는 것 같아 안타깝습니다.

원희룡 동의합니다. 과학기술은 국가전략을 설계하는 단계부터 필요하고 수많은 전략적 의사결정 과정에도 참여할 수 있어야 한다고 생각합니다. 현정부는 '과학적 행정'을 반복해서 이야기하지만 행정 영역의 수많은 정책에 과연 과학기술 거버넌스가 참여한 적이 있는지 의문입니다. 대통령 직속 4차산업혁명위원회와 대통령 직속 과학기술자문위원회에서 어떤 소통과 협력들이 이루어지는지도 모르겠고요. 과학 강국으로 간다는 것은 과학기술의 경쟁력을 높인다는 의미도 있지만 그보다는 정치, 경제, 사회 전반에 과학적 사고가 충만하다는 의미가 더 크다고 생각합니다. 중장기적 발전 방향과 전략의 수립 역시 과학기술의 참여를 통해서만 이루어질 수 있도록 해야 합니다.

김소영 현재 미중 무역전쟁도 그 내면을 들여다보면 기술패권의 문제인 때가 많습니다. 이번에 한미 정상회담에서 미국이 미사일 협정을 풀어준 것도 중국 때문 아닙니까? 지금까지 수십 년 동안 제한적 요소를 유지하다가 중국의 위협이 심각하다고 판단해서 규제를 풀어준 것이지요. 제가 현재 센터장을 맡고 있는 한국 4차 산업혁명 정책센터에서 서울대학교 이정동 교수님 팀에 위탁해 진행한 연구는 미국과 중국의 4차 산업혁명 관련 기술 지도에 관한 것입니다. 양국의 기술 발전 과정을 지도로 제작하는 것인데요. 초창기 디지털 기술부터 추적해보니까 1980년대까지만 해도 중국은 한참 변방에 머물러 있었습니다. 그런데 지금은 중국과 미국 중심으로 클러스터가 확실히 형성돼 있음을 알 수 있었습니다.

중국이 엄청나게 치고 올라온 것이지요. 이런 기술 맵을 토대로 미국과 중국의 상품 경쟁력을 상품 공간에서 맵핑한 결과도 마찬가지였습니다. 이런 연구가 왜 중요한가 하면 우리가 막연히 미중 경쟁에서 중국이 미국을 추격하고 있다고 느끼던 것이 실제 데이터로 증명됐기 때문입니다. 하나의 점에 불과했던 중국의 기술과 경쟁력이 잉크가 번지듯이 점차 확산되는 것을 눈으로 확인할 수 있으니까요. 미국은 이처럼 확실한 데이터와 정보를 갖고 양국 전략을 분석하다 보니 위기를 더 심각하게 느낀 것입니다. 그렇게 볼 때 대중정책에서만큼은 바이든 행정부도 트럼프 정부와 큰 차이는 없으리라 생각됩니다.

원희룡 현재 투자, 인력, 산업화, 상품화 등과 관련한 변화가 숨가쁘게 진행되고 있습니다. 하지만 이것이 국가 발전 전략으로 이어지기 위해서는 자세한 데이터 분석이 중요합니다. 말씀하신 기술지도를 토대로 앞으로 어떻게 전략을 가져가야 하는가를 국가 최고의 의사결정 수준에서 짚어나가야 하니까요. 기술은 그 가치를 선점하는 순간 효과를 발휘할 뿐 아니라 엄청난 부가가치를 창출하게 되고 우위를 빼앗기는 순간 사라지게 마련이지요. 예를 들어서 중국의 기술을 파란색으로 표시한다고 했을 때 시간이 갈수록 전체 지도에서 파란색이 차지하는 비중이 커지는 과정 자체가 중국의 변화를 직관적으로 보여주지 않겠습니까. 이런 데이터 기반의 현실 인식을 토대로 한다면 국가지도자가 트럼프든, 바이든이든, 또는 민주당이든, 공화당이든 특정 이념이나 이익에 국한하지 않고 국가 전략 차원에서 정책 방향을 결정할 수 있게 되는 것입니다.

우리나라에서 과연 이런 일이 가능할까요? 물론 우리도 기술지도가 있기는 합니다. 하지만 미국 등 선진국과 비교하면 그 수준이 현격히 떨어질 뿐 아니라 제대로 공개되지도 않고 있지요. 첨단기술이 국가의 위상을 결정하다 보니 기밀에 해당하는 경우가 많기 때문입니다. 그런 점에서 기술의 국제적 동향, 원천기술의 소유 유무, 기초 및 응용기술의 현황을 파악하고 산업 현장과 인력수급 조정에 활용하기 위해서는 국가 핵심기관의 역량이 동원될 필요가 있습니다.

예컨대 국정원이 그런 기능을 담당할 수도 있겠지요. 지금 당장 국정원의 기능과 역할을 동원할 수는 없더라도 최소한 과학기술에 관한 문제가 그때그때의 정치적 구호에 휘둘리고 대통령의 갑작스러운 지시로 전체 정책 방향이 바뀌는 일은 없어져야 합니다. 명백한 데이터에 근거해서 장기전략이 마련돼야만 대학교의 정원이나 학과 조정, 인재투자, 해외 파견 같은 인재양성 정책도 결정될 수 있는데 지금처럼 정권 차원의 단기적 성과중심주의로는 국가 손실이 반복될 수밖에 없습니다. 이런 관행과 결별하고 제대로 된 과학 강국으로 나아가기 위해서는 과학기술계가 국가의 주요 정책 설계 단계는 물론이고 핵심적 의사결정에 참여할 수 있도록 거버넌스를 고도화하고 해당 분야 최고의 과학자를 우대하는 풍토부터 새롭게 조성해야 한다고 생각합니다.

김소영 한국과학기술기획평가원KISTEP에서는 과학기술기본법에 따라 매년 과학기술 수준 평가를 진행하고 있습니다. 예컨대 우리나라 인공지능이 전 세계 기술에 비해서 어느 정도 수준인지를 파악하는 것인데요. 미국 대비 몇 %라는 식으로 수치화합니다. 그런데 산출방식이라는 것이 과학적 근거가 있는 것이 아니라 해당 전문가가 생각하는 점수를 합산해 평균을 내는 것입니다. 예를 들어 인공지능 기술에 관한 것이라면 한국전자통신연구원ETRI 같은 곳에 질문지를 보내고 '우리나라 머신러닝 기술이 미국과 비교해 얼마나 떨어지는 것 같은가?'라고 묻고 연구자 몇몇이 점수를 매기면 평균을 내는 거죠.

그 평균점수가 우리나라 인공지능 기술 수준이라는 겁니다. 이런 방식의 기술평가가 과연 의미가 있을까요? 이정동 교수팀처럼 실제 데이터를 가지고 분석해야 합니다. 반도체의 생산공정이 A부터 Z까지 있다고 할 때 A공정에는 하드웨어적으로 어떤 기술이 얼마나 필요하며, 소프트웨어의 핵심 지식은 누가 갖고 있으며, 얼마나 투입돼야 하는지가 철저히 데이터 기반으로 산출돼야 하는 것입니다.

휴보 로봇을 만든 카이스트 오준호 교수에 따르면 일본에는 대규모 기업이 아니지만 뛰어난 기술을 보유한 장인 같은 회사가 있다고 합니다. 워낙 뛰어난 기술을 보유하고 있고 다른 곳에서는 구할 수 없기 때문에 항공사 보잉이나 유럽의 에어버스 등 굴지의 항공사에 부품을 독점 제공하고 있지요. 오 교수는 한 나라의 과학기술 수준을 판단하는 가장 직관적이고 간단한 방법은 '그 나라만이 가진 원천기술이 있는지, 만약 있다면 얼마나 있는지.'라고 말합니다. 한 마디로 어느 날 갑자기 대한민국이 세계지도에서 사라진다고 가정할 때 어떤 일이 벌어지겠느냐는 것이지요.

아마도 우리는 다소 혼란이 있을 수는 있겠지만 1,2년 정도면 대체 가능할 겁니다. 하지만 일본은 항공기에 들어가는 핵심부품 기술을 보유한 기업만 사라져도 전 세계의 항공사업은 엄청난 타격을 받게 되지 않겠습니까. 우리나라는 지금까지 선진국을 추격하는 것이 목표였고 모방과 응용기술 덕분에 빠른 성장이 가능했지만 딱 그 수준에 멈춰 있는 형국입니다. 이제는 더 이상 가격 경쟁력이나 상품의 질로 승부해서는 안 됩니다. 우리만이 가진 '핵심기술'이 있어야 합니다. 그런데 그게 없다는 것이지요.

원희룡 사실 대한민국만 보유한 기술을 확보한다는 것은 절대 쉽지 않은 문제입니다. 우리는 최빈국에서 여기까지 성장한 것이고 그동안 우리가 특화해온 것은 공급사슬에서 엔지니어링, 생산, 가공, 응용 분야였지요. 사실 우리의 반도체 기술이라는 것도 생산공정에서의 격차일 뿐 우리만의 원천기술을 따로 가진 것은 아닙니다. 이번에 한미 정상회담에서 바이든 대통령이 삼성이나 SK를 불러 배터리 문제를 직접 언급한 것만 해도 과거와 비교하면 대단한 일 아닙니까. 물론 여기에 안주해서는 안 되고 미래에도 이런 방식이 통할 것으로 착각해서는 안 되겠지요.

엄밀히 말한다면, 우리는 지금 그동안 이루어낸 성취에 의해서 간신히 버티고 있을 뿐이고 지금 어떤 전략을 선택하는가에 따라 과거의 영광은 한순간에 사라질 수도 있다고 생각합니다. 그런 면에서 기술, 전략, 인력 부분 등에서 경각심을 가져야 합니다. 그런데 우리나라의 기술평가가 심사위원의 주관적 평가를 토대로 점수화된다니 믿기지 않네요. 예전에야 어땠을지 모르지만 아직도 그런 비합리적 방식을 고수하고 있을 줄은 미처 몰랐습니다.

김소영 물론 엄선된 전문가 풀에 있는 검증된 전문가의 의견이기는 합니다만 과학적 방법론이라고 말할 수는 없겠지요. 최근 들어 평가방식을 바꿔보려는 움직임이 있는 것도 사실이고요. 저 역시 국정원 같은 전문기관의 협력이 필요하다고 생각하는데요. 기술평가를 위해서는 산업기밀에 접근할 수 있는 노하우가 절대적이기 때문입니다. 그동안은 오픈된 데이터를 놓고 할 수밖에 없었기 때문에 현실적으로 한계가 많았지요.

국정원의 설립 기원이나 그동안의 역할로 봐도 과학기술과는 전혀 무관한 것처럼 보이지만 시대가 달라진 만큼 기능과 역할에 대한 변화도 충분히 가능하다고 생각합니다. 미국이 국방이나 안보와 관련한 연구를 통해 첨단과학 기술을 발전시킨 것처럼 말이지요. 터치스크린 기술도 사실 우주기술에서 나온 것이거든요. 이미 선진국 사이에는 기술패권 경쟁이 전면화되고 있습니다. 우리가 이러한 기술 맵을 제대로 만들 수 있다면 미국이나 중국도 대한민국을 함부로 대하지는 못할 겁니다.

원희룡 단지 국정원만의 문제는 아닐 겁니다. 과학기술에 대한 국가 차원의 전략추진체가 있어야겠지요. 그런 면에서 우리만이 보유한 것, 같은 기술을 갖고 있더라도 비용, 효율, 분업의 원리상 대한민국을 인정할 수밖에 없는 기술 전략이 필요합니다. 다른 나라가 스스로 우리의 동맹을 자초할 수 있도록 어떻게 그 저변을 넓힐 것인가를 고민해야 합니다. 앞으로는 중국 주도의 공급망과 미국 주도의 공급망이 충돌할 수도 있습니다. 미중 충돌 때 우리의 전략적 스탠스는 훨씬 중요해집니다. 중국의 전략적 희생양이 되지 않기 위해서는 국가 차원의 전략이 중요합니다.

이러한 전략 아래에서 과학 행정과 국가기관의 시스템 혁신이 이루어져야 한다는 데 적극적으로 동의합니다. 그런 점에서 저는 정권 차원에서 과학기술에 기반한 국가 발전을 국정 목표로 설정하고 행정 전반에 과학 중심의 전략을 도입하고자 합니다. 과학기술 분야의 최고 전문가를 모셔서 미래 정책 방향을 결정하고 국가의 주요 정책 결정 과정에 참여할 수 있도록 하겠습니다. 또한 행정 각 분야에 디지털 혁신을 도입하고 새로운 일자리 창출과 미래 생존 전략을 마련할 생각입니다. 필요하다면 청와대에 과학수석비서관이나 과학부 총리를 신설해서라도 과학 강국의 입지를 다지겠습니다.

김소영 그동안 과학 분야에서는 과학부 총리가 필요하다는 의견이 종종 제기되곤 했습니다. 그만큼 역대 정권에서 과학 분야가 소외돼왔고 교육부나 정보통신부 등 다른 부처와 합쳐지거나 눈칫밥을 먹는 신세였으니까요. 지사님은 누구보다 미래 전략으로서 과학기술의 중요성을 잘 알고 계신 것 같아 한결 마음이 든든합니다.

　그동안 과학기술 분야 시민단체인 과실연(바른과학기술사회실현을 위한국민연합)은 선거 때마다 과학기술 관련 공약을 분석해왔습니다. 요즘은 과학기술 혁신 정책의 화두와 이슈가 무엇인지 고민 중이더군요.

　원희룡 저 역시 마찬가지입니다. 제가 요즘 몰두하는 이슈 중 하나는 미래 일자리와 젊은 세대의 미래를 위한 정책에 과학기술을 접목시켜서 혁신 성장을 어떻게 이끌 것인가입니다. 국가 생존전략이나 노벨상 수상도 중요하지만 국제관계에서 힘의 역학을 좌우할 핵심기술, 더 현실적인 의미에서 본다면 미래 먹거리를 창출할 좋은 일자리를 어떻게 만들어낼 것인가는 정치지도자가 고민해야 할 가장 현실적인 문제가 아닐까 싶습니다. 혹자는 이것을 알파벳으로 풀어서 어그로Agro-바이오Bio-컬처Culture-디지털Digital-에코Eco 식으로 설명하기도 하더군요. 아무튼 현재 과학기술 발전과 함께 산업지도 역시 대 재편되는 과정입니다. 과연 우리는 이러한 기술 변화의 흐름으로 보았을 때 어떤 산업과 연계된 테크트리tech-tree를 짤 것인지를 고민해야 한다고 생각합니다.

　김소영 주로 데이터 경제와 관련해서 생각해볼 문제인 것 같습니다. 소비 측면에서는 데이터 경제로 나갈 것이고 인프라 측면에서는 디지털 기술을 가동시키는 연산능력이 중요해지겠지요. 예컨대 영화를 다운받는 속도가 곧 인프라 기술이라고 생각할 수 있습니다. 인공지능도 결국 컴퓨팅 인프라 구축이 문제인데, 특히 최근에는 텍스트 같은 정형화된 데이터가 아니라 이미지나 동영상 같은 비정형 데이터 분석이 대폭 증가할 것이기 때문에 슈퍼컴퓨팅 인프라는 더욱 중요해질 전망입니다. 현재 슈퍼컴퓨터는 5호기까지 있는데 중국이 급성장하면서 점차 밀리고 있는 형국입니다.

우리는 디지털에서 빅데이터, 5G, 사물인터넷 등이 별개 기술이나 분야로 존재하는 것이 아니라 다 같이 데이터 경제를 움직이는 핏줄 같은 역할을 한다는 점에 주목해야 합니다. 다시 말해 3차 산업혁명과 4차 산업혁명의 차이는 데이터 활용 정도라고 볼 수 있을 겁니다. 3차 산업혁명도 똑같은 정보기술 기반인 것은 맞지만 대부분의 업무는 오프라인에서 이루어졌고 온라인은 보조적 역할에 불과했습니다. 하지만 4차 산업혁명은 온라인이 메인이고 오프라인이 보조적인 상황이지요. 근본적인 차이는 데이터에 있습니다.

데이터는 경제학자가 생각하는 보통의 재화와는 근본적으로 다릅니다. 데이터는 공간을 차지하지도 않고 내가 쓴다고 다른 사람의 몫이 줄어드는 것도 아니며 얼마든지 위변조도 가능하기 때문에 다른 차원의 경제구조가 만들어지게 됩니다. 전통적인 경제학자가 생각하는 한정된 자원이 아닌 것이지요. 그런 점에서 재화나 서비스 개념을 새롭게 정의할 필요가 있을지도 모릅니다. 과거에는 실물경제가 존재하고 더 빠르고 편리한 이용을 위해 디지털 기술을 이용했다면 지금은 실물경제에 버금가는 규모의 가상경제가 별도로 존재하게 되지 않았습니까.

가상경제라고 해서 현실에 존재하지 않거나 곧 사라질 무엇이 아니라 '리얼real'한 존재로서의 가상경제인 것입니다. 우리는 이런 가상경제와 디지털 기술이 일상생활을 근본적으로 바꾸고 있다는 사실을 인정해야 합니다. 따라서 디지털 기술을 통해 데이터 경제와 데이터 사회를 구축하는 과정에서 생길 수 있는 부작용, 법적·제도적 충돌과 지연 문제를 어떻게 해결할 것인가가 중요한 정책 과제가 될 것입니다.

원희룡 동의합니다. 생산요소의 관점에서 본다면 4차 산업혁명은 데이터 경제라고 통칭할 수 있을 것 같습니다. 사물인터넷도 따지고 보면 모든 사물과 현상, 모든 시간과 공간을 데이터화하겠다는 것 아닙니까. 센서를 통해 자동으로 기록하고 실시간으로 통용시킬 수 있는 기술이 5G, 6G입니다. 그리고 이런 데이터를 학습시켜서 별도의 입력 작업 없이 스스로 문제해결을 해나가는 것이 인공지능이지요. 이런 패턴은 앞으로도 계속 개발되고 확장될 것입니다. 그리고 이 모든 것을 가능하도록 하는 것이 데이터이지요. 그런 점에서 데이터 경제가 되는 것입니다. 기존의 경제학은 유한한 자원을 전제로 한 것입니다.

과학기술의 혁명적 발전에 따라 자원의 유한성이라는 개념이 변화했고 자원에 대한 개념 자체도 달라졌습니다. 석유도 화학이 발전하기 전에는 지옥의 흙탕물 또는 폐수에 불과했거든요. 마찬가지로 지금은 데이터라는 개념이 변화하고 있는 겁니다. 과학기술에 의해서 자원의 유한성은 끊임없이 극복되고 더불어 새로운 영역과 일자리가 창출되고 있습니다. 따라서 앞으로 과학기술의 위력은 데이터에 의해 좌우될 가능성이 큽니다. 새로운 산업, 기회, 일자리가 인간의 생활방식 자체를 바꾸게 되겠지요. 그런 점에서 4차 산업혁명은 인쇄술과 컴퓨터의 발명에 버금가는 디지털 혁명이라고 할 수 있습니다.

김소영 우리나라의 경우 데이터 인프라는 꽤 좋은 편입니다. 인터넷 접근성도 좋고 스마트폰 보급률이 높은 것도 데이터 경제를 위한 긍정적 요인입니다. 하지만 정작 데이터 활용이라는 측면에서는 문제가 있습니다. 문재인 정부가 2019년 7월 발표한 '한국판 뉴딜' 10대 과제 중 하나로 추진하는 '데이터 댐' 프로젝트가 대표적인 사례입니다. 저는 '데이터 댐'이라는 아이디어 자체가 충격적이었는데요. 우리가 댐에 물을 받아놓는 것처럼 일정 공간에 공공데이터를 모아놓고 이용자들이 활용할 수 있도록 한다는 것이기 때문입니다. 하지만 데이터라는 것은 어떤 정형화된 형태로 존재하는 것이 아니라 사용하는 사람이 자신의 목적이나 의도에 맞게 조합해 새로운 것을 만들든가, 아니면 조작해야 하거든요.

누군가가 데이터를 만들어 보관하고 이를 다른 사람이 가져다 사용한다는 것은 있을 수 없는 일인 거죠. 데이터를 공개하는 것보다는 사용할 수 있는 형태로 가공하는 것이 중요하고 또 서로 호환되고 연결되도록 하는 것이 핵심인 겁니다. 시중의 우스갯소리로 데이터는 세 가지 종류로 구분된다고 합니다. 하나는 공공데이터로 사실상 공짜여서 아무나 사용할 수 있지만 가치가 없는 것입니다. 두 번째 단계는 돈을 주고 사는 데이터인데 투자한 만큼 좋은 서비스나 연구가 가능하죠. 세계은행이나 경제협력개발기구에서 제공하는 유료 데이터들이 여기에 해당하고 연구자들 대부분이 이런 데이터를 활용하고 있습니다. 가장 최고의 데이터인 세 번째는 돈 주고도 못 사는 데이터라고 합니다. 예컨대 삼성이 보유한 가장 중요한 데이터는 절대로 다른 기업에 팔지 않을 것입니다. 바로 이런 데이터가 최고의 가치를 지닌다는 것입니다.

사실 공공데이터 개방 문제는 이미 오래전부터 논의됐던 사안이고 현정부의 데이터 댐 프로젝트도 완전히 새로운 이슈는 아니지만 실제 정책이 공공데이터를 모아놓는 수준에 머무는 것은 문제가 있습니다. 데이터 기반 디지털 경제가 미래 전략이라면, 과연 어떻게 데이터를 활용하고 민간이 어떻게 이런 데이터를 잘 활용할 수 있도록 지원할 것인가를 더 많이 고민해야 할 것입니다.

원희룡 데이터를 완전히 잘못 이해하고 있기 때문이죠. 전형적인 관료주의 사고이고 4차 산업혁명 이전의 방식이라고 할 수 있습니다. 데이터는 제조업처럼 생산되는 것이 아니라 인간의 활동과 만물이 존재하고 움직이는 모든 것에서 발생합니다. 그동안은 이런 것을 기록하기도 어려웠고 실제 데이터를 만들어도 쓸모가 없었습니다. 하지만 정보처리능력과 기록능력을 가진 반도체와 컴퓨터의 등장, 통신의 발달을 통해서 이런 데이터들이 무한히 수집되고 활용되게 된 것입니다.

민간에서는 이런 기술과 능력이 적절히 활용되지만 문제는 공공부문입니다. 정부 부처와 정부기관마다 엄청난 정보가 실시간 유통되고 있고 언제든지 그 실체를 확인할 수도 있는데 아무도 활용하지 않거든요. 기밀을 유지해야 할 부분과 아닌 정보를 구분하고, 활용 가능한 데이터는 상호 연동이 가능하도록 해야 합니다. 그런데 데이터 경제에 대한 개념이 부족하다 보니 정책이 뒤따르지 못하고 있습니다. 공공데이터의 생산, 저장, 처리, 활용 자체에 대해서 어떻게 국민에게 접근권을 주고 활용할 것인가에 대한 정부혁신, 공공혁신이 필요합니다.

지금은 인간의 모든 생물학적 삶을 데이터화할 수 있습니다. 즉 데이터는 그 자체로부터 가치가 창출됩니다. 메타버스나 가상공간도 데이터를 기반으로 한 디스플레이거나 상호 반응하게끔 하는 공간이지 어떠한 가상공간이 따로 확보된 것이 아니지 않습니까. 단지 데이터의 덩어리가 우리와 상호작용하는 방식을 가상공간이라고 할 뿐이지요. 이런 점에서 4차 산업혁명은 결국 개인 중심으로 갈 수밖에 없습니다. 과거 마이 카Car 시대를 거쳐 마이 컴퓨터Computer와 마이 폰Phone의 시대가 이어져왔다면 이제는 마이 데이터Data와 마이 인공지능AI, 마이 스페이스Space의 세상이 열리게 되는 것입니다. 그 안에서 다시 개인과 개인의 관계나 쇼핑, 정보소통, 학습, 놀이, 심지어는 사이버 공간에서 서로 유대감을 느끼는 인간관계까지도 형성될 수 있는 것입니다.

이런 점에서 가상공간은 상상 속에 존재하는 멀고 동떨어진 것이 아니라 우리 삶의 영역과 직접적으로 연결돼 있습니다. 따라서 우리가 디지털 강국이 되기 위해서는 데이터에 대한 좀 더 혁신적이고 포괄적인 접근 전략이 필요하다고 생각합니다.

김소영 4차 산업혁명 기술의 핵심은 인공지능이라고 할 수 있습니다. 국내외 여러 보고서나 분석에 따르면 우리나라의 인공지능 경쟁력이 해외 주요국과 비교해볼 때 뒤처져 있다는 평가가 많습니다. 예컨대 국내에 많이 회자된 2019년 미국 데이터 이노베이션Data for Innovation의 「누가 인공지능 경쟁에서 이길까?Who Is Winning the AI Race?」에서는 우리 인공지능 경쟁력이 미국, 중국 등과 비교해 1년 10개월 뒤처져 있다고 하고, 2021년 국내 연구기관인 소프트웨어정책연구소에서 발표한 「국가 인공지능 연구지수National AI Research Index」에서는 우리나라가 14위로 10위권에도 못 들었다는 결과가 나왔습니다.* 글로벌 컨설팅 기업인 맥킨지의 분석에 따르면 향후 국가 간 인공지능 격차가 점점 벌어지면서 활용 역량에 따라 국가 경쟁력 차이가 결정될 것이라고 합니다. 원 지사님이 인공지능과 인재양성을 특히 강조하시는 것도 이런 배경 때문이 아닌가 싶습니다. 인력 양성 외에 인공지능 분야의 과학, 기술, 산업 경쟁력을 확보하기 위한 중장기적 방안을 갖고 계신가요?

| 인간이 인공지능에 지배당하지 않고 지배해야 한다

원희룡 국가 간 기술격차 문제도 중요하지만 더 근본적인 것은 인간이 인공지능에 지배당할 것인가, 지배할 것인가에 있다고 생각합니다. 간단히 말해 인공지능이 기존의 일자리를 대체할 것인가의 문제인데요. 저는 우리가 어떻게 하느냐에 따라 달라진다고 봅니다. 다시 말해 4차 산업혁명은 전적으로 인간을 위한, 인간에 의한 혁명이어야 한다는 겁니다. 인간을 위한 데이터 활용이어야 하고 인간을 위해 봉사하는 컴퓨터와 로봇이어야 한다는 말입니다. 이렇게 인공지능 기술을 인간이 주도하기 위해서는 기계는 물론 데이터를 다룰 충분한 기술을 갖고 있어야 합니다. 또한 자칫 이런 기술이 악용되지 않도록 하기 위해 사회적인 합의, 즉 법과 제도도 마련해야 하지요.

---

* 1, 2위는 미국, 영국이 차지했으며, 10위권에는 오스트레일리아, 이탈리아, 캐나다, 독일 등이 포함돼 있다. 아시아에서는 중국, 싱가포르, 홍콩 등이 10위권에 포함됐다.

개인적으로 안타깝게 생각하는 것 중 하나는 '데이터 3법' 통과 과정에서도 논란이 됐지만 개인정보, 범죄 가능성, 사회적 도덕 기준 등을 지나치게 강조함으로써 스스로 장벽을 높이고 있다는 점입니다. 모든 기준에 맞춰 걸러내고 잘라내면 실제 활용 범위는 축소될 수밖에 없으니까요. 예컨대 카카오톡 정보를 기반으로 한 인공지능 딥러닝 프로젝트도 욕설이나 범죄 활용 가능성 등을 우려해 사전에 걸러내도록 하고 있지 않습니까. 하지만 구글이나 페이스북, 아마존 등은 우리나라 모든 소비자의 쇼핑 패턴, 댓글, 검색 기록, 타임라인까지 원클릭으로 동의하도록 함으로써 무제한 수집하고 있습니다. 앞으로 우리 국민의 생체 정보까지 포함될지도 모르지요.

반면 우리나라 기업은 정보수집에 관한 동의는 개별 항목으로 일일이 체크해야 하고 설사 동의를 받았다고 하더라도 새로운 규제를 받게 되기 일쑤입니다. 이렇게 데이터 수집과 활용에 각종 제한이 가해진다면 과연 인공지능 기술 발전이 가능할까요? 글로벌 기업에는 모든 정보를 넘겨주면서 스스로의 발전을 옥죄는 이런 역차별이나 규제 중심의 정책으로는 제대로 된 4차 산업혁명을 준비할 수 없습니다. 이런 부분이 정부 정책의 중요한 과제가 돼야 한다고 생각합니다.

김소영 인공지능으로 인한 일자리 대체 문제는 알파고 등장 이후에 논란이 됐고 세계경제포럼 다보스WEF, World Economic Forum와 옥스퍼드 대학교는 일자리 약 200만 개가 사라질 것이라는 예측보고서를 내기도 했습니다. 사실 기술개발에 따라 일자리가 줄어들 것이라는 우려는 새로운 것이 아닙니다. 새로운 기술이 등장하면 한

동안 일자리가 줄어들지만 또 새로운 일자리 영역이 창출됩니다. 그래서 장기적으로 보면 기술개발이 플러스 요인이 됐다는 것이 대체적인 분석입니다. 우리가 눈여겨봐야 할 점은 인공지능으로 인한 일자리 감소 문제와 직결되는 노동구조의 문제입니다. 현재 이 문제를 특히 걱정하는 나라는 대부분 노동시장 경직성이 높은 것이 사실이거든요. 1960~1970년대 서구 복지국가에서 말하는 완전고용, 다시 말해 산별노조에 입각해 설계된 복지국가 틀에서 일자리라는 것은 일종의 체제와 관련된 것입니다. 이때 일자리는 곧 직업입니다. 하지만 일자리를 직업이 아니라 직무로 여긴다면 특정 직업은 사라질 수 있어도 직무 자체는 여전히 남게 됩니다.

우리나라도 노동시장이 상당히 경직된 나라 중 하나인데요. 정규직-비정규직의 구분이 분명하고 한번 밀려나면 노동시장에 재진입하기가 쉽지 않은데다가 복지체계도 미흡하기 때문입니다. 이런 경직된 노동구조에서 인공지능 신기술로 특정 직업이 로봇으로 대체된다면 당장 실업자가 양산될 수밖에 없고 국가적인 위기 요인이 발생하게 됩니다. 한스 모라벡Hans Moravec이라는 로봇공학자의 이름을 딴 '모라벡의 역설'이란 게 있는데요. "로봇이 잘하는 일은 인간이 못하고 인간이 잘하는 일은 로봇이 못한다."는 것입니다. 예컨대 걸레질처럼 비정형적인 육체노동은 로봇이 결코 인간을 따라갈 수 없지만 보험료 계산은 로봇의 능력이 압도적인 것처럼 말입니다.

이처럼 똑같은 기술이 새롭게 도입되더라도 어떤 사회에는 파괴적인 결과를 낳고 어떤 나라에서는 점진적인 확산으로 이어집니다. '우버' 같은 신규 플랫폼 서비스만 해도 영국과 우리의 경우는 엄청난 진통을 겪었습니다. 반면에 스웨덴은 오히려 택시 회사가 적극적으로 우버를 도입하고 정착시켰습니다. 스웨덴은 잘 확립된 복지국가이기 때문에 택시에 의존하지 않고도 생활이 가능했지만, 우리는 택시 운전만으로 아이들을 키우고 교육시키고 집도 사야 하는 구조이다 보니 사활을 걸 수밖에 없었던 거죠.

'타다' 논쟁도 마찬가지입니다. 당시 이 문제에 대해 모바일 혁신이냐, 아니면 플랫폼을 가장한 불법 서비스냐를 놓고 법원과 국회가 다른 입장을 내기도 했습니다. 자가용은 급증하는데 택시 감차는 제대로 이루어지지 않고 그런 와중에 '타다' 서비스가 시장에 신규 진입하게 되니까 택시기사들이 결사반대를 할 수밖에 없었던 것이지요. 정책적으로 새로운 서비스가 창출될 수 있도록 노동조건을 개선하고 경쟁 조건을 조정해야 함에도 모든 문제를 '사업 허가' 문제로 귀결시키다 보니 소비자의 선호와 상관없이 규제가 가해질 수밖에 없게 된 겁니다.

기술 혁신이 어려운 것은 처음 기술이 도입될 때 반드시 있게 마련인 시행착오를 어떻게 해결하는가에 따라 그 결과가 달라지기 때문입니다. 문제에 부딪혀 멈춰버리면 기술 발전은 중단되니까요. 원자력이나 원자폭탄 등 많은 기술이 처음 도입될 때는 그런 문제를 겪었고 유전자변형식품GMO, Genetically Modified Organism도 엄청난 논란을 가져오지 않았습니까. 모든 새로운 기술에는 다 이런 문제가 뒤따르게 마련입니다. 결국 이런 부작용을 어떻게 해결하는가가 관건입니다. 그런 점에서 본다면 정부 신뢰도가 매우 중요한 기준이 될 수 있습니다. 실제 관련 연구에 따르면 똑같은 기술 위험이라도 나라마다 체감하는 정도가 다 다른데 가장 큰 결정요인이 정부에 대한 신뢰라고 합니다. 정부에 대한 신뢰가 높을수록 새로운 기술 위험에 대해 수용적이지만 정부 신뢰가 낮을수록 각종 음모론이 횡행한다는 것입니다.

원희룡 공감할 수밖에 없는 이야기네요. 사실 과학기술 혁신이 어려운 것은 기술적 발전의 차원보다는 사회수용성과 관련된 문제라고 생각합니다. 스웨덴 같은 복지국가는 충분한 사회안전망을 갖추었기 때문에 당장 일자리를 잃게 되더라도 기다리면 다른 기회가 올 것이라는 믿음이 있습니다. 하지만 우리는 사회적 신뢰가 부족하다 보니 일단 저항할 수밖에 없지요. 하지만 지금은 우리끼리만 잘살 수 있는 그런 세상이 아닙니다. 기술경쟁은 국내 경쟁이기도 하지만 본질적으로는 글로벌 생존과 관련된 문제니까요. 더구나 우리는 한정된 자원과 영토를 갖고 있다 보니 대외의존도가 높아서 국제 경쟁을 외면해서는 살아남을 수 없습니다. 삼성전자 매출이 하루아침에 반토막이 난다고 상상해보십시오. 현대자동차가 당장 문을 닫는다고 할 때 닥쳐올 충격파는 상상조차 할 수 없습니다.

물론 노동자의 생존권과 일자리 문제도 중요합니다. 하지만 기업의 '생존' 문제와는 비교가 될 수 없습니다. 기업의 생존은 핵심 기술이 좌우하고 이것이 중단될 경우 노동자는 물론 기업과 국가 전체에 파괴적인 결과로 이어지기 때문입니다. 자율주행 경쟁, 반도체와 소프트웨어 경쟁, 포스트 반도체에 대비해 기업이 '생존'을 고민하는 것도 이 때문입니다. 데이터가 무한한 영역으로 확장된다고 할 때 배터리나 수소연료, 기타 필수 소재나 부품, 기술을 바탕으로 한 게임 체인저 같은 경우에는 우리가 밖에서 보는 관점과는 다른 차원의 전략적 판단이 필요합니다.

반도체도 앞으로 데이터의 양이 폭발적으로 증가함에 따라 연산 능력이 더욱 중요해지기 때문에 얼마든지 다른 방식으로 전환이 가능할 수 있습니다. 기업의 생존을 좌우하는 과학기술과 미래 예측이 오가는 현실 속에서 국가는 다음 세대를 위한 미래를 준비하는 데 총력을 기울여야 합니다.

김소영 원격의료 문제도 하나의 사례가 될 수 있을 것 같습니다. 코로나19로 원격의료의 필요성 문제도 재거론되고 있는데요. 실제 4차 산업혁명 기술이 전 방위적으로 활용되면서 시너지가 창출되고 있습니다. 이미 일본은 상당한 수준에 도달한 상황입니다. 원격진료가 가능한 분야와 범위뿐 아니라 해당 질병에 대해서도 허용되는 수치를 일일이 마련했다는 겁니다. 예컨대 고혈압 환자는 일정 정도 혈압까지는 원격진료가 가능하지만 그 기준을 넘어서면 대면진료를 해야 한다고 규정하는 것입니다.

우리나라는 초진은 무조건 대면이고 그 후 상태가 좋아지면 원격이라는 식으로 그 기준이 모호해서 아직 어려운 상황입니다. 똑같은 증상으로 약만 탈 때도 멀리 지방에서 휠체어를 끌고 서울까지 와야 하는 불편한 경우도 여전히 생기고 있고요. 특히 오진이 발생하면 누가 책임질 것인가라는 문제를 놓고 이견을 보이기 때문에 합의가 쉽지 않아 보입니다. 물론 일본의 사례가 다 옳은 것도 아니고 개별 국가의 특성이나 진료 환경에 따라 적용방식은 달라질 수밖에 없습니다. 하지만 전반적인 원격의료 실행 경과로 봤을 때는 아쉬운 측면이 적지 않습니다.

|포스트 IT 시대를 주도할 바이오 산업을 육성해야 한다

원희룡 4차 산업혁명은 국가의 혁신 성장의 동력이 되고 그래서 새로운 일자리를 만들어 다음 세대가 살아갈 수 있도록 해야 한다는 데 의미가 있습니다. 그런 점에서 4차 산업혁명으로 인해 과연 어떤 영역이 새롭게 창출될 수 있을까요? 예컨대 디지털 혁신에는 사물인터넷, 데이터, 인공지능, 통신, 블록체인을 포함한 컴퓨팅 등등과 하드웨어라든가 자율주행 서비스 같은 다양한 분야가 있습니다. 이들 영역을 어떻게 연결하고 접목시키는가에 따라서 산업이 재편될 수 있고 새로운 일자리 영역도 창출될 테니까요. 우리는 미래 전략 차원에서 어떤 준비와 노력이 필요하다고 보십니까?

김소영 정부는 미래 유망 기술로 주목받는 6개 첨단기술, 즉 6T에 대해 10여 년 전부터 관리해왔습니다. 6T란 정보기술IT, Information Technology, 바이오 기술BT, Biology Technology, 문화 기술CT, Culture Technology, 우주 기술ST, Space Technology, 환경 기술ET, Environment Technology, 나노 기술NT, Nano Technology을 의미합니다. 국가과학기술지식정보서비스NTIS라고 하는 과학기술 분야 데이터베이스에 업데이트되고 있습니다. 양적으로 본다면 IT가 압도적입니다.

저는 우리나라의 미래 챌린지는 포스트 IT를 어떻게 준비하는가에 달려 있다고 생각합니다. 이때 포스트post는 애프터after라는 의미보다는 한 단계 업그레이드한다는 뜻도 담겨 있습니다. 우리는 1970, 1980년대 중화학공업 발전 이후에 국가 역량의 상당 부분을 정보화에 투자했습니다. IT 산업은 중후장대重厚長大 산업처럼 큰 인프라 투자 없이도 쉽게 도약할 수 있는 특징을 갖고 있습니다. 그래서 후발주자인 아프리카 국가들은 유선전화의 과정을 거치지 않고 곧바로 모바일 시스템을 적용할 수 있었지요. 이처럼 IT 분야에는 소위 기술의 도약leapfrogging이 가능하고 그런 사례도 많은 편입니다.

이제 우리는 본격적으로 포스트 IT를 준비해야 합니다. 여기에는 바이오Bio, 환경Eco, 농업Agro 등이 모두 포함되는데, 특히 바이오가 중요한 부분을 차지한다고 생각합니다. 물론 코로나19로 바이오의 중요성이 주목받은 측면이 있지만 군이 코로나19가 아니었어도 이 문제는 대두될 수밖에 없었을 겁니다. 저출산 고령화가 진행된 지 이미 오래됐고 고령화가 진행될수록 연금이나 보험 등 국가 부담이 커질 수밖에 없기 때문입니다. 따라서 바이오테크를 어떻게 진흥하느냐의 문제는 싱가포르나 타이완 등 우리나라와 유사한 수준의 국가들에게는 공통된 도전 과제입니다. 엄밀히 말하자면 우리가 다소 뒤처져 있는 편입니다. 싱가포르는 이미 2000년대부터 선제적인 진흥정책을 추진해서 포스트 IT에 대비해왔습니다. 당시 싱가포르는 과학기술부를 완전히 개편해서 A*STAR라는 전담조직을 만들고 바이오와 그 외 분야인 과학·엔지니어링의 두 가지 분야로 조직을 구분했습니다. 다시 말해 바이오테크에 전체 과학기술 전담부서 전체 역량의 절반을 할애한 것입니다.

20년 정도 지난 현 시점에서 볼 때 싱가포르는 기초과학도 부흥하고 바이오 분야에서는 아시아에서 압도적인 강국으로 부상한 상황입니다. 당시만 해도 우리나라는 고령화가 큰 이슈가 아니기도 했고 IT로 워낙 입지를 다진 상태이기도 했습니다. 그러다 보니 바이오테크 분야에 대해 실기한 것입니다.

원희룡 바이오가 포스트 IT의 주요 영역이라는 데 전적으로 공감합니다. 옛날과 달리 바이오의 중요성이 더해진 것은 데이터에 대한 기술적 요인, 유전자 염기서열 정보의 확대, 그리고 집단적-개인적 정보가 원천기술처럼 활용될 수 있다는 점 때문입니다. 예를 들어서 감기 백신이나 코로나 백신 등은 인종에 따라 혹은 특정 음식을 섭취하거나 생활 습관을 가진 집단, 기후, 인구학적 특성에 따라 데이터 처리를 할 때 맞춤형 접근이 가능합니다. 이 경우 수많은 임상 데이터가 뒷받침돼야만 개발할 수 있습니다.

메신저 알엔에이mRNA 백신처럼 유전자 활용에서도 데이터 문제, 즉 개인의 생체 정보 같은 바이오 데이터에 대한 접근법이 중요합니다. 혁신 성장을 생각하는 정부라면 정부가 일방적인 결정을 할 것이 아니라 실패를 경험하더라도 다시 도전함으로써 조금씩 영역을 넓혀나가는, 그래서 전반적으로 국가적 영토를 넓힐 수 있도록 해야 합니다.

김소영 바이오 분야는 바이오 테크, 바이오 엔지니어링, 바이오 메디컬 등 여러 갈래를 생각할 수 있지만 특히 바이오 분야가 도전과제인 이유는 바이오 산업의 중추가 과학 기반 산업science-based industry이기 때문입니다. 우리는 과학기술 정책 역사에서 한 번도 기초과학 베이스로 산업을 키워본 경험이 없어서 익숙하지 않고 그래서 더 어려운 측면이 있습니다. 지금은 글로벌 바이오 시장에서 인도가 중간시장을 꽉 잡고 있고 5개 대형 제약사Big Pharma가 글로벌 독과점 형태로 가치사슬을 형성하고 있습니다. 후발주자로서는 그 구조에 진입하는 것조차 어려운 일입니다. 삼성바이오로직스나 SK바이오사이언스가 있기는 합니다. 하지만 기업 내부의 자원배분 문제도 고려해야 하기 때문에 전사적 차원에서 바이오로 대대적 전환을 하기가 쉽지 않을 겁니다. 국민들도 삼성전자와 비교해 삼성바이오는 부차적으로 생각하는 걸 보면 우리나라는 아직도 IT에 국한된 사고를 하는 경향이 강한 것 같습니다.

| 실패해도 다시 일어날 수 있는 시스템을 만들어야 한다

원희룡 교육이나 미래 관련해서는 2030세대를 빼놓고 말할 수 없을 것 같습니다. 심지어 그들은 단군 이래 최초로 부모보다 가난한 세대가 될 거라고 하지 않습니까. 우리나라 근대화에 크게 이바지했던 부모들의 교육열도 더 잘살 수 있다는 희망이 있었기 때문에 가능했던 것입니다. 그런데 지금은 미래가 오히려 현재보다 암울한 상황이라는 데 문제가 있습니다. 2030세대 스스로도 미래를 걱정하고 있고 기대치는 높지만 현실은 뒤따라주지 않는 상황이다 보니 자연스럽게 공정이나 분배 갈등에 민감할 수밖에 없는 것입니다.

제가 대학에 다니던 때만 해도 학생운동을 하느라 수업은 뒷전이었고 학점도 안 좋았지만 취업에 큰 어려움은 없었습니다. 그런데 지금의 2030세대는 도전을 안 하는 게 아니라 아예 못하는 수준 아닙니까. 재기불능no second chance의 사회다 보니 처음 시작을 잘못하거나 자칫 실패하면 다시는 회복할 수 없다는 두려움을 안게 되는 겁니다. 사실 과학의 핵심은 실패를 통해 새로운 지식을 쌓아 나가는 것입니다. 그런데 우리 사회는 실패가 경력이 되지 못한 채 오히려 낙인이 되고 있다는 게 문제인 것 같습니다.

김소영 맞습니다. 과학기술은 당장 완성된 무언가를 만들어내는 것이 아니라 하나의 과정이지요. 새로운 과학인재를 양성하는 과정에서도 과학의 본질에 대해 가르치는 것이 중요하다고 생각합니다. 즉 과학은 다양한 현상과 문제를 다루며 실패를 경험함으로써 새롭게 도전하는 과정이라는 점입니다. 매년 10월이 되면 노벨상 수상자를 보도하면서 왜 우리나라에는 노벨상 수상자가 없는지 되묻곤 합니다. 하지만 뜻밖에 이유는 간단합니다. 다양성의 문제이지요. 모두가 똑같은 틀에서 연구하고 질문하면 새로운 아이디어나 도전은 나올 수 없습니다.

역대 노벨상 수상자들의 인터뷰를 보면 대부분 새로운 기술이나 방법에 관한 영감을 과학이 아닌 전혀 새로운 분야에서 얻는 때가 많습니다. 2019년 유전자가위편집으로 노벨상을 받은 두 명의 여성과학자는 하와이 출신인데 어려서부터 자연 속에서 성장하다 보니 자연스럽게 생명 분야에 입문하게 됐다고 합니다. 하지만 우리는 늘 만나는 사람만 만나고 시간이 난다 해도 책을 읽거나 공부만 하지 않나요. 똑같이 반복되는 일상에서 어떻게 다양한 사람을 만나고 다양한 경험을 할 수 있겠습니까.

현대사회가 과거와 다른 축소사회라는 관점에서 볼 때 오히려 저는 학생들에게 성공과 성장을 강조하기보다는 스스로 주위의 다양한 것들을 경험하게 하는 것이 더 중요하다고 봅니다. 특히 안전하게 실패할 수 있는 경험이야말로 최상의 자원이 될 수 있지요.

실제 학생들에게 창업 지원금을 주는 것도 실패의 경험을 보장한다는 점에서 생산적인 투자가 될 수 있습니다. 물론 일부는 회식비로 돈을 날릴 수도 있습니다. 하지만 학생들에게는 실패의 대가 없이 자유로운 창업활동을 지원하는 것만으로도 커다란 기회가 될 겁니다. 학생들에게 감당할 수 있는 수준의 실패 경험을 보장할 필요가 있는 것입니다.

원희룡 다양성은 창의성의 원천이라는 말씀에 전적으로 공감합니다. 우리나라는 실패를 통해 얻게 되는 '경험을 통해 배우는 것 Lesson & Learned'에 대한 인정이 지나치게 인색한 편입니다. 그러다 보니 실패에 대해서 가혹한 평가를 하게 되고 실패의 경험 자체에 대한 거부감도 크지요. 예를 들어 세금이 투입된 연구과제가 실패로 끝나면 세금 낭비에 대한 비난을 받거나 책임추궁을 당하게 되기 때문에 안정적이고 뻔한 연구과제에만 도전하는 경향이 나타날 수밖에 없습니다. 성과 중심, 결과 중심으로 전체를 평가하고 실패를 비난하는 것이 아니라 오히려 건강한 실패를 인정하고 실패를 통한 성장을 응원하는 사회 분위기를 조성할 필요가 있습니다.

말씀하신 것처럼 다양성이라는 것은 새로운 생각을 할 수 있게 만드는 다양한 자극이라 볼 수 있습니다. 제주도에는 '제주더큰내일센터'라는 청년 취창업 교육기관이 있습니다. 지역 내 기관이지만 교육 대상 청년을 선발할 때 제주뿐 아니라 다양한 지역의 청년들을 함께 모집하고 있습니다. 서로 다른 지역에서 다양한 경험과 생각을 하는 청년들이 모여 협력하다 보니 오히려 더 창의적인 생각과 성과물들이 나오더군요. 이처럼 새로운 미래를 위해서는 국가 정책 차원에서 청년들에게 다양성을 경험할 수 있도록 많은 기회를 주는 것이 중요하다고 생각합니다.

김소영 우리나라가 기초 분야의 기술이 부족하다고 말씀드렸지만 조선산업의 회로설계, 플랜트 설계, 시스템 반도체의 역량에서 꼭 필요한 것이 창의적인 인재입니다. 특히 시스템 반도체는 앞으로 자율주행 자동차를 비롯해 지능화와 자동화에 따라 수요가 많아질 것으로 예측됩니다. 고급 설계 능력을 지닌 엔지니어가 부족한 실정이기 때문에 정부에서도 고민이 많은 것으로 알고 있습니다. 재미있는 것은 이런 창의력을 갖춘 인재가 전혀 뜻밖의 지점에서 육성된다는 것입니다. 관련 연구에 따르면 창의성은 익숙하지 않은 문제, 즉 상충하고 갈등하는 과정에서 해결 방법을 모색할 때 높아진다고 합니다.

예컨대 벤처 회사였다가 구글에 인수된 딥마인드의 CEO인 데미스 하사비스Demis Hassabis는 싱가포르 출신 체스 천재인데 미국 MIT 신경과학 분야에서 박사후 연구원post doctor을 지냈다고 합니다. 그가 당시 관심을 가졌던 분야는 해마hippocampus라고 하는 뇌의 기억저장 공간이었는데 인간의 뇌는 시냅스가 연결된 회로 구조라고도 볼 수 있다는 점에 착안하게 됐다고 합니다. 시냅스가 서로 연결되는 방식이 네트워크와 일맥상통하는 것이지요. 실제 바이오 뇌공학에서도 이와 관련된 연구를 많이 하고 있습니다. 결국 하사비스 같은 인물이 등장할 수 있었던 것은 원래 IT 분야에 종사했기 때문이 아닙니다. 그가 신경과학 분야에서의 경험을 통해 네트워크라는 영감을 받게 됐고 그것을 신경망 층layer으로 다루었기 때문에 가능했던 겁니다.

우리의 경우는 어떤가요? 물리학을 전공하면 절대 그 분야를 떠나지 않습니다. 이건 이공계의 특징이기도 하지만 자신의 전공과 다른 분야에 종사하면 낙오자로 인식하는 경향이 있는 건 사실이지요. 그러니 서로 다른 업종 간 협력이 이루어질 리가 없습니다. 행정부처에서 부처 칸막이 이야기를 하는 것처럼 학문에서도 영역을 구분하는 경향이 강하고 그러다 보니 창의성이 떨어질 수밖에 없습니다.

원희룡 아직도 그런 경향이 남아 있군요. 순수 기초 과학 분야는 그럴 수 있겠지만 대부분의 학문이 복합적으로 엮여 있고 학제 간 교류도 융합형으로 빠르게 변화하는 측면도 있습니다. 예를 들어 인공지능이 단순히 전산학의 한 분야라고 보는 시각이 많은데요. 사실 인공지능은 인지과학, 신경해부학, 뇌과학, 전산학, 언어학 등이 뒤섞여 있는 융합학문이거든요. 특정 전공과 분야에 집중하는 것이 잘못됐다고 보지는 않습니다. 다만 문제는 해당 분야에서 벗어나 다양한 학제적 교류와 융합을 추구하는 인재와 연구 분위기가 조성되지 않는다는 데 있는 것 같습니다. 또한 현장에서 융합학문을 융합학문으로 인정하고 그에 맞는 커리큘럼과 과정들을 만들어 융합형 인재를 양성하기 위해 다양한 학문을 오케스트레이션 할 수 있는 지도자instructor를 키우는 노력이 필요하지 않을까 생각합니다.

김소영 카이스트의 경우에는 1학년 무학과 제도를 운용하고 있습니다. 입시에 전념해야 할 고3 때 진로를 결정하는 것이 아니라 대학에 들어와서 조금이나마 학문 영역에 대한 지식과 경험을 쌓고 진로를 경험하라는 의미입니다. 제도적으로는 2학년까지 무학과로 남을 수 있지만 대부분 1학년 말이면 전공을 선택하더군요. 최근에 다른 대학도 비슷한 제도를 도입하는 것으로 압니다. 일부 학교에서는 주전공이나 부전공을 선택할 때 인기 있는 학과에 학생들이 몰릴 경우 학점순으로 한다든지 제한을 두지만, 카이스트는 어떠한 제한 없이 학생들이 원하는 대로 다 수용해줍니다.

그러다 보니 시기에 따라 학생들의 쏠림현상이 나타나기도 하지요. 그래서 카이스트는 입학생보다는 이들 진입생을 유치하는 데 더 치열한 경쟁이 벌어집니다. 어쨌든 학생으로서는 입시 과정에서 제대로 된 진로 결정을 하기가 쉽지 않은데요. 대학에 들어와서 교수나 또래집단peer group을 통해 더 많은 정보를 접하고 진로를 고민할 수 있다는 점에서 유익한 제도라고 생각됩니다.

원희룡 입시에 쫓긴 고3 수험생이 자신의 진로에 대해 제대로 생각할 수 없다는 건 당연합니다. 그럼에도 우리 사회는 너무나 당연하게 진로 선택을 강요하고 있지요. 학과 선택이나 진로 고민이라는 것도 관련 정보가 부족한 상황에서는 피상적일 수밖에 없습니다. 또 자신의 적성이나 특장점을 살리기보다는 학교 브랜드나 인기 있는 학과를 우선할 수밖에 없어서 제대로 된 판단을 내리기 어렵습니다. 막상 대학에 진학하고 나서 다른 차원에서 세상을 보게 되면 스스로 결정할 수 있는 동기가 생기게 마련입니다. 이렇게 볼 때 우리는 그런 과정 자체가 왜곡돼 있는 셈입니다.

미국이나 유럽 등에서 학생들이 '갭 이어gap year'를 갖는 경우가 점차 늘어나는 것도 같은 맥락일 겁니다. 갭 이어란 학업을 잠시 중단하거나 병행하면서 봉사, 여행, 진로탐색, 교육, 인턴, 창업 등의 활동을 체험하며 흥미와 적성을 찾고 앞으로의 진로를 설정하는 기간을 말합니다. 최근에는 더 짧은 시간 개념으로서 학기단위, 즉 '갭 시 매스터gap semester'가 도입되기도 한다고 들었습니다. 실제로 갭 이어를 갖게 되면 성급하게 진로를 결정하지 않고 시간적 압박에서 벗어나 좀 더 진지하게 자기 인생을 선택할 수 있게 된다고 합니다. 우리나라도 취업 부담이나 학업에 지쳐서 휴학하는 사례가 대부분이고 정규학기대로 4년 만에 졸업하는 경우는 매우 드물다고 하던데요. 어차피 대학 졸업까지 6~7년이 걸린다고 하면 차라리 첫 1,2년 동안은 편안하게 자신의 진로를 고민하도록 하는 것도 학생들의 시행착오를 줄일 수 있는 대안이 되지 않을까 생각합니다.

| 기후변화를 막기 위해 '탄소 없는 섬 2030'을 수립했다

김소영 카이스트가 있는 대전은 4차 산업혁명 특별시를 선언했는데 제주도는 '4차 산업혁명 촉진 기본계획'을 수립했습니다. 내용을 보면 지능화 신산업 창출, 산업 인프라, 사회문제 해결의 3대 분야로 다양한 추진 과제를 제시하는데 현재 진행 상황은 어떤가요? 지자체 수준 경험에서 전국으로 스케일업할 과제나 사례도 있는지 궁금합니다.

원희룡 4차 산업혁명 촉진 기본계획은 제주도가 가진 경쟁우위 산업의 파이를 확대하고 신규 모델을 창출하기 위해 지능정보기술 기반의 혁신기업 창업과 투자생태계 조성을 목적으로 하고 있습니다. 농수산업, 제조, 에너지, 금융 물류, 의료, 교통, 환경, 도시, 관광

등의 도메인에서 2022년까지 고용률을 68.5%까지 달성하고, 혁신 선도형 기업 20개를 확보하고 생활만족도 지수를 4.01% 증가하는 것을 목표로 하고 있습니다. 4차 산업혁명에 맞춰 제주가 가진 장점을 극대화하는 동시에 새로운 경제, 새로운 산업을 발굴하는 전략이라고 설명드릴 수 있습니다.

제주의 산업구조는 1차 산업과 관광산업에 지나치게 쏠려 있고 기본적으로 대외환경에 대한 의존성이 높다 보니 산업구조를 재편하고자 하는 방향성이 담겨 있습니다. 기존의 1차 산업과 관광산업에 디지털, 빅데이터, 인공지능 등 4차 산업혁명 기술을 적용해 산업의 인프라와 질을 향상하고 새로운 산업들이 생기도록 유도함으로써 제주가 잘하는 것은 더욱 잘하도록 만들고 아울러 새로운 산업 영역들을 성장시키자는 것이 목적입니다. 빅데이터, 인공지능 등의 4차 산업혁명 기술은 단위 기술 자체보다는 다양한 산업이나 사회 영역에 결합해 활용될 때 더 큰 의미가 있습니다. 그래서 4차 산업혁명 촉진 계획에는 기술을 이용한 사회문제 해결 영역이 많이 포함돼 있습니다.

실제 꽤 많은 성공 사례들도 나왔습니다. 예를 들어 대중교통의 정밀 이동 데이터를 빅데이터화해 정확한 현재 위치, 도착 시간, 위협과 사고 운전 탐지 등에 활용하는 '대중교통 실시간 위치정보 시스템'이나 차세대 교통정보 시스템을 이용한 '응급차량의 이동 관제 체계'는 매우 좋은 반응을 얻었습니다. 또한 지능형 드론을 이용한 '해안 쓰레기 감시' '한라산 응급 환자를 위한 응급용품 이송' '중산간 오지 배송 체계', 그리고 시민이 직접 참여해 사회적 문제를 기술로 해결하는 아이디어를 모집하고 실행하는 '가치더함 플랫폼' 등은 이미 전국적으로 확산되고 있지요.

김소영 제주도가 탄소 없는 섬Carbon Free Island 2030을 통해 도내 전력 수요의 100%를 재생에너지로 공급하고 전기자동차 37만 대를 보급하는 계획을 수립한 것도 같은 맥락인가요?

원희룡 네. 맞습니다. 제주는 기후변화의 영향을 가장 두드러지게 받는 곳입니다. 우리나라 고유 식물인 구상나무Korean fir가 제주에서 사라지고 있습니다. 멸종위기종으로 분류된 이면에는 기후변화가 있습니다. 그런 면에서 제주는 기후변화의 영향을 가장 빨리, 가장 많이 받는 최전선입니다. 저는 일찍부터 기후위기를 성장 동력으로 역이용하기 위한 '탄소 없는 섬 2030' 정책을 수립했습니다. 말씀하신 것처럼 도내 전력 수요의 100%를 청정 재생에너지로, 그리고 도내 차량 37만 대를 전기차로 교체하는 정책을 펼치는 것이 핵심입니다. 지난 파리유엔기후변화협약 당사국 총회와 다보스 포럼 등에서 이러한 제주 '탄소 없는 섬 2030' 비전을 전 세계 리더들에게 제시한 바 있습니다. 얼마 전에는 워싱턴 주지사 제이 인슬리Jay Inslee와 화상 대담을 진행했는데 도시·도(주) 간 탄소 중립을 위한 선도 정책을 공유하면서 협력 체계를 강화해나가자는 데 뜻을 같이했습니다.

또한 2009년부터 2013년까지 세계 최대 스마트그리드 국가 실증단지를 조성했고 세계 최초 탄소 없는 섬 실증을 가파도에서 해냈습니다(실제 가파도의 전력 가격이 5분의 1로 낮아져서 도민들의 에너지 복지에 크게 기여한바 있습니다). 2020년 기준 재생에너지 발전에 의한 전력 수요는 16.2%이고 도내 전기차 보급 대수는 2만 3,000대를 넘었습니다. 2030까지 RE100과 EV100까지 갈 길이 멀지만 대한민국 지자체 중 단연 1위입니다.

'탄소 없는 섬 2030'은 대한민국이 미래 강점을 가질 만한 기술과 인프라를 융합해 새로운 산업·경제 생태계를 만드는 모델입니다. 처음 시행할 당시에는 풍력발전기, 태양광 패널, 전기자동차 등 인프라 위주의 투자였다면, 이제는 에너지, 수송, 전력계통, 빅데이터 등 4차 산업혁명 기술을 융합해 온실가스 감축이라는 인류 공동의 목표를 위해 에너지와 교통의 새로운 융합 모델을 만드는 과정에 있습니다. 제주도에서 친환경 에너지와 전기차 보급에 집중하는 이유는 단순합니다. 제주에는 공장이 없어서 온실가스를 제일 많이 배출하는 곳이 발전소와 교통·운송 영역이기 때문이지요. 데이터에 의해 가장 많은 온실가스가 배출되는 영역부터 우선적으로 탄소 저감을 위한 전략을 추진하는 중입니다.

김소영 전기자동차가 친환경적인 것은 결국 전기를 무엇으로 생산하느냐에 달려 있습니다. 제주도는 전기차 보급계획에서 전력 생산은 재생에너지로 100% 하는지 궁금합니다. 풍력발전 제약 문제도 보도된 적이 있는데요. 재생에너지 확산과 관련해서는 제주도가 국내에서 가장 최초로 경험하는 것 아닌가요?

원희룡 커테일먼트(출력제한)라 부르는 문제인데요. 진작부터 정부의 적극적인 역할을 촉구해왔습니다. 그런데 정부는 이제야 대책 마련에 나서는 것 같더군요. 그동안은 제주도 내에서만 제기되는 문제였기 때문에 신경 쓸 필요가 없었는데 막상 전국으로 재생에너지를 확대하려다 보니 더 이상 외면하기가 어려워진 듯합니다.

김소영 중국도 비슷한 문제를 겪고 있다고 하는데 규모는 우리나라에 비할 바가 아닐 정도로 엄청나다고 합니다. 풍력은 물론 태양광 사업도 그 규모가 엄청난데요. 이 재생에너지를 전력망과 연계grid integration하는 문제로 심각한 어려움을 겪는다고 들었습니다.

원희룡 재생에너지를 확대하게 되면 당연히 겪는 일이고 충분히 예상할 수 있는 일입니다. 사실 재생에너지는 생산 자체보다는 급증한 재생에너지를 소화할 수 있도록 전력망을 업그레이드하는 게 필요한데요. 그동안 정부가 이 문제를 방치한 겁니다. 재생에너지와 전기차 확충은 그 자체로 도전적인 과제이고 여러 가지 시행착오도 겪게 마련입니다. 그나마 제주도가 미리 이런 문제들을 경험한 것 자체가 국가적으로는 소중한 데이터이자 교훈이 될 것으로 생각합니다.

김소영 분산에너지와도 관련될 수 있는데요. 제주도에서의 분산에너지 진행 상황은 어떤가요? 어떻게 하면 분산에너지가 생활에 안착될 수 있을까요?

원희룡 분산에너지가 정착하려면 전기생산자와 소비자가 직거래를 할 수 있도록 해야 합니다. 현재 우리나라 전력은 한국전력이 독점하고 있고 모든 시설이나 가격이 정해져 있습니다. 따라서 분산에너지로 전환하면 이런 독점적 구조를 깨야 합니다. 태양광을 많이 설치한 가정은 전기의 소비자이면서 동시에 공급자인 '프로슈머'가 될 수 있도록 허물어야 하지요. 다른 소비재와 마찬가지로 전기도 가격이 저렴할 때 사두었다가 나중에 되팔 수 있게 되는 것

입니다. 에너지를 자유롭게 거래할 수 있게 되면 관련된 응용 일자리나 비즈니스도 다양하게 나타날 수 있습니다.

분산에너지 시스템은 현재의 화력 발전소나 원전처럼 대규모의 발전시설이 아닌 태양광과 풍력 등 중소규모의 발전 전기를 지역 내에서 효과적으로 활용하고 인근 지역들과 전력의 교환과 거래가 가능해야 성립됩니다. 지역 단위의 전력 체계들과 상위의 전력 체계들이 유기적으로 엮여야 하죠. 그리고 풍력·태양광의 전기를 저장하기 위한 전력저장장치ESS들도 활성화돼야 합니다. 이런 분산에너지 시스템도 일종의 미래형으로 제시된 것이라 제주도 외에는 현재 구체적인 사례를 찾기가 쉽지는 않습니다. 아직은 실험적인 부분이 크고 제도가 뒷받침돼야 할 부분도 있고요.

분산에너지 시스템은 자동차, 전력망, 전기차와 그리드 연결하는 것은 물론이고 태양광 풍력과 가정용 전기차 등이 연결된 시스템이라고 할 수 있습니다. 이해관계 충돌 가능성이 많아 계속 연구 중인 과제이긴 합니다. 하지만 어느 정도 개념 정의가 이루어진다면 분산형 에너지특구로 지정하고 일정 기간 시범적 운용을 거쳐 다른 곳에서도 적용될 수 있도록 해야 합니다. 지금 국내에는 분산 에너지 체계가 제대로 구축돼 있지 않습니다. 과거 스마트 그리드 국가실증사업 때 제주 구좌읍에서 잠시 실험한 게 전부이지요. 이제 산자부가 분산에너지 특구 1호를 제주도로 지정하면서 제주에서 구현하는 분산 에너지 모델을 확산하겠다는 것입니다. 이제 시작인 거죠.

실제 상설운영을 위해서는 다양한 연구와 실험들이 필요합니다. 특히 제도 개선이 매우 필요하죠. 제주도에서 있었던 일이지만 현행 법률에서는 전기자동차 충전기는 반드시 한전의 전력망을 통해 전기를 판매해야 합니다. 한 스타트업 기업에서 배터리를 탑재해 이동과 활용이 자유로운 이동식 충전기를 개발했습니다. 그런데 현행법에서는 한전의 전력망이 아닌 배터리를 통해 전기를 판매하는 방식을 허가해줄 수 없다는 문제가 있습니다. 그래서 제주도에서는 특구에 한해 규제를 푸는 방식으로 해서 이동식 충전기를 활용할 수 있도록 했습니다. 이처럼 하루가 다르게 발전하는 기술을 제도가 뒤따르지 못하는 문제가 생기고 있습니다.

김소영 분산에너지는 앞으로 중요한 화두가 될 것으로 보입니다. 재생에너지 관련 업체나 환경운동단체 등에서는 독일의 에너지 전환이 성공했던 것이 분산에너지였기 때문이며 프로슈머가 뒷받침됐기 때문이라고 지적합니다. 아직은 여전히 이상적인 구상인 것이 사실이고 현실적인 적용에서는 한전이라는 거대한 시스템을 어떻게 극복할 것인가가 관건이 되지 않을까 생각합니다.

원희룡 시대가 달라지면서 공공재의 개념 자체가 바뀌었습니다. 이제는 기업뿐 아니라 개인도 생산에 참여할 수 있게 됐기 때문에 자원배분 개념 또한 달라져야 합니다. 어떤 지자체가 풍력시스템을 채택했다면 전기를 팔아서 이익을 얻을 수 있기 때문에 자치재정에도 도움이 될 수 있습니다. 앞으로 한반도가 통일돼 북한의 미개발 지역에 전력망을 깔고 철도를 놓는다면 엄청난 투자비가 들고 탄소 발생의 부담을 감수해야 합니다. 하지만 분산형 에너지 시스템을 채택한다면 더 자유롭게 생산과 소비가 이루어질 수도 있겠지요.

다른 한편으로 향후 전기자동차의 보급이 더욱 확산되면 폐배터리가 다량 배출될 수 있는데요. 분산에너지 시스템에서는 이 폐배터리를 연료전지나 에너지 저장장치로 활용할 수도 있습니다. 거대한 발전소를 지을 필요 없이 내가 사는 골목의 가로등은 공원 옆에 세워놓은 에너지 저장장치나 연료전지와 연결해서 자유롭게 밝힐 수 있는 겁니다. 이런 방식으로 전력망 자체를 분산시키게 될 겁니다. 기존의 전력망도 갑자기 폐기할 수는 없으니 일정 부분 보완을 해나가야겠지만 분산에너지는 생산도 소비도 모두 분산할 수 있는데다 모델링화해서 수출도 할 수 있습니다.

물론 아직은 상당 부분 이상적인 수준에 머물러 있는 게 사실이지요. 어제는 해가 쨍쨍했지만 오늘 흐리고 비가 올 수도 있고 바람이 언제 얼마나 불지 예측할 수도 없으니까요. 어떤 날은 전기가 남고 어떤 날은 모자라는 예측 불가능한 부분도 해결해야 할 과제입니다. 당장은 투자비용이 훨씬 크기 때문에 경제성 확보가 어렵다는 점에서 실용화 단계까지는 아직 더 시간이 필요해 보입니다.

김소영 재생에너지를 빨리 보급하기 위해서는 정부가 보조금을 책정할 수도 있고 직접 연구개발 투자를 하는 것도 가능할 겁니다. 우리나라는 발전차액 보조금 제도FIT, Feed-in-tariff를 2000년 도입해서 10년가량 운영하다가 신재생 에너지 공급의무화 제도RPS, Renewable Portfolio Standard로 전환했지요. 발전차액지원 제도를 종료한 것은 원래 책정했던 예산을 훨씬 초과했던 것도 중요한 이유 중 하나였습니다. 결과적으로 재생에너지 보급에도 한계가 있었는데 다른 나라 사례를 보면 어느 단계에 어떤 제도를 도입했느냐가 성패를 좌우한 것으로 알려져 있습니다.

예컨대 독일과 중국에서 발전차액제도가 효과를 본 것은 이미 기술 발전이 초기 단계를 지나 안정적인 궤도에 올라갔기 때문입니다. 하지만 우리나라는 기술개발을 시작하기도 전에 시장을 확산한다며 보조금 제도부터 실시하다 보니 정부 예산을 타기 위해 재생에너지를 이용하는 방식이어서 부작용이 컸던 겁니다. 게다가 우리의 전력시스템은 중앙집중적인데다 실제 재생에너지의 전력 그리드 인터그레이션도 쉽지 않은 상황이었고요.

재생에너지를 확산시키려면 태양광이면 태양광, 풍력이면 풍력 시스템에 적용되는 현재 기술 수준이 어느 정도인가를 점검하고 어떤 정책 수단이 더 효과적인지, 직접 자금을 지원하는 게 나은지, 연구개발 투자를 하는 것이 효과적인지 판단할 필요가 있습니다. 과거 미국 에너지부 스티븐 추Steven Chu 장관이 방한해서 원자력 이슈에 대해 논의한 적이 있는데요. 한국은 원자력 없이는 저탄소 전환이 쉽지 않다고 하더군요.

한국은 중국이나 중국처럼 영토가 넓지 않기 때문에 태양광 패널을 설치할 수도 없고 일조량이나 일조 세기 등을 보더라도 물리적 조건이 적합하지 않아서 재생에너지로는 전기수요를 감당할 수 없다는 것입니다. 상당히 설득력 있는 분석이라는 생각이 들었습니다. 정부가 저탄소 정책을 실현하기 위해서는 우리나라의 지리환경적, 경제사회적 구조와 여건을 자세히 검토할 필요가 있습니다.

원희룡 우리나라는 영토도 좁고 그나마 산악이 70%를 차지하기 때문에 태양광 패널을 수평적으로 토지에 펼쳐서 설치하는 게 타당한가에 대한 논쟁이 있는 것이 사실입니다. 지금까지 이런 방식의 태양광 패널 설치가 이루어졌던 것은 15년이 지나면 형질변경이 가능했기 때문이지요. 즉 15년간 태양광 패널을 설치하고 유지만 잘하면 형질변경을 통해 경제적 수익을 낼 수 있는 일종의 합법적 통로로 기능해왔습니다. 또한 사업 초기 태양광 발전 사업자들 중 상당수는 환경운동가였는데 한전에서 발전 차액이라는 명목으로 상대적으로 고가에 에너지를 구매해줘서 수익사업이 될 수 있었기 때문입니다. 당시 신재생에너지 의무 구입 비중이 있었기 때문에 전력거래소 요금 단가로 계산해서 가격을 환산해주었던 거지요. 이렇게 재생에너지 사업이 인위적으로 추진되다 보니 이것이 얼마나 지속가능하고 에너지 구성에서 어느 정도 비중을 차지해야 하는지 여전히 논쟁이 많습니다.

풍력 같은 경우도 환경론자들과 충돌하는 경우가 적지 않습니다. 제주도에서도 이런 문제가 발생했는데 풍력 사업자들 입장에서는 수익성을 위해 해안선에서 1킬로미터 이내에 설치하려 했고 현지 주민이나 관광객들은 자연경관을 해친다고 반대했던 때가 많았습니다. 해안선에서 멀리 떨어져 설치할수록 돈이 많이 듭니다. 기업으로서는 수억 원씩 더 들여가며 수익성 없는 사업을 할 리 만무한 거죠. 그래서 생각해낸 방법이 부유식 해상풍력입니다. 바닷속 암반에 기초를 세우는 것이 아니라 바지선처럼 띄워놓고 바다 밖으로 멀리 나갈 수 있도록 한 것입니다. 이처럼 재생에너지 정책 추진 과정에서는 다양한 문제들이 발생할 수 있고 기술 문제와 경제성을 어떻게 조율할 것인가가 중요한 과제가 될 것으로 전망됩니다.

| 그린수소와 전전화로 전환해 깨끗한 에너지를 사용한다

김소영 제주도의 선도적 에너지사업이 많은 시사점을 주는 것 같습니다. 그밖에도 2019년과 2020년 한 해 환경부의 '그린시티', 국토부의 '스마트 챌린지 시티' 사업에 선정됐지요? 분산에너지 특구 지정까지 앞둔 상황에서 도시사업 3관왕을 이룬 셈이네요.

원희룡 도민들의 적극적인 지지와 참여가 있었고 도내 다수의 민간 사업자, 공사, 연구기관 등이 함께 노력한 결과이기도 합니다. 우리 도민들은 예전부터 척박한 환경 탓에 자연을 최대한 보전하면서 미래에 대비해왔고 그런 노력이 스마트한 섬으로 거듭나는 데 큰 역할을 할 것으로 기대하고 있습니다.

개인적으로 의미 있는 사업 중 하나는 수소에너지입니다. 제주도는 풍력 발전량이 많기 때문에 잉여 생산된 전기로 수소를 만드는 일명 그린 수소 실증사업을 시작했습니다. 가장 깨끗하고 친환경적인 에너지 생산방식은 전기로 물을 분해해 수소를 만드는 것인데요. 잉여생산을 활용하는 것이라 가능했지요. 수소에너지를 만드는 기술 자체는 그렇게 어려운 것이 아니고 오히려 대량 생산

가능성과 수소저장을 위한 압축기술 등이 난제였습니다. 수소는 워낙 부피가 크다 보니 압축해서 파이프라인으로 보내기보다는 용기에 담아서 드론용 배터리로 활용하든가 화물차나 대형선박 등에 장착하는 게 효과적일 수 있습니다.

실제로 수소 드론은 이미 기업에서 활용하고 있기도 하고요. 드론에 전기 배터리를 사용하면 효율이 많이 떨어지거든요. 배터리가 워낙 무거워서 배터리를 장착하고 나면 짐을 싣고 비행할 수 없게 되니까요. 하지만 수소 배터리는 압축해서 장착하면 대용량의 출력을 만든다는 장점이 있습니다. 지금도 소형차는 전기차가 대세지만 앞으로 대형 교통수단이나 거대한 작업기계의 경우에는 수소가 연료로 사용될 가능성이 더 큽니다. 일단 기술적 난제가 해결되면 그 활용 가능성은 무한하기 때문에 석유를 대체할 수도 있을 거라는 전망입니다. 현실화까지는 아직도 많은 난관이 있지만 의미 있는 실험이 이루어지고 있습니다. 획기적 발전이 이루어진다면 새로운 비즈니스 영역이 창출될 겁니다. 에너지 믹스 부분에서도 좀 더 현실성 있는 탄소중립 프로그램을 제시할 수 있겠지요.

김소영 2019년 노벨상을 받은 연구 분야 중 하나가 리튬이온 배터리였습니다. 카이스트에서는 매년 노벨상 수상자가 발표되면 노벨 강연을 여는데요. 그때 나왔던 이야기가 '앞으로 화학자들의 가장 큰 챌린지는 비행기까지 날릴 수 있는 배터리를 만드는 것'이라고 하더군요. 과연 이를 가능케 할 배터리원이 무엇인지, 그걸 밝혀내는 사람이 바로 노벨상 수상자라는 겁니다.

지금 전기배터리는 아무리 대용량이라고 해도 드론조차 감당하기 어려운 상황입니다. 그런데 선박 같은 큰 운송수단에 전기를 쓸 수 있겠습니까? 지난 2000년에 미국 공학한림원에서 공학 분야의 20세기 최대 발명품이 무엇인지 조사했는데요. 1등을 차지한 것은 전기화electrification였습니다. 컴퓨터나 인터넷이 아니었던 거죠. 지사님께서 말씀하신 전전화全電化와 일맥상통하는 결과라고 볼 수 있습니다.

| '탈원전'이 아닌 '탈석탄'으로 가야 한다

김소영 문재인 정부는 지난해 2050년 탄소 중립을 선언한 바 있습니다. 얼마 전 열린 P4G 서울정상회의에서는 탈석탄을 향한 에너지 전환 가속화와 국가별 국가온실가스감축목표NDC 달성 등의 내용을 담은 '서울선언문'이 채택되기도 했지요. 에너지 전환 정책에 대해서는 어떻게 생각하시나요?

원희룡 2050년에 탄소 중립을 한다고 가정해보죠. 우리나라에서는 현재 1년에 약 7억 8,000만 톤 가까이 탄소가 배출됩니다. 2050년까지 30년 동안 매년 똑같이 단계를 낮춘다고 하면 2030년에는 약 37.5%가량 탄소를 줄여야 합니다. 그러려면 1년에 약 2,000만 대 자동차에서 나오는 탄소 배출량을 줄여야 하죠. 단순히 말하면 1년에 2,000만 대씩 자동차를 없애야 하는 겁니다. 불가능한 일 아닙니까?

현재 우리나라에서 탄소를 가장 많이 배출하는 것은 석탄발전소이고 그 외에 포스코처럼 대량의 에너지를 사용하는 곳이라 할 수 있습니다. 주력 산업을 없앤다는 것은 말로는 쉬울지 몰라도 그 파급효과가 엄청나서 쉽게 결정할 수 없는 문제죠. 탈원전 정책이 위험한 것도 그 때문입니다. 원전을 신재생에너지로 대체한다는 것은 상당히 그럴듯하게 느껴집니다. 하지만 아직까지 미성숙한 기술 수준, 재생에너지에 부적합한 국토환경, 국내 산업의 여건, 인위적인 에너지 가격 등을 고려할 때 탄소 배출량을 37.5% 줄이면 우리 산업구조는 절대 유지될 수가 없습니다.

더구나 앞으로 디지털화에 따른 데이터 경제와 반도체의 컴퓨팅이 엄청난 규모로 이루어질 것입니다. 여기에는 대용량의 전력이 필요하게 되고 스마트 도시 전환에도 모든 것을 전기로 바꾸는 전전화全電化가 진행될 수밖에 없습니다. 다시 말해 우리의 전력 사용은 더 큰 규모로 확대되는 것입니다. 이때 전력생산구조를 어떻게 할 것인지, 즉 에너지 믹스가 핵심입니다. 이런 측면에서 에너지 정책이 현실성을 가져야 합니다. 그런데 현재 문재인 정부가 제시한 탄소중립계획이나 탈원전 정책은 이런 기술적, 환경적 변화에 대한 충분한 검토 없이 이루어졌다는 것이 전문가들의 중론입니다. 합리적인 추론이나 데이터 분석 대신 과학의 자리에 이념과 진영논리가 개입한 결과인 셈이죠.

따라서 저는 에너지 정책 방향은 '탈원전'이 아닌 '탈석탄'에 두는 것이 옳다고 확신합니다. 원전은 가스나 신재생에너지로 완벽하게 대체하는 것이 불가능합니다. 그러다 보니 당분간 원전은 유지될 필요가 있는 겁니다. 이 과정에서 차세대 스마트 원전 기술로서 더 소형화하거나 폐기물을 획기적으로 줄이는 기술이 개발될 가능성도 있습니다. 그동안 우리는 전 세계 원전 시장에서 원자력 운용 능력과 경험 등을 축적했고 경쟁력도 갖추고 있습니다. 그러한 경쟁력을 활용하는 것이 국익에 훨씬 도움이 됩니다. 더구나 소형모듈원자로SMR 같은 중소형 차세대 원전은 새로운 성장 동력으로 떠오르는 만큼 미국과 적극적으로 협력해 발전시켜 나가야 한다고 생각합니다.

김소영 2021년 초에 과총과 과실연에서 장기저탄소발전계획 내용을 분석한 바 있습니다. 한국산업연구원과 한국환경정책평가원에서 발표했는데 둘 다 비슷한 결론이었습니다. 탄소 중립을 이루기 위해서는 기존 산업에 큰 변화가 필요한데 철강, 화학, 운송 등의 기간산업을 보면 충분히 준비가 됐다고 볼 수 없다는 것입니다. 애초 계획안 작성에 참여한 박사들의 이야기를 들어봐도 상당히 성급하게 정책이 결정됐다고 하더군요. 실제 계획대로 시뮬레이션해보면 2050년까지 실현 여부가 불투명하다는 겁니다.

만약 탄소 중립을 실천한다면 언제 어떻게 에너지원에 대해 구조조정을 할 것인지 같은 세부적인 사항들이 담겨야 합니다. 그런데 이 부분이 빠진 거죠. 탈 탄소라는 방향에 이의를 제기할 수는 없습니다. 하지만 탄소 에너지의 그 엄청난 비중을 무엇으로 메울 것인지 등 현실적으로 가능한 대안을 제시하지 못하는 상황입니다. 더구나 지사님 말씀처럼 우리의 생활과 기술이 스마트화될수록 전력 수요는 급증할 수밖에 없어서 더욱 어려운 문제이고요.

원희룡 신재생에너지 정책을 추진하기 위해서는 제주도 경험을 비롯해서 제기된 문제와 해결 과제들은 물론 데이터 경제나 스마트화까지 고려한 과학적 분석과 사회적 합의 과정이 필요합니다. 하지만 이런 검토나 분석 없이 국가 에너지 정책과 탄소 중립 선언이 나왔다는 점에서 의문을 제기할 수밖에 없죠. 설사 정책 방향이 옳다고 해도 당장 실현 가능성과 현실 적용의 문제를 검토하는 것은 꼭 필요한 일이기 때문입니다. 실제로 미국의 존 케리John Kerry 대통령 기후변화특사가 2030년의 구체적인 목표를 제시하라고 했을 때 현정부는 분명하게 답하지 못했습니다.

2050년 탄소 중립 선언은 먼 미래처럼 느껴지지만 2030년 중간 목표를 제시하는 것은 상당히 구체적인 내용과 실행전략이 담겨야 하기 때문이지요. 아무 준비도 안 된 상태에서 당장 10년 만에 37.5%의 탄소배출 감소는 사실상 불가능한 일이니까요. 미국의 바이든 정부는 탄소중립을 위해 엄청난 인프라 투자를 하겠다는 계획이고 선행 전략이 제시되면 우리가 뒤따라갈 수는 있을 겁니다. 하지만 문재인 정부가 선언한 탄소 중립은 선언에만 그쳤을 뿐 지난 4년 동안 어떤 행동도 취하지 않았습니다. 심지어 탄소 중립을 선언하고 충남의 석탄발전소를 없애겠다고 밝힌 현정부가 그보다 더 큰 석탄발전소를 현재 삼척에 짓고 있다는 것 자체가 모순입니다. 이 일은 다른 나라에서도 '한국식 코미디'로 알려졌다더군요. 부끄러운 일입니다.

김소영 해외에서는 상당히 탄력적인 제도를 운용하는 것으로 압니다. 우리는 기업이 직접 재생에너지를 생산하도록 규정하고 있고, 그러다 보니 현실적으로 이를 실천할 수 있는 기업이 거의 없습니다. 반면 구글 같은 곳은 다른 생산자를 통해 탄소배출권을 구매하는 방식을 취하고 있습니다. 테슬라 역시 자동차 판매 수익보다는 이런 방식으로 더 많은 매출을 올리고 있지요. 우리도 이런 제도적 허용이 있어야 하지 않을까 싶습니다. 무작정 '탄소 중립'을 선언하기보다는 좀 더 합리적이고 실현가능한 방식의 정책이 마련됐으면 합니다.

원희룡 전 세계적으로 많은 아이디어와 실천 전략이 제시되고 있으니까 우리가 활용할 수 있는 여지도 더 많아지리라고 생각합니다. 다만 우리 역시 기술적, 경제적, 제도적 부분들이 좀 더 탄탄하고 실현가능하게 구축될 필요는 있겠지요. 당장 독점기업으로서의 한전을 어떻게 할 것인지를 포함해서 제주도의 성과와 경험을 토대로 한 구체적인 논의가 마련됐으면 합니다. 저 역시 2021년 4월 15일 국회에서 발표한 「새로운 대한민국, 5대 기후에너지 정책 방향」을 좀 더 구체화할 계획입니다.

김소영 아, 그런 계획을 발표하셨군요. 구체적으로 어떤 건가요?

원희룡 첫째 탈脫원전이 아니라 탈脫석탄을 우선순위로 설정하자. 둘째, 재생에너지와 미래형 스마트 원전을 조화롭게 추진하자. 셋째, 한-미-중-일 4개국의 기후에너지 국가 정상급 협의체를 구축하자. 넷째, 대통령 직속 탄소 중립 녹색성장위원회를 초당적으로 운영하자. 다섯째, 2030 미래세대가 기후에너지 정책 결정에 참여하도록 하고 국회 내에 기후에너지 특위를 설치하자는 것입니다.

김소영 다섯 가지 방향은 매우 중대한 내용이고 구현된다면 정말 여러 가지로 획기적인 의미를 지니겠네요. 결국 향후 에너지 정책의 핵심은 '무엇으로 전기를 생산하는가?'라고 할 수 있겠습니다.

원희룡 현재로서는 가장 저렴한 비용으로 대용량의 전기를 만들어내는 방법은 원자력뿐입니다. 그렇다고 원자력의 소형화와 안전화도 포기할 수 없는 문제이고요. 물론 수소의 잠재력도 매우 큽니다. 하지만 기술개발이 계획한다고 다 되는 것도 아니고 좀 더 치밀한 전략이 필요하지요. 현정부의 그린뉴딜도 방향성은 옳지만 지난 4년 동안 무엇을 어떻게 실천했는가의 문제와 마주하면 결국 과학정책마저 이념에 경도됐다고 말할 수밖에 없을 듯합니다. 차기 정부에서 더 심도 있는 분석과 토론을 통해 재조정돼야 할 겁니다.

김소영 정부가 에너지든 과학기술이든 어떤 계획을 세우고 컨센서스를 이루었는가도 중요하지만 과연 얼마나 정책이 실행되고 효과를 거두었는지 평가하는 것도 중요한 문제인 것 같습니다. 애초 계획대로만 해도 성과가 적지 않을 텐데 정작 집행 과정이나 결과에 대한 평가는 소홀했던 것 역시 반성할 부분입니다. 과학기술 분야도 마찬가지지요. 기술개발은 그 자체가 목적이 될 수 없고 실제 쓰임새로 평가받아야 합니다. 그런데 특허에만 집착하다 보면 정작 시장과는 동떨어질 수 있거든요. 그런 점에서 기술개발 단계에서 중단된 사례들을 점검하고 이유를 파악하는 작업도 병행될 필요가 있어 보입니다.

원희룡 디지털 대전환의 시대에 우리가 혁신 성장을 이루어 미래세대에게 희망을 주기 위해서는 과학기술에 대한 투자와 지원이 필수적입니다. 제주도의 정책 경험을 토대로 대한민국의 과학기술 발전이 퀀텀 점프를 이룰 수 있도록 노력하겠습니다. 감사합니다.

국가 찬스 3

복지

온 국민이 담대한 복지를
누리게 한다

| 원희룡 - 양재진 |

양재진

연세대학교 행정학과 교수

연세대학교 행정학과를 졸업하고 미국 럿거스대학에서 정치학 박사학위를 받았다. 대통령자문정책기획위원을 역임하고, 사회보장위원회 평가전문위원회 위원장과 사회보장학회 부회장 등으로 활동하고 있다. 2017년 케임브리지대학교 출판부에서 『The Political Economy of the Small Welfare State in South Korea작은 복지국가 한국의 정치경제학』를 출간했다. 이 책으로 한국정치학회 인재저술상을 받았다. 연세대학교 우수업적교수상을 다섯 차례 수상했으며, 2013년 한국정치학회 학술상, 2019년 아시아행정학회 아키라 나카무라 최우수논문상 등을 수상했다.
주요 저서로 『복지의 원리』『The Small Welfare State: Rethinking Welfare in the US, Japan, and South Korea작은 복지국가: 미국, 일본, 한국의 복지를 다시 생각하다』 등이 있다.

| '퍼주기 복지'가 아닌 '성장형 복지'로 가야 한다

양재진 1996년 경제협력개발기구에 가입한 지 25년이 지난 현재 대한민국은 명실상부한 선진국이 됐습니다. 삶의 질 측면에서는 다소 논란의 여지가 있을 수 있지만 세계 10위권의 경제력으로 보나 K-팝이 상징하는 사회문화적으로 보나 선진국이라는 데 이의를 제기하는 사람은 없을 겁니다. 하지만 유독 복지 분야만큼은 선진 복지국가라고 자신 있게 말할 수 없습니다. 현대 민주주의에서는 사회안전망 구축을 위한 국가의 개입이 정당화됐습니다. 다행히 우리나라에서도 보수와 진보 정권을 가리지 않고 보편적 복지의 필요성을 주장하고 있습니다.

그런데 최근 정치권에서는 큰 선거를 앞두고 사회보장제도 효과가 미미한 기본소득, 기본자산, 청년기본소득, 안심소득에 1,000만 원 해외여행비까지 현금을 나눠주자는 주장들이 난무하고 있습니다. 걱정입니다.

원희룡 교수님 말씀처럼 우리의 경제력 및 사회문화적 잠재력과 비교해 복지국가 발전은 아직 개발도상국 수준입니다. 복지지출이 전부는 아니겠으나 경제협력개발기구의 다른 나라들에 비해 복지지출 수준이 아직 60% 정도로 낮은 편입니다. 노인빈곤율과 자살률은 경제협력개발기구 국가 중 최고이고 저출생은 세계 1위를 기록하는 등 사회적 성과도 많이 뒤떨어집니다. 선진 복지국가는 복지와 경제가 함께 지속적인 발전구조를 갖춘 경우에만 가능하다고 생각합니다. 지속적인 경제 성장 없는 복지, 고용 없는 복지는 '퍼주기'일 수밖에 없다는 것이 제 지론입니다.

그런 점에서 문재인 정부의 복지정책은 한 마디로 '퍼주기'입니다. 코로나19로 인한 긴급성이 고려된 측면도 무시힐 수는 없지만 당장의 소비 진작 효과 혹은 여론 무마라는 정치적 목적으로 반복적인 현금이 투입되면서 정작 생산적 효과는 이루지 못한 전형적인 '퍼주기' 사례라고 봅니다.

양재진 소위 '퍼주기 복지'의 가장 큰 문제는 생산성에 대한 고민이 없다는 것입니다. 경기 불황기에 정부가 지출을 늘리면 소비와 투자가 촉진돼 경제가 정상 상태를 회복한다는 케인스 경제학의 논리는 맞습니다. 문제는 위기 상황이 아닌 평상시에도 이를 계속하겠다는 데 있는 것이지요. 이런 국가 주도 소비 중심의 경제로는 경쟁력을 갖춘 혁신경제를 만들지 못합니다. 세금을 거두거나 국채를 발행해 만든 돈으로 모르핀 효과만 줄 뿐입니다. 그런데 마치 현금 뿌리는 게 성장 동력이고 경제 정책인 것마냥 포장하니 걱정입니다. 초기 내수 경기를 회복하는 데 어느 정도 효과를 거두기는 했지만 반복되는 현금 복지는 경제 발전에는 아무런 도움이 되지 못합니다.

원희룡 나라에서 돈 풀어서 경제가 발전한다면 남미는 최고 경제강국이 돼 있어야 합니다. 국가로부터 누구나 기본소득같이 월급을 받고 생필품도 배급받았던 공산주의 경제가 왜 붕괴했겠습니까? 그냥 현금을 뿌린다고 경제가 발전하는 것은 아니지요

양재진 복지국가의 모델로 여겨지는 스웨덴 등 북구 유럽의 복지국가는 더 많은 사람이 일할 수 있는 구조, 즉 일과 복지가 선순환하면서 지속적인 경제 발전을 이루게 하는 데 여야가 따로 없습니다. 근로자의 직업적 역량이 커지면 커질수록 생산성은 높아지게 됩니다. 생산성이 높아지면 경제가 활성화돼 고용량이 늘고 개인으로서는 수입과 직업적인 안정성이 높아지게 됩니다. 이런 개인이 많아지면 국가 입장에서는 물적 토대가 커지게 되기 때문에 복지나 문화 등 다양한 분야에 투자할 여력이 생기게 됩니다. 결국 개인의 생산성 제고가 국가의 물적 토대가 되고 이것이 다시 경제 발전을 위해 투자되는 발전적인 선순환 구조로 이어지는 것이지요.

복지와 경제의 선순환만 강조하는 것은 아닙니다. 복지-고용-경제의 선순환 체계를 기본으로 하고 여기서 낙오하는 시민에게는 높은 수준의 기초보장을 제공합니다. 퍼주기 복지하는 나라보다 소득불평등도가 훨씬 낮은 이유입니다. 퍼주기 복지는 경제와 복지의 선순환을 매개하는 '일자리'에 대한 개념이 빠져 있기 때문에 중장기적으로 개인의 발전과 국가의 물적 토대가 약해질 수밖에 없는 것입니다. 빈곤 문제를 해결할 수 없지요.

원희룡 스웨덴을 들여다본 적이 있습니다. 대표적인 복지국가인데 그저 놀고먹는 나라가 아니더군요. 고용률이 경제협력개발기구 국가 중 가장 높은 나라 중 하나입니다. 우리나라보다는 10%포인트 이상 높습니다. 계층 간 이동성도 경제협력개발기구 국가 중에서 가장 높고요. 그러면서 가처분 소득의 불평등도도 가장 낮은 편에 속합니다. 우리가 스웨덴과는 사회경제적 조건이 다릅니다만, 경제-고용-복지의 선순환을 목표로 두고 우리 여건에 맞게 창조적으로 사회보장제도를 만들어나갈 수 있다고 봅니다. 이 방향으로 담대하게 한 걸음 한 걸음 나아가려 합니다.

양재진 원 지사님이 종종 언급해온 '담대한 복지' 말씀이시군요. 저도 흥미롭게 읽었습니다. 그동안 보수진영에서 제기된 복지 담론은 거의 없었고 그나마 유승민 전 의원의 '중부담-중복지' 정도였으니까요.

| 경제-근로-복지가 선순환하는 복지체계를 만든다

원희룡 네, 제가 구상하는 '담대한 복지'는 고용을 매개로 해서 경제와 복지를 선순환시키는 것입니다. 특히 고용량 확대와 인적자원 개발에 대한 과감한 투자에 주안점을 두고 있습니다. 좌파의 '퍼주기' 복지와는 다르지요. '퍼주기'식 남미형 복지국가보다는 경제-고용-복지가 선순환하는 스웨덴형을 상정하고 있습니다.

양재진 국민이 낸 세금을 토대로 국가가 과감하게 복지지출을 늘린다는 점에서 '퍼주기 복지'와 '담대한 복지'는 외견상 같아 보일 수도 있지만 본질적으로는 엄청난 차이가 있습니다. 담대한 복지가 고용을 매개로 경제와 복지의 선순환 구조를 염두에 두고 있다니 방향을 잘 잡으신 것 같습니다.

원희룡 퍼주기 복지에서 '일'이나 '노동'은 관심사가 아닙니다. 여기에 일부 기본소득론자들은 한술 더 떠서 국가가 기본소득을 나누어주고 국민을 임금노동으로부터 해방시키자는 주장까지 하고 있지 않습니까? 선거가 아무리 급해도 그렇지 대한민국의 미래와 청년세대를 생각하면 있을 수 없는 주장이라고 생각합니다.

제레미 리프킨Jeremy Rifkin은 경제 성장과 무관하게 실업률이 증가하는 '고용 없는 성장'의 현실을 제기하면서 '노동의 종말'을 선언했습니다. 기본소득론은 이러한 '노동의 종말'에 기인한 측면이 있지요. 앞으로 인공지능 기술이 발전하면 인간의 노동이 필요 없어진다는 것이고 그에 대비해서 기본소득을 제공한다는 논리입니다. 일견 그럴듯해 보이기도 합니다. 하지만 저는 인공지능 시대의 핵심은 '누가 주도권을 잡느냐'에 있다고 봅니다. 어떻게 인간이 인공지능을 제어하면서 더 좋은 일자리를 만들 것인가가 국가적 목표가 돼야 한다는 것입니다.

그런데 기본소득론자들은 노동은 당연히 없어질 것으로 전제합니다. 그들의 주장처럼 노동을 기계에 맡겨버리고 인간은 기본소득을 나눠가져서 소비나 하자는 식이 돼버리면 오히려 '노동의 비극'을 자초할 수밖에 없다고 봅니다. 실현되지도 않은 '노동의 종말'이라는 공포를 앞세우는 것은 무책임한 선동이지요.

| 무조건적인 '퍼주기 복지'는 '노동의 종말'을 앞당길 뿐이다

양재진 기술의 혁신이 일어나면 단순 업무는 기계로 대체될 수밖에 없습니다. 단지 육체노동뿐 아니라 사무 업무도 단순한 반복 업무는 인공지능으로 대체될 수 있습니다. 그런데 노동이 기계로 대체되는 것으로 끝나는 것이 아니라 기술 발전으로 새로운 영역에서 일자리가 새롭게 창출됩니다. 인류 역사상 기술 발전으로 일자리의 총량이 줄어든 적은 없지요. 개개 직무의 내용이 바뀌기는 했어도 말입니다. 그리고 기술 발전으로 사라지는 일자리가 있다면 그에 상응해서 새로운 일자리가 생기게 마련입니다.

실제로 지금 IT 업계에서는 필요한 인력을 구하지 못해 아우성이고 판교 등지에는 꾸준히 인구가 늘어나는 추세입니다. 단기적인 노동력 대체만을 상정해서 기술이 일자리를 줄인다고 단정해서는 안 됩니다.

원희룡 맞습니다. 단순노동을 로봇이 대신 한다고 해도 로봇을 조종하고 만드는 것은 여전히 사람입니다. 스마트 공장에는 사람이 몇 명 없어도 돌아가지만 스마트 공장을 설계하고 프로그래밍하는 고급인력에 대한 수요는 늘어나고 있습니다. 인공지능 시대를 주도해나가기 위해서는 디지털 인력이나 새로운 일자리에 대비한 인력과 새로운 일자리를 만들어나갈 수 있는 창의적 능력이 필요한 것이지요. 기본소득 얼마 준다고 4차 산업혁명의 파도를 타고 넘어갈 수 없습니다. 설사 어느 정도 일자리 감소가 불가피하다 하더라도 국가가 이를 선동하고 현실에 안주하려 해서는 안 된다고 생각합니다. 오히려 국가가 적극적으로 미래를 준비하고 대처할 방안을 만들어내야지요.

양재진 핵심은 '노동의 종말'이 아니라 '노동의 불균등'입니다. 실리콘밸리와 러스트벨트, 독일과 이탈리아를 대비하면 쉽게 이해할 수 있습니다. 전체 평균으로 본다면 생산 부문에서 일자리는 분명 줄어드는 것이 맞습니다. 하지만 생산 부문 외에 새로운 일자리는 꾸준히 늘어나고 있습니다. 다만 이것이 특정 국가와 특정 지역에 국한돼 나타나고 있죠. 다시 말하면 시대 변화에 맞는 경쟁력과 기술이 필요하다는 것이고 그런 변화에 따라 근로자의 역량이 뒷받침돼야 한다는 것입니다.

그렇지 못하면 산업 경쟁력을 잃고 '노동의 종말'을 맞게 됩니다. 새로운 기술이 노동의 종말을 가져오는 것이 아니라 새로운 기술 변화에 적응하지 못하거나 선도하지 못할 때 노동의 종말이 생깁니다. 따라서 국가는 국민 개개인이 경쟁력을 갖출 수 있도록 시스템을 갖추고 지원해야 합니다. 노동의 종말을 숙명으로 받아들이고 기본소득을 나눠주는 것으로 대신한다면 오히려 '노동의 종말'을 앞당기게 될 뿐입니다. 그리고 산업 경쟁력을 잃고 노동의 종말이 되면 기본소득을 주고 싶어도 줄 돈이 나라 곳간에는 없게 됩니다.

원희룡 '일'은 단순히 호구지책이 아니라고 생각합니다. 우리는 직업생활을 통해서 사회관계를 형성하고 삶의 의미와 보람을 찾습니다. 자아실현의 통로이기도 하고요. 일에 지쳐 삶이 피폐해져서는 곤란하겠지만 일이 없어진다고 행복해지는 것은 아닙니다. 국가가 해야 할 일은 경제의 혁신 생태계를 조성하고 국민경제의 경쟁력을 높여 괜찮은 일자리를 많이 만들어내는 것입니다. 그리고 혁신경제가 필요로 하는 인재를 양성하고 시민들이 변화하는 노동시장에 계속해서 적응할 수 있도록 직업역량을 키워주는 시스템을 갖춰야 합니다. 유아기 때부터의 교육, 학령기 교육, 그리고 고등교육은 물론이고 직업 세계와 연계된 평생교육에 과감한 투자를 해야 할 것입니다.

양재진 원 지사님의 담대한 복지는 소비보다는 '생산' 측면에 국가적 개입을 강화하자는 것으로 이해됩니다. 퍼주기 복지가 사후적 지출이라면 담대한 복지는 사전적 투자라고 이해할 수 있겠습니다. 복지국가 발달사로 보면 '제3의 길'에 입각한 사회투자형 복지국가와 맥을 같이하는 것이라 할 수 있겠고요. 제3의 길은 전통적인 소득 보장 중심의 구좌파 노선과 시장의 효율을 강조하는 우파 신자유주의의 사잇길로 이해할 수 있습니다. 영국의 사회학자 앤서니 기든스Anthony Giddens가 이론적으로 정리했는데요. 전통적 복지 모델에 마거릿 대처Margaret Thatcher의 신자유주의를 결합한 거 아니냐는 비판도 받았죠. 그러나 세계화와 지식 기반 경제로의 흐름을 거스를 수 없는 상황에서 케인지아니즘Keynesianism에 입각해 복지 등 정부 지출만 늘이는 것으로는 국가 경제가 버틸 수 없다는 게 자명한 현실입니다.

복지국가가 경쟁력을 갖고 자신의 물질적 토대를 탄탄히 하기 위해서는 개개인의 경쟁력을 키워줘야 합니다. 시민의 경쟁력을 키우는 데 과감하게 공적 투자를 해야 하지요. 공적인 투자여야 계층이동의 사다리도 만들어낼 수 있습니다. 저소득층 자녀도 중산층과 동일한 자기계발의 기회를 가질 수 있기 때문입니다. 사후적으로 얼마 나눠주는 것으로는 계층이동이 불가능합니다. 제3의 길에 입각한 사회투자형 복지는 교육만 강조하지 않습니다. 적극적 기회의 평등을 위해서 저소득층에 대한 소득 보장도 중시하지요. 특히 빈곤 아동이 발생하지 않도록 세심한 배려를 합니다. 공보육, 공교육, 아동발달계좌, 지역아동센터, 공공직업교육, 고용서비스, 기초보장의 강화가 핵심 정책이 됩니다.

| 과감한 선제 투자로 사회투자형 복지국가를 지향해야 한다

원희룡 실제 우리나라 복지국가의 기본 틀을 만든 것은 과거 보수정권이었습니다. 사회보장제도로서 의료보험제도가 처음 시행된 것은 박정희 정부 시절이었고 전 국민 의료보험제도와 국민연금이 도입된 것은 노태우 정부 시절이었죠. 권위주의 정권 시절이었지만 복지국가의 기본 틀을 갖추는 데 성공한 것입니다. 하지만 이제 우리는 또 다른 의미에서 21세기형 복지국가 체계를 갖춰야 할 과제에 직면해 있습니다. 4차 산업혁명기에 부응하는 사회보장제도로 한 단계 업그레이드하는 일, 다시 말해 인적자원에 대한 투자와 개발에 과감한 투자를 해서 지속가능한 성장으로 복지를 이어가는 것입니다. 교수님이 말씀하신 사회투자형 복지가 되겠죠.

제가 주장하는 담대한 복지는 '교육'과 '훈련'에 대한 과감한 투자를 특징으로 합니다. 경제와 복지가 선순환하는 매개로서 노동, 특히 4차 산업혁명 시기의 노동은 새로운 기술 변화, 디지털 혁신과 긴밀하게 연계된 만큼 국가가 개개인이 이런 역량을 갖출 수 있도록 적극적으로 나서야 합니다. 또한 이러한 직업 역량은 어릴 때부터 성인에 이르기까지 평생에 걸쳐 지속적으로 개발돼야 합니다. 지금처럼 개인이나 가정 등 민간의 자율영역에 맡겨서는 사회적 격차가 생길 수밖에 없습니다. 경제 형편이 넉넉하지 않으면 당장 먹고살 걱정을 해야 하는 사람이 제대로 된 직업교육을 받을 수 있겠습니까? 저는 사회투자를 '국가 찬스'로 부르고 싶습니다.

양재진 '부모 찬스'가 아닌 '국가 찬스'. 의미가 확 와 닿는데요. (웃음)

원희룡 부자로 태어났든 가난하게 태어났든 상관없이 국가가 모든 국민에게 기술과 직업 역량을 키울 수 있는 교육 훈련과 소득 보장을 지원함으로써 누구나 타고난 재능을 계발하고 기술을 배울 수 있도록 하는 것입니다. 스웨덴이나 독일 등에서도 교육 훈련을 받는 시간 동안 줄어든 소득을 보전해준다고 들었습니다. 예컨대 오전에 4시간 근무를 덜 하게 돼 그만큼 소득이 줄어든다면 원래 소득의 60%를 실업급여로 보전해주는 것입니다.

4차 산업혁명 시기에 적응하고 살아남기 위해서는 적절한 교육이 병행돼야 하고 적어도 자기계발을 위해 교육 훈련을 받고자 할 때 생계 걱정은 하지 않게끔 하겠다는 취지입니다.

양재진 스웨덴과 핀란드 등 북유럽 국가와 게르하르트 슈뢰더 Gerhard Fritz Kurt Schröder 총리의 노동 개혁 이후 독일의 현금복지 수준은 매우 높은 편입니다. 그런데 근로 연령대 인구에 대해서는 현금

복지가 무조건적으로 그냥 주어지지는 않습니다. 경제 활동과 밀접하게 연관돼 있거든요. 예를 들면 학생과 실업자가 교육과 훈련을 받는 동안 학생수당이나 훈련수당을 후하게 줍니다. 재직 중에 훈련받느라고 월급이 줄게 되면 부분 실업수당이 나와서 모자란 소득을 보충해줍니다. 돈 걱정이 없어야 소득 활동을 줄이거나 잠시 경제활동을 중단하고 교육과 훈련을 받을 수 있기 때문입니다.

원희룡 우리나라도 미취업 청년들을 위한 청년취업성공패키지라는 교육 훈련 프로그램이 있습니다. 훈련기간 중 월 최대 40만 원가량 수당을 받을 수 있습니다. 그런데 이 돈 가지고는 훈련에 집중할 수가 없습니다. 집세도 내야 하고 기본 생계도 해결하려면 아르바이트를 뛰어야 하니까요. 집에서 지원받을 수 있는 중산층 가정의 청년들은 이 프로그램을 통해 취직에 성공할 수 있지만 부모 찬스를 쓰지 못하는 청년들은 공공교육프로그램이 있어도 그 혜택을 제대로 받지 못합니다. 국가에서 세금으로 운영하는 좋은 취지의 제도이지만 그들에게는 그저 그림의 떡일 뿐입니다. 결국 교육과 훈련 기회만 제공한다고 해서 해결되지는 않습니다. 교육과 훈련은 담대한 소득 보장 정책과 반드시 연계돼야 합니다. 그래서 제주도에서는 취업을 꿈꾸는 청년 100명에게 교육 훈련 기회를 제공하고 월 150만 원씩 2년 동안 수당을 지급하는 '더큰내일센터'를 운영하고 있습니다. 성과가 매우 좋아서 전국적으로 확대해 실시하고 싶습니다.

양재진 어쩌면 우리 사회는 태어나는 순간부터 부모 찬스가 적용되는지도 모릅니다. 어떤 부모에게 태어나느냐가 인생 출발점을 결정하기 때문이지요. 사회적 이동성이 떨어지고 있는 상황인데, 더 큰 문제는 계층 상승을 위한 사다리가 사라져가고 있다는 점입니다. 동서고금 어느 사회든 계층이 존재합니다. 공산주의 사회도 마찬가지입니다. 계층사회가 계급사회로 전락하지 않도록 해야 합니다. 그러기 위해서는 계층이동의 사다리가 여기저기 많이 놓여 있어야 합니다. 그리고 재분배 정책을 통해 사다리의 계단 간격을 좁히려는 노력이 병행돼야 합니다. 사다리를 다시 놓으려는 노력도 없이 계단 간 간극을 없애겠다는 약속은 미봉책도 못 되고 허망하다고 봅니다.

원희룡 저는 우리 자녀와 청년들이 부모 찬스가 아닌 '국가 찬스'를 쓸 수 있게 만들고 싶습니다. 중산층 부모들은 자식에게 엄청난 교육투자를 합니다. 사교육비를 안 쓰고 저축했다가 기본소득 주듯이 자식들에게 돈으로 줘도 될 것입니다. 그런데 그렇게는 하지 않아요. 허리띠 졸라매며 교육에 투자합니다. 왜 그럴까요? 그래야 사랑하는 내 자식들이 직업을 가질 수 있고 자기가 하고 싶은 일을 하며 꿈을 펼칠 기회를 갖게 되기 때문입니다.

노동시장에서 어떤 직업을 갖느냐에 따라 보상이 결정되고 계층까지 결정됩니다. 교육받은 사람들이 좋은 일자리를 차지합니다. 그런데 운 좋게 부모 잘 만나면 자기계발의 기회를 듬뿍 받고 그렇지 못하고 어려운 가정에서 태어나면 뒤처질 수밖에 없는 게 지금의 현실입니다. 저는 이런 현실적인 격차를 무너뜨리고 싶습니다. 부모 찬스가 아닌 국가 찬스를 누구나 누릴 수 있게 할 것입니다.

양재진 국가 찬스 복지, 들을수록 좋은 개념이네요. 좀 더 구체적으로 정책을 생각해보신 게 있는지요?

원희룡 사실 기술 몇 개월 배우는 정도로는 4차 산업혁명을 따라잡을 수 없습니다. 아주 어릴 때부터 인지능력을 키우는 것부터 시작해서 단계별로 디지털 사회에 적합한 교육이 병행돼야 합니다. 따라서 담대한 복지론의 키워드인 국가 찬스는 질 좋고 다양한 공보육에서부터 시작할 겁니다.

교수님 말씀대로 어릴 때 높은 수준의 보육을 제공해야만 저소득 가정의 아이들도 중산층 가정의 아이들과 같은 출발선에 설 수 있습니다. 유아 때 교육을 잘 받아야 초등학교에 진학해도 중산층 자녀들과 동등하게 선의의 경쟁을 펼칠 수 있을 테니까요. 태어나면서부터 루저가 되지 않도록 해야 합니다. 이러한 교육과 훈련의 기회는 초등학교부터 고등학교, 대학교, 평생교육에 이르기까지 생애 전 주기에 걸쳐 제공돼야 합니다.

양재진 스웨덴 복지국가 모델이 바로 그런 것입니다. 스웨덴은 복지국가의 대명사로만 거론되는데요. 사실은 복지국가보다는 교육국가라고 부르는 게 더 맞는지도 모르겠습니다. 우리가 주목해야 하는 것은 스웨덴의 높은 사회 이동성입니다. 교육에 대한 과감한 공적 투자 덕분에 노력하는 사람은 누구라도 계층 이동이 가능합니다. 스웨덴은 이미 1950년대부터 질 좋은 공보육을 실시했습니다. 초등학교부터 대학원까지 무상입니다. 거기에 학생 수당을 주기 때문에 저소득 가정의 학생들이 아르바이트로 인해 학업을 등한시하지 않아도 됩니다. 게다가 대부분의 대학은 우리나라의 폴리텍 같은 곳으로 직업교육에 특화돼 있습니다. 대학에서 실업자도, 재직자도 직업훈련을 받을 수 있습니다. 유아부터 성인 이후까지 끊임없이 학습하는 사회인 것입니다.

대한민국은 적어도 교육에는 투자를 아끼지 않는 교육투자 강국으로 알려져 있습니다. 하지만 스웨덴에 비하면 작아집니다. 스웨덴이 국내총생산에서 차지하는 공교육비가 5.1%인데 우리는 4.3%입니다. 또한 스웨덴의 경우 학교에서 1년에 학생 1인당 교육비로 지출하는 규모는 평균 15만 달러가 넘습니다. 그런데 우리나라는 경제협력개발기구의 평균에도 못 미치는 10만 달러를 약간 넘는 데 그칩니다. 청년과 성인을 상대로 하는 직업교육 훈련비와 고용서비스에 쓰는 돈을 국내총생산 대비로 하면 스웨덴이 우리의 2배가 훨씬 넘습니다. 제가 스웨덴을 복지국가보다는 교육국가라고 부르는 게 더 합당한지도 모르겠다고 한 이유입니다.

원희룡 우리나라가 적어도 교육에 대한 투자는 스웨덴에 뒤지지 않을 것이라고 생각했는데 그렇지가 않군요. 스웨덴은 교육 복지국가였네요.

양재진 네. 에스핑 엔더슨Esping-Anderson이라는 복지국가 연구의 대가가 있습니다. 이 분이 유럽사회정책학회ESPAnet 창립 10주년 기념 강연에서 스웨덴의 높은 사회적 이동성의 비밀을 주제로 발표한 것을 들을 기회가 있었습니다. 가장 중요한 영향 요인으로 수준 높은 공보육을 그 어떤 나라보다 일찍 시작한 것을 꼽더군요.

원 지사님 표현대로라면 국가 찬스를 누구나 잡을 수 있기 때문이지요. 인간은 누구나 각자의 달란트를 갖고 태어나지만 타고난 재능을 가난한 집에 태어났다는 이유로 발전시키지 못한 채 썩힌

학령기 학생 1인당 교육기관 교육비 지출

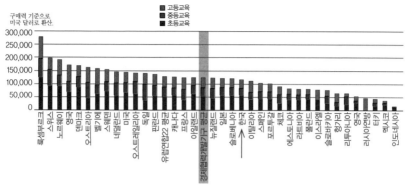

(자료: 한눈에 보는 교육Education at a Glance, 2017: 172)

교육에서 공공지출 Primary to tertiary, % of GDP, 2014

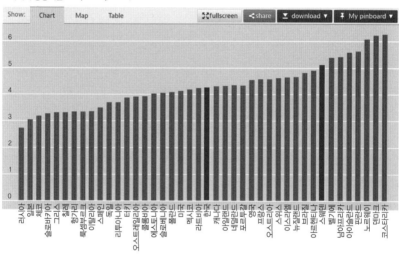

세대 간 소득 이동성

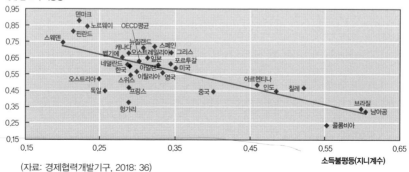

(자료: 경제협력개발기구, 2018: 36)

다면 국가적으로 큰 손실입니다. 인재 양성에 부모의 경제력이 변수가 돼서는 곤란합니다. 개인을 위해서도 공동체의 발전을 위해서도 교육과 훈련에 국가는 공적인 투자를 마다해서는 안 되겠습니다. 그런데 경제적으로 빈곤하면 아무리 국가에서 교육의 기회를 줘도 잡을 수가 없습니다. 스웨덴의 기초보장 수준은 우리의 두 배에 달합니다. 탄탄한 소득 보장 위에 강한 국가 찬스 교육과 훈련이 결합해 있음을 잊지 않으셨으면 합니다.

원희룡 기본소득론자들은 개인에게 기본소득을 나눠주면 기초보장도 되고 각자 알아서 직업훈련을 할 거라고 얘기하는데요. 이건 어떻게 보십니까? 저는 아무리 긍정적으로 보려 해도 기본소득으로 소액 나눠주고 나머지는 알아서 하라는 게 너무나 무책임한 신자유주의적 대응이 아닌가 싶어서요. 단돈 1만 원짜리 기본소득도 연 6조 원이 들고 10만 원 기본소득이면 60조 원이 듭니다. 우리나라 국방예산보다도 더 많은 큰돈이거든요. 10만 원씩 준다고 생활이 되고 그 돈으로 교육 훈련을 받을 수 있다고 진짜 믿는 것인지 묻고 싶습니다.

자유경쟁에 따른 시장 논리는 비인간적이고 경제 양극화를 극대화한다고 비난하는 사람들이 정작 국민들에게 푼돈을 주고는 모든 책임을 떠넘기는 형국입니다. 반면에 자신들은 가시적인 성과를 홍보하면서 정치적 책임은 지지 않지요. 한 달에 고작 몇만 원으로 4차 산업혁명 시기에 대응하라는 것 자체가 어불성설입니다.

양재진 경기도에서는 청년을 위한다면서 청년 기본소득을 하고 있습니다. 24세가 된 해에 100만 원어치 지역 상품권을 나눠주고는 자유롭게 소비하라고 한다더군요. 괜찮은 일자리를 가진 청년이나 중산층 가정까지 모두 포함해 n분의 1로 청년 기본소득을 나눠줍니다. 1,300억 원이 드는 큰 사업이지만 1인당 월 8만꼴로 평생 1년밖에 못 주는 거죠. 자치단체에서 1,300억 원은 큰돈입니다. 그것 때문에 다른 청년 정책들은 예산을 확보하지 못해 사라져 간다더군요.

24세에 한 번 월 8만 원씩 받아서 무슨 청년 문제가 해결된다는 것인지 이해하기 어렵습니다. 허투루 푼돈 나눠주지 말고 뜻 있는 청년들이 스스로 일어날 수 있게 제대로 된 교육과 훈련의 기회를 제공하고 실질적인 뒷받침을 해주는 게 국가가 해야 할 일이라고 생각합니다. 국민들이 피땀 흘려 낸 세금인데 가치 있게 써야죠.

원희룡 4차 산업혁명 같은 지식 기반 경제에서는 여성의 역할이 특히 중요하다고 생각합니다. 지금까지도 일과 가정의 양립이라는 차원에서 여러 가지 지원 정책이 마련되긴 했지만 역부족입니다. 워킹맘은 가정을 돌보면서 직장을 다니는 것만으로도 벅찹니다. 그런데 과연 직업교육이나 훈련을 받을 수 있을까요? 여성이라고 해서 육아 등의 이유로 교육의 기회가 박탈당해서는 안 됩니다.

양재진 젠더적 관점이 아니더라도 여성 남성 할 것 없이 타고난 재능과 하려는 의지, 꿈을 실현시키는 데 차별이나 장애가 있어서는 안 되겠습니다. 저는 아들 하나에 딸 하나 이렇게 자식이 둘 있습니다. 아이들을 보면 누구 하나가 더 예쁘고 소중하지 않습니다. 다 귀하고 소중하지요. 국가는 결혼, 출산, 육아 등 인간의 가장 원초적인 삶을 누리면서 발생하는 어려움과 기쁨을 남녀가 동등하게 분담할 수 있게 제도를 설계해야 할 것입니다. 애 키우느라 교육 훈련의 기회를 놓치면 안 되죠. 부모가 돌아가며 육아휴직을 쓰면 휴직 기간이나 휴직 급여가 올라가게 인센티브를 주는 등 세심한 설계가 필요하다고 봅니다.

| 인공지능 교육으로 개인별 맞춤학습 시스템을 도입한다

원희룡 네. 맞습니다. 국가는 남녀 불문하고 생애 전 주기에 걸쳐 교육과 재교육 시스템을 제공해야 합니다. 나아가 개인별 교육 격차 해소를 위해서는 전 국민 인공지능 교육 시스템, 인공지능 튜터AI tutor를 활용한 개인별 수준별 맞춤학습이 이루어져야 할 것입니다. 제주도에서도 아이스크림이라는 교육패드를 통해 인공지능 교사와 함께 대화하면서 오답노트를 만들어가는 개인별 교육 프로그램이 실시되고 있는데 효과가 아주 좋습니다. 공교육 이전에 공보육 과정부터 이런 개인 교육 프로그램을 과감하게 도입해서 21세기 사회생활에 반드시 필요한 외국어, 수리, 디지털 등의 학습을 지원하는 것입니다. 그래서 개인의 경제력 차이가 학력 격차로 이어지지 않도록 한다면 우리 청년들의 미래는 조금은 더 나아질 수 있을 겁니다.

양재진 반드시 필요한 일입니다. 지금 우리나라의 교육은 모든 아이들을 평균에 맞추도록 돼 있기 때문에 뛰어난 능력을 갖춘 아이는 평범해지고 다소 부족한 아이는 뒤처지는 경우가 너무 많습니다. 왜 '사교육 불패' 신화가 깨지지 않겠습니까? 왜 학생들이 학교만 끝나면 모두 학원으로 가는 걸까요? 이유는 간단합니다, 학원은 개인별 학습 케어를 해주기 때문이지요. 각자 능력에 맞춰 수준에 맞는 학습을 제공하니까 학생 개인의 역량이 증가할 수밖에 없는 겁니다. 하지만 학교는 해주고 싶어도 할 수가 없어요. 이해하기 어려운 것은 진보 교육감이나 전교조가 앞장서서 학생에 대한 평가 자체를 거부하는 겁니다. 평가해야 뒤처진 학생들에게 보충교육을 해서 낙오되지 않게 해줄 수 있습니다. 중산층 자녀는 학원에서 모자란 학습을 채우고 앞서 나가는데 저소득 자녀들은 학교에서 안 해주면 어찌되겠습니까?

원희룡 인공지능 개인별 교육 시스템이 도입되면 과도하게 사교육 시장에 의존하는 현실도 일정 부분 해소될 수 있을 겁니다. 국가가 플랫폼을 만들어 제공하고 민간과 공공에서 자유롭게 프로그램을 만들어 참여하는 방식이 가능해지니까요. 대학 역시 인공지능과의 상호학습을 통해 학점을 인정받을 수 있고 평생교육이나 직업교육 등 모든 교육시장으로 확대 적용이 가능합니다. 지금은 교육에 관한 국가의 정책이나 투자가 건물, 인력, 제도 같은 하드웨어와 재정적 한계에 머물러 있습니다.

하지만 앞으로 새로운 기술을 이용한다면 전 국민에 대한 교육과 훈련이라는 국가 찬스를 얼마든지 제공할 수 있습니다.

양재진 선생님은 그대로인데 학생 수가 많이 줄어든 상황이기 때문에 개인별 학습이 가능해졌습니다. 국가 주도의 개혁이 이루어진다면 인공지능은 학습 보조 기능으로써 충분히 활용 가능할

것 같습니다. 내년부터 수준별 학습이 가능한 고교학점제가 도입
되는 것도 자연스러운 계기가 될 수 있겠네요.

원희룡 그렇다고 당장 학교 교육의 시스템이 붕괴되거나 인공
지능이 교사를 대체한다는 의미는 아닙니다. 인공지능 교육 시스
템은 개인별 자기주도학습을 돕는 그야말로 보조기능일 뿐이지요.
아이들의 사회성이나 인성에 관한 교육을 포함해서 인공지능 시대
에 대비하는 모든 교육은 학교에서 이루어져야 합니다. 인공지능
기술은 학습 격차를 없애고 동등한 기회를 부여하는 방법으로써
활용할 수 있다는 것입니다.

양재진 원 지사님의 구상처럼 담대한 복지, 국가 찬스를 통해 교
육과 훈련을 받은 국민들이 누구나 경제 활동에 참여할 수 있게 된
다면 계층 사다리가 복원되고 우리 경제는 그야말로 일대 전환을
이룰 수 있을 것 같습니다. 그런데 교육과 훈련을 통해 직업 역량
을 키워도 이것이 보상으로 연계되지 않으면 개인 입장에서는 교
육 훈련에 투자할 유인이 없습니다. 현재 우리 사회에서 교육 프리
미엄은 왜곡돼 작동합니다. SKY로 대표되는 서울의 명문대에 입
학하기 위해 입시교육에 몰빵하듯이 투자하고 공공부문이나 대기
업에 취업하고 나면 교육 훈련을 등한시합니다.

대기업 생산 현장도 마찬가지입니다. 교육에 투자를 하지 않아
요. 직무능력보다는 연차가 보상과 직결된 호봉제라고 하는 연공
급에 의해 보상이 주어지기 때문입니다. 이게 고도성장기 일본에
서 수입한 과거의 유산인데요. 우리는 아직도 여기에서 벗어나질
못하고 있습니다.

| 호봉제가 아닌 직무급제로
   공정한 보상체계를 마련한다

원희룡 노동유연성 문제는 매우 예민한 사회 이슈입니다. 노조 입장에서는 호봉제로 혜택을 누리다 보니 목숨 걸고 싸울 수밖에 없습니다. 하지만 평생직장의 개념이 사라지고 은퇴 후 제2의 직업이 반드시 필요한 요즘 같은 시대에는 당연히 사라져야 할 유산이지요. 저는 장기적으로 본다면 동일노동 동일임금이라는 공정임금 체계가 도입될 수밖에 없다고 생각합니다. 하지만 지금은 중장년층과 젊은 세대의 인식 차이와 정규직-비정규직 같은 노동시장의 이중구조가 복잡하게 얽혀 있는 과도기이기 때문에 단기간에 해결할 수 있는 문제는 아닙니다.

특히 우리 사회 모든 계층의 이해관계가 담긴 노동과 보상체계는 특정 계층의 주도로 이루어져서는 안 되고 반드시 사회적 대타협의 과정이 필요합니다. 따라서 중장기적 마스터플랜을 바탕으로 사회적 담론을 생성하고 피해를 최소화하는 보완책을 마련해가면서 순차적인 도입 과정을 밟아나가야 한다고 생각합니다.

양재진 국가 찬스를 통해 개개인의 직업 역량을 키워줬다면 당연히 그에 상응하는 보상이 주어져야 하는 것이 상식입니다. 그러려면 최소한 동일노동 동일임금과 유사한 정도까지는 이루어져야 합니다. 그러려면 지금의 보상체계는 반드시 바뀌어야 합니다. 호봉급제에서 직무급제로의 전환이 그것입니다. 이는 2030 청년 문제의 핵심이기도 합니다.

원희룡 물론입니다. 하지만 당장 실현하기는 쉽지 않습니다. 지금 호봉제의 혜택을 누리는 중장년층은 지금까지 상대적으로 낮은 보상을 견디며 살아온 분들입니다. 당장 호봉제를 없애면 억울할 수밖에 없습니다. 하지만 2030세대는 이런 호봉제 혜택을 받는 중장년층이 나이가 많다는 이유로 불합리한 특혜를 받고 있다고 느끼지요. 따라서 이런 갈등을 제도적으로 흡수하기 위해서는 일정 정도 시간이 필요합니다. 중장년층의 고임금군은 임금피크제 등을 통해서 그 비중을 줄여나가고 현장에서는 성과급이나 직무급제의 도입을 서서히 늘려나감으로써 그래프가 안정화될 수 있도록 해야 합니다.

이러한 연착륙 과정이 필요합니다. 그렇지 않고 외부 충격으로 강제적인 재편이 이루어진다면 희생과 피해는 고스란히 국민 개개인에게 돌아갈 수밖에 없습니다. 국가의 장기 플랜하에 점진적인 연착륙이 이루어질 수 있도록 해야 합니다.

양재진 1997년 IMF 위기 때 가장 피해를 본 세대가 당시 50대 아닙니까. 가장 고임금 계층이었으니까요. 만약 다시 외부 충격이 주어진다면 지금의 50대가 가장 큰 피해를 보게 될 겁니다. 그런 의미에서 보면 5060세대에게도 직무급제의 전환이 기회가 될 수 있습니다. 과거처럼 은퇴 후 여생을 즐길 수 있는 시대도 아니고 은퇴 후 재취업을 해야 하는 상황이라면 직무급제도 마다할 일만은 아닐 겁니다.

원희룡 현재 직무급제가 가장 잘 적용되는 곳이 있다면 일용직 노동시장일 겁니다. 남녀노소 불문하고 하루 일당은 고정돼 있고 기술을 가진 사람은 더 받는 구조입니다. 철저한 직무 중심제이지요.

양재진 IT 분야도 마찬가지입니다. 능력에 따라 급여가 책정되거든요. 새로운 기술은 계속 생겨나고 필요한 인력은 부족하니까 기술을 가진 사람이 그에 상응하는 보상을 받을 수밖에 없습니다. 이러한 분위기가 우리 사회 전반에 널리 퍼져야 합니다.

원희룡 저는 공기업이나 공공기관 등 공공부문에서 이를 선도해야 한다고 생각합니다. 호봉제를 채택하고 있는 가장 대표적인 분야니까요. 물론 일방적인 희생을 강요하는 것이 아니라 직무급제 전환을 유도할 수 있는 유인책을 제시하고 혹시 있을지 모를 갈등이나 충돌에 대비한 안전망도 함께 마련돼야 할 겁니다. 이른바 '안전 유연성'입니다. 노동시장에 안전이 보장돼야 유연성도 생겨날 수 있으니까요. 초정권적인 국가논의기구를 마련해서 점진적으로 해결해 나가야 합니다.

양재진 맞습니다. 유연성만 강조한다고 해서 노동시장이 유연해지지는 않습니다. 사회보장이 강하게 뒷받침해주어야 유연성도 생길 수 있습니다. 달걀이 먼저냐 닭이 먼저냐의 문제인데요. 지사님 말씀대로 유연-안정성보다 안전-유연성이 돼야 할 것입니다. 덴마크, 스웨덴, 네덜란드 등이 유연-안전성 모델의 대표적인 국가입니다. 이들 국가는 워낙에 소득보장 중심의 복지를 잘 만들어놓아서 탈이 나기까지 했죠. 노동시장의 유연성을 높이는 개혁을 해도 노동자들의 반발이 그리 크지 않았습니다. 직업훈련과 고용서비스까지 좋으니 해고돼도 불안하다고 느끼는 근로자 비율이 가장 낮은 국가들입니다.

믿기 어렵겠지만, 우리나라의 법적 고용보호 수준은 경제협력개발기구 평균보다 높고 덴마크나 네덜란드보다도 높습니다. 그래도 불안해하지요. 대기업과 공공부문 외에는 고용안전망도 없고요. 노동시장의 안정성과 관련한 가장 대표적인 제도는 고용보험입니다. 하지만 고용보험에 가입한 사람만 혜택을 보기 때문에 사각지대가 많다는 것이 가장 큰 문제입니다.

우리나라는 자영업자 비율이 워낙 많은데다가 최근 플랫폼 노동자가 늘어나면서 고용보험의 사각지대는 더욱 커질 가능성이 크지요. 그래서 결국 이런 사각지대에 대해 어떻게 안전망을 마련해주는가가 관건이 될 수 있습니다.

원희룡 2020년부터 국민취업제도가 도입된 게 고용보험의 사각지대 해소에 도움이 되지 않을까요?

양재진 국민취업지원제도는 교육 훈련과 고용 서비스 연계형 실업부조제도입니다. 고용보험 가입자가 아닌 사람에게 일반재정에서 지원하는 방식입니다. 실업부조를 받으려면 훈련을 받든가 아니면 구직활동을 해야 하죠. 첫 시작이라 수급 기간도 6개월로 짧고 월 50만 원에 불과합니다. 개인별 상담을 통해 직업능력과 취업을 연결시켜 줄 서비스 인력이 부족하다는 것도 앞으로 개선해야 합니다. 실업 부조를 직업훈련과 결합해서 노동시장에 재진입할 수 있도록 한다면서 정작 인프라는 갖춰지지 않은 것이 현실입니다.

원희룡 국민취업지원제도가 부족한 제도라고 말씀하셨는데요. 그래도 기본소득 같은 대안보다는 실제 도움이 될 것 같습니다. 월 50만 원씩 주는 국민취업지원제도의 전체 예산이 약 1조 2,000억 원 정도인데, 이재명 지사가 주장하는 월 2만 5,000원꼴인 연 30만 원의 기본소득예산 15조 원 중 5분의 1인 3조만 더 투자한다 해도 국민취업지원제도 수당을 월 100만 원으로 올리고 대상자도 50% 더 늘릴 수 있습니다. 여기에 교육 훈련도 더 내실화할 수 있고요. 국민취업지원제도를 확대 강화해서 고용보험의 사각지대 문제를 해소하는 방법을 취해야 할 것 같습니다. 또한 현재 임금근로자만 가입할 수 있는 고용보험을 자영업자나 플랫폼 노동자 같은 비임금 근로자도 가입할 수 있게 '소득 기반' 고용보험으로 개편할 수도 있지 않을까요?

양재진 중장기적으로 피고용 여부를 따지지 않고 소득이 있는 사람이면 누구나 고용보험에 가입할 수 있게 하는 것이 옳다고 봅니다. 4차 산업혁명이 진행되면서 전통적인 자영업자나 프리랜서 외에도 플랫폼 노동자가 늘어나고 있습니다. 2018년에 덴마크가, 2019년에는 프랑스가 선도적으로 고용 기반에서 소득 기반 고용보험으로 전환한 바 있고요. 물론 해결해야 할 문제도 많습니다. 자영업자와 플랫폼 노동자의 소득 파악이 보통의 임금근로자와는 달리 쉽지 않습니다. 또한 이들은 자발적으로 실업 상태를 만들 수도 있어서 실업급여 수급 자격을 임금근로자와 동일하게 해야 하는지도 고민해봐야 합니다. 덴마크나 프랑스와 달리 우리나라는 자영업자 규모가 임금근로자들보다 두세 배 큰 나라여서 사전에 면밀하게 검토해야 할 게 많습니다.

원희룡 직업교육과 관련해서는 훈련기관의 문제도 간과할 수 없을 것 같습니다. 우리는 주로 학원에서 하고 있는데요. 국가의 보조금을 받고 운영하는 일종의 사설 단타 학원입니다. 반면 스웨덴이나 유럽의 선진 복지국가들은 대학이 폴리텍화돼 있더군요. 연구 중심 대학 외에는 전부 폴리텍이라고 해도 과언이 아니고 고등학교 마치고 취업했다가 다시 대학에 가서 교육 훈련을 받고 재취업하거나 이직하는 것이 일상화돼 있습니다. 고등교육기관이 직업훈련을 담당하기 때문에 전문적이고 교육의 질도 상당히 높습니다. 우리도 인구가 줄면서 대학의 정원 미달 사태가 점차 늘고 있는데, 스웨덴의 사례를 적극적으로 검토할 필요가 있어 보입니다.

양재진 덴마크나 스웨덴은 지역의 노사가 직업훈련을 관장하고 있습니다. 필요한 역량이나 수요를 누구보다 잘 아는 기업과 노조가 직접 훈련을 관장하고 현장학습과 연결하는 것입니다. 물론 비용은 국가가 지원하지만 노사가 직접 협력해서 훈련하다 보니 생산성과 효율성이 높을 수밖에 없습니다. 특히 이런 직업훈련 분야는 노사 간에 이해관계가 충돌하지 않는 지점이기 때문에 국가가 인프라와 재정을 뒷받침해준다면 얼마든지 가능합니다. 자치단체 혹은 광역 경제권 단위에서 우선 도입해도 좋을 것 같습니다.

| 취업·재취업을 위한 직무훈련 환류 시스템을 마련한다

원희룡 요즘은 IT 업계에서 인력이 부족하다 보니 문과생들도 학원에 다니면서 프로그래밍을 배운다고 하더군요. 워낙 기술이 빨리 발전하다 보니 훈련과 재취업의 상호연계가 매우 중요해졌습니다. 과거와 같이 하나의 직군 혹은 직종으로 구획이 정해지는 것도 아니고 업종 간 경계가 허물어지고 기술을 토대로 한 융합이 일어나면서 다양한 틈새 직무들이 수시로 생겼다가 소멸합니다. 따라서 직장에 다니더라도 그때그때 필요한 기술을 훈련받고 다시 노동시장에 투입되는 환류 시스템이 마련돼야 합니다. 심장이 우리 몸에 혈액을 공급하듯이 우리 경제에 필요한 기술과 인력을 제때 공급해주는 일종의 펌핑 시스템인 것이지요. 4차 산업혁명에 대응하기 위해서도 이러한 직무훈련 환류 시스템에 우선적인 투자가 필요하다고 생각합니다.

양재진 문제는 이런 직업훈련이나 교육을 받는 것이 현실적으로 쉽지 않는 데 있습니다. 회사에서 직무훈련을 지원하면 모를까 대부분의 직장인은 자신의 노력과 시간을 투자해서 별도로 훈련을 받아야 하는데 생계와 병행한다는 것이 생각보다 쉽지 않기 때문이지요. 노동시간이 좀 더 유연화되고 실업급여 등과도 결합할 필요가 있습니다.

원희룡 바로 그런 점 때문에 소득 보장형 직업훈련 제도를 마련하겠다는 것입니다. 직업교육과 훈련은 단지 개인의 고용안전만을 도모하려는 것이 아닙니다. 지속가능한 일자리와 경제 성장이라는 미래지향적 선순환 구조에서 꼭 필요한 인적자원개발을 위한 투자입니다. 누구든지 필요한 업무능력을 배울 수 있도록 국가가 지원하는 겁니다. 누구나 의지가 있다면 이런 국가 찬스를 활용할 수 있도록 기회를 보장하겠습니다.

양재진 유럽에는 청년고용보장제라고 하는 제도가 있습니다. 원지사님 말씀처럼 국가가 소득 보장과 무상교육을 제공하더라도 일부 일자리와 훈련이 잘 맞아떨어지지 않을 수도 있기 때문에 교육을 받는다고 다 취업에 성공하는 건 아니거든요. 이 경우 국가가 기업에 보조금을 주거나 청년 대상 공공일자리를 만들어 취업시키는 제도입니다. 취직하지 못하고 나이만 들면 노동시장 진입은 평생 어려워집니다. 단기 일자리라도 일단 취업해서 직무역량이나 기술이 사장되지 않도록 근무 경험을 갖게 하는 것이 목표입니다. 국가가 한 발 진진하기 위한 중간 디딤돌을 마련해준다고 생각하면 되겠습니다.

| 공보육과 소득보장정책을 함께 시행해야 한다

원희룡 교수님 말씀대로 청년들을 대상으로 한 괜찮은 디딤돌 일자리 보장이 필요합니다. 문재인 정부도 청년 일자리를 늘린다고 했지만 방법에 문제가 많았습니다. 재정을 투입해 공무원과 공기업 채용을 늘리는 방식인데요. 세금과 국채로 부가가치도 없는 영구적인 일자리를 만들 경우 재정 문제를 일으키게 되기 때문입니다. 퇴직 후 공무원연금까지 줘야 하는데 이게 다 지금의 청년세대가 갚아야 할 빚이 되는 거죠.

양재진 육아휴직자의 소득보장을 해주면서 괜찮은 디딤돌 일자리를 만들어내는 일거양득의 방안이 있습니다. '전 국민 부모급여제도'의 도입입니다. 현재 우리나라는 고용보험에서 육아휴직급여를 주고 있습니다. 이 돈은 고용보험에 가입한 사람만 받을 수 있는데요. 실업급여와 마찬가지로 사각지대가 크지요. 육아휴직 급여 수준도 월 최대 120만 원에 불과합니다. 돈이 전부는 아니지만, 아기 때문에 일을 못 해 소득은 제로가 되는데 아이 낳고 키우는 데 새로운 지출이 생기기 때문에 대부분 이중고에 시달리게 됩니다. 이런 상황에서 현실적으로 아이를 두세 명 갖기란 어려운 일이지요.

따라서 '전 국민 부모급여제도'는 사각지대를 없애기 위해 고용보험 가입 여부와 상관없이 아이가 태어나면 누구나 일반재정에서 월 100만 원씩 지급합니다. 만약 고용보험에 가입된 사람이라면 여기에 추가로 육아휴직급여를 받게 되겠지요. 적어도 아이가 태어나고 1년은 소득 상실에 대한 걱정 없이 부모가 직접 아이를 건강하게 키울 수 있게 하자는 취지입니다. 이때 육아휴직을 함으로써 발생하는 단기 일자리에는 청년을 의무 고용하도록 하면 됩니다. 어차피 고용주는 육아휴직자에게 월급을 주지 않아도 되니 인건비가 남거든요. 한 해 30만 명의 아이가 태어나면 30만 개의 일자리가 생기는 것이고 고용주 입장에서는 별도의 비용 없이 새로운 인력을 채용할 수 있죠.

원희룡 2020년 한국의 합계출산율은 0.84로 세계 꼴찌입니다. 원인은 복합적이지만 단순하게 정리하면 지식 기반 경제에서 교육받은 여성들이 사회진출을 하면서 일-가정·일-육아 양립의 문제에 봉착하게 되고 여성은 선택의 기로에 내몰립니다. 게다가 장

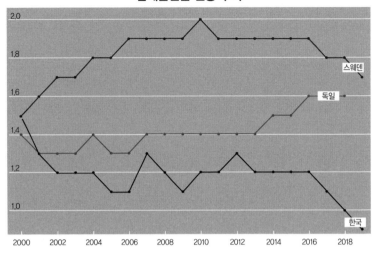

합계출산율 변동 추이

2.0	
1.8	스웨덴
1.6	독일
1.4	
1.2	
1.0	한국

2000 2002 2004 2006 2008 2010 2012 2014 2016 2018

차 아이에게 들어갈 사교육비를 생각하면 아이 갖는 게 엄두가 안 나지요. 개인의 입장에서는 아이를 갖지 않거나 한 명만 갖는 것이 합리적인 선택이 됩니다. 하지만 우리 사회 전체의 관점에서 볼 때는 공동체의 존립 자체가 흔들릴 수 있는 상황에 봉착하게 되는 것입니다. 아시다시피 출산율 2.1이 돼야 인구가 유지되는데 0.84 아닙니까? 지금처럼 손 놓고 있으면 79년 후인 2100년에는 인구가 지금의 절반도 안 되는 2,500만 명으로 떨어지게 됩니다.

그럼에도 문재인 정부가 초저출산 문제에 대해 무대응으로 일관하고 있다는 점은 이해하기 어렵습니다. 2002년 출산율이 1.3으로 떨어져 우리 사회가 큰 충격에 빠진 바 있습니다. 노무현정부에서도 공보육을 도입하는 등 대대적으로 저출산 대책에 나섰지요. 문재인 정부 출범 전인 2015년까지는 그나마 출산율 1.2에 한 해 40만 명대의 아이들이 태어났습니다. 그런데 2020년에는 출산율 0.84에 20만 명대 출생으로 급전직하한 것입니다. 코로나 때문에 결혼과 아이 갖기를 미룬 효과는 반영되지 않은 수치입니다. 코로나의 영향은 2021년에 반영될 텐데 눈앞이 캄캄합니다.

양재진 최근 독일의 사례는 공보육과 소득보장정책이 함께 가야 한다는 것을 보여주고 있습니다. 우리나라와 독일은 2001년에 출산율이 1.3까지 똑같이 떨어졌습니다. 두 나라 모두 저출산 쇼크 때문에 중앙정부 차원에서 저출산 대책을 마련해 시행에 들어갔습니다. 독일은 스웨덴을 본받겠다고 공식적으로 천명하고 뒤늦게나마 스웨덴처럼 공보육과 함께 전 국민 부모급여제도를 도입했습니다. 육아 휴직한 모든 이에게 소득비례형 급여를 제공한 것입니다. 이후 출산율이 꾸준히 올라가 2019년에 독일은 합계출산율 1.6을 기록했습니다. 반면, 우리는 같은 해 0.9로 떨어졌고 지금은 이보다 더 못하지요. 육아 때문에 지출이 증가함과 동시에 소득 상실이 발생하는 이중고 문제를 고려하면 출산과 육아휴직기에 강력한 소득 보장책이 반드시 뒷받침돼야 합니다.

원희룡 저출산 문제는 대부분 인구 유지라는 국가적 차원에서 기능주의적으로 다루어지는 것이 보통입니다. 하지만 개인의 행복 차원에서 바라보는 것도 필요하다고 생각합니다. 설문조사에 따르면 부모들이 원하는 자녀 수는 두 명입니다. 개인적 차원에서 원하는 삶은 두 명의 사랑스러운 아이들과 행복한 가정을 꾸리는 것이란 뜻이지요. 그런데 이게 막혀 있는 겁니다. 교수님께서 말씀하신 전 국민 부모급여가 도입되면 둘째를 갖는 부담도 덜어주고 적어도 출산 후 1년 동안은 부모가 직접 아이를 돌보면서 정서적 유대감과 가족의 화합을 도모할 수 있어 좋을 것 같습니다. 이런 게 워라벨이 아닌가 합니다.

게다가 육아휴직으로 생겨나는 일자리를 고스란히 청년의무고용으로 전환하면 청년들이 괜찮은 일자리 경험을 쌓을 수 있으니 일거양득, 일거삼득이 될 것 같네요. 제가 국정을 맡게 되면 전 국민 부모급여제도의 도입을 꼭 추진하도록 하겠습니다.

| 담대한 '내집마련' 지원을 통해 주거복지를 이룬다

원희룡 일-가정 양립의 어려움과 사교육비 등의 문제도 그렇지만, 결혼과 출산을 포기하게 만드는 주된 원인은 주택문제에도 있다고 봅니다. 현정부가 주택공급을 줄인 반면에 주택소유자는 모두 투기로 몰아 징벌적 과세를 하면서 주거비가 엄청나게 상승했습니다. 이제 사회에 첫발을 떼지도 못한 청년들은 '벼락거지'가 되든가, 아니면 주택을 소유해서 징벌적 월세를 내든가 하는 선택에 내몰렸습니다. 이런 상황에서 결혼이나 출산은 꿈꾸기 어려워졌습니다.

양재진 맞습니다. 주택은 의식주의 하나인 기본 생필품이죠. 소득이 오를수록, 과거에 지은 집들이 낡을수록 새집에 대한 욕구는 올라갑니다. 수요가 있는 만큼 적기 적소에 공급이 뒤따라 주어야 합니다. 그런데 박원순 서울시장과 문재인 정부는 거꾸로 공급을 중단했기 때문에 온갖 부작용이 생기게 된 겁니다.

원희룡 오늘날 주거복지는 그 어느 때보다 중요해졌습니다. 주거가 난제가 된 만큼 주거복지도 담대하게 풀어야 한다고 생각합니다. 주거안정을 빌미로 한 임대주택 일변도의 좌파정책에서 벗어나는 것이 최우선입니다. 근본적으로는 대다수 국민이 소작농이 아닌 자영농이 될 수 있게, 실효성 있는 '내집마련' 정책을 펴야 합니다. 공급을 늘리고 장기 모기지의 기회를 늘리며 세 부담을 낮춰 주거비를 떨어뜨려야 할 것입니다.

양재진 영국, 스웨덴 등 대부분의 유럽 복지국가들은 이미 1950~1960년대 임대주택 위주의 주거정책에서 탈피했습니다. 자가 소유를 유인해 중산층을 육성하고 세금을 인하해 주거비를 낮추는 정책을 펼치고 있습니다. 특히 스웨덴은 아예 주택에 대한 재산세를 없애고 대신 지방행정에 대한 수수료 개념의 주택요금제를 도입했습니다. 단독주택의 경우 재산평가액의 0.75%를 주택요금으로 납부하지만 최고 상한액을 설정해두었습니다. 그러다 보니 보유세가 1년에 우리 돈으로 110여만 원을 넘지 않습니다. 서민들이 거주하는 아파트는 연 20만 원을 넘지 못하고요. 주거는 삶의 필수품이기에 징벌적 과세의 대상이 아니라 세액에 한계를 두는 것입니다.

원희룡 주택은 토지처럼 한정된 자연 자원이 아닙니다. 자동차처럼 생산과 추가 공급이 가능하지요. 같은 평수라면 새집이 헌집보다 비싼 게 당연하지 않겠습니까? 그런데 새로 집을 지어서 집값이 오르면 안 된다고 주택공급을 10년 가까이 억누르니 집값이 폭등할 수밖에 없는 겁니다. 여기에 징벌적 세금으로 인해 주거비용이 다시 인상되는 악순환입니다. 청년들은 폭등하는 집값에, 그리고 자가 소유 시 부담해야 하는 세금에 한숨을 쉽니다. 사랑하는 사람과 결혼해 '저 푸른 초원 위에 아름다운 집'을 짓고 아이들과 행복한 생활을 꿈꾸기는 어렵게 됐습니다. 저출산 문제해결을 위해서라도 주거정책을 정상화시켜야 합니다.

| 퇴직연금제도 개선을 통해 노후소득을 보장한다

양재진 저출산 문제와 동전의 양면을 구성하는 게 고령화 문제입니다. 이미 우리나라에서도 새로 태어나는 아이 수보다 사망자 수가 많은 데드 크로스Dead Cross가 발생해 인구가 줄기 시작했습니다. 현재는 생산인구 5명이 65세 이상 노인 한 명을 부양하는데 2060년대에는 생산인구 한 명이 노인 한 명을 부양해야 합니다.

그런데 노인의 35%는 소득이 낮아 빈곤선 이하에서 생활하는 것으로 추정되고 있습니다. 경제협력개발 국가 중에 노인빈곤율이 가장 높은 나라가 한국입니다. 앞으로 기하급수적으로 노인인구가 늘어날 텐데 어르신들에 대한 소득 보장이 또 하나의 큰 과제입니다.

원희룡 노후소득 보장 문제에 대한 해답은 간단합니다. 국민연금 급여를 올리고 기초연금을 많이 주면 문제는 해결됩니다. 그런데 노인인구가 많이 늘어나는 만큼 막대한 재정이 소요되고 그렇게 되면 필요한 다른 곳에 쓸 재원이 부족해지는 딜레마에 봉착하게 됩니다. 예산 제약 상황에서 우선순위를 정해 용처를 결정해야 하는 게 도지사로서 늘 고민이었습니다. 그런데 양재진 교수님의

『복지의 원리』 책을 읽다가 한 가지 눈이 번쩍 띄는 좋은 아이디어를 발견했습니다.

양재진 그게 뭐죠? 퇴직연금 말씀하시나요?

원희룡 맞습니다. 고용주들은 퇴직연금 보험료로 매년 30조 원이 넘는 돈을 퇴직연금 회사에 넣고 있더군요. 그런데 이 엄청난 돈이 투입되는 데 비해 정작 근로자들이 은퇴 이후에 연금으로 받는 경우는 거의 없습니다. 대부분은 중간 정산으로 받아가기 때문에 정작 은퇴할 때는 금액이 얼마 되지 않아 일시금으로 받아가게 되는 것입니다. 매달 연금으로 받는 사람은 얼마 안 되지요. 양 교수님 주장대로 퇴직연금을 중간에 가져가게 하지 말고 일시금이 아닌 이름 그대로 연금으로 받아가게 만들면 노후 소득이 두꺼워지는 효과가 있겠더군요. 아무래도 퇴직연금 받는 국민은 중간계층 이상일 테니 국민연금과 퇴직연금 그리고 개인연금을 더하면 어느 정도 노후소득 보장은 되지 않을까 합니다. 그렇게 되면 국가는 가용자원을 저소득 노인의 노후소득 보장에 투입할 여유를 갖게 됩니다.

양재진 제 아이디어를 좋게 봐주시니 반갑네요. 고용주는 의무적으로 근로자 임금의 8.33%를 퇴직연금 보험료로 퇴직연금 회사에 납부해야 합니다. 이 돈이 2019년에 34조 원이었습니다. 매년 수조 원씩 그 규모가 커지고 있지요. 퇴직금 대신에 퇴직연금에 가입하는 회사가 늘고 있고 임금도 오르니 납입 보험료가 커지는 거죠. 국민연금에 내는 보험료가 매년 47조 원인데요. 이와 비교해보면 퇴직연금 보험료도 큰돈입니다. 매년 기초연금에 쓰는 정부 예산의 두 배가 되는 큰돈이고요. 단비 같은 돈입니다.

우리는 국민연금에 버금가는 퇴직연금이 법적으로 의무화돼 있는 매우 독특한 나라입니다. 경제협력개발기구 국가 중에 퇴직연금이 법제화돼 있는 나라는 이탈리아 외에는 없습니다. 그나마 이탈리아 퇴직연금의 규모도 우리보다 작지요. 퇴직연금을 잘 활용하면 추가 부담 없이 노후소득보장제도를 튼튼하게 만들 수 있습니다.

원희룡 퇴직연금이 연금으로 제자리를 잡아 중산층 노인의 소득보장 문제가 어느 정도 해결되면 국가의 가용자원은 퇴직연금에 가입하지 못한 취약계층 노인 분들에게 집중할 수 있을 겁니다. 그리고 이때 빈곤선 이하에 있는 35%의 노인들에게 더 많은 연금이 지급될 수 있게 해야 할 것입니다. 현재는 모든 노인의 70%, 즉 상위 30%를 제외한 모든 노인에게 기초연금 30만 원씩 지급됩니다. 2021년부터는 9억 원짜리 아파트를 소유하고 부부합산 소득이 월 300만 원이 되도 기초연금을 받을 수 있다고 하더군요. 지급 기준을 70%가 아닌 빈곤선 35% 정도에 맞추어 저소득 노인에게 더 높은 기초연금을 지급하는 재정 합리화 조치가 필요하다고 봅니다.

그렇게 해도 워낙 노인 인구수 증가가 급격해서 예산 소요는 계속 늘어날 것입니다. 그래도 퇴직연금을 활용하고 기초연금의 대상자를 조정하면 초고령화 시대에도 지속가능한 노후소득보장제도를 구축할 수 있지 않을까 생각합니다.

양재진 재정적으로 지속가능한 노후소득 보장제도를 만드는 게 매우 중요한 과제라고 생각합니다. 우리 청년세대와 자녀세대에게 과도한 재정적 부담을 지워서는 안 되기 때문입니다. 이들이 과중한 세부담 때문에 허덕이고 경제가 침체되면 결국에는 노인세대를 부양하지 못하게 됩니다. 최대한 재정 합리적으로 노후소득 보장제도를 설계하고 근로연령대 인구의 사회보장과 인적자원개발에 자원을 배분해야 합니다. 그래야 모든 세대가 발전하고 행복할 수 있습니다.

노인빈곤율이 낮은 스웨덴이나 이탈리아의 사례를 비교해 참고할 필요가 있습니다. 스웨덴은 공적연금지출이 국내총생산의 6.7%인 데 반해 이탈리아는 국내총생산의 13%로 두 배 정도 차이가 납니다. 공적연금이라고 다 돈 먹는 하마가 아니라는 거죠. 재정효율적인 노후소득 보장제도의 설계가 가능합니다.

원희룡 국가 차원에서 노후소득보장제도를 구축하는 것은 반드시 필요한 일입니다. 하지만 더 근원적으로는 은퇴 후 건강한 삶을 유지하기 위한 근로 기회를 부여하는 것도 중요한 국가적 과제가 아닐까 합니다. 인생 이모작이라고 하지 않습니까? 은퇴 후에도 건강한 삶을 유지하기 위해서는 세컨드 잡second job이 꼭 필요합니다. 이를 위해서는 평생학습과 직업훈련이 병행돼야 하고요. 노동시간을 줄이더라도 가능한 오랜 기간 건강하게 일하면서 노후를 보낼 수 있도록 국가가 환경을 조성하는 데 역점을 둬야 할 것입니다.

집권 여당은 65세 정년연장을 얘기하고 있는데 청년세대가 경악할 일입니다. 일률적으로 정년을 연장하기보다는 자신의 능력과 환경에 맞는 일을 찾고 파트 타임을 선택하거나 새로운 교육 훈련을 받거나 하는 것이 자유롭게 순환적으로 이루어지도록 해야겠습니다. 초고령화 시대에는 근로시간을 신축적으로 조정하면서 더 오래 일할 수 있게 하고 부족한 부분은 연금이 받쳐주는 시스템을 구축해야 합니다.

| 전 국민 의료보험은 사각지대가 없도록 설계해야 한다

원희룡 고령화 시대에 의료보장 문제도 새롭게 고민하지 않을 수 없습니다. 우리나라는 건강보험만큼은 다른 복지국가와 비교해 뒤지지 않는다고 생각합니다. 아마 국민들도 피부로 느끼실 겁니다. 그런데 정책적으로 고민스러운 지점이 있습니다. 이렇게 좋은 제도가 지속가능할 것인가 하는 걱정입니다. 현재 건강보험 지출은 1년에 10%씩 늘어나고 있습니다. 7년마다 지출이 두 배씩 늘어나고 있지요. 우리나라 노인인구는 경제협력개발기구 평균보다 적은데 건강보험 지출은 평균에 달하고 있습니다. 어느 정도 과다지출되고 있다는 의미입니다. 초고령 사회를 대비해 지출을 합리화할 필요가 있습니다.

여러 원인이 있을 수 있지만 그중 행위별 수가제, 즉 의료비를 지출한 만큼 보험금을 타가는 방식이라서 과잉진료가 나타나는 것을 줄여야 할 것 같습니다. 국민들 역시 간단한 검사나 가벼운 질병 치료를 할 때도 유명 대학병원이나 3차 진료기관을 우선적으로 찾는 경향이 있고요. 어르신 중에는 통증치료를 위해 출근하듯이 병원에 다니는 분들도 많습니다. 서구에서는 1차 진료기관이 문지기 역할을 맡아서 환자를 적절한 수준에서 분배하고 있습니다. 그런데 우리는 이게 잘 안 되고 있지요. 병원과 환자 양측 모두 도덕적 해이를 방지해서 낭비적 지출을 줄여야 합니다.

양재진 재정을 합리화하면서 동시에 의료접근성 문제를 해결해야 하는 과제도 안고 있습니다. 우리나라 전 국민 의료보험은 평균적으로 봤을 때는 매우 우수하고 운영도 잘되고 있지만 대도시권이외에 산간 지역이라든가 섬 등에 거주하는 분들은 의료혜택을 받기가 어려운 구조입니다. 우리나라는 치료 가능 사망률, 즉 잘 대응했다면 죽지 않고 살 수 있었던 환자 비율이 대도시와 그 밖의 지역이 두 배 이상 차이가 납니다. 사망까지는 아니더라도 장애를 입거나 후유증을 겪는 환자까지 더하면 그 비율은 더 높아지겠지요. 이런 지역에 대해서는 공공의료가 들어가서 골고루 의료혜택을 줄 수 있어야 합니다.

원희룡 소위 '문재인 케어'는 보장률 70% 아닙니까?

양재진 목표는 그렇지만 현실이 뒤따르지 못하고 있습니다. 분모 대비 분자로 볼 때 분모가 전체 의료비이고 분자가 건강보험 지출입니다. 보장률 70%를 위해 분자, 즉 지출 비용은 엄청나게 늘렸지만 분모인 의료비 지출이 계속 증가하니까 보장률이 제자리일 수밖에 없지요. 문제는 비급여 지출, 즉 과잉진료입니다. 지사님이 지적한 대로 행위별 수가제를 포괄수가제 등으로 개편하는 게 필요합니다.

원희룡 평소 의료비 지출 관리가 잘 안 되면 진짜 의료보장이 필요한 분들, 그러니까 경제적 약자나 큰 병을 앓고 있는 환자와 가족에게 제대로 된 의료급여를 제공하기 힘들어집니다. 그래서 저는 경증에 대한 지출은 줄이고 중증환자에 대한 혜택을 더 확대할 필요가 있다고 생각합니다. 환자 한 명으로 인해 가족과 주변인들의 인생이 망가지는 일은 없어야 하니까요.

양재진 중증환자에 대한 지원은 박근혜 정부 때부터 상당 부분 확대됐습니다. 하지만 비급여 항목이 계속 늘어나고 있어서 국민 부담의 측면이 있지요. 급여항목은 본인 부담 상한제가 있어서 1년 단위로 정산해서 일정 금액 이상을 지출하면 돌려주지만 비급여는 상한제도 없을 뿐더러 보험 혜택도 받을 수 없기 때문에 큰 병을 앓는 환자나 가족에게는 의료재난이 닥칠 수밖에 없습니다. 국가의 의료지원이 중증환자에게 집중될 수 있어야 합니다.

원희룡 유아와 출산에 관한 국가의 의료지원도 대폭 확대됐으면 합니다. 저출산 문제와도 연결되는 문제인데요. 최소한 난임과 유아에 대한 의료는 전적으로 국가가 책임져야 한다는 생각입니다.

양재진 난치병, 특히 중증에 대한 본인부담금은 5~10% 정도로 낮은 수준입니다. 유아에게도 이런 정도의 비율을 적용할 수 있겠지요. 특히 난임치료는 장기간 이루어지는 경우가 많아서 좀 더 부담을 낮춰주는 것도 필요해 보입니다.

원희룡 개인적으로 난임치료에 대해서는 무상에 가까운 의료제공을 해줄 필요가 있다고 생각합니다. 안심하고 아이를 갖고 키울

수 있는 환경이 돼야 교육 훈련-취업·재취업의 순환이 잘 이루어
지고 경제와 복지시스템이 안정적으로 운영될 수 있으니까요.

| 근로장려금은 근로 유인 효과가 있어야 한다

원희룡 지금까지 우리는 사회투자 복지국가의 개념으로서 담대
한 복지론, 다시 말해 복지-고용-경제의 선순환 구조, 그리고 교육
에 관한 국가 찬스와 기초보장에 관해 이야기를 나누었습니다. 앞
에서 잠시 기본소득의 문제점이 언급됐는데요. 최근 들어 다양한
유형의 소득 보장 프로그램이 제기되는 듯합니다. 보수진영에서는
오세훈 시장이 안심소득이라는 것을 시범 실시하겠다고 하는데 어
떻게 보시는지요?

양재진 개인적인 생각을 전제로 말씀드리면, 전 국민 기본소득
보다는 낫다고 보지만 그래도 부정적인 편입니다. 안심소득은 미
국의 노벨경제학상 수상자이며 자유주의 운동가라 할 수 있는 밀
턴 프리드먼이 제창한 부의 소득세의 한국판입니다. 보통 소득세
가 개인이 얻은 소득이나 이윤에 부과하는 조세라면 부의 소득세
는 소득액이 적어서 납세가 면제되는 저소득층에게 최저 생활을
보장하기 위해 정부가 보조금을 지급하는 것입니다.

이재명 지사를 비롯한 좌파 진영 일각에서는 전 국민에게 동일
한 금액을 지급하는 기본소득을 주장하는데 안심소득은 일정한 기
준선을 정하고 부족한 소득 부분의 절반을 국가가 채워주는 방식
입니다. 오세훈 시장의 안심소득은 4인 가구 기준 6,000만 원을

기준선으로 합니다. 한 해 소득이 4,000만 원이면 나머지 부족분 2,000만 원 중 절반인 1,000만 원을 국가로부터 받는 것입니다. 소득이 2,000만 원이면 부족분 4,000만 원의 절반인 2,000만 원을 안심소득으로 받는 것이지요. 아무 소득이 없으면 6,000만 원의 절반인 3,000만 원을 받게 되는 것이고요.

일을 안 할수록 안심소득액이 늘어나기 때문에 근로의욕을 떨어뜨릴 수 있다는 게 결정적인 단점입니다. 복지-고용-경제의 선순환 구조에서는 '일'이 핵심이고 국가 찬스 복지에서도 교육과 직업능력 배양을 중시하는데 안심소득은 그런 철학과는 거리가 있지요.

원희룡 근로장려금Earned Income Tax Credit도 일하는 사람이 국가로부터 보너스를 받는 개념 아닙니까? 예를 들면 근로자의 경우 연말정산을 통해 소득을 공제받는 방식이지만 소득이 낮은 계층에게는 부족한 부분에 대해 국가가 메워주는 것이니까요. 선진국에서는 대부분 이 방식을 택하는 것으로 아는데요. 차이점은 역시 근로유인 효과인가요?

양재진 네. 맞습니다. 안심소득과 근로장려금의 가장 큰 차이점은 근로 유인효과에 있습니다. 안심소득은 소득과 연계해 보너스를 지급하는데요. 근로하지 않거나 소득이 낮을 때 더 많은 소득이 보장되거든요. 하지만 근로장려금은 근로해야 받을 수 있고 근로소득이 늘어남에 따라 국가로부터 받는 보너스가 늘어나도록 설계돼 있기 때문에 근로유인 효과가 훨씬 크지요

원희룡 하지만 안심소득 지지자들은 근로유인 효과가 크다고

주장하던데요?

양재진 안심소득의 근로유인 효과가 인정되는 것은 '국민기초생활보장과 비교했을 때'라는 단서조항에서만 성립 가능합니다. 둘 다 소득기준선 이하 모자란 만큼 채워주는 보충 급여로 열심히 일해 소득이 추가되면 추가되는 만큼 복지급여가 깎이는 구조입니다. 그런데 현행 기초생활보장제도는 소득의 30%를, 안심소득은 소득의 50%를 눈감아줍니다. 기초생활보장제도에 비해 안심소득의 복지급여 삭감 정도가 상대적으로 약한 거죠. 저는 안심소득제도를 새로 도입할 필요 없이 지금의 기초생활보장제도의 공제를 70%에서 50%로 낮출 것을 제안합니다. 둘 다 보충급여이고 세율만 차이가 납니다. 따라서 세율만 조정하면 동일한 효과가 나타날 수 있거든요. 소득기준선을 유럽 수준인 중위소득 50% 정도로 하고요. 서울시 안심소득의 중위소득 기준, 즉 4인 가구 기준 연 6,000만 원은 너무 높다고 봅니다.

원희룡 아무리 좋은 제도라도 부작용이 있을 수 있고 수혜자와 피해자가 발생할 수 있습니다. 아무리 정밀하게 설계된 사회보험제도라고 해도 전체 국민과 모든 계층을 완전하게 커버할 수 없고요. 그래서 저는 괜찮은 일자리를 만들어낼 수 있게 경제에 활력을 불어넣고 시민들의 직업능력을 공적으로 배양해주고, 사회보험이 잘 작동하도록 개혁하고, 사회보험의 사각지대에는 일반재정에서 소득 보장을 해주는 방식으로 한국형 복지국가를 만들어가고 싶습니다.

한술에 배부를 수는 없겠지요. 전 국민에게 국가 찬스가 주어지는 담대한 복지국가를 하루아침에 만들어내지는 못할 것입니다. 그러나 방향을 잘 잡고 하나둘 초석을 다져나가면 적어도 우리 청년과 자녀세대의 미래는 조금이나마 밝아질 수 있지 않을까 기대합니다. 미래를 꿈꿀 수 있는 대한민국, 내일은 좀 더 나아지리라는 희망을 줄 수 있는 그런 복지국가를 만들고 싶습니다.

양재진 작지만 강한 복지국가 대한민국의 초석을 세우시길 시민의 한 사람으로서 바라마지 않습니다. 오늘 말씀 유익했습니다. 감사합니다.

원희룡 교수님도 수고 많으셨습니다. 많이 배웠습니다. 감사합니다.

국가 찬스 4

교육

모두에게 개인별 맞춤형 교육을 제공한다

| 원희룡 - 백순근 |

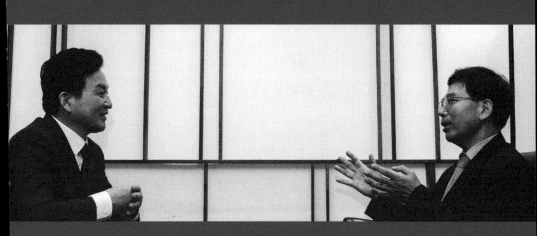

백순근

서울대학교 교육학과 교수

서울대학교 교육학과에서 학사 및 석사학위를 받았고 미국 버클리대학교UC Berkeley에서 박사학위를 받았다. 현재 서울대 교육학과 교수이다. 정부출연연구기관인 한국교육개발원 원장을 포함하여 한국교육평가학회 회장, 서울대학교 입학본부 본부장, 경제협력개발기구OECD 교육연구혁신센터CERI 운영위원, 유네스코UNESCO 한국위원회 운영위원, 대통령직속 미래기획위원회 위원, 한국학술단체총연합회 사무총장, 교육부 정책자문위원, 기재부 재정정책자문위원, 국방부 정책자문위원, KBS 객원해설위원 등을 역임했다. 1990년대에 학교 교육현장에서 수행평가를 시행할 것을 주장한 것을 시작으로 우리나라 교육의 자율화, 다양화, 전문화, 첨단화, 세계화를 위해 지속적으로 노력하고 있다.

주요 저서(편저 및 공저 포함)로는『수행평가의 원리』『일제강점기의 교육평가』『밝은 미래를 위한 교육학적 담론: 백교수의 백가지 교육 이야기』『컴퓨터를 이용한 개별적응검사』『세계화와 교육』『우리교육 어디로 가야 하나』『교육연구 및 통계분석』『교육평가의 이론과 실제』『유아연구 및 평가』『유아교육평가』등이 있다.

| 세계 최고 수준의 교육 경쟁력을 갖추자

백순근 교육 사다리의 상징인 원희룡 지사님과 교육 문제를 얘기하게 돼 매우 기쁩니다. 교육은 흔히 백년지대계百年之大計라고 할 정도로 가장 중요한 국정 과제 중 하나라고 할 수 있습니다. 개인의 입장에서 보면 교육이란 지나간 과거를 성찰하고 현재에 잘 적응하면서 다가올 미래를 준비하는, 자신에게 가장 중요한 일 중 하나라고 할 수 있습니다. 교육은 개인뿐만 아니라 지역사회와 글로벌 공동체의 유지, 성장, 발전에도 매우 중요합니다. 이러한 맥락에서 유네스코는 모든 국가가 포용적이고 공정한 양질의 교육을 보장하고 개인과 지역사회의 발전을 위해 평생학습의 기회를 확대할 것을 강조하기도 했습니다.[*]

우리나라처럼 부존자원이 거의 없는 상황에서는 세계 최고 수준의 교육 경쟁력을 갖추는 것이야말로 모든 국민이 인간다운 삶을

---

[*] 유네스코, 2015

영위하면서 지속적으로 성장하고 발전하기 위한 가장 중요한 수단이자 전략이라고 할 수 있습니다.

원희룡 최근에 전 세계적으로 중요하게 논의되는 화두 중 하나는 4차 산업혁명입니다. 인공지능, 사물인터넷, 빅데이터, 클라우드 컴퓨팅, 모바일 등 첨단 지식과 기술들이 서로 융합해 지구촌 전체를 초연결, 초지능 사회로 만들고 있기 때문입니다. 여기서 특별히 주목해야 하는 것은 인공지능입니다. 최근 들어 인공지능의 발전으로 인해 인간의 육체노동을 대체하는 것은 물론 인간의 정신노동까지 대체하는 급격한 변화가 진행되고 있습니다.

사람들이 먼 미래에나 일어날 것으로 생각했던 많은 일이 이미 우리 주변에서 일어나고 있습니다. 다만 대부분의 사람들이 그것을 체감하지 못하고 있을 따름입니다.

백순근 4차 산업혁명 시대와 함께 우리 사회가 직면한 커다란 사회문제 중 하나는 저출산·고령화 문제라고 하겠습니다. 2020년 통계청이 발표한 「2019년 출생·사망 통계」에 따르면 2019년 출생아 수는 30만 3,100명이고 여성 한 명이 평생 낳을 것으로 예상되는 출생아 수를 뜻하는 합계출산율은 0.92명으로 모두 역대 최저치를 기록했으며 2020년부터 우리나라 인구가 자연 감소하는 '인구 절벽'이 나타날 것으로 예상됐습니다.[*] 실제로 2021년 2월 24일에 발표한 통계청의 인구 동향 자료에 따르면, 2020년 신생아 수는 27만 2,400명이지만 사망자는 그보다 3만 2,700명이 많은 30만 5,100명

---

[*] 통계청, 2020

으로 최초로 인구의 자연 감소가 발생했다고 합니다.[*]

이처럼 우리 사회는 세계 최저의 출산율, 급격한 고령화, 그리고 인구의 자연 감소와 함께 노동가능인구 감소 등의 문제에 직면해 있습니다.

원희룡 이러한 급격한 시대적 변화 속에서 태어나 성장하는 미래세대를 인공지능 세대라고 할 수 있습니다. 그들에게 적합한 교육은 '인공지능 교육', 즉 인공지능을 활용해 개개인의 꿈과 비전을 실현할 수 있도록 개인별 맞춤형 교육을 실현하는 것이라고 할 수 있습니다. 새로운 시대를 맞이해 우리나라가 세계를 선도하기 위해서는 '인공지능 교육 강국'을 만들어야 한다고 생각합니다.

아울러 줄어들고 있는 유소년들을 포함해 전 국민이 자신의 잠재력을 최대한 발휘할 수 있도록 국가가 다양한 교육의 기회를 공정하게 제공해야 합니다. 자신이 원하는 것을 스스로 선택할 수 있도록 교육 기회를 보장하는 국가 찬스를 활용할 수 있도록 해야 합니다. 그래서 모든 국민이 생애주기별로 성공적인 인생 삼모작을 실현할 수 있도록 하고 청소년들에게는 진학과 취업 교육의 기회를 보장하는 '교육 안전망', 중장년들에게는 직무 교육과 전직(혹은 이직) 교육의 기회를 보장하는 '일자리 안전망', 그리고 퇴직한 어르신들에게는 건강과 평안한 노후 생활을 위한 노인 교육의 기회를 제공하는 '노후 안전망'을 제공해야 할 것입니다.

백순근 이러한 시대적인 상황을 고려하면서 새로운 교육 패러

---

[*] 통계청, 2021

다임을 '인공지능AI 교육'과 '국가 찬스를 통한 공정한 기회 보장', 그리고 생애주기별로 '성공적인 인생 삼모작을 위한 3대 안전망 제공'이라는 큰 그림을 염두에 두고 '부모 찬스'에 의한 국민 상호 간의 배타적 경쟁이 아니라 '국가 찬스'를 통한 상생과 협력을 강조하면서 영유아 교육부터 노인 교육에 이르기까지 앞으로 연령대별과 학교별로 개선하거나 개혁해야 할 중요한 교육 과제들에 대해 차례대로 함께 논의하면 좋을 듯합니다.

| 영유아 교육 부담을 줄여야 출산율이 올라간다

백순근 우리나라는 세계 최저 수준의 출산율로 영유아의 숫자가 계속 줄어들고 있습니다. 저나 지사님이 태어났던 1960년대에는 해마다 약 100만 명의 신생아가 출생했습니다. 하지만 이제는 30만 명대도 아닌 20만 명대가 됐습니다. 이러한 상황이 만들어진 저변에는 아이를 키우기 어려운 현실이 자리잡고 있습니다. 특히 맞벌이 부부의 경우 일과 육아를 함께하기 어려운 것이 가장 큰 이유라고 생각합니다. 지난 10여 년간 정부는 보육료 지원이나 양육수당 지급 등을 통해 부모들의 경제적 부담을 덜어주고자 했고 어린이집 보육 서비스 질을 높이기 위해 노력해왔습니다.

그런데도 여전히 맞벌이 부부는 아이의 하원 시간에 맞춰 퇴근하다 보니 눈칫밥이 쌓이고 가정양육에서도 갑작스러운 돌봄이 필요할 때 발을 동동 굴러야 합니다. "한 아이를 키우려면 온 마을이 필요하다."라는 아프리카 나이지리아의 속담도 있듯이 아이 키우는 것을 모두 그 가정의 노력에만 맡길 수 없는 상황이라는 생각이 듭니다.

원희룡 과거에는 대가족제도라 가족 내 돌봄만으로도 아이를 키우는 데 충분했습니다. 하지만 이제는 다른 누군가의 시간과 관심을 전부 투입하지 않으면 육아가 어렵습니다. 저는 장모님 찬스로 저희 두 딸을 키웠는데요. 30년 전에는 드물었지만 요즘은 황혼육아로 고생하는 어르신들이 정말 많이 계십니다. 가정에서 아이를 직접 키우는 부모도 독박육아로 힘들긴 마찬가지입니다. 그래서 저는 말씀하신 아프리카 나이지리아 속담처럼 보육 문제 또는 양육 부담을 지역사회가 함께 해결하면 그 짐을 덜 수 있다고 생각합니다.

제주도에서는 이미 성공한 프로그램입니다만, 수눌음육아나눔터와 수눌음돌봄공동체를 운영하고 있습니다. 수눌음은 '서로 돕는다.'라는 뜻의 제주어입니다. 수눌음육아나눔터는 아파트 커뮤니티센터나 마을도서관 등 지역사회 공동공간에서 공동육아프로그램을 운영하는 것입니다. 2021년 기준 제주도에서 42개소가 운영 중입니다. 돌봄공동체는 5가족 이상으로 구성된 공동육아모임을 지원해주는 제도인데 현재 제주도에서 68개 팀이 운영 중입니다. 제주도의 학부모들 사이에서는 육아나눔터와 돌봄공동체에 대한 반응이 매우 뜨겁습니다. 엄마들이 독박육아 부담을 해결하고 육아에 대한 두려움도 줄일 뿐 아니라 긴급돌봄 등 의지할 곳이 있어 안도감을 느낀다고 합니다.

백순근 전국으로 확산시킬 만한 아주 좋은 사례라는 생각이 듭니다. 그래도 여전히 보육시설을 이용해야 하는 영유아들이 훨씬 많기 때문에 저는 어린이집의 보육 환경과 보육 서비스 질을 높이는 것이 매우 중요하다고 생각합니다. 최근의 어린이집 교사가 아이들을 학대했다는 등의 언론 기사들을 보면 가슴이 철렁 내려앉는 것 같습니다. 보육교사 양성 과정에서 제대로 필터링하지 못하는 시스템의 허점도 있지만 보육교사의 근무환경이나 처우에 대한 문제도 제기되고 있습니다. 과거에는 안전사고나 부실 급식 등의 보육 환경적 요소에서 논란이 있었다면 요즘은 어린이집 원장과 교사를 둘러싼 이슈가 문제가 되는 것 같습니다.

원희룡 부모도 보육 서비스의 질이 높아야 아이를 안심하고 맡길 수 있습니다. 보육의 질은 교사와 아이 사이의 긴밀한 상호작용에 달려 있습니다. 그런데 어린이집을 들여다보면 이러한 상호작용이 충분히 이루어질 여건이 안 됩니다. 어린아이들은 성장 속도와 성격 등에 따라 먹는 습관이나 학습 수준이 제각각입니다. 그러다 보니 교사는 아이 한 명 한 명을 맞춤형으로 돌보기가 쉽지 않습니다. 그래서 일각에서 주장돼 왔듯이 저도 교사 한 명이 돌봐야 할 아동 수를 좀 더 줄여야 한다고 생각합니다. 현재 만 0세 반은 아이 3인당 교사 한 명, 만 3세 반은 아이 15인당 교사 한 명으로 알고 있습니다.

백순근 네. 보건복지부의 '2021년도 보육사업 안내'에도 그렇게 제시돼 있습니다.

원희룡 네. 이 비율을 낮추어 만 0세 반은 아이 2인당 교사 한 명, 만 3세 반은 아이 10인당 교사 한 명으로 조정하고 아이가 지널 물리적 보육 공간도 좀 더 넓히는 방향을 고려해야 합니다. 또한 보육교사가 행복하고 자긍심이 있어야 아이들에 대한 사랑이 넘치고 관심도 기울여서 잘 돌볼 수 있을 것입니다. 그래서 보육교사 처우개선이 정말 중요합니다. 우선 보육교사 급여를 개선해야 하고 대체인력을 지원해 연차나 휴가의 사용 그리고 역량개발 참여 등을 할 수 있어야 합니다. 이는 '보육의 질이 보육교사의 질을 넘어설 수 없다.'라는 의미와도 일맥상통하는 것입니다.

아울러 저는 보육교사 문제와 함께 육아휴직제도 역시 제도의 확대와 법제화 등을 통해 개선해야 한다고 생각합니다. 육아휴직제도 활용이 공무원이나 일부 대기업 말고는 아직까지 쉽지 않습니다. 복귀 후에도 인사 등 불이익 걱정으로 중소기업을 비롯한 대부분의 일터에서는 그림의 떡입니다. 육아휴직 제도의 확대와 법제화 등을 통해서 독박육아나 경력단절 부담을 줄여야 합니다. 사회적으로는 부모보험제도와 같은 것을 새롭게 도입해서 육아에 대한 경제적, 사회적 지원을 획기적으로 늘려야 합니다. 그렇게 함으로써 부모 찬스가 아닌 국가 찬스를 사용할 수 있도록 해야 한다고 생각합니다.

| 영유아 돌봄뿐 아니라 초등 돌봄도 개선해야 한다

백순근 앞서 언급하신 영유아 돌봄도 문제이지만 초등학생들에 대한 돌봄도 심각한 문제라고 할 수 있습니다. 특히 코로나19로 비대면 수업이 많아지면서 학생들이 가정에 머무는 시간이 많아졌습니다. 그러면서 학부모들에게는 돌봄 문제가 매우 심각한 문제로

떠오르게 됐습니다. 그럼에도 교육 당국에서는 코로나19 평계만 댈 뿐 마땅한 대책을 세우고 있지 못하는 것 같습니다.

원희룡 초등학생은 여전히 돌봄이 매우 필요한 시기라고 생각합니다. 부모가 맞벌이인 경우 퇴근 시간까지 아이를 학원으로 보내는데 공부도 공부지만 돌봄 때문에 어쩔 수 없는 경우가 많습니다. 그런데 코로나19로 초등학교 돌봄교실과 학원이 문을 닫게 되고 아이들은 꼼짝없이 집안에 갇히는 신세가 돼버렸습니다. 집에는 아이들만 있는 상황이고 원격수업도 여러 한계가 있고요. 사실상 아이들의 돌봄, 교우관계, 학교에서 배울 기본소양 교육이 거의 이루어지지 못했습니다.

선생님은 선생님대로 출결 확인, 숙제 확인, 원격수업 자료 만들기 등으로 고군분투하고 부모님들은 부모님대로 아이가 게임이나 유튜브 등에 빠지지 않을까 끼니는 잘 챙겨 먹나 걱정이 태산이었습니다. 이렇게 학교와 교사, 학부모, 학생이 힘겹게 버티는 동안 교육부는 무엇을 했습니까? 개학 시기 연장, 등교 여부 발표, 등교와 원격의 학생 비율 결정 등 숫자에만 매달렸습니다.

백순근 학부모님들은 학교나 지방자치단체 등에서 제공하는 초등돌봄에 대해 단순한 돌봄을 넘어 교과별 예습과 복습과 같은 간단한 교과교육 지도도 병행해주기를 요구하고 있습니다. 하지만 현재 이에 대한 배려가 거의 이루어지지 않는 상황이라 무척 안타깝습니다. 초등돌봄 안에서 간간이 교과교육도 함께 진행돼야 부모들의 만족도도 높아지고 사교육비도 줄일 수 있을 것 같습니다.

원희룡 놀이가 학습이듯이 돌봄 안에 교육이 포함됐으면 합니다. 이때 교육은 엄청난 선행학습을 한다는 게 아니라 아이가 배운 내용을 스스로 정리하고 그다음 단계로 나아갈 준비가 되도록 돕는 정도면 충분합니다. 그런 학습 습관이 궁극적으로 자기주도 학습에 이르게 되고 사고력을 확장시키는 과정이 될 것입니다. 흔히 교육을 지식의 전달이라고 착각하는데요. 제가 생각하는 교육은 학생이 무언가를 배울 수 있도록 준비시키고 호기심이 이끄는 데로 찾아가게끔 만드는 것입니다. 자신이 하고 싶은 일에 한 걸음 한 걸음 더 가까이 가도록 돕는 거죠.

현재 초등돌봄을 받는 아이는 교실 밖에는 거의 나가지 못하고 20여 명이 작은 교실 안에서만 지내야 한답니다. 혹여 사고라도 발생하면 학교장과 돌봄교사의 책임이 되기 때문인데요. 결국 답답함을 느끼는 아이와 학습지도에 아쉬움을 느끼는 학부모는 학원을 찾아가게 됩니다. 그래서 저는 초등돌봄이 꼭 학교 내 공간으로 한정될 필요는 없다고 봅니다. 학교나 집주변의 배움 공간에서 자기주도학습을 이끌어줄 좋은 분이 계신다면 돌봄교사로 등록하고 부모들에게는 돌봄바우처를 지원해서 자유롭게 이용하도록 하자는 거죠. 이런 방식도 초등돌봄의 취지를 살릴 수 있는 좋은 방안이 아닐까요?

백순근 아주 좋은 아이디어라고 생각합니다. 학생들의 자기주도적 학습을 강조하는 프랑스의 경우, 초등학교는 수요일에 수업이 없습니다. 그래서 매주 수요일마다 네다섯 가정의 학부모들이 교대로 자녀들 돌봄 품앗이를 하는 때가 많습니다. 함께 박물관도 가고 미술관도 가고 체험학습장도 가면서 학교 이외의 다양한 공간에서 배움을 체험하고 또 자기주도학습 능력도 키우고 있습니다. 이러한 사례는 자녀 교육을 위해 이웃이 서로 협력하는 경우라고 할 수 있습니다. 그런데 이러한 방식을 포함해서 조금 전에 말씀하신 돌봄바우처 등을 활용해 집 가까이에 있는 돌봄교사의 도움을 받아 아이들이 다양한 학습 경험을 체험하도록 하면 좋을 것 같습니다.

| 국가가 초중고 학생들의 기초학력을 보장해야 한다

백순근 최근 우리나라 초중고 학생들의 기초학력에 심각한 문제가 있습니다. 기초학력 미달자 수가 지속적으로 늘어나는 증거가 국내의 학업성취도 평가 결과에서뿐만 아니라 경제협력개발기구에서 주관하는 국제학업성취도 평가 결과에서도 확인됩니다. 예컨대 교육부는 2020년 국가 수준 학업성취도 평가 결과 수학교과 기초학력 미달자가 중3은 13.4%, 고2는 13.5%에 이른다고 발표한 바 있습니다.* 그 이유는 현재 상당히 많은 학생에게 지속적으로 '누적된 기초학력 결손'이 나타나고 있고 기초학력미달 학생들의 개인적인 특성(학습 동기나 의지 부족 등)과 함께 열악한 가정환경(경제적인 어려움이나 가정불화 등)과 같은 여러 가지 요인들이 복합적으로 작용하고 있기 때문입니다.

이러한 현상에 대해 교육 당국에서도 문제의 심각성을 인식하고

---

* 교육부 2021. 6. 1 보도자료

초중고의 모든 학생을 대상으로 기초학력 보장의 중요성을 강조하면서 '학습종합클리닉센터'를 설립하는 등 정책적으로 다양한 노력을 기울이고 있습니다. 그러나 행·재정적인 지원이 부족해 그저 단순한 구호에 그치는 경우가 많고 일선 학교에서는 모든 학생의 기초학력을 보장하고자 하는 의지나 책임 의식이 부족한 탓에 실효성이 거의 없는 상황입니다.

원희룡 기초학력 보장은 공교육의 기본적인 책무입니다. 국가가 무한 책임을 져야 합니다. 말씀대로 기초학력 결손이 계속 누적되다 보면, 눈덩이 효과로 인해 학년이 올라가면서 점점 학업 포기자들이 늘어날 위험이 큽니다. 학업을 포기한다는 것은 성적만의 문제가 아닙니다. 앞으로 어떤 일을 성취하고픈 성취동기의 저하 혹은 도전 자체에 대한 포기로 이어질 수 있어요. 우리 사회를 이끌어갈 주체가 되는 것에 대한 포기를 암시하는 것입니다. 그 심각성이 정말 크죠. 따라서 국가는 기초학력 미달자 증가 현상을 매우 심각하게 받아들여야 합니다. 기초학력 수준을 국가가 보장하지 못하면 나중에는 더욱 심각한 사회적 비용을 지불하게 될 것입니다.

백순근 문재인 정부에서 학교교육은 인성이나 창의성이 강조되는 반면, 기초학력을 포함한 학업성취도는 상대적으로 경시되는 것 같습니다. 그렇다고 인성이나 창의성 교육이 잘되는 것도 아닙니다. 학생들의 학업성취도 수준을 진단하기 위한 국가 수준의 학업성취도 평가는 1986년에 처음 도입됐는데 과목별 성취 수준을 점검하고 이를 개인별 맞춤형 교육을 위한 기초자료로 활용하려는 취지였습니다. 하지만 일부 교원단체 등이 학교 서열화, 학생 줄

세우기, 지나친 경쟁주의를 내세우며 국가 수준의 학업성취도 평가를 계속 반대해왔습니다.

그럼에도 오랫동안 초등학교 6학년, 중학교 3학년, 고등학교 2학년 전체 학생을 대상으로 학업성취도를 지속적으로 평가해왔습니다. 그런데 문재인 정부에서는 중학교 3학년과 고등학교 2학년의 3% 내외, 즉 매우 제한된 숫자의 학생들만을 대상으로 평가하는 표집평가로 바꾸어버렸습니다. 이는 전 국민의 3%만을 대상으로 건강검진을 하면서 모든 국민의 건강을 보장하겠다고 하는 것과 같은 어불성설입니다. 또한 기초학력 부진 문제를 해결하고자 국회에서 기초학력보장법이 여러 차례 발의됐지만 일부 교원단체 등이 지속적으로 반대하고 있어서 성사되지 못하고 있는 실정입니다. 이러한 일들은 개인과 국가 모두를 위해 조속히 시정해야 할 사항들이라고 생각합니다.

원희룡 교육 당국이 해야 할 가장 중요한 일이 '모든 학생의 기초학력을 보장해' 학생 개개인의 꿈과 비전을 실현할 수 있도록 지원하는 것입니다. 국가는 모든 학생의 '기초학력 보장'을 위해 최선을 다해야 합니다. 그러기 위해 저는 기초학력 수준 보장정책을 적극적으로 시행해야 한다고 생각합니다. 먼저 초중고 모든 학생을 수시로 진단하고 그 결과에 따라 개인별 맞춤형 교육을 시행할 수 있도록 종합적이면서도 전문적인 지원 시스템을 구축하는 것입니다. 그러면 국가 수준의 학업성취도 평가를 진행하느니 마느니 하는 논란도 굳이 필요 없어지겠죠.

예컨대 최첨단 인공지능 기법 등을 활용해 개인별 맞춤형 교육을 위한 다양한 진단과 맞춤형 교육프로그램을 개발하고 운영하는 것입니다. 아울러 초기 단계에 적절한 조치가 미흡하면 학년이 올라갈수록 기초학력 미달자 비율이 높아지게 되므로 사전 예방 조치를 적극적으로 시행해야 합니다. 특히 학생의 기초학력 진단 결과와 맞춤형 교육 진행 상황 등을 보호자에게 알리고 가정학습과 생활 태도 등과 연계할 수 있도록 해야 합니다. 이처럼 모든 학생의 기초학력을 보장하기 위해서 학교, 가정, 나아가 지역사회와 인근의 대학 등도 함께 힘을 모아 서로 긴밀하게 협력할 필요도 있습니다. 한 아이를 키우려면 온 마을이 필요하다고 하셨는데요. 저는 한 아이를 키우기 위해 한 나라가 통째로 힘을 쏟아야 하지 않을까 생각합니다.

백순근 특히 코로나19로 인해 부모의 직접적인 돌봄을 받을 수 있는 가정이냐에 따라, 자기주도 학습에 익숙한 정도에 따라, 사교육을 받을 수 있는 경제력에 따라, 그리고 대도시와 농어촌지역 어디에 사느냐에 따라 학력의 양극화가 더 심해지고 있습니다. 특히 도서벽지의 아이들이나 저소득층 가정 또는 다문화 가정 아이들 등 취약계층의 학습 여건이 상대적으로 더욱 열악해짐으로 인해 이러한 학생 중 기초학력 미달자의 비율이 더욱 증가하는 것으로 파악되고 있습니다.

원희룡 저도 전적으로 동감합니다. 그래서 제주도에서는 학력 격차, 교육 격차, 디지털 교육 불평등을 해결하기 위해 '인공지능 활용 스마트 학습 시범사업'을 추진했습니다. 2021년 4월부터 제주도 도와 읍면 지역에 위치한 초등학교 분교 6개의 140명 학생에게 스마트 학습기인 인공지능 튜터를 지원했습니다. 실제로 정식수업 시간이나 방과후교육 프로그램에 활용되고 집에 갖고 가서 복습과 예습용으로도 사용하고 있습니다. 인공지능 튜터에는 교과 내용뿐만 아니라 독서교육, 인문학 콘텐츠, 창의성 콘텐츠까지 담겨 도서 지역 아이들의 교육 접근성 부족을 채워주고 있습니다.

백순근 4차 산업혁명 시대에 어울리는 아주 중요한 일을 하고 계시는 것 같습니다. 학교 현장의 교사들이 인공지능 튜터 도입에 대해 어떤 반응을 보였는지 매우 궁금합니다. 그리고 혹시 다른 교육청이나 지자체에서도 비슷한 사례가 있는지도 궁금합니다.

원희룡 2021년 6월 초에 제가 인공지능 활용 스마트 학습 시범 사업을 수행하는 어느 초등학교 분교에 직접 다녀왔습니다. 사실 학생들과 선생님들의 반응이 매우 궁금했습니다. 수업 시간에 학생들이 각자의 인공지능 튜터 기기를 사용하고 있었는데요. 선생님이 저를 보고 웃으시면서 "아이들이 저보다 인공지능 선생님을 더 좋아하는 거 같습니다."라고 하시더라고요. 그만큼 아이들이 인공지능 튜터를 친숙하게 대하고 인공지능 튜터 활용으로 공부에 흥미를 느낀다는 뜻으로 생각됩니다. 선생님에게 제공된 인공지능 튜터에는 대쉬보드가 있는데요. 개별 학생들이 어디까지 공부했고 무엇을 잘 이해하는지 혹은 못 하는지 등을 한눈에 볼 수 있습니다. 그런 정보는 선생님들이 다음 수업을 진행할 때 매우 도움이 되겠지요.

또 다른 분교의 어떤 선생님은 수업을 잘 따라가지 못하는 학생이 있어서 방과 후에 그 학생에게 취약한 부분을 계속 설명해주셨답니다. 그러나 그 학생이 인공지능 튜터에 익숙해진다면 선생님은 수고를 조금 덜 수 있고 학습 부진 학생도 학습효과가 높아질 수 있겠다며 매우 반기셨다고 들었습니다. 그리고 다른 지자체에도 비슷한 사례가 있는지 궁금해하셨는데요. 자랑 같지만 이렇게 정식 교육기관인 초등학교에 인공지능 튜터를 지원하는 사례는 제주도가 처음입니다.

그리고 제주도 내 취약계층 초중고 청소년들의 학습 지원을 위한 꿈바당교육사업을 진행하고 있습니다. 원하는 학생들에게 인공지능 튜터를 지급하고 멘토까지 매칭시켜 주고 있습니다. 저는 지자체 차원에서 어려운 환경에 있는 교육 취약계층에 우선적으로 인공지능 튜터를 도입하는 것이 교육의 형평성과 교육복지 측면에서 매우 바람직하다고 생각합니다.

백순근 인공지능 튜터를 도입하면 학력 격차를 줄이는 것뿐만 아니라 개인별 맞춤형 학습 지원도 가능합니다. 따라서 전국적으로 확산시킬 필요가 있습니다. 비록 학급당 학생 수가 많이 줄기는 했지만 학교에서 수준별 수업을 하기에는 여전히 힘들고 교사가 학생 한 명 한 명의 부족한 부분을 일일이 파악해서 보완해주기도 현실적으로 매우 어렵기 때문입니다. 부모들이 자녀를 학원에 보내는 이유도 아이의 학습 수준을 정확하게 확인하고 거기에 맞춰 교육을 받도록 하려는 뜻도 있다고 생각합니다.

원희룡 요즘은 초등학교에 성적을 내기 위한 시험이 없어서 시험 스트레스를 받지 않아 좋기는 합니다. 그런데 실력평가가 제대로 안 되니 학생 스스로 자신이 무엇을 알고 모르는지에 대한 객관적인 자료가 없습니다. 하지만 인공지능 튜터를 활용하면 수준별 맞춤형 평가와 교육이 충분히 가능합니다. 지금도 인공지능 튜터를 활용해 그러한 것들을 실현해볼 수 있습니다.

예를 들어 학생이 10문제를 풀었다면, 인공지능이 나머지 40문제의 정답과 오답을 예측할 수 있습니다. 그렇게 무엇을 이해 못 하는지 알았으니 그다음엔 계속 뒤를 추적하면서 근원을 찾아내는 겁니다. 그리고 인공지능이 부족한 부분만 모아 집중적으로 학습하도록 함으로써 짧은 시간 내에 학습 성취를 끌어올립니다. 결국 인공지능 튜터가 맞춤형 학습과 더불어 학교 학습의 효율성을 높이고 나아가 사교육 학원의 역할까지도 대신할 수 있다고 봅니다.

|전 국민을 대상으로 디지털 문해력 교육을 강화한다

백순근 4차 산업혁명 시대, 인공지능 시대, 디지털 대전환 시대를 맞이해 과거와 현재에 존재하지도 않는 많은 새로운 직업들이 지속적으로 생겨날 것으로 예상됩니다. 아울러 국경 없는 무한 경쟁의 세계화 시대와 디지털 대전환 시대를 맞이해 누구나 디지털 기기들을 활용하고 컴퓨터 알고리즘 등을 활용해 운영 시스템을 개발하고 기기들과 소통할 수 있는 능력이 생존을 위한 필수 조건이 됐습니다. 그래서 청소년들을 포함해 전 국민을 대상으로 코딩 교육을 포함해 디지털 문해력digital literacy 혹은 인공지능 문해력을 증진할 필요가 있습니다.

원희룡 제가 알기로 코딩은 컴퓨터 언어로 프로그램을 만드는 것입니다. 알고리즘, 인공지능, 빅데이터 모두 코딩으로 구현됩니다. 그야말로 코딩은 디지털 시대에 있어 제2의 영어와 같은 존재입니다. 그래서 정부도 2018년부터 학교 정규교육과정에 코딩 교육을 필수과정으로 신설했습니다. 사실 제가 있는 제주는 그보다 앞선 2016년부터 전국 지자체 최초로 '제주로 온 코딩' 사업으로 코딩 교육을 했습니다. 지금도 초중고 방과 후 아카데미를 통한 코딩 교육이나 코딩 교육 강사 양성을 활발히 하고 있습니다.

초중고 학생들은 인공지능과 더불어 살아갈 미래세대입니다. 학교에서 일찍부터 인공지능을 포함한 디지털 기기들을 경험하게 해야 한다고 생각했습니다. 단순 프로그램 설계나 획일적 코딩이 아니라 퍼즐이나 블록 맞추기 등 게임 방식을 이용해 컴퓨터와 대화하면서 프로그램을 만드는 것입니다. 예컨대 먼저 문제해결을 위해 블록을 어떻게 나열할지 상상하도록 합니다. 여기서 블록은 컴퓨터 프로그램을 작성하는 명령어의 집합인데요. 이 블록들을 하나씩 논리적으로 맞춰나가도록 하는 코딩프로그램 작업을 하도록 하는 겁니다. 그다음 작업한 것을 직접 실행해보면서 오류를 수정해 원하는 결과가 나타나도록 컴퓨터 프로그램을 완성해나가게 됩니다. 이러한 코딩 프로그램 작업을 통해 코딩 실력은 물론 상상력과 논리력도 키워나갈 수 있습니다.

백순근 전적으로 동감합니다. 제가 학생들에게 항상 강조하는 것 중 하나는 세계 수준의 글로벌 창의·융합 인재로 성장하기 위해서는 세 가지 유형의 의사소통 역량을 키우는 것이 중요하다는 것입니다. 즉 첫째는 모국어를 활용한 내국인들과의 의사소통 역량입니다. 둘째는 외국어를 활용한 외국인들과의 의사소통 역량입

니다. 셋째는 컴퓨터 언어를 활용한 인공지능을 포함한 각종 디지털 기기들과의 의사소통 역량입니다. 결국 다가올 미래는 소통과 협력이 중요합니다. 내국인과 외국인은 물론 인공지능을 포함한 각종 디지털 기기들과의 소통과 협력도 반드시 강조할 필요가 있다고 생각합니다.

원희룡 세 가지 유형의 의사소통 역량으로 구분하니까 이해하기 쉬운 것 같습니다. 디지털 문해력이라고 하면 어렵게 생각하거나 두려워하는 분들이 계시는데요. 우리가 타인과 의사소통하는데 상대방 가족이나 과거 역사 등 모든 것을 알아야 하는 것이 아니잖아요. 우리가 TV를 보기 위해 TV의 각종 부품이나 각각의 기능에 대해 모든 것을 알아야 하는 것도 아니고요.

마찬가집니다. 디지털 문해력도 인공지능을 포함한 각종 디지털 기기들을 자신이 필요할 때 잘 활용할 수 있으면 되는 것입니다. 새로운 디지털 기기를 만들거나 디자인하기 위해서는 고급 지식이나 기술이 필요합니다. 하지만 일반적으로 의사소통을 하기 위해서는 간단한 지식이나 기술만 습득하면 됩니다. 디지털 대전환의 격변 시대에 모든 국민이 디지털 문해력을 증진함으로써 인공지능을 포함한 디지털 기기들을 잘 활용할 수 있도록 국가 찬스를 제공할 필요가 있습니다.

|사교육이 필요 없도록 공교육의 질을 높여야 한다

백순근 우리나라에서는 학부모 노릇을 하기가 정말 힘들다는 한탄을 자주 들을 수 있습니다. 특히 자녀교육을 위한 사교육비가 너무 많이 들어가서 자녀 키우기도 힘들지만 그러다 보니 노후 준비를 전혀 할 수가 없다는 것입니다. 학교 공부만으로도 충분히 자신이 원하는 것을 배울 수 있고 또 원하는 대학, 원하는 학과에 진학할 수 있다면 누가 굳이 자녀를 사교육 기관에 보내려고 그 많은 희생을 감내하겠습니까? 학부모가 부담해야 하는 사교육비를 낮추면서 동시에 노후 준비 문제를 해결하기 위해서는 기본적으로 공교육의 질과 효과를 높여야 합니다.

원희룡 네. 맞습니다. 인공지능 시대를 맞이해 인공지능을 교실에 적극적으로 도입하면 개인별 맞춤형 교육을 앞당겨 실현할 수 있습니다. 좋은 대학을 가기 위한 경쟁 자체를 없앨 수는 없겠죠. 그렇다면 부모의 격차, 사교육 격차가 입시를 결정하지 않도록 공교육의 질을 더욱 높이고 공교육의 효과를 높여야 합니다. 이것은 국가의 책임입니다. 부모가 아이에 대한 교육의 권한을 국가에 넘겼으니 국가가 교육의 책무를 다해야 합니다. 아이들이 바라고 부모가 요구하는 교육을 공교육이 못 해주고 있습니다. 그러다 보니 부모들이 각자도생의 몸부림으로 사교육 시장에 달려가야 하는 상황이 된 것죠.

이 기막힌 상황을 바꿔야 합니다. 공교육에 들어가는 어마어마한 자원에도 불구하고 사교육 시장이 커지기만 하는 것은 잘못돼도 한참 잘못된 겁니다. 이제부터라도 '부모 찬스'가 아닌 '국가 찬스'를 통해 자기가 하고 싶은 공부를 하고 원하는 대학, 원하는 학과에 갈 수 있도록 해야 합니다.

백순근 공교육의 질을 높이는 방안 중 하나로 단위 학교와 대학의 자율성을 높여야 한다고 생각합니다. 지방교육자치제를 위해 교육감 직선제를 도입한 결과 교육감의 자율성은 다소 높아진 측면이 있습니다. 하지만 단위 학교나 대학에 대한 교육청이나 국가의 통제는 더 심해졌다고 해도 과언이 아닙니다. 우리나라 초중등교육의 경우 일제 강점기 때부터 지금까지 교육부를 정점으로 해서 교육부-시·도교육청-지역교육지원청-학교로 이어지는 상명하달식 통제 위주의 관치 교육이 이어지고 있습니다.

전 세계적으로 교육부가 대학에 대해 이래라저래라하는 나라는 거의 없습니다. 그런데 최근 들어 그 어느 때보다도 대학에 대한 교육부의 간섭이나 통제가 더욱 심해지고 있습니다. 학교와 대학 교육의 질을 높이기 위해서는 기본적으로 '자율과 책임'에 바탕을 두어야 함에도 '타율과 무책임과 행정편의주의적인 무사안일'이 횡행하는 듯합니다.

원희룡 학교와 대학 교육의 질을 높이기 위해서는 '자율과 책임'에 바탕을 두어야 한다는 말씀에 공감합니다. 사람도 시키는 대로만 하는 일과 자기 책임하에 스스로 하는 일의 결과가 천지 차이잖아요. 교육은 기본적으로 미래지향적이고 창조적인 활동이기에 자율과 책임이 더욱 강조돼야 하는데 '간섭과 통제' 위주의 관치로는 성과를 기대할 수 없습니다. 4차 산업혁명 시대를 맞이해 학교와 대학의 자율성을 높이기 위한 적극적인 조치가 꼭 필요합니다.

예컨대 교육부의 업무나 기능을 대폭 줄여서 시·도교육청으로 위임하고 시·도교육청에서도 지역교육지원청의 업무나 기능을 대폭 줄이거나 없애 단위 학교의 자율성을 대폭 늘려야 합니다. 아울러 교육부의 대학 관련 업무나 기능을 대폭 줄이거나 없애는 대신 개별 대학의 자율성을 대폭 늘려야 합니다. 그렇게 하는 것이 헌법 제31조 4항 '교육의 자주성·전문성·정치적 중립성 및 대학의 자율성은 법률이 정하는 바에 의하여 보장된다.'라고 하는 취지에 맞죠. 우리나라의 경우 평생교육은 지자체가 주관하고 초중고 교육은 시도교육청이 주관하게 되면서 교육부가 고등교육에 주력하는 경향이 있었습니다.

그런데 세계 어느 나라를 보더라도 행정부 관료가 대학 교육 문제에 관여하는 일은 찾아보기 어렵습니다. 대학 지원 이외의 대학 관련 업무는 대학 자율에 맡기고 있지요. 따라서 우리나라 역시 단위 학교와 대학의 자율적 책임경영체제를 강화하는 대신 해당 기관의 교육의 질과 성과 등에 대해서는 스스로 책임을 지도록 해야 할 것입니다. 전문성이 부족한 관료가 전문가를 통제하는 황당한 일은 그만 멈춰야 합니다.

| '나 홀로' 공부가 아닌 팀워크와 협력학습이 중요하다

백순근 인공지능 시대에는 나 홀로 하는 공부보다 여러 사람이 함께하는 팀워크와 협력학습이 중요합니다. 개인의 역량보다 집단의 역량(집단 지성, 집단 창의성 등)이 더욱 중요하다고 하겠습니다. 『논어』「옹야편」에 '지지자불여호지자知之者不如好之子, 호지자불여락지자好之者不如樂之者'라는 말이 나옵니다. 아는 것은 좋아하는 것만 못하고 좋아하는 것은 즐기는 것만 못하다는 뜻인데요. 이는 개인과 공동체의 유지와 발전을 위해서는 학습자로 하여금 교육 내용을 알도록 하는 것보다 스스로 좋아하도록 하는 것이 더 좋고, 나 홀로 좋아하는 것보다 여러 사람이 함께 즐기도록 하는 것이 더 바람직하다는 것을 강조한 것이라고 할 수 있습니다.

원희룡 옳은 말씀입니다. 그리고 인공지능 세대를 위한 교육 개혁 방향은 '인공지능 기반 교육' 혹은 '인공지능 활용 교육'과 같이 기본적으로 최첨단 기법을 활용해 개인별 맞춤형 교육을 실현하는 것이어야 합니다. 예컨대 '종이 교과서' 대신 '디지털 자료'를 활용하거나 '종이 시험지' 대신 '디지털화된 개인별 맞춤형 검사adaptive testing'를 활용하는 거죠. 학습분석기법learning analytics 등을 활용해 학습과 평가를 유기적으로 연계하고 또 그 과정에서 가상현실이나 증강현실 등을 활용할 수 있을 겁니다. 학습 지원 인공지능이나 학습 로봇 등을 활용해 개인별 맞춤형 교육을 하는 것이지요. 그리고 지식 전달식, 암기식 학습이 아니라 지식 창출식 교육과 능동적이면서도 체험적인 학습이 가능한 학습생태계를 조성하는 것이라고 할 수 있습니다. 이렇게 되면 개인과 공동체의 배움과 학습이 조화를 이룰 수 있지 않을까 합니다.

백순근 새로운 시대를 맞이해 소위 '인공지능 교육'의 핵심 중 하나는 인공지능의 도움을 받아 개인별 맞춤형 학습과 함께 개개인이 능동적인 체험 중심의 학습을 할 수 있도록 하는 것이라고 생각합니다. 능동적인 체험 중심 학습의 중요성은 아무리 강조해도 지나치지 않습니다. 다음의 그림 〈능동적 체험 중심 학습의 중요성〉에서 강조하고 있듯이 능동적인 체험과 그런 체험을 통해 얻은

능동적 체험 중심 학습의 중요성

체험 중심의 교수 - 학습의 중요성

▶ 말로 가르치면
⇨ 잊힐 것이요.
▶ 보여주면
⇨ 기억할지도 모른다.
▶ 하지만 체험하게 하면
⇨ 확실하게 이해할 것이다.

모르는 것, 아는 것, 깨달은 것

▶ 불에 대해 들은 적 있다
⇨ 모르는 것
▶ 불을 관찰한 적이 있다
⇨ 아는 것
▶ 불을 이용해 요리를 한다
⇨ 깨달은 것

교수법에 따른 학습 효율성 피라미드

교수 방법		평균 보유율
수동적 교수법	강의	5%
	읽기	10%
	시청각	20%
	시연	30%
참여적 교수법	집단 토론	50%
	실천	75%
	가르치기	90%

(출처: National Training Laboratories. Bethel, Maine, USA, (Dale. E. (1969). *Audio-Visual Methods in teaching* (3 ed). New York: The Dryden Press. 활용)

이해와 깨달음은 학습의 효율성을 높일 뿐만 아니라 자기 주도적으로 부가가치를 창출하는 창의·융합 인재를 양성하는 데 필수적인 요건이라고 할 수 있을 것 같습니다.

원희룡 저도 공감합니다. 적극적인 참여와 체험의 중요성은 교육 현장에서뿐만 아니라 정치·경제·사회·문화 모든 분야에 적용되죠. 저도 제주도지사로서 최대한 현장을 직접 방문하기 위해 노력했습니다. 흔히 '우문현답'이라는 말을 하기도 하는데 '어리석은 질문에 현명한 답'이라는 사자성어가 아니라 '우리의 문제는 현장에 답이 있다.'라는 의미로 사용합니다. 현장을 알지 못하면 문제를 해결할 수 없습니다. 또한 국민들에게 공감을 받기도 어렵습니다. 모든 분야에서 적극적인 참여와 체험이 중요한 만큼 학교 교육 현장에서도 능동적인 참여와 체험이 당연히 강조돼야 한다고 생각합니다.

| 고교 교육의 획일화와 하향 평준화를 개선해야 한다

백순근 우리나라는 1970년대 초반부터 고등학교 평준화 정책을 추진해왔고 지금도 그 기조를 유지하고 있습니다. 그동안 우리 사회의 정치, 경제, 사회, 문화적인 상황이 급변했음에도 불구하고 고등학교 교육제도는 부분적인 조정만 있었을 뿐 거의 변하지 않았다고 해도 과언이 아닙니다. 일부에서는 우리나라 고등학교 교육을 시대 변화에 어울리지 않은 '획일화와 하향 평준화'라고 비판하기도 합니다. 이러한 문제를 부분적으로 해결하기 위해 도입한 자율형사립고등학교, 외국어고등학교, 국제중·고등학교와 같은 특수목적고등학교를 문재인 정부에서는 2025년 일괄 폐지하는 초중등교육법 시행령 개정을 이미 완료한 상태입니다.

원희룡 자사고와 특목고 폐지 조치는 백지화해야 합니다. 2001년 김대중 정부에서 수많은 공론화 과정을 거쳐 자율형사립고의 시범 실시가 이루어졌습니다. 획일적인 고교 평준화 정책의 문제점을 직시하고 극복하기 위한 대안으로 시작했죠. 김대중 정부의 이해찬 초대 교육부 장관은 "교육도 경쟁과 시장 원리에서 자유로울 수 없다."라는 발언과 함께 평준화의 문제점 보완, 고교교육의 다양화·특성화 확대, 교육의 수월성 추구, 열악한 교육 재정의 효율적 사용 등을 이유로 매우 적극적으로 자율형사립고의 도입을 추진했죠. 그 후 노무현정부에서는 자율형사립고등학교와 외국어고등학교가 더욱 확대돼 운영됐던 겁니다.

그런데 문재인 정부에서는 시대적 변화와 역행해 초기에는 특수목적고등학교의 점진적 축소를 주장하다가 급기야 전면 폐지로 급선회했는데요. 이는 미래지향적인 시대정신과 교육계의 현실을 무시한 과도한 처사라고 생각합니다.

백순근 일부에서는 자사고와 특목고를 귀족학교 또는 특권학교라고 비판하고, 고교 서열화를 조장하고 사교비를 유발한다는 이유로 폐지를 주장하기도 합니다. 하지만 이는 자사고와 특목고의 긍정적인 측면을 무시한 채 부정적인 측면을 침소봉대한 것이라고 할 수 있습니다. 그동안 자사고와 특목고는 획일화를 넘어 다양화를 지향했고 고등학교 교육의 하향 평준화를 극복하는 데 기여했습니다. 또한 학생들의 학교 선택권과 학교의 교육과정 결정권을 보장해 우수 학군의 집값 안정, 사교육비 경감, 잠자는 교실붕괴를 예방하고 조기유학 열풍을 가라앉히는 등 우리나라 고등학교 교육 발전에 기여한 긍정적인 측면도 아주 많습니다.

원희룡 교육을 백년지대계라고 하듯이 중장기적인 안목을 지니고 개혁해야지 일부 부정적인 측면이 있다고 일시에 폐지하는 것은 문제가 있다고 봅니다. 제가 예전 국회의원 시절의 지역구였던 서울 양천구의 한 자율형사립고등학교는 교육 수요자인 학부모와 학생들의 학교 만족도가 다른 학교들에 비해 확실히 높았던 것 같습니다. 특히 학부모들이 자녀를 자사고에 보내는 이유는 열심히 가르치는 교사들, 좋은 또래 학생, 좋은 면학 분위기 등이었습니다. 또한 자사고에 다니면 사교육비가 덜 든다고 하더군요.

이러한 사례처럼 자사고와 특목고의 장점은 장점대로 살리면서 문제점을 보완하는 방향으로 개선하는 방안을 검토할 필요가 있습니다. 그리고 자사고와 특목고의 장점이 어떻게 일반고등학교에서도 구현될 수 있게 할 것인가와 어떻게 상향 평준화를 이루어갈 수 있을지를 고민해야 합니다.

백순근 사실 고교 평준화 정책의 가장 큰 문제점 중 하나는 부모의 경제력에 의해 진학할 고등학교가 결정된다는 것입니다. 흔히 고교 평준화는 근거리 고등학교 진학이라는 말로 좋게 포장됩니다. 하지만 실상은 부모가 어느 지역의 집을 살 수 있느냐에 따라 자녀가 어떤 고등학교에 가는지 결정되는 제도입니다. 예를 들어 경기고등학교나 서울고등학교에 자녀를 보내기 위해서는 공부를 열심히 하도록 해야 하는 것이 아니라 강남구나 서초구에 있는 집을 살 재력이 있어야 합니다. 그런데 그 지역의 집값이 워낙 비싸서 보통 사람들은 엄두도 내지 못합니다.

결국 학생의 학업 능력에 의한 학교 선택이 아니라 부모의 경제력에 의한 학교 선택이 되는 것입니다. 이처럼 고교 평준화 정책 아래에서는 부모의 경제적 양극화가 교육의 양극화로 이어지고 그러한 현상이 계층의 고착화로 이어져 계층 상승의 사다리를 없애 버리는 것과 같다고 할 수 있습니다.

원희룡 교수님의 말씀에 따르면 근거리 통학원칙이 실상은 부자들에게 좋은 학교를 선택할 수 있도록 하는 교육 정책으로 귀결되고 마는 불편한 진실이군요. 미국 등 다른 나라에서 근거리 통학원칙은 유색인종 자녀들이 부유층 백인들이 사는 지역의 공립학교에 오지 못하게 하는 기능을 한다고 들었습니다. 사실 강남지역의 집값이 급격하게 상승하는 원인 중에는 좋은 학군에 있는 고등학교에 자녀를 보내기 위한 학부모들의 경쟁도 한몫하고 있는데요. 이것도 근거리 통학원칙과 연관이 있겠죠.

아무튼 부모 찬스에 의해 자녀의 미래가 결정된다면 그것은 자유민주주의의 가장 큰 위협 요소입니다. 저는 '국가 찬스'로 개개인의 능력과 특성에 따라 자신이 원하는 교육을 받을 수 있도록 하는 것이 국가가 해야 할 중요한 일이라고 생각합니다. 학생들의 학교 선택권이 부모의 경제력에 의해 결정되지 않도록 통학 거리가 다소 멀더라도 학생이 원한다면 진학할 수 있도록 학교 선택의 폭을 확대하는 것을 포함해 다양한 방안을 마련할 필요가 있습니다. 그리고 궁극적으로는 자사고냐 특목교냐 일반고냐의 문제를 떠나 인공지능 교육 등을 통해 전국의 모든 고등학교를 양질의 교육을 보장하는 좋은 고등학교로 만들어야 한다고 생각합니다. 다시 한 번 말씀드리지만 하향 평준화가 아니라 상향 평준화죠.

| 일반행정과 교육행정을 통합해 체계적으로 운영한다

백순근 우리나라의 지방자치단체에서 시행하고 있는 일반행정과 교육행정의 분리와 주민 직선에 의한 시도 교육감 선출은 매우 이례적인 제도입니다. 흔히 교육 선진국이라고 이야기하는 미국, 영국, 독일, 일본 등의 사례에 비추어볼 때 예외적이라고 할 수 있습니다. 미국의 50개 주 가운데 12개 주를 제외하고 대부분의 나라에서는 일반행정과 교육행정이 통합돼 있습니다. 교육감은 일반행정의 장이 임명하거나 교육위원 중에서 지명하는 방식으로 진행되기 때문입니다.

아울러 일반행정과 교육행정의 분리로 인한 문제점들도 많이 지적돼 왔습니다. 예컨대 지방자치단체장과 교육감 간의 상호연계와 협력이 원활하지 않다든가, 상호 간의 조정기능이 취약하다든가, 권한과 책임 분담 기준이 모호하거나 일부 적절하지 않은 부분이 있다든가, 자치단체 내에서 동일 사업 혹은 유사 사업의 중복 추진 등으로 인한 비효율과 예산 낭비 등이 자주 거론돼 왔습니다.

원희룡 네. 맞습니다. 말씀대로 일반행정과 교육행정의 분리로

주요국의 일반행정과 교육행정의 관계 및 교육감 선출 방식

국가명	일반행정과 교육행정의 관계	교육감 선출 방식
미국	통합(38개 주) 및 분리(12개 주)	임명제 (38개 주) 직선제 (12개 주*)
영국	통합	지방자치단체장이 임명
독일	통합	지방자치단체장이 임명
일본	통합	지방자치단체장이 임명

* 12개 주: 노스다코다, 노스캐롤라이나, 몬타나, 사우스다코다, 사우스캐롤라이나, 애리조나, 아이다호, 워싱턴, 인디애나, 위스콘신, 조지아, 캘리포니아

※ 자료: 윤상호, 허원제(2014). 교육감 선출제도의 문제점과 개선 방향: 교육감 직선제를 중심으로 (한국경제연구원의 정책연구14–17 보고서), 35쪽을 참고해 재구성했음.

관내 학교 교육은 교육감의 영역이라 시장이나 도지사가 관여할 부분이 거의 없습니다. 교육예산은 시·도가 지원하는데 구체적으로 예산을 어디에 쓰라고 할 권한은 없어요. 더군다나 제주도는 교육청 법정전출금 기준보다 훨씬 많이 주고 있습니다. 다른 시·도 대비 전출금 비율이 3.6%인데 제주는 2018년부터 그 비율을 5%로 높여서 매년 140억 원에서 190억 원까지 추가로 도 교육청에 지원하고 있죠.

하지만 유기적인 협력은 간단치 않습니다. 다른 지자체들도 마찬가지인데요. 시·도지사와 교육감이 비슷한 교육철학을 가지고 있다면 그나마 협조가 잘될 것입니다. 이 경우에 시·도지사와 교육감이 교육 현장에 실현하려는 교육제도나 사업을 함께 협력해 시행하면 학생들이나 주민들에게 좋은 일이 될 것입니다. 하지만 두 행정이 서로 분리돼 있는데다 시·도지사와 교육감이 서로 다른 노선에 서 있다면 서로 소통과 협력이 잘되지 않죠.

백순근 그동안 우리나라에서도 교육감 직선제에 대한 비판이 많이 있어 왔습니다. 정당 추천이나 재정적 지원 없이 선거를 치르다 보니 유능한 후보자가 선거비용 부담 등의 이유로 입후보하지 못하기도 하고, 후보자 개개인에 대한 자질이나 전문성 검증 절차도 부족했지요. 그뿐만 아니라 유권자들이 후보자에 대해 잘 모르는 상태에서 투표하게 되는 경우도 많고 정치적 중립성이 지켜지기보다는 특정 정치이념을 표방하는 단체의 지지를 받는 후보가 선출될 가능성이 큰 선거로 변질됐다고 해도 과언이 아닙니다.

일부에서는 정당 공천제를 도입하거나 지방자치단체장 선출제도에 연계시키는 러닝메이트제 도입 등 교육감 선출 방식을 변경하자는 주장도 제기됩니다. 하지만 저는 지역균형발전과 지방자치단체의 통합성과 효율성을 강화하기 위해, 일반행정과 교육행정을 통합하여 지자체장이 교육감을 임명하거나 교육감 대신 교육부시장이나 교육부지사를 두도록 함으로써 지방자치 조직을 새롭게 디자인하는 것을 검토할 필요가 있다고 생각합니다.

원희룡 저 역시 지역균형발전과 지방행정의 효율을 높이기 위해서는 일반행정과 교육행정이 통합될 필요가 있다고 생각합니다. 지방자치단체의 규모가 그리 크지도 않은데 굳이 일반행정과 교육행정을 분리해 자치제를 시행할 필요가 없어요. 통합해야죠. 그렇게 해서 급변하는 디지털 전환기에 영유아 교육에서부터 노인 교육까지 자치단체장이 권한과 책임을 지고 종합적이면서도 체계적으로 운영하고 관리할 필요가 있습니다.

| 대학은 선발 경쟁이 아닌 교육 경쟁으로 전환해야 한다

백순근 지사님도 두 딸을 키워보셨지만, 해마다 대학 입시는 우리 사회에서 커다란 뉴스를 제공하는 원천이 되고 있습니다. 우리나라 상황에서 대학입학 전형은 학생 개인으로서는 인생의 진로가 결정되는 중요한 분기점이 되고 학생이 속한 가족과 학교와 지역에는 명예와 자존심이 걸린 중요한 요인으로 인식되고 있기 때문입니다.

현행 대학입학 전형에서 가장 큰 쟁점 중 하나는 세 가지 주요 전형자료, 즉 대학수학능력시험(수능), 학교생활기록부(학생부), 대학별 전형자료인 논술고사와 면접 및 구술고사, 실기시험 등의 실질 반영 비율을 어떻게 할 것인가로 요약될 수 있습니다. 여기서 수능은 국가에서 관리하는 것이고 학생부는 단위 고등학교에서, 대학별 전형자료는 개별 대학에서 관리하는 것입니다.

원희룡 우리나라에는 인생을 결정짓는 두 가지 결승선이 있습니다. 하나는 대학 입시이고 다른 하나는 첫 직장이죠. 우리나라에서 대학 입시는 당락에 따라 주어지는 보상의 차이가 매우 크기 때문에 모두의 관심사가 되고 있습니다. 어떤 입학전형을 중시하느냐에 따라 학생 간, 학교 간, 지역 간 유불리가 달라집니다. 그뿐만 아니라 '당락을 결정하는 평가권을 누가 더 많이 갖느냐?'라는 정치적 역학 관계와 유사한 측면도 있습니다. 그래서 대학입학 전형자료를 관리하는 정부와 고등학교, 대학 등 이해당사자들 간의 합의가 매우 중요한 문제가 아닌가 생각합니다.

백순근 네. 특정 입학전형 자료만을 중시하면 대입전형이 특정 학생이나 집단에게만 유리해질 수 있습니다. 그래서 지금의 정시, 수시 비율, 그리고 대학별 선발 방법은 이해당사자들 사이에서 오랫동안 조율돼온 일종의 황금비율이라고 평가하는 분들도 계십니다. 흔히 국가 권력은 입법권, 행정권, 사법권으로 나누어 상호 간의 견제와 균형을 유지하도록 함으로써 국가 권력의 집중과 남용을 방지합니다. 마찬가지로 대학 입학전형 자료들의 중요도 역시 균형 있게 유지해 대학입학 전형 평가권의 집중과 남용을 방지함으로써 다양한 학생, 학교, 대학, 지역의 존재를 인정하고 균형과 조화 속에서 함께 살아갈 수 있도록 해야 합니다.

원희룡 몇 년 전부터 대입전형의 정시와 수시 비율이 수험생과 학부모들에게 정말 예민한 문제가 된 것 같습니다. 백 교수님께서는 서울대 입학본부장도 하셨는데요. 실제로 어느 자료를 중시하느냐에 따라 강점과 약점이 서로 달라진다고 보시나요?

백순근 네. 그렇습니다. 많이 달라진다고 할 수 있지요. 예컨대 정시모집에서처럼 수능 성적 위주로 학생을 선발하면 전국적인 기준에서 상대적으로 수능 성적이 높은 학생들을 선발할 수 있겠지만 단위 고등학교의 교육 활동의 특성이나 개별 대학의 건학이념 등을 살리기 어렵게 됩니다. 또 수시모집의 학생부종합전형(혹은 입학사정관제 전형)에서처럼 고등학교의 학생부를 위주로 학생을 선발하면 단위 고등학교의 권한이나 운영의 자율성을 높이는 데 기여하겠지만 학교 간, 지역 간 학력 차이 등을 반영하기 어렵게 됩니다.

그리고 수시모집의 논술 위주 전형처럼 대학별 전형자료 위주로 학생을 선발하게 되면 해당 대학의 건학이념이나 특성을 살리는 데는 기여하겠지만 국가 수준의 교육 정책이나 단위 고등학교의 교육 활동의 특성을 살리기 어려울 수 있습니다.

원희룡 조국 전 장관의 자녀 부정 입학 사례를 겪었을 때 수시 입학제도에 문제가 많다는 여론이 크게 일었습니다. 학생부종합 전형(학종)이 과연 공정한 제도인가에 대해 의심을 많이 받았죠. 차라리 모두가 같은 문제를 풀고 받은 수능점수 하나만으로 대학을 가는 것이 더 공정하다는 주장도 많이 제기됩니다. 마이클 샌델 Michael J. Sandel이 저서 『공정하다는 착각』에서 언급했지만 자녀의 스펙과 능력마저도 부모가 만들어줄 수 있는 상황에서 능력주의를 맹신하다 보면 태어난 가정환경과 부모 능력에 따라 상대적 우위에서 만들어진 혜택이 마치 전적으로 자신의 능력인 양 자부할 우려가 있어요.

능력주의의 출발은 불평등과 격차의 해소인데요. 오히려 불평등을 정당화하는 것으로 변질되는 거죠. 그래서 저는 대학 입시에서 정시와 학종을 둘러싼 논란이 능력주의와 공정사회에 질문을 던진 것으로 보입니다.

백순근 그런 주장이 있는 것으로 알고 있습니다. 일부에서는 학종을 '깜깜이 전형' '금수저 전형'이라고 부르면서 사회적인 불신을 조장하는 경우도 있는 것 같습니다. 그런데 학종이 무조건 좋은 집안 자녀에게만 유리한 건 절대 아닙니다. 학종을 중시하면 성장 잠재력이 있는 학생이나 내신성적 관리가 쉬운 중·소도시나 읍·면 지역 학교들이 상대적으로 유리하게 됩니다. 제가 학교 교육 현장을 직접 둘러봐도 산촌이나 어촌에 있는 고등학교의 학생들이나 상대적으로 여건이 열악한 지방 고등학교 학생들은 수능성적으로는 갈 수 없지만 내신성적이 뛰어나고 성실해서 자신이 원하는 수도권에 있는 명문대학에 진학하고 있고 그 대학에서도 매우 좋은 성적을 유지하는 경우가 많습니다.

그러나 수능을 중시하면 암기 능력이 뛰어난 학생이나 사교육 기회 등 교육 여건이 좋은 대도시 지역의 학교들이 상대적으로 유리하게 돼 흔히 이야기하는 부모 찬스에 의해 합격과 불합격이 결정될 가능성이 더 커지게 됩니다. 그래서 수능을 중시하게 되면 오히려 우리 사회의 지역 간, 계층 간 불평등을 정당화하는 것으로 변질될 가능성이 더 크다고 하겠습니다.

원희룡 대학 입시 문제의 해법 찾기가 쉽지 않은 것 같습니다. 교육 문제를 넘어 경제, 사회, 문화 등 모든 분야를 총망라하는 매우 포괄적이고 복합적인 문제임을 분명히 인식해야 할 필요가 있어요. 대학입시제도가 바뀌면 학생들의 학습 내용이나 방법이 부분적으로 변화하겠죠. 하지만 제한된 사회적 재원을 둔 치열한 경쟁은 현 상황에서 피해 가기가 어렵지 않을까 싶습니다.

백순근 네. 그렇습니다. 그래서 우리나라는 대입과 관련해 '공정한 경쟁과 투명한 평가'를 통해 '불합격자가 승복承服'할 수 있도록 체계적으로 관리하는 것이 중요하다고 생각합니다. 다만, 우리나라의 위정자들은 대입전형 자료의 반영 비율이나 제도를 바꿈으로써 현재의 과도한 경쟁 상황을 완화하고 국가 교육력을 높이려고 시도하는 경향이 있습니다. 이러한 시도는 특정 학생이나 집단에는 상대적으로 유리하게 작용하겠지만 전체적으로는 일종의 제로섬게임zero-sum game에 불과합니다. 그런데도 정부가 바뀌면 매번 대입전형 방식이나 제도를 바꾸는 것이 당연한 일처럼 돼버린 것은 매우 안타까운 일입니다.

이제부터라도 대입전형의 과도한 경쟁을 완화하면서 국가 교육력을 높일 수 있는 일종의 포지티브섬게임positive-sum game이 되도록 하기 위해서는 대입전형 방식이나 제도의 변경에 초점을 둘 것이 아니라 전형자료 반영 비율의 균형을 안정적으로 유지하면서 학생들이 기꺼이 진학하고 싶어하는 좋은 대학과 좋은 전공을 많이 육성하는 일에 집중해야 합니다. 그러기 위해 개별 대학이 변화와 혁신을 할 수 있도록 정부 차원의 행·재정적 지원을 더욱 강화해야 합니다. 나아가 우리 사회의 양극화 현상, 예컨대 학벌에 의한 양극화, 직업 간의 양극화, 계층 간의 양극화 등을 완화하기 위해 범정부적인 차원에서 지속적이면서도 적극적인 노력을 기울여야 합니다.

원희룡 아울러 저는 대학들이 좋은 학생들을 선발하기 위한 '선발 경쟁'에만 너무 몰두하고 있지 않나 하는 우려를 하고 있습니다. 좋은 학생들을 선발하기 위한 홍보나 입시 설명회 등에는 많은 재원과 인력을 투입하면서 정작 입학한 학생들의 교육에는 소홀히 하기 때문입니다. 그러니 대학에 입학하면 대학생들이 각자 알아서 배우고 취직해야 한다는 볼멘 목소리가 나오는 거죠. 이제는 대학들도 우수한 학생들을 위한 '선발 경쟁'에서 세계 수준의 전문가들을 양성하기 위한 '교육 경쟁'에 나서야 합니다. 그러기 위해 교육 당국도 적극적으로 지원해야 한다고 생각합니다.

백순근 저도 전적으로 공감합니다. 요즈음 대학이 재정적으로 많은 어려움을 겪고 있기는 합니다만 재학생 중에서 학사경고자, 특수교육대상자 등을 포함해 기초학력이 부진하거나 교양과 전공 학습에 어려움을 겪는 학생들이 상당히 많이 있음에도 그에 대한 교육적 조치들은 매우 미흡한 실정입니다. 대학이 세계 수준의 전문가를 양성하기 위해서는 교양 교육과 전공 교육의 질을 높이는 것은 물론이고 학업에 어려움을 겪는 학생들을 위한 적극적인 교육 처방에 나서야 합니다. 미국 등 세계적으로 유명한 대학에서 쉽게 찾아볼 수 있는 가칭 '기관연구소IR, Institutional Research Center'를 설립해 학생들의 입학 자료와 함께 대학교 생활, 성적 자료 등을 바탕으로 개인별 맞춤형 학습지도나 멘토링(혹은 컨설팅) 등을 합리적이면서도 효율적으로 제공해야 할 것입니다.

| 만 18세 청년교육계좌제를 도입해 지원해야 한다

원희룡 우리가 방금 입시에서의 공정 문제 등을 이야기했습니다만, 저는 청년이 바라는 세상은 '교육과 직업에서 기회의 공정성이 보장되는 사회'라고 생각합니다. 여기에서 교육은 대학 교육만이 아닙니다. 고등학교 졸업 후 대학에 진학하든 직업능력 교육을 받든 상관없이 자신의 경제적 여건과 무관하게 성년 초기부터 미래 진로를 스스로 선택할 수 있어야 합니다. 모든 청년이 스스로 선택한 길이 어떤 길이든 꾸준히 자신의 역량 개발을 도와줄 교육 기회가 충분히 열려 있어야 한다고 생각합니다.

백순근 맞습니다. 4차 산업혁명 시대와 저출산·고령화 시대를 맞이해 각 개인의 가정형편이나 경제적인 여건과 무관하게 모든 청년이 자신의 꿈과 비전을 실현할 수 있도록 정부 차원에서 양질의 고등교육 혹은 그와 유사한 직업준비교육을 받을 수 있도록 지원할 필요가 있다고 생각합니다. 사실 그동안 청년을 위한 반값등록금 정책이나 국가장학제도가 시행됐지만 대학에 진학한 사람들에게만 혜택을 주는 것이었습니다. 대학에 진학하지 않았거나 못한 청년들에게는 매우 불공정한 측면이 있습니다. 그리고 직업 훈련비를 지원하는 고용노동부의 국민 내일배움카드 등도 수혜 자격, 지원 금액, 훈련프로그램 등에서 많은 한계가 있습니다.

원희룡 그래서 저는 만 18세가 되는 청년들을 위한 '청년교육계좌' 지원 사업을 제안합니다. 만 18세가 되는 청년들에게 1인당 2,000만 원의 교육계좌를 만들어주고 10년 동안 자신이 원하는 역량 개발을 할 수 있도록 재정적으로 지원하자는 거죠. 예컨대 고등교육을 받고 싶은 청년은 대학 등록금으로 사용하고 취업을 위한 직업훈련 기술을 배우려는 청년은 훈련비로 사용할 수 있도록 하자는 겁니다. 대학 진학이나 취업 등 개인의 진로는 가정 여건이나 부모의 압박과 상관없이 청년 자신의 자발적인 선택으로 이루어져야 합니다. 그래야 학습이나 업무의 성과를 높일 수 있고 만족도도 높일 수 있습니다. 물론 10년이라는 사용 기한이 있기는 합니다만 교육계좌에 잔액이 남아 있다면, 대학 졸업 후 취업을 위한 직업훈련비로 혹은 취업 후 전업을 위한 교육 및 훈련비로도 사용할 수 있습니다.

디지털 대전환의 시대에 청년들이 미래 역량을 계속 업그레이드할 수 있도록 돕는 것이 국가의 책무입니다. 이러한 청년교육계좌를 도입해서 교육, 직업훈련, 복지의 황금 삼각구도를 구축해야 합니다. 저는 우리나라의 모든 청년이 '국가 찬스'를 통해 자신이 스스로 진로를 선택하고 미래 역량을 키우며 자신의 목표에 한 걸음씩 더 다가갈 수 있도록 공정한 교육 기회가 보장되는 열린사회를 만들어야 한다고 확신합니다.

현재 만 18세가 되는 청년들이 40만 명 정도이기 때문에 1년에 8조 원 정도의 예산이 필요합니다. 이는 우리나라 정부의 1년 예산을 600조 원으로 볼 때 약 1.33%에 해당하는 매우 큰 사업이죠. 하지만 모든 청년에게 공정한 교육 기회를 보장하기 위한 '국가 찬스'라는 점에서 국가가 당연히 부담해야 한다고 생각합니다.

| 인공지능 시대를 이끌 인재 10만 명을 양성해야 한다

백순근 4차 산업혁명 시대, 인공지능 시대, 국경 없는 무한 경쟁의 세계화 시대에 우리나라가 인공지능 강국으로 거듭나 세계 일류 국가로 성장하고 발전하기 위해서는 세계 수준의 글로벌 창의·융합 인재들을 많이 육성해야 한다고 생각합니다. 미래는 지식과 기술을 가진 인재들에 의해 계획되고 창조되는 것이기 때문입니다.

특히 우리나라가 '인공지능 강국'이 되기 위해서는 '인공지능 인재'들을 많이 양성해야 한다고 생각합니다. 율곡 이이 선생이 어려운 시기에 '10만 양병'을 주장했던 심정으로 우리나라의 밝은 미래를 위해 '인공지능 인재 10만 명 양성'을 주장하고 싶습니다.

원희룡 전적으로 공감합니다. 산업 현장에 있는 사람들을 만나보면 많은 분이 "인공지능! 인공지능!" 하는데 정작 인공지능 관련 전문 인력을 채용하고 싶어도 그런 사람을 찾을 수가 없다고 합니다. 교수님 말씀처럼 10만 명의 인재를 양성하든 그 이상을 양성하든 구체적으로 현장을 살피며 인재 양성에 집중해야 합니다. 우리나라가 인공지능 강국이 되기 위해서는 먼저 인공지능 교육 강국이 돼야 합니다. 특정 분야의 산업을 육성하겠다고 하면서 관련 분야 전문가 양성에 소홀히 한다면 그것은 단순한 구호에 불과할 테니까요.

제가 인공지능 교육 강국의 중요한 목표 중의 하나로 인공지능 인재 육성을 특별히 강조하는 이유도 여기에 있습니다. 특히 인공지능 인재 양성은 규모뿐 아니라 질적 수준을 담보할 수 있도록 해야 합니다. 잠재력을 갖춘 인력은 첨단연구에 필요한 최고 전문가로 키워 기술 발전을 이끌 수 있도록 하고 그밖의 전문가들은 관련 기업이나 연구소 등에서 일할 수 있도록 매칭이 이루어지도록 해야 합니다.

백순근 저도 단순히 인재의 숫자로 경쟁하는 시대는 지났다고 생각합니다. 즉 인재의 양으로 경쟁하던 시대는 지나고 인재의 질로 경쟁해야 하는 시대가 왔다는 것입니다. 비슷한 예로 우리나라의 신생아가 연간 20만 명대로 떨어지고 대학 신입생 수도 40만 명대 아래로 떨어지고 있습니다. 그런데 이웃 나라 중국에서는 매년 대학 신입생 수가 700만 명 이상이고 대학생과 대학원생을 모두 합하면 우리나라 전체 인구보다 많을 정도입니다. 단순히 인재의 숫자로는 글로벌 경쟁이 불가능하다고 할 수 있습니다. 그래서 최대한 세계 최고 수준의 인재들을 많이 육성해서 국가 경쟁력을 높여야 한다고 생각합니다.

원희룡 그렇습니다. 단순히 많은 인재를 양성할 게 아니라 우수한 전문가들을 양성해야 합니다. 특히 저는 세계 최고 수준의 인공지능 인재를 양성하기 위해서는 과감한 투자가 필요하다고 생각합니다. 먼저 세계 수준의 교수나 연구원들을 많이 유치해야 합니다. 인공지능 인재를 육성하려면 당장 교수나 연구원 등 인재들을 많이 확보해야 합니다. 그런데 이것을 개별 대학이나 연구소에 맡겨두어서는 안 됩니다. 국가 차원에서 우수 인재 확보를 위한 행·재정적 지원을 적극적으로 해야만 가능한 일이지요.

아울러 인공지능 인재 양성에 국민들이 적극적으로 참여할 수 있도록 하기 위해서는 좋은 일자리들을 많이 만드는 것도 중요하다고 생각합니다. 지금은 인재들 대부분이 의사나 법률가가 되기를 희망합니다. 의사나 법률가가 좋은 일자리라고 인식하기 때문입니다. 앞으로 인공지능 관련 일자리가 좋은 일자리라는 것을 누구나 인식할 수 있도록 산업구조 전반에 대한 개혁도 함께 진행해야 합니다.

대학이 무너지지 않도록 재정 위기를 도와야 한다

원희룡 학령인구가 급격하게 감소하고 또 10년 이상 지속된 등록금 동결 정책 등으로 대학들의 사정이 많이 어려워져 지방대학들은 물론 수도권 대학들도 심각한 재정 위기를 맞고 있다고 하는데요. 엎친 데 덮친 격으로 2020년부터 시작된 코로나19로 중국을 포함한 외국인 유학생이 급감했습니다. 그러다 보니 입학정원을 채우지 못하는 대학들이 속출하는 실정인데요. 코로나19는 예측하기 어려운 문제였다고 해도 학령인구 감소는 지금 신입생들이 태어났던 거의 20년 전부터 출생 통계 자료로 예고됐던 문제입니다.

그런데 교육 당국은 특별한 대책도 없이 그저 '강 건너 불구경' 하듯 해왔습니다. 지금 대학들이 심각한 재정 위기를 맞고 있다는 말은 곧 국가의 전문 인력을 양성하는 데 큰 차질이 생겼다는 것이고 일종의 국가 위기 사태라고 해도 과언이 아닙니다.

백순근 네. 대학의 재정위기가 심각한 상황입니다. 그동안 우리나라는 초중등 교육의 균형 있는 발전을 도모하고 안정적인 재정 지원을 위해 지방교육재정교부금법을 만들어 내국세의 일정 비율(최소 20.79%)을 지원하고 있으나 대학 교육을 위한 안정적인 재원 지원은 국·공립대학 지원금과 국가장학금을 제외하면 거의 없다고 해도 과언이 아닙니다. 디지털 대전환 시대를 맞이해 대학 교육을 통한 전문 인력 양성이 국가 발전을 위해서도 매우 중요하므로 가칭 '대학교육재정교부금법(혹은 고등교육재정교부금법)'을 만들어서라도 대학 교육의 질을 보장하기 위해 노력해야 한다고 생각합니다.

학령인구 감소 문제와 관련해 2021년 5월 20일「대학의 체계적 관리 및 혁신 지원 전략 발표」라는 교육부 보도자료에 따르면, 학령인구 감소가 본격화되면서 2021년 전국 대학의 충원율은 91.4%로 4만 586명의 미충원(2021. 3 등록률 기준)이 발생했습니다. 2024년까지 미충원 규모가 더욱 증가할 것으로 예상된다고 합니다.

원희룡 미충원 사태가 지방대학에서 크게 발생하면 자연히 지방대학의 위기가 지역 경제 위축과 일자리 감소로 이어져 지역 위기를 심화시키게 됩니다. 그리고 이게 다시 지방대학의 위기를 가속화하는 악순환이 일어날 텐데요. 그러니 대학만의 문제로만 접근해서는 안 되겠죠.

교육 당국에서는 입학정원을 채우지 못하는 대학 등에 대해 '위험대학'을 분류해서 체계적으로 관리하겠다고 했는데 그 내용은 매우 무책임해 보입니다. 결국 위험 대학은 1단계에서는 개선을 권고, 2단계에서는 개선을 요구, 3단계에서는 개선을 명령해 개선 명령을 이행하지 않거나 회생이 불가능한 경우 폐교 명령을 시행하겠다는 것입니다.

백순근 그렇습니다. 위기의 대학을 회생시키기 위한 행·재정적인 지원 등 적극적인 노력은 거의 보이지 않고, 그저 입학정원 축소 권고나 폐교 명령 등을 통한 구조조정에만 방점을 두고 있는 듯합니다. 폐교가 능사는 아닙니다. 만약 학생들의 등록금만으로 학교를 운영하라고 하면 우리나라의 약 1만 2,000개 초중고 가운데 70% 이상이 문을 닫아야 할 것입니다. 하지만 의무 교육과 시민 교육을 위해 국가가 재원의 대부분을 감당하고 있습니다. 대학도 매우 중요한 공적인 기능을 수행하기 때문에 국가가 지원해야 할 책임도 분명히 있는 것입니다. 그럼에도 개선 권고나 요구를 하다가 안 되면 폐교하겠다는 교육 당국의 무책임한 대처 방식을 두고 일부에서는 '대학 교육을 포기한 정부'라고 말할 정도입니다.

원희룡 저도 현정부의 고등교육 정책에 대해서는 매우 유감스럽게 생각합니다. 대학을 폐교한다는 것이 지역사회에 얼마나 큰 파급효과가 있는지 전혀 파악하지 못하는 것 같습니다. 대학을 폐교한다는 것은 해당 대학이 있는 지역사회를 포기한다는 것과 거의 같은 의미입니다. 대학이 문을 닫게 되면 교수나 직원들은 하루아침에 실업자가 될 뿐만 아니라 인근의 상권 등이 함께 몰락한다는 것을 의미하니까요.

그렇지 않아도 많은 지역사회가 인구 감소 등으로 많은 어려움을 겪고 있는데 인근 대학마저 문을 닫게 된다면 심각한 경제 위기에 처하게 될 것입니다. 이러한 문제들을 종합적으로 고려해 일반 대학을 평생교육 기관이나 직업훈련 기관으로 특성화하는 방안을 포함해 대학도 살리면서 지역사회도 살리는 다양한 방안들을 적극적으로 마련해야 할 것입니다.

| 중장년과 노년을 위한 교육을 강화해야 한다

백순근 국민 개개인의 자기관리 역량과 국가의 의료지원 등이 증대됨에 따라 거의 모든 사람이 건강한 100세 시대를 맞이하게 됐습니다. 그래서 모든 국민이 생애주기별로 성공적인 인생 삼모작을 실현할 수 있도록 국가 차원에서 중년을 위한 직무 교육과 전직(혹은 이직)을 돕기 위한 교육 지원도 강화할 필요가 있다고 생각합니다. 급변하는 디지털 대전환 시대를 맞이해 '평생직장'이라는 개념은 이제 더는 유효하지 않게 됐습니다. 자신이 속한 직장에서 잘 생존하기 위해서도 끊임없이 자신의 역량을 갱신하기 위한 직무교육을 받아야 하고, 경우에 따라서는 전직(혹은 이직)이나 창업을 위한 교육을 받아야 하는 시대가 된 것입니다. 아울러 일과 삶의 균형, 즉 워라밸을 위한 다양한 체험 활동이나 문화·예술 교육 등이 필요하다고 하겠습니다.

원희룡 제 주변에서도 보면 40·50대에 첫 직장에서 퇴직하고 새로운 직장에 취업하거나 창업을 하기 위해 준비하는 분들이 아주 많습니다. 이제 교육 문제는 더이상 청소년만의 문제가 아니라 중장년과 노년을 포함한 모든 국민의 문제가 될 겁니다.

그래서 앞에서도 언급했지만 교육과 복지를 유기적으로 연계해서 생애주기별로 성공적인 인생 삼모작을 위한 3대 안전망을 제공할 필요가 있습니다. 즉 청소년들에게는 진학과 취업 교육의 기회를 보장하는 '교육 안전망', 중장년들에게는 직무 교육과 전직(혹은 이직) 교육의 기회를 보장하는 '일자리 안전망', 그리고 퇴직한 어르신들에게는 건강과 평안한 노후 생활을 위한 노인 교육의 기회를 제공하는 '노후 안전망'을 제공해야 합니다. 특히 '노후 안전망'과 관련해 우리 주변에는 중장년 시기에 자녀 교육을 위해 헌신하다 보니 노후 생활 준비를 할 여력이 없었던 분들이 아주 많습니다. 그렇다고 자녀들이 부모를 돌볼 수 있는 여건을 갖춘 경우도 많지 않은 것 같습니다. 그래서 노년을 위한 건강 교육과 참살이well-being 교육, 나아가 평안한 죽음을 맞이할 수 있도록 도와주는 교육도 받을 수 있도록 국가가 지원해야 할 것 같습니다.

요컨대 누구나 태어나서부터 삶을 마감할 때까지 '국가 찬스'를 통해 자신이 원하는 삶을 살 수 있고 황혼기에는 건강하고 안락한 노후 생활을 보내다가 평화로운 죽음을 맞이할 수 있도록 도와야 할 것입니다.

백순근 장례문화를 포함해 과거의 관례나 생각들이 급격하게 변하고 있다는 것을 몸으로 느끼고 있습니다. 보건복지부 자료에 따르면 1993년에는 화장火葬으로 장례를 치른 비율이 19.1%였지만 2019년에는 88.4%에 이르고 해마다 증가하는 추세에 있다고 합니다. 제 주변에 있는 중고등학생이나 대학생들과 이야기하다 보면 부모님의 고향이나 조부모님의 묘가 있는 선산 등에 대한 정보나 위치에 무감한 학생들이 많더군요. 이러한 일들이 저에게 세대 차를 느끼게 합니다.

원희룡 네. 교수님과 제 세대는 부모님의 노후 문제나 문중의 선산 관리 같은 것을 자녀들 몫이라고 생각했지요. 하지만 요즈음은 결혼하지 않거나, 결혼해도 자녀가 없거나, 있다고 해도 한두 명에 불과한 경우가 많습니다. 또 서로 멀리 떨어져서 사는 경우도 많습니다. 국민들의 노후 생활은 물론 장례와 돌아가신 이후의 관리 문제 등도 더 이상 가족의 문제가 아니라 국가의 문제로 생각하는 인식의 전환이 필요한 것 같습니다. 이러한 변화를 포함해 시대적 변화를 제대로 인식하고 세대 간 공감대를 형성해 서로 윈윈win-win 할 수 있도록 하는 시민 교육을 강화하고 이와 관련해서도 모든 국민이 국가 찬스를 활용할 수 있도록 체계적인 시스템을 마련해야 한다고 생각합니다.

| 교육은 '간섭과 통제'에서 '자율과 지원'으로 바뀌어야 한다

백순근 4차 산업혁명 시대, 인공지능 시대를 맞이해 새로운 시대가 요구하는 미래 인재를 성공적으로 육성하기 위해서는 우리나라 교육의 경쟁력을 세계 최고 수준으로 끌어올려야 한다고 생각합니다. 그러기 위해서는 그동안 우리 교육을 지배해오고 있는 '간섭과 통제 위주'의 규제화, 획일화, 표준화, 고착화, 편협화 등을 과감하게 개혁해야 합니다.

다시 말해 인공지능 시대에 맞는 인공지능 교육을 실현하기 위해서는 종래의 '간섭과 통제 위주'의 방향과 대비되는 '자율과 지원 위주'의 자율화, 다양화, 전문화, 첨단화, 세계화를 적극적으로 추진해야 하는 것입니다. 그리고 학생들의 학업성취도를 진단하는 것에서부터 국가의 중요한 교육 정책을 수립하고 집행하는 과정에 이르기까지 교육 분야 전반에 걸쳐 빅데이터 분석 기법 등을 활용해 증거 기반 혹은 데이터 기반 의사결정 등과 같이 체계적이면서도 전문적으로 의사결정을 하는 것이 매우 중요합니다. 특히 모든 교육 정책은 철저한 준비과정을 거쳐 계획을 세우고 효율적으로 실행하고 합리적으로 평가해 개선하는 계획-실행-평가 과정을 체계적으로 거쳐야 할 것입니다.

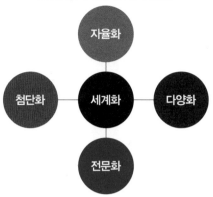

교육 정책의 5대 개혁 방향

원희룡 매우 바람직한 방향이라고 생각합니다. "새 술은 새 부대에 담아야 한다."라는 말이 있듯이 새로운 시대를 맞이하여 종래의 방식을 과감하게 개혁해 새로운 방향으로 나아가야 합니다.

교수님께서 교육 정책의 5대 방향에 대해 말씀해주셨는데 그중에서도 가장 토대가 되는 것은 다양화가 아닐까 싶습니다. 이때 다양화는 차별이 아니라 차이를 존중하고 상생과 협력을 강조하자는 것인데요. 성별은 물론이고 지역 격차, 가정환경, 경제적 격차를 극복하는 것이겠죠. 그뿐 아니라 특정 직무 분야의 순혈주의라든가 학문 간의 구분 등으로 인해 생기는 한계를 극복하는 것을 모두 포함하는 것이어야 합니다. 생물학적으로도 종의 다양화가 이루어져야 생존 능력도 커지죠. 불확실한 미래에는 누가 살아남을지 아무도 알 수 없으니까요. 그래서 순혈주의나 지식 주입 위주의 획일화된 교육으로는 미래의 새로운 시대에 대응할 수 없습니다. 다양한 계층과 분야를 접촉하고 경험하는 과정 자체가 뒷받침될 때 개개인의 창의성과 역량이 확대되는 것은 물론 우리 사회 전체에도 이익이 된다고 확신합니다.

교육 정책의 3단계 과정

백순근 이미 미국에서는 '모든 학생의 성공을 위한 교육법*'을 만들고, 모든 학생을 수시로 진단하고 치방하는 종합적인 질직 관리 시스템comprehensive total quality system을 강화해 모든 학생에게 기초학습능력을 보장하고 유용한 미래 핵심역량을 증진할 수 있도록 하고 있습니다. 우리도 이와 유사한 정책을 추진해야 합니다. 그래서 모든 학습자 개개인의 꿈과 희망을 실현할 수 있도록 하여 모두에게 의미 있고 보람 있는 참살이가 가능하도록 해야 합니다.

원희룡 사실 사람마다 삶의 목표와 행복에 대한 기준이 서로 다르고 인생 시기마다 경험과 역량도 다릅니다. 우리의 생각과 행동은 자신이 놓인 환경과 상호작용할 수밖에 없습니다. 그렇다면 각자의 행복을 찾아가는 경로는 수천만 가지가 될 것입니다. 따라서 삶의 모든 단계에서 모두에게 다양한 기회가 열려 있어야 하는 것

---

* ESSA: Every Student Succeeds Act, 2015년 12월 10일 오바마 대통령이 서명한 미국의 교육 정책을 담은 법령이다.

학습자 개개인의 꿈과 희망 실현

입니다.

미국 텍사스 대학교 로스쿨의 조지프 피시킨Joseph Fishkin 교수는 『병목사회』에서 더 광범위한 기회를 열어주는 개념의 '기회 다원주의'를 주장한 바 있습니다. 그러면서 우리 사회에서 기회가 어떻게 만들어지고 분배되고 통제되는지를 들여다보고 기회 구조에서 병목을 확인하면 다른 우회 경로가 열릴 수 있도록 기회를 재설계하자고 말했습니다. 국가가 국민 각자에게 맞는 미래 역량 개발을 계속 지원함으로써 더 큰 기회를 제공하는 열린사회를 만들자는 측면에서 크게 공감이 됐습니다.

백순근 저 역시 공감합니다. 다소 중복되는 이야기일지 모르지만, 우리나라가 선진 일류 국가로 발전하기 위해서는 모든 학습자가 세계 수준의 글로벌 창의·융합 인재가 되겠다는 비전을 갖도록 하고 각자가 자신의 비전을 실현하기 위해 지속적으로 노력할 수 있도록 국가 차원에서 적극적으로 지원해야 한다고 생각합니다. 교육의 핵심은 학습자 개개인이 자신의 비전을 갖도록 하고, 그것

교육의 핵심은 비전 실현을 돕는 것

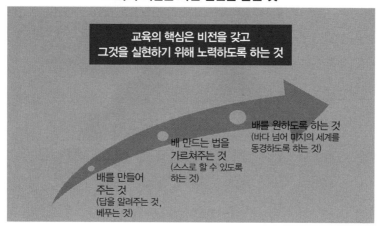

교육의 핵심은 비전을 갖고
그것을 실현하기 위해 노력하도록 하는 것

배를 원하도록 하는 것
(바다 넘어 미지의 세계를
동경하도록 하는 것)

배 만드는 법을
가르쳐주는 것
(스스로 할 수 있도록
하는 것)

배를 만들어
주는 것
(답을 알려주는 것,
베푸는 것)

을 실현하기 위해 지속적으로 노력할 수 있도록 도와주는 것이기 때문입니다. 학생들이 절실히 원하도록, 즉 비전을 갖도록 하는 것이 중요합니다. 배를 만들어서 주거나 배 만드는 방법을 가르쳐주는 것보다 더 중요한 것은 바다 넘어 미지의 세계에 대한 동경심을 갖도록 함으로써 배를 절실히 원하도록 하는 것임을 알아야 합니다.

원희룡 주변의 많은 사람이 우리나라 교육 문제에 대해 해법은 이미 다 나와 있다고 합니다. 저도 많은 부분 그렇게 생각합니다. 중요한 것은 이해당사자들과 충분한 논의를 거치되 상황과 여건을 고려해 현명하게 선택하고 과감하게 실천하는 변혁적 리더십 transformative leadership입니다. 저는 '교육이 미래다.'라는 확신과 강한 실천 의지를 갖고 실타래처럼 복잡하게 얽혀 있는 다양한 교육 문제를 적극적으로 해결함과 동시에 우리나라가 인공지능 교육 강국과 인공지능 강국으로 거듭나도록 해 세계 일류 국가의 꿈을 반드시 실현하겠습니다.

  백순근 오늘 좋은 말씀 감사합니다. 원 지사님의 교육 구상이 꼭
실현될 수 있기를 바랍니다.

국가 찬스 5

주택

온 국민은 내 집이 있는 삶을 살아야 한다

|원희룡 - 심교언|

심교언

건국대학교 부동산학과 교수

서울대학교 도시공학과를 졸업했고 동 대학원에서 석사학위와 박사학위를 받았다. 전남 경제자유구역개발 자문위원, 국무총리실 세종특별자치시 자문위원회 전문위원, 인천광역시 도시재생정비위원회 위원, 국토교통부 신도시자문위원회 자문위원, 국방부 정책자문위원 등을 역임하며 다수의 국책사업에 참여했다. 국토도시계획학회 이사, 한국부동산분석학회 이사 등을 역임하며 PF 사업에 관한 연구를 다수 진행했다. 언론사 기자들이 가장 많이 찾는 부동산 전문가이다.
주요 저서로는『공간이 고객을 만든다』『대한민국 부동산 전쟁』『부동산 왜? 버는 사람만 벌까』등이 있다.

심교언 반갑습니다. 오늘은 부동산 정책에 관해 이야기를 나누게 될 텐데요. 본격적인 논의에 앞서 문재인 정부의 현행 부동산 정책을 먼저 평가한 후 원 지사님이 생각하는 부동산 정책의 기본 방향을 이야기하면 어떨까 합니다.

원희룡 저는 국민의 한 사람으로서 우선 분노를 표현하고 싶습니다. 내집마련이 이렇게 어렵고 전세 사는 것조차 어려워진 것은 현정부의 불공정 때문입니다. 자신들의 기득권은 모두 누리면서 획일적이고 무모한 부동산 정책으로 정작 국민들은 내집마련의 희망은 차치하고 당장 오늘 거주할 집을 구하기도 어려워졌습니다. 20대 후반인 저의 두 딸은 자기들 힘만으로는 서울에서 원룸 하나 얻기 힘든 상황입니다. 운이 좋아 청년주택에 들어간다고 해도 방 한 칸이 전부인 공공임대 공간에서 하루하루를 살아가는 데 급급할 뿐 제대로 된 인생 설계를 꿈꿀 수 없습니다. 부동산 문제는 먼

나라 이야기가 아니라 바로 나 자신의 문제라는 점에서 분노할 수밖에 없습니다. 우리 젊은 청년세대의 절실함과 간절함에 공감할 수밖에 없게 되는 것 같습니다.

생각해보십시오. 우리 부모 세대들은 산업화의 고성장 속에서 내 집을 마련할 수 있었고 40대는 노무현-문재인 정부의 집값 폭등으로 그나마 자산가치를 올릴 기회라도 있었습니다. 하지만 우리 2030세대는 아예 희망의 끈조차 잃어버렸습니다. 그들이 주식 투자와 비트코인에 올인하는 것은 현실에 대한 절망 때문입니다. 이런 현실적인 박탈감을 해결하는 것이 급선무입니다. 특히 부동산 문제는 단지 주거의 문제에 머무는 것이 아니라 결혼이나 출산 등 우리 사회를 지탱하는 핵심 요인과 직접적으로 연관됩니다. 그런 점에서 이 문제를 해결하지 않고서는 한 발자국도 앞으로 나갈 수 없다고 생각합니다.

심교언 맞습니다. 청년세대나 신혼부부도 문제가 크지만 우리 사회의 절대다수를 차지하는 서민층의 문제도 여간 심각한 것이 아닙니다. 청년세대는 이번 보궐선거를 통해 존재감이라도 드러냈습니다. 하지만 다수의 서민층은 묵묵히 정책 실패의 부작용을 오롯이 감내하고 있는 형편입니다.

| 부동산 정책 실패는 잘못된 진단 때문이다

원희룡 사실 모든 국가의 정책은 서민에게 도움이 되는가로 판단돼야 하지만 그렇지 못한 것이 현실입니다. '정책'적 측면보다는

'정치적 효과'에 더 방점을 두기 때문이지요. 부동산 정책만 해도 소수의 다주택 보유자나 부동산 투기 세력보다는 일반 서민을 위한 주택정책에 초점을 맞춰야 했는데 정반대였습니다. 다시 말해 실거주자의 형편을 고려하고 착실한 자산 축적을 통한 내집마련의 희망을 지원해줄 수 있어야 합니다. 그런데 오히려 투기 세력 철퇴(적폐청산)라는 목표를 설정하고 무자비한 정책을 실행하는 바람에 오히려 서민들이 피해를 보게 된 겁니다. 우리나라 경제가 그만큼 성장했고 국민들은 부동산을 통해 자산가치를 실현할 충분한 사회적 여건과 니즈가 충족됐음에도 정책이 이를 뒷받침하지 못함으로써 오히려 우리 국민과 경제의 수준을 떨어뜨린 결과가 돼버렸습니다.

심교언 그런 점에서 서민은 물론 청년세대와 기존 주택보유자까지 모든 국민이 피해를 보고 있는 셈입니다. 무엇보다 미래에 대한 희망을 모두 잃어버렸다는 것이 가장 큰 문제라는 생각도 듭니다. 그런 점에서 지사님이 생각하는 부동산 정책의 방향, 기조, 시대정신을 실현할 마스터플랜이 있으신지요?

| 부동산이 '사회 악'이라는 적대적 인식은 버려야 한다

원희룡 일단 제가 생각하는 핵심은 두 가지입니다. 현재 내가 살고 있는 집에 대한 안정성과 앞으로 내가 살 집에 대한 희망입니다. 다시 말하면 현재의 주거안정과 미래 자산으로서의 실현 가능성이겠지요.

일단 모든 국민은 현재 내가 거주하는 집에 대해서 안정성을 확보해야 합니다. 아직 젊어서 소득이 충분하지 않을 수 있습니다. 그럴 때 부족한 자금을 융통할 수 있는 금융거래라든지, 매매, 이전 등의 예기치 못한 상황에서도 안정적인 거주환경을 보장받을 수 있어야 하는 것이지요. 또 중장기적으로는 자산으로서 내 집을 가질 수 있다는 희망이 있어야 합니다. 이는 단지 개인적 차원의 자산 축적이라는 의미가 아니라 중산층이 두꺼운 안정적인 사회를 위해 자립적인 자산을 가진 계층이 많아질 필요가 있다는 점에서 그렇습니다.

그런 점에서 부동산 성책은 특정 계층에 국한하기보다는 다양한 계층을 폭넓게 보호한다는 차원에서 마련될 필요가 있다고 생각합니다. 지금처럼 월세와 전세, 무주택자와 주택소유자, 1주택자와 2주택자를 편 가르는 것이 아니라 다양한 계층의 요구를 반영하는 차원에서 주거안정과 자산형성이라는 두 가지 방향으로 수립돼야 합니다. 이때 국가는 공급물량 지원과 투기세력 차단의 두 가지 역할에만 충실하면 됩니다. 국민을 적으로 삼는 게 아니라 자립적 시민을 양성할 수 있는 긍정적 차원에서 부동산 정책이 마련돼야 합니다.

심교언 그동안 우리나라에서 부동산 투기 문제는 심각한 사회 문제 중 하나였습니다. 그런 점에서 부동산 정책이 여전히 자산가치로서의 부동산을 염두에 두어야 하는지 의문이 들 수도 있을 것 같습니다. 예컨대 과거에는 내집마련이 일생일대의 목표였다면 이제 개인적인 가치관, 특히 인생의 가치나 삶의 방식에 관한 생각이 다양화된 만큼 자산 증식의 수단으로서 부동산 정책도 일부 변화할 필요가 있는 것 아닐까요?

원희룡 물론 사회가 다양화되면서 집에 대한 가치도 일부 변화했을 수 있습니다. 하지만 자산가치로서 부동산은 국민 개개인의 안전판 역할을 할 수 있다는 측면에서 보호되고 지원될 필요가 있습니다. 예컨대 경제가 일정 정도 성장하게 되면 반드시 인플레이션이 오게 돼 있습니다. 이때 자산의 구조에 따라서 엄청난 결과의 차이가 발생하게 됩니다. 집을 가진 사람은 앉아서 돈을 버는 것이고 임금생활자는 화폐가치 하락으로 손해를 보게 되는 것이지요.

이때 부동산은 예상하지 못한 경제 변동 과정에서 자산가치 하락을 만회하는 안전장치가 되는 것입니다. 물론 부동산을 투기목적으로 하는 경우는 별개이지만 다수 국민의 내집마련은 안정적인 자산확보라는 측면에서 보장될 필요가 있습니다.

심교언 우리나라는 주택 외에는 대체 자산이 없는 구조라 더욱 그렇습니다. 우리는 부동산이 가계 자산에서 차지하는 비중이 75% 정도입니다. 영국과 호주는 부동산이 50%와 60%로 높긴 하지만 일본은 40%이고 미국도 약 30% 정도를 차지할 뿐 나머지는 금융자산이나 주식 혹은 다른 투자와 연계돼 있지 않습니까?

원희룡 우리나라도 주식 투자에 대한 관심이 높아지고 있습니다. 하지만 지금은 부동산 정책으로 피해가 커진 데 따른 자산의 탈출구라는 측면이 더 강합니다. 원래 주식과 연계된 자산은 기업의 생산활동을 뒷받침하는 것이죠. 또 다른 형태는 금융자산인데

이건 자금의 활용도에 따라 생산에 투자될 수도 있고 소비금융이나 국제금융의 형태로 전환되기도 하지요. 가장 바람직한 것은 대다수 국민이 3대 포트폴리오인 금융자산, 기업의 지분(주식), 부동산을 가진 상태에서 꾸준히 근로소득을 확보하는 것입니다. 이런 방식으로 국민의 저변이 넓어지도록 하는 것이 기본방향입니다. 하지만 현재로서는 주식이나 금융자산의 여력이 부족한 만큼 주택자산에 대한 정책지원이 유지돼야 하는 것입니다.

심교언 모든 국민에게 기회를 고르게 배분한다는 차원에서도 필요한 일입니다.

원희룡 그렇습니다. 1997년 IMF 당시 서민들은 하루아침에 일자리를 잃고 엄청난 피해를 보았습니다. 제대로 된 정책이 시행되더라도 급격한 사회 변화나 개인적인 운에 의해 자산이 위협받을 수도 있고 뜻하지 않은 이익을 얻을 수도 있습니다. 이런 변동에 대비해서 가급적 모든 국민이 나름의 안전판을 마련할 수 있도록 하는 것이 국가의 역할이어야 합니다. 즉 골고루 기회를 균점함으로써 위험을 분산하는 것이지요. 부동산이 사회악의 근원이라는 식의 적대적 인식은 이제 버려야 합니다.

심교언 사실 부동산에 대해서 부정적인 사회 인식이 생긴 것도 불로소득이라는 생각 때문일 것입니다. 집권 여당에서는 토지에서 비롯된 소득은 모두 불로소득이라는 견해를 내기도 했는데요. 이런 견해에 동의하는지요?

원희룡 사실 토지공개념은 이미 우리 헌법에 내재돼 있습니다. 헌법 23조 3항은 '공공필요에 의한 재산권의 수용·사용 또는 제한 및 그에 대한 보상은 법률로써 하되, 정당한 보상을 지급하여야 한다.'라고 규정하고 있지요. 토지 자체가 공공재로서 제한적인 특성이 있고 토지 용도 역시 정부의 행정규제 권한이기 때문에 완전히 자유로운 재화라고 볼 수는 없습니다. 그런 점에서 정부의 공공주택 공급과 토지를 이용한 산업활동은 시장경제, 특히 국민의 자산 형성과 관련해서 어떻게 조화롭게 실현할 것인가에 대한 종합적인 판단이 선행돼야 합니다.

불로소득도 정치적 편 가르기로 이용되는 측면이 적지 않지요. 물론 사회 전체적인 부의 총량에서 근로소득은 적정 비율을 유지하는 것이 바람직합니다. 소위 노동분배율이 일정 수준 이하로 하락하지 않도록 해야 한다는 데 반대할 이유는 없겠지요. 하지만 노동에 대한 가치 부여나 노동분배율의 유지와 별개로 불로소득을 하나의 정책적 기준으로 삼는 것은 조심할 필요가 있습니다. 그 기준 자체가 자의적일 수 있기 때문입니다. 예컨대 주식에 투자해서 갑자기 큰돈을 벌었다면 이건 불로소득일까요? 만약 백신 회사가 기술개발을 통해서 엄청난 초과 이득을 얻었다면 이것도 불로소득일까요?

생각의 차이가 있겠지만 대체로 공감할 수 있는 기준선은 아마도 '생산성'일 겁니다. 즉 생산성에 기여했는가가 관건입니다. 일반적인 노동에 각종 인프라, 기술, 혁신적인 아이디어, 마케팅과 경영기법, 심지어는 '운'까지도 국가 발전의 동력이며 국민 경제를 풍요롭게 하는 요인이 될 수 있습니다. 그런 면에서 토지 공급이나 주택공급 역시 생산성에 이바지하고 경제 활동을 촉진시킬 수 있는 것이지요. 그렇다면 부동산은 생산성에 이바지한 것에 따른 적절한 보상으로 보아야 합니다. 부동산 취득 자체를 불로소득으로 매도해버리면 오히려 우리 경제의 생산성을 부정하는 역효과를 낳을 수 있습니다. 이때 불공정한 거래라든지 투기 등에 관한 부분을 차단할 수 있는 법적이고 제도적인 조치가 마련돼야 하는 것은 물론입니다.

심교언 말씀하신 노동가치설은 이제 수요공급설로 대체됐습니다. 잘 아시겠지만 수요공급설은 나의 의도와 상관없이 시장의 수요공급에 따라 이득이나 손해를 보는 경우를 말합니다. 이 경우 불로소득이라는 네이밍이 붙게 되는 것이지요. 예컨대 하루 일당 2만 원이 갑자기 5만 원이 되면 근로자는 같은 노동을 제공하면서도 2.5배에 달하는 노동가치를 실현하게 됩니다. 이런 일은 우리 주변에서 흔히 일어납니다. 다양한 외부환경 요인에 의해서일 수도 있고 아니면 순전히 우연적으로 일어날 수도 있지요.

예컨대 우리나라 경제가 5% 성장함에 따라 내가 보유한 토지가격이 5% 인상됐다면 불로소득일까요? 갑자기 도로가 개설되면서 땅값이 10배 올랐다면 어떨까요? 아마 불로소득이라고 보는 사람이 많을 겁니다. 물론 생산성이라는 기준에 따라 투자와 투기를 구분하는 것이 상식적이기는 하지만 시장의 수요공급 원칙에 따른 다양한 사례까지 고려해야 하지 않을까요?

원희룡 제가 말씀드린 노동가치설은 철학적-윤리적인 의미로 생각하면 될 겁니다. 사람이 자연환경에 노동을 가해서 가치를 창출하는 경우겠지요. 이런 노동은 생활의 수단이 될 수도 있고, 욕망을 충족하는 효용가치일 수도 있으며, 교환가치로 활용할 수도 있을 겁니다. 이때 교환가치는 수요공급의 원칙에 따라 결정됩니다. 결국 경제는 한정된 자원 속에 다양한 욕구와 필요를 가진 사람 중에 어떻게 우선적 배분이 이루어지는가의 문제가 되는 것이지요. 절대적인 심판자는 존재할 수 없으므로 더 많은 가격을 지급할 용의가 있는 사람에게 우선권이 가게 되는 것이 시장 경제입니다. 이렇게 볼 때 시장 경제는 끊임없이 변화하는 생산성의 발전과 혁신이 되겠지요.

결국 시장 경제의 발전은 노동의 분업, 교역, 혁신의 3단계를 거쳐 이루어진다고 볼 수 있습니다. 새로운 기술, 새로운 경제 활동 방식, 혹은 새로운 욕망 자체도 혁신의 동기가 될 수 있고 새로운 부가가치를 만들 수 있는 것입니다. 지적 재산권, 경영 혁신, 신기술 개발 등이 대표적인 사례일 겁니다. 이와는 대조적으로 토지는 생산성의 기반이 되지 못한다고 보는 경향이 있지요. 그러나 도로나 지하철 같은 인프라 구축으로 인해 이익이 발생할 때 운이나 우연적 요소가 개입했다 하더라도 일단 형성된 부가가치는 사회발전 혹은 혁신의 기반이 됩니다. 이러한 반사이익이 평등하게 분배되는 것은 아니지만, 그렇다고 해서 이것을 획일적으로 없앨 수는 없습니다. 가능한 생산성을 끌어낼 수 있는 방향으로 수용하는 것이 바람직한 정책 방향일 것입니다.

심교언 그렇다 해도 불로소득에 대한 환수는 일정 부분 사회에 환원되도록 하는 조치가 필요합니다. 이때도 일정한 기준이 필요할 텐데요. 혹시 구상하신 내용이 있나요?

원희룡 정밀한 세부 정책에 대해서 일일이 거론하는 것은 적절하지 않고 큰 틀에서 방향만 이야기해보겠습니다. 저 역시 불로소득에 대한 환수는 필요하다고 생각합니다. 하지만 운이나 우연적 요소 자체를 부인하거나 죄악시해서는 안 된다고 봅니다. 만약 이런 부분을 모두 없앤다고 하면 제일 먼저 사라져야 할 것은 복권사업이 될 것입니다. 하지만 '행운'이라는 것도 경제의 도약식 발전에는 필요한 요소 아닙니까? 결국 문제는 어떻게 이익을 회수하는가에 달려 있습니다. 저는 운이나 우연적 요소에 의한 불로소득은 최소한 절반 정도는 회수하는 것이 바람직하다고 봅니다.

물론 국민정서상 그 이상의 회수를 원할 수도 있지만 현재 복권사업도 50%의 세율을 적용한다는 것을 고려할 필요가 있습니다. 지나친 과세는 부작용이 더 클 수 있기 때문이지요. 개별 경제 주체의 소규모 투자를 통해 사회적으로 거대한 규모의 경제를 만들어내는 것이 목적이기 때문에 일부 사행성 요인이 포함된다고 하더라도 5대 5 정도라면 합리적 수준이 될 수 있다고 봅니다. 물론 이런 기준선은 그때그때의 경제 상황과 사회적 여건을 고려해서 조절돼야 합니다. 실제 미국의 대공황 시절에는 소득세가 90% 이상 적용된 적도 있지 않습니까? 절대적인 기준선보다는 전반적인 경제 여건 등을 고려해서 탄력적으로 조정돼야 합니다.

심교언 '투기'도 정하는 바에 따라서는 모호한 문제가 될 수 있습니다. 공공기관은 투기 이전에 먼저 형법상 문제의 소지가 있습니다. 하지만 일반인은 투기와 투자의 경계가 상당히 모호하거든요. 실제로 그동안 역대 정부에서 부동산 투기를 잡겠다고 수십 년간 여러 정책을 시도했습니다. 그런데 실제 제기된 투기 의혹이 약 1,000건이라면 그중 고소 고발까지 이어진 것은 약 100여 건에 불과합니다. 우리 사회가 투기를 너무 죄악시하는 측면이 있다 보니 자유로운 투자의 영역도 그만큼 축소되는 것이 아닐까 싶기도 합니다.

원희룡 결국 투기와 투자는 생산성에 얼마나 이바지했는가로 판단하는 것이 가장 합리적이지 않을까 합니다. 주식도 정상적인 경로를 통해 투자하고 보상받았다면 위험을 감수한 결과라는 점에서 문제가 되지 않습니다. 하지만 내부자 거래, 정보 조작, 자전 거래 같은 전형적인 조작적 수법을 동원했을 때는 명백한 투기가 될 겁니다. 하지만 이런 개별 사례에 대해 당국이 일일이 동기를 파악하고 감사하는 것은 불가능한 일일 뿐 아니라 빅브라더 발상입니다. 그런 점에서 여당의 부동산거래분석원 설치법안 같은 것은 통제사회를 지향하는 결과라고 볼 수 있지요.

현정부 과세 정책의 대부분은 징벌적 수단으로 사용되고 있습니다. 사전에 빠져나갈 사람은 다 빠져나가도록 해놓고 정작 실수요자에 대해, 그것도 실현되지 않은 소득에 대해서까지 세금을 동원하는 것은 원칙도 명분도 없는 뒤죽박죽 정책입니다. 정부가 직접 투기를 감독하겠다는 오만한 발상은 둘째치고 다주택자와 법인은 임대사업자로 전환해 면책할 수 있도록 하면서도 오히려 일반 서민에 대해서는 지나친 징벌적 과세를 부과하지 않았습니까. 그러다 보니 정책의 목표가 무엇이고 누구를 위한 정책인지도 모를 정도로 엉망이 돼버렸습니다.

|공공주택에는 토지공개념을 더욱 강화해야 한다

심교언 현정부와 집권여당에서는 토지공개념이라는 개념을 제시하고 있습니다. 하지만 이것이 과연 국민들에게 도움이 되는가에 대한 회의적 시각도 존재합니다. 예컨대 토지공개념을 적용할 때 공급이 줄어들게 돼 토지를 비효율적으로 사용하게 되고 결과적으로 서민들에게 아무런 도움이 되지 않는다는 주장입니다.

원희룡 현재 적용되는 토지공개념은 토지 수용이나 토지의 용도를 정부가 지정하는 것에 한정돼 있습니다. 행정권력이 강력한 토지관리계획을 보유한 것이지요. 노태우 정부 시절 도입한 것이 택지소유상한제, 토지초과이득환수(토초세), 개발이익 환수 등 세 가지인데요. 저는 이 세 가지 기본개념은 옳은 방향이라고 봅니다. 당시 위헌결정이 났던 것은 기술적이고 세부적인 내용과 관련된 것이지요. 지금도 지나치게 세세한 규정으로 인해 오히려 문제가 복잡해지는 게 아닌가 싶습니다.

저는 오히려 토지공개념을 더 강화할 필요도 있다고 생각합니다. 예를 들어 신도시 개발을 위해 정부가 토지를 수용한 뒤에 공공 목적으로 사용하지 않고 민간에 넘긴다거나 추첨을 통해 건설사에 개발권을 나누어주고 가격통제도 못 하는 경우를 차단하는 것입니다. 정부가 공공의 목적으로 토지를 개발한다면 공공의 이익을 최우선으로 해야 하고 시장을 보완할 수 있도록 해야 하는데 스스로 이익주체가 되는 일이 발생하고 있지 않습니까? 다시 말해 토지공개념은 철저히 공공 목적에 따라 토지수용, 용적률 설정, 용도변경 등의 권한을 사용할 수 있는 방향으로 엄격히 관리해야 합니다. 지금처럼 말로만 토지공개념을 앞세우고 실제로는 제대로 된 공급도 하지 못한 채 징벌적 세금만 부과하는 일이 되풀이돼서는 안 됩니다.

심교언 현재 공공 목적으로 토지를 수용하는 절차도 세계적으로 유래를 찾기 힘들 만큼 공공성이 지나친 측면이 있습니다. 따라서 공공성을 더욱 강화해야 한다는 것은 조심스러울 수밖에 없습니다. 과거 1980년대에 주택이 절대적으로 부족한 상황에서 국회가 아닌 국보위에서 제정한 법률을 여전히 끌고 가는 것도 시대착오적입니다. 이제는 공공성을 새롭게 해석해야 하는 게 아닌가 싶습니다. 특히 헨리 조지Henry George를 추종하는 극단적인 해결책은 오히려 서민을 더 힘들게 할 것이 분명하기 때문에 그러합니다.

원희룡 토지 중과세로 빈곤을 해결하자고 주장한 헨리 조지는 오히려 주택에 대해서는 가치창출과 생산성에 이바지한다는 것을 인정해서 세금을 없애자고 하지 않았습니까? 토지세로 모든 세금을 단일화하라는 발상입니다. 일부 참고할 부분도 있지만 현재의 조세체계에는 맞지 않는 부분이 많다고 봅니다. 18, 19세기에는 토지 지대가 모든 산업 가치를 흡수했기 때문에 발전의 방해 요인이 됐습니다. 하지만 지금은 조세가 정부의 가장 중요한 정책 수단 중 하나이기 때문에 적절한 방법이 될 수 없지요.

심교언 기본적으로 토지세는 토지가 한정돼 있다는 것을 기본 전제로 하지만 오늘날에는 관점을 달리합니다. 토지 공급을 늘리면 가격이 하락하게 되는 것처럼 운용 방법에 따라서는 가치가 변화할 수 있다는 것이지요. 우리도 과거 1990년대만 살펴보더라도 나 홀로 아파트 등의 논란이 있긴 했지만 준농림지 등의 획기적 토지 공급을 통해 주택가격을 세계적으로 보기 드물게 안정시킨 경험이 있습니다. 만약 현정부에서도 토지와 주택공급이 적절하게 이루어졌다면 불로소득 논란 자체가 없었을 겁니다.

원희룡 맞습니다. 헨리 조지의 주장은 지금과 같은 인프라나 건설이 전제되지 않았던 시대, 즉 농업이 가치의 주된 원천이었던 시대를 전제로 한 것입니다. 하지만 지금은 과거에 쓰이지 않던 토지도 교통·통신의 발달과 경제 활동의 다양화로 인해 얼마든지 가치가 달리질 수 있습니다. 더구나 주택은 용적률에 따라 얼마든지 수직적인 도시구조로 이루어질 수 있습니다. 또 지하공간의 개발까지 염두에 둔다면 토지 공급이 제한돼 있다는 전제부터 달라져야 합니다. 물론 사회 발전을 위해 한정된 자원을 효율적으로 써야 한다는 대전제는 오늘날에도 여전히 유효합니다. 하지만 토지의 효용가치와 생산성을 둘러싼 인식은 전면 수정돼야 할 겁니다.

심교언 이재명 경기도지사는 국토기본세를 제안한 바 있습니다. 이 또한 토지공개념의 일부라고 볼 수 있고 비싼 땅을 가진 사람에게 세금을 거둬서 기본소득으로 활용한다는 구상인데요. 이런 생각에 동의하시나요?

원희룡 현재 우리나라에서 토지를 가진 모든 사람은 재산세를 내고 있지 않습니까? 심지어 누진 적용을 받고 있고요. 보유세라는 것도 일정 가액합산을 넘을 경우 세율을 높인다는 것인데요. 국토보유세라는 것이 현행 정책과 어떤 상관관계가 있는지 모호합니다. 즉 현행 재산세와 종부세를 유지하면서 이중과세를 한다는 것인지, 아니면 세율을 높여서 중과세하자는 것인지 불분명합니다. 만약 보유세 세율을 올리자는 것이라면 이재명 지사가 말하는 국토기본세는 세율의 문제일 뿐 새로운 주장은 아닐 겁니다.

심교언 만약 세율을 높이는 문제라면 결국 부자에 대한 징벌세와 같은 맥락이라고 할 수 있을 겁니다. 문제는 이런 정책이 우리 사회에 어떤 영향을 줄 것인가이지요. 부자한테 빼앗아서 빈자에게 나누어줄 때 사회적 편익이 늘고 서민에게 혜택이 돌아가느냐, 아니면 부자들이 세금을 피해 도망가거나 자본을 숨겨서 결과적으로 서민의 피해로 귀결되느냐의 문제입니다.

원희룡 부자가 세금을 더 많이 내야 한다는 건 당연한 일입니다. 조세 자체가 담세 능력에 따른 과세이니까요. 부자는 담세 능력이 많으니까 당연히 더 많은 세금을 내야 하는 것이지요. 우리가 재산을 갖는 이유는 생활을 목적으로 한 것이기도 하지만 생산활동을 위한 밑천, 즉 자본이 필요하기 때문이기도 합니다. 이 두 가지를 제외한 나머지 자산에 세금을 많이 부과하는 것은 자연스러운 일이라고 생각합니다. 다만 적정한 세율이 문제가 될 수 있습니다. 예컨대 상위 1%의 부자에 대해서 세율을 인상하는 데는 큰 문제가 없어 보입니다. 북유럽의 부유세 사례를 참조할 수도 있을 것입니다.

하지만 모든 것이 지나치면 부작용이 나타나게 마련이고 또 모든 정책에는 대응 수단이 있게 마련 아닙니까? 즉 정책 목표에 따라 의도한 효과가 최대한 발휘될 수 있도록 해야 합니다. 그런데 윤리적 기준이나 선한 의도 혹은 강제적 수단에 치중하다 보면 당장은 속시원해 보일지 모르지만 중장기적으로는 피해가 더 커지게 됩니다. 예컨대 부자에게 징벌적 조세를 하면 재산을 해외로 이전해버림으로써 국민의 총자산이 줄어들 수 있지요. 결국 정책결정자는 재산의 해외이전을 감수하면서도 중과세를 함으로써 사회적 효과를 얻을 것인지, 아니면 적정한 세율을 유지하고 지속적인 세원을 확보할 것인지 선택해야 합니다. 하지만 세계 최고의 세율을 내도록 하면서 자산가들이 한국에 영원히 남기를 바랄 수는 없겠지요. 적정한 기준선을 찾는 일이 중요합니다.

심교언 높은 세율을 부과함으로써 토지를 내놓게 만든다면 과연 그 토지를 어떻게 활용할 것인가의 문제도 생길 수 있습니다. 결국 다 국유화하려는 것 아니냐는 것이지요. 이재명 지사의 경우 국토기본세로 인한 세수를 연간 약 8조 원 정도로 예측했는데 그다지 큰 액수는 아닙니다.

원희룡 현행 보유세의 세율을 조정하기만 해도 그 정도 세수는 확보가 가능하지 않겠습니까? 농민들에 대한 재산세도 면제해주자고 하면서 다시 국토기본세를 제안하는 것도 앞뒤가 안 맞는 듯합니다.

| 부동산 가격 인상은 유동성과 공급 부족 때문이다

심교언 이제 본격적으로 구체적인 정책에 관해 이야기를 진행

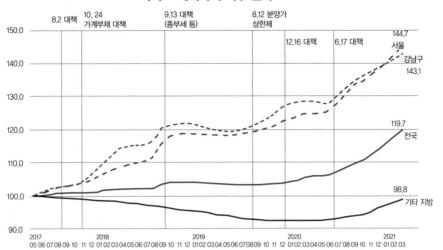

아파트 매매가격 지수 변화

8.2 대책　10. 24 가계부채 대책　9.13 대책 (종부세 등)　8.12 분양가 상한제　12.16 대책　6.17 대책

144.7 서울
강남구 143.1
119.7 전국
98.8 기타 지방

(자료: KB부동산)

하고자 합니다. 제가 생각할 때 문재인 정부의 부동산 정책에서 가장 큰 문제점은 끊임없는 마녀사냥이 아닐까 싶습니다. 처음에 부동산 가격 인상이 일어났을 때 전문가들은 일제히 유동성과 공급을 원인으로 진단했습니다. 그런데 현정부는 처음에는 다주택자 때문이라고 했고 그다음은 고액자산가 때문이라고 했고 다시 몇 달 뒤에는 임대사업자 때문이라고 했습니다. 그러다가 이제야 공급과 유동성 문제를 이야기하기 시작했습니다.

다시 말해 문제에 대한 진단 자체가 잘못된 것이고 그 와중에 끊임없이 청산해야 할 적폐 대상을 만들어냈습니다. 처음부터 유동성과 공급 문제를 원인으로 진단했다면 처방이 달라졌을 텐데 지난 3년 반을 허송세월한 것이지요. 그동안 정부 정책이 나올 때마다 가격은 오히려 더 불안해지는 양상도 나타났습니다.

원희룡 문재인 정부 초기부터 주택정책의 방향은 투기 차단이었습니다. 다주택자 혹은 일부 투기세력의 문제는 늘 있는 일이었지만 현정부가 초기부터 적대적 대상으로 간주하고 정치적인 효과를 노린 것이 잘못이었습니다. 하지만 시장의 문제는 공급 부족이었습니다. 당시 집값이 급등하게 된 원인은 2000년대 이후 약 15년 동안 소득이 증가하면서 질 좋은 신규 주택에 대한 수요가 늘어났기 때문입니다. 서울은 소득이 약 두 배가량 증가한 것으로 알려졌는데요. 그에 따른 주택공급이 뒷받침되지 못하면서 자연스럽게 가격 인상으로 이어지게 된 것이지요.

이에 따른 투기 요인은 부차적인 문제이고 집값 상승을 근본적으로 차단하기 위해서는 공급 확대, 특히 '질 좋은 신규 주택'을 공급해야 합니다. 하지만 초기 원인 진단에 실패하면서 지난 4년여 동안 부동산 정책 실패가 반복되게 된 것입니다. 이제 와서야 유동성 문제를 인정하면서 200만 호 이상의 공급대책을 내놓았으니 늦어도 너무 늦은 셈이지요. 어찌 보면 국민들을 속이다가 자신들 스스로도 속게 된 것이 아닌가 싶습니다.

심교언 냉혹한 시장의 운용법칙에 인위적인 신념이나 윤리가 개입하게 되면서 오히려 부작용이 발생하게 된 것이 아닌가 싶습니다. 정치집단의 소신 혹은 윤리를 기준으로 시장경제의 원칙을 재단하다가 스스로 덫에 빠진 것이지요.

원희룡 정책이라는 것은 집권 세력의 정치 이념이나 비전을 토대로 일정한 지향성을 갖게 마련입니다. 하지만 구체적인 정책 기획과 실행만큼은 냉정한 현실 인식과 검증을 토대로 해야 합니다.

정치인의 희망사고 혹은 주관적 의도가 개입하게 되면 정책이 흔들릴 수밖에 없으니까요. 핵주먹으로 불리는 마이크 타이슨Mike Tyson은 "누구나 링에 오르기 전에는 계획이 있다."라고 했습니다. 계획한 대로 다 실현되는 건 아니라는 명언입니다. 아무리 선한 의도라고 해도 인간의 욕망, 인간 행동의 법칙을 무시한 정책은 실패할 수밖에 없습니다. 가장 선한 의도를 갖고 있다고 믿었던 문재인 정부가 가장 철저하게 실패한 것도 그 때문입니다.

심교언 현재 국민들의 가장 큰 불만 중 하나는 세금 문제입니다. 학계에서는 일반적으로 보유세가 늘어나면 공급이 줄어들고 공급이 줄면 가격이 인상돼 결국 전체 시장이 어려워질 수밖에 없다고 봅니다. 예를 들어 10억 원짜리 집을 가진 사람이 갑자기 세금이 인상돼 집을 판다면 주택가격은 하락할 겁니다. 만약 9억 원으로 집값이 하락했다고 했을 때 내가 들어가 살더라도 세금을 내야 하고 임대를 한다고 해도 마찬가지라면 국민 입장에서는 집을 팔든 사든 똑같이 많은 세금을 내야 하는 겁니다.

명목상으로만 집값이 하락하는 효과가 나타나는 것이지요. 임대 시장은 다릅니다. 공급이 줄어들면 가격이 올라갑니다. 집을 사면 보유세를 많이 내야 하니까 임대로 가게 됩니다. 즉 임대수요는 증가하는데 공급은 줄고 다시 임대가격이 인상되는 것이지요. 이렇게 볼 때 보유세와 종부세를 계속 인상하는 것이 과연 서민을 위한 정책이 될 수 있는가는 생각해볼 문제가 아닐 수 없습니다.

원희룡 상식적으로 생각해볼 필요가 있습니다. 보유세는 왜 필요한가요? 우리가 주택을 갖고자 하는 것은 삶을 살기 위한 기본

욕구의 충족입니다. 그렇다면 이런 실거주 주택에는 부담 가능한 수준에서의 합리적 세금을 부과하는 것이 마땅합니다. 또한 임대사업자나 법인이 생산활동을 위한 자본으로 보유한 업무용 토지 역시 보호받아야 합니다. 그런데 이런 보유세가 실현되지 않은 이익에 대한 과세로 확대 적용된다는 데 문제가 있습니다. 집값이 올랐다 해도 실거주자가 실질적인 이익을 취득한 것이 아니지 않습니까? 호가만 높아졌을 뿐인데도 세금을 부과하는 것은 실거주용 주택 보유조차도 징벌하겠다는 것과 마찬가지입니다. 집값이 오른 게 소유자의 탓도 아닙니다. 그런데 왜 그들에게 실현되지도 않은 가격인상분을 매년 빼앗아 가는지 이해할 수가 없습니다.

원래 조세정책이라는 것이 이익이 발생한 데 대해 세금을 부과하는 것 아닙니까? 그렇다면 실 소유자는 주택 매매 시 차익에 대해 세금을 내도록 하면 되고 임대소득자는 임대소득에 과세하면 될 일입니다. 현정부의 조세정책, 특히 부동산과 관련된 세금은 수요를 억제하기 위한 징벌적 수단이라는 것이 가장 큰 문제라고 생각합니다.

심교언 현재 종부세 최고부담액은 7.2%, 양도세율 최고부담률은 82.5%입니다. 이 정도면 최고 세율이라고 해도 과언이 아닌데요. 만약 강남에 아파트를 4채 정도 갖고 있고 공시가격으로 약 100억 정도라면 대략 20년 만에 세금으로 집값을 다 빼앗기는 수준입니다.

원희룡 우리나라 세율이 다른 경제협력개발기구 국가와 비교해서 어느 정도 수준인지는 잘 모르겠습니다. 지금 세율이 다소 높다고 해도 현재의 시장 상황을 감안할 경우 당분간 유지가 불가피하지 않을까 생각합니다. 앞으로 시장 상황에 따라 세율 조정은 당연히 있어야 합니다. 그때는 국제기준이나 보유목적 등을 고려해서 합리적으로 조정해야 할 것입니다. 지금 당장의 수준에서는 특히 최고 부자에 대한 세금이 솔직히 과하다고 생각하지는 않습니다.

심교언 부동산 세금은 공시가격과 연계돼 있어서 지자체의 역할과 국가의 역할이 함께 고려돼야 하는 측면도 있는 것 같습니다. 공시가격에 따라 60여 가지의 세금 등이 영향을 받게 되는데요. 제주도의 경우는 어떻습니까?

원희룡 실제 공시가격을 통해 재산세를 부과하다 보니까 복지 탈락자도 생기고 소득 없는 사람이 세금을 내야 하는 등 다양한 문제가 발생한다는 것을 확인했습니다. 정책 과정을 자세히 살펴보니 세금의 적정성 논란 이전에 근원적인 문제가 있더군요. 주택 유형별로 재산세를 부과할 때 표준주택 혹은 기준을 설정하게 되는데 충실한 현장 조사가 생략되는 경우가 많고 샘플링 자체도 부족했습니다. 더욱이 담당 인원도 상대적으로 너무 적다 보니 대부분은 복사Ctrl C와 붙이기Ctrl V를 반복해서 만들어졌을 가능성이 크다는 합리적 의심을 하게 됐습니다.

샘플 설정이 자의적이고 부실한데다 데이터 자체에도 신뢰성이 없다 보니 조세저항이 생길 수밖에 없는 구조입니다. 더 큰 문제는 실제 거래유형이 전혀 다름에도 불구하고 문제의 소지가 있는 유형의 거래가 다른 곳에서 발생하면 연좌제를 적용한다는 것입니다. 공시가격의 현실화라는 정부의 정책 목표는 옳았다고 하더라도 현실화율 90%라는 과도한 목표를 너무 단기간에 실행하려 했던 것이 문제의 본질일 수도 있습니다. 사실 '시가'라는 것 자체가 본질이 없는 개념 아닙니까? 실제 거래되는 가격이라는 의미입니다. 그런데 평생 팔 마음이 없는 경우도 있고 거래가 이루어지지 않은 때도 있습니다. 그렇게 개념도 불분명한 '시가'라는 것을 적용해 공시가격을 90%까지 현실화한다는 것은 지나치게 자의적이라고 생각합니다. 목표율 90%도 너무 급격하고요.

게다가 조세법률주의를 위반한 조치라는 점에서 위헌적 요소까지 안고 있습니다. 현재의 재산세 인상은 공시가격에다가 세율을 곱해서 세금을 산출하는 것인데요. 공시가격을 인상한다는 것은 곧 증세 조치와 마찬가지입니다. 다시 말해서 공시가격을 올리든 세율을 올리든 둘 중 하나를 올리면 전체 세금액이 증가하게 되므로 증세 효과가 나타나는 것입니다. 우리나라는 세율과 세목 모두 국회에서 법률에 따라 정하도록 하는 조세법률주의를 채택하고 있는데, 이런 증세 조치가 국회를 통한 국민적 동의 없이 청와대와 국토부 간의 내부논의를 거쳐 이루어지고 있습니다. 그러니 애초의 정책 목표 설정이 세수를 늘리기 위한 게 아닌가 하는 의심이 들 수밖에 없습니다.

| 최상위 구간만 중과세를 하고 실거주자는
　　보호해야 한다

심교언 결국 정책결정자들이 고민해야 할 부분은 경제학적 효과를 떠나서 보유세, 종부세, 양도세가 실제 서민들의 삶에 어떤 영향을 미치는가에 있는 게 아닌가 합니다. 종부세를 올리면 정말 자산가들에게 타격을 주고 서민은 이득을 보게 되는지 말입니다. 특히 조세정책은 국민들에게 직접적인 영향을 미치기 때문에 좀 더 진지한 고민이 있어야 하는 게 아닌가 싶습니다.

원희룡 저는 기본적으로 정책에 임하는 태도랄까, 정책 담당자의 인식부터 달라져야 한다고 생각합니다. 예컨대 자기 집에 사는 사람, 열심히 일해서 좋은 집에 사는 사람이 잘못인가요? 인간은 누구나 욕망을 갖고 있고 이건 정당하고 자연스러운 일입니다. 물론 그중에는 열심히 일해서 저축한 사람도 있지만 운이 좋아서 갑자기 부자가 된 사람도 있겠지요. 그것까지 백안시할 필요는 없습니다. 그런 사람들은 사회적 기여를 좀 더 하도록 유도하면 되고 정치 문화적으로 분위기를 조성할 문제입니다. 그 자체에 대해 징벌적 과세를 하는 건 상식 밖의 일인 거죠. 정부가 전체 부동산 시장의 안정을 위해서 관리할 대상은 최고 구간인 약 1~2% 구간의 고가 주택입니다. 이 구간은 좀 심하다 싶을 정도로 세금을 인상해도 무리는 없을 겁니다.

2주택자도 생각해볼 여지가 많습니다. 서울에 살던 사람이 지방 발령을 받아서 혼자 살 거주지를 구하게 됐는데 전세가 아닌 매입을 선택할 수도 있지 않습니까? 지금의 부동산 정책은 아예 2주택은 꿈도 꾸지 말라는 것인데, 이런 이중 주거의 필요성 때문에 2주택자가 되는 게 무슨 잘못이겠습니까. 만약 그 사이 집값이 올라서 상당한 이득을 취했다면 나중에 매매할 때 양도세를 내게 하면 그만입니다. 단지 2주택자라는 이유만으로 중과세하는 건 잘못이라는 거죠.

여기에 부모님의 시골 농가를 상속받아 3주택자가 됐다고 해도 마찬가지입니다. 지금은 똘똘한 한 채로 몰릴 수밖에 없어서 이런 시골 농가는 상속받는 대로 팔아치울 텐데 그렇게 되면 농촌의 빈집은 더 늘어날 수밖에 없거든요. 이렇게 모두가 수도권에 몰릴 수밖에 없는 구조를 만들어놓고 지방균형발전이라는 명목으로 수조 원씩 쏟아붓는 건 모순입니다. 수도권-지방의 균형발전을 위해서는 오히려 지방에 1주택씩 더 갖기 운동을 해야 할 판인데 말입니다.

심교언 실제 세계적으로 대도시는 다주택자가 임대물량을 내놓고 있습니다. 서울은 40% 정도가 자기 집에서 살고 나머진 임대주택에 사는데요. 대부분의 대도시가 이와 비슷하거나 오히려 더 낮은 곳도 많습니다. 이번 정부가 좋아하는 베를린을 예로 들면 자기 집에 거주하는 비율이 15% 정도밖에 되질 않습니다. 나머지 85%는 다주택자가 임대로 내놓은 것이지요. 베를린에서는 이들 다주택자를 임대주택 공급자로 인정해서 각종 혜택을 부여하고 있습니다. 우리 정부도 초기엔 그렇게 했다가 말을 바꾸기도 했습니다. 다주택자라고 해서 전부 투기꾼은 아니지 않습니까? 여러 가지 사례가 있을 수 있지만 현정부는 다주택자는 기본적으로 투기 세력이라고 간주하는 것 같습니다.

원희룡 지금은 너무 숫자에만 연연하는 것 같습니다. 획일적으로 2채를 가졌느냐, 3채를 가졌느냐만 본다는 것이지요. 중요한 것은 다주택 여부가 아니라 실거주 증명이라든지, 아니면 주택 총액이 어느 정도 수준인지를 파악하는 것입니다. 그래서 일정 기준을 충족할 경우 적정한 세금을 부과하면 되는 거죠. 정부가 일일이 다주택자의 동기나 의도를 파악하겠다고 나서면 행정비용도 엄청나지만 실질적인 정책효과를 얻기도 쉽지 않습니다. 그리고 지방은 세컨드 주택을 하나씩 갖도록 권장하는 것도 또 다른 방법이 될 수 있습니다. 개인적인 삶의 질을 높이는 방식일 수도 있고 지방균형발전을 위해서도 그만큼 교류가 늘어나면 전반적인 환경이 나아질 수밖에 없으니까요.

심교언 또 다른 문제는 이런 세금이 공급을 위축시키기 때문에 결과적으로 서민의 어려움을 가중시킨다는 것입니다. 학계에서는 일반적으로 잘 알려진 이론이지요. 지방균형발전도 생각해야 하지만 서민의 안정을 위한 조세정책 설계는 어떤 기준에 근거해야 한다고 생각하십니까?

원희룡 주택공급에 따른 영향을 가장 많이 받는 분야는 임대시장일 겁니다. 특히 전월세는 거의 전부가 실수요이고 실거주자들입니다. 이 경우 임대시장은 철저히 수요공급에 따라 가격이 결정됩니다. 따라서 여기에 국가가 개입하게 되면 혼란이 생길 가능성이 큽니다. 무주택자로서 당장 살 집을 마련해야 할 사람은 가격폭등의 피해를 볼 수 있고 개인적인 사정으로 다른 지역에 실거주를 한다면 세금폭탄을 걱정해야 하니까요. 결국 최우선 정책은 공급부족이 나타나지 않도록 하는 것입니다. 적정한 수준의 보유세나 양도세 기준을 마련하되 이익이 발생했을 때만 세금을 부과한다는 원칙을 지켜나가는 것이 중요합니다.

일단 실거주 여부를 판단하고, 다주택자라고 해도 전체 총액이 일정가액 이하라면 실거주 서민용도로 간주해 합리적인 세금을 매기도록 하는 것이지요. 대신 이익이 발생했을 때, 즉 임대소득이나 양도소득에 대해서는 예외 없이 세금을 부여하고요. 특히 최상위 구간은 중과세를 하는 방식으로 짜야 하지 않을까 싶습니다.

심교언 서민들의 내집마련을 위해 가장 필요한 지원 정책 중 하나가 금융지원일 겁니다. 현재 부동산 대출 규제가 까다로워 지원을 받기가 여간 어렵지 않은데요. 대출규제 문제는 어떻게 풀어가야 할까요?

원희룡 부동산은 대부분의 사람에게 평생의 가장 큰 단일상품이고 목돈을 필요로 합니다. 개인적으로 자산을 증식하는 목표도 있겠지만 그보다는 재정 안정성을 위한 인생의 담보 같은 측면이 큽니다. 인플레이션이나 국제경제 같은 금융 환경의 변동뿐 아니라 갑작스러운 질병이나 상해 등이 생겼을 때 자산 유지의 안전판이 돼주니까요. 국민 대다수가 내집마련을 할 수 있도록 지원하는 것은 이러한 부의 기회를 골고루 얻도록 함으로써 사회 양극화를 완화시키고 안정적인 구조를 만들기 위해 꼭 필요한 일입니다. 이처럼 내 집은 자산의 필수 구성요소라는 점에서 정부의 적극적인 지원 정책이 필요한 것이지요.

주택은 워낙 고가 자산이기 때문에 개인 저축만으로는 구입이 어렵습니다. 이때 타인의 저축, 즉 금융 대출이 필요합니다. 그런데 지금은 이 문턱이 너무 높아 정작 대출이 필요한 서민들이 이용하기가 쉽지 않습니다. 담보가 클수록, 신용이 좋을수록 대출을 받기 쉽도록 돼 있으니 고가 주택보유자나 다주택자는 사재기가 더욱 쉬운 구조이지요. 그렇다고 금융기관이 손실을 감수하고 대출을 해줄 수도 없으니 정부의 조치가 필요한 것이 사실입니다. 일단 금융대출정책의 기본 원칙과 방향은 국민들이 자유롭게 내 집을 마련할 수 있도록 지원하고, 생애 첫 주택을 마련하는 사람일수록 두텁게 지원하며, 생애주기적으로 구입 시기를 앞당길 수 있도록 해야 한다고 생각합니다.

심교언 내집마련을 지원하는 것 자체가 사회안전망이 될 수도 있다는 지적은 상당히 의미가 있는 것 같습니다. 우리가 대출규제를 언급하면서 간과하는 점은 주택담보대출의 상당 부분이 생계형 대출이라는 점입니다. 여러 연구에서도 지적되듯이 대출을 규제하면 고금리의 대부업체로 밀려나게 됩니다. 결국 서민들이 더 힘들어진다는 것이지요. 특히 지금처럼 영세자영업자 등은 대출이 필요할 때 더욱 타격을 받기 때문에 주택만을 생각하기보다는 서민의 생계를 같이 생각하는 관점이 필요할 것 같습니다. 지금까지 내집마련은 개인적인 욕망에 따른 투자로 인식해서 규제 대상으로만 생각해왔고 리스크 헤징이나 사회경제적 구조의 안정성이라는 측면은 고려되지 않았으니까요.

원희룡 내집마련에 성공해서 안정적 자산을 보유한 사람이 많아지면 우리 사회도 그만큼 안정될 수 있습니다. 중산층이 다시 두터워지고 그래서 자립적 시민이 많아지면 더 건강하고 열린사회가 되는 것이지요. 이런 경제적 안정성이 뒷받침될 때 민주주의 역시 더욱 공고화될 수 있습니다. 생활에 여유를 가진 자립적 시민이 많아지면 그만큼 사회참여가 늘어나게 되고 발전적 논의가 이루어질

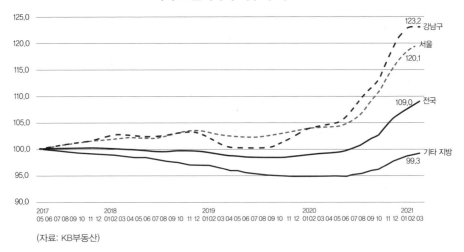

아파트 전세가격 지수 추이

(자료: KB부동산)

수 있습니다. 그런 의미에서 내집마련 지원은 민주주의와 경제 안정성 확보를 위한 중요한 요인이 될 수 있습니다.

심교언 전월제 상한제와 계약갱신제가 시장에 엄청난 충격을 주고 있습니다. 독일에는 임대주택 한 채에 1,700여 명이 줄을 섰다고 하고 우리나라도 전셋집 하나에 아홉 명이 줄을 서는 등 역효과가 나타나고 있는데요. 이렇게 전세 난민이 발생하면 전국적인 가격상승 효과가 나타날 우려가 큽니다.

원희룡 소위 '임대차 3법'이라고 하지요. 계약기간 갱신청구권 기간을 둔다든지 임차인의 보호를 위한 정책 방향 자체는 옳다고 생각합니다. 문제는 정책의 타이밍, 획일적 적용, 사전 정지작업이 없었다는 데 있습니다. 전월세전환율은 대도시와 지방의 구분 없이 획일적으로 적용했습니다. 전문가들이 매물의 품귀현상이 발생할 것으로 예측했는데도 강행함으로써 엄청난 부작용을 만든 것이지요. 일단은 전세 공급을 확대해서 월세를 전세로 전환할 수 있도록 유도하고 전세 수요를 감축할 수 있도록 한시적인 규제 완화가 필요하다고 생각합니다. 장기적으로는 민간을 활용해서 공급을 대폭 늘려 시장을 안정화해야 합니다.

심교언 특이한 점은 우리나라가 모든 주택을 대상으로 임대료 상한제를 적용한다는 것입니다. 다른 나라는 대체로 정부가 원하는 사람에게 신청을 받아 임대료 상한제를 적용하고 대신 세금혜택과 금융지원 등을 주고 있거든요. 일정 포션 외는 자유롭게 거래하도록 함으로써 균형을 맞춥니다. 그런데 우리는 예외인 셈입니다. 그래서 시장 충격이 더 큰 게 아닌가 싶습니다.

원희룡 제가 말한 사전 정지작업이 바로 그런 사전 설계를 의미하는 것입니다. 임대료 상한이라는 캡이 씌워진 주택이 많아지면 임대인과 임차인 모두가 선택권을 갖게 되지 않겠습니까? 정부가 획일적으로 이를 강제하기보다는 신청자가 많아질 수 있도록 조세 감면 혜택이라든지 주택 수리비 지원 같은 유인정책을 동원하는 것이 효과적일 겁니다.

심교언 임대료 상한제를 도입하면서 모범으로 삼았던 것이 베를린 사례였는데요. 몇 달 전에 가격동결 5년에 대한 위헌결정이 났습니다. 그 결과 추가 소송이 엄청나게 몰릴 거라는 예측도 나왔는데, 임대인이 못 받은 돈을 정부에 청구하겠다는 것이지요. 저 역시 임대료 상한제를 획일적으로 적용해서는 안 된다고 생각하고, 계약

갱신제를 하면 물량이 줄어들기 때문에 당장 정책적 효과를 거두기는 더욱 어렵다고 생각합니다. 단기적으로는 정부 의도가 먹힐 수 있겠지만 중장기적으로는 서민에게 불리합니다.

원희룡 단기적으로야 그럴 수도 있겠지요. 하지만 회피하려는 경향도 많아질 수밖에 없으니까 본질적으로는 공급을 통한 가격 안정 외에는 방법이 없을 듯합니다. 저 역시 피해자 중 한 사람입니다. 2000년에 목동아파트를 1억 9,000만 원에 전세 계약하고 입주하게 됐는데 4년 뒤에 전셋값이 3억 5,000만 원으로 올랐습니다. 갑자기 두 배로 뛴 전셋값을 어떻게 내겠습니까. 은행 대출을 알아보다가 우연히 근처의 다른 집이 매매가 4억 원에 나온 걸 보고 결국 매매로 전환했습니다. 어차피 대출받는 거라면 사는 게 낫겠다 싶었던 거죠.

제주도에 내려오면서 그 집을 팔았는데요. 만약 제가 서울로 돌아간다고 해도 다시는 그 집을 살 수가 없습니다. 그 사이에 20억 원으로 올랐거든요. 이런 경험 때문인지 저는 전월세 임차인에게 더 많이 공감하게 됩니다. 그때 저는 대출이라도 받을 수 있었지만 그렇지 못한 경우는 여기저기를 떠도는 피난민이 될 수밖에 없지 않겠습니까?

심교언 현실은 어떨지 모르겠지만 학계에서 보는 입장은 명확합니다. 하버드대학교 경제학부 그레고리 맨큐Gregory Mankiw 교수의 저서 『맨큐 경제학』 앞부분에는 '임대료 상한제 같은 나쁜 정책이 아직까지도 회자되고 있어서 이 책을 쓴다.'라고 적혀 있습니다. 현실과 이론의 차이가 이렇게 크다면 적절한 절충점을 찾아야 할 텐데요. 대략 이러면 어떨까 합니다. 임대료 상한제를 20~30% 정도의 주택에 대해 유지하고 나머지는 자유거래를 보장하는 것입니다. 다른 선진국 사례도 그렇고 이 정도 포션이면 충분하지 않을까 싶은데요. 여기에 정부의 혜택을 매칭하면서 자연스럽게 참여를 유도하는 방식의 정책을 편다면 지금과 같은 부작용은 줄일 수 있지 않을까요?

원희룡 획일적인 상한제 적용은 부작용이 큰 게 사실이지만 임차권을 보호할 수 있는 정책은 반드시 필요하다고 생각합니다. 임대료 상한제 때문에 살던 임차인을 내보내고 지방에 있는 아들을 불러올리면 쫓겨난 임차인은 다른 곳에서도 집을 구할 수 없게 되니까요. 당장 살고 있는 집의 임대료 문제만이 아니라 임대시장 전체 가격을 안정시킬 정책이 필요합니다. '착한 임대인'을 유도할 수 있는 정책을 지원하고 제도화하는 것도 하나의 방법이 될 수 있겠지요. 도를 넘어서는 임대료 상승에 대해서는 국가가 적극적인 대책을 마련했으면 합니다.

물론 고액 연봉자나 강남의 수십 억짜리 전세까지 보호하자는 건 아닙니다. 그들만의 리그에 정부가 관여할 이유도 필요도 없으니까요. 대신 서민들이 사는 주택에 대해서는 보호장치가 더 필요하고 국가 차원에서도 다양한 지원대책과 유도정책이 마련될 필요가 있습니다.

심교언 분양가상한제 문제는 그동안 여러 차례 논란이 있었던 정책입니다. 경실련의 김헌동 부동산건설개혁본부장은 문재인 정부가 집값을 계속 올려놓고 전셋집의 씨도 말려놓았다고 개탄한 바 있습니다. 그러면서 실효성 있는 부동산 대책으로 아파트 분양 원가를 공개하고 분양가에 상한선을 둘 것을 제안했지요. 만약 원가 공개가 어렵다면 후분양제라도 도입해서 부동산 시장 과열을 막아야 한다고 했는데요. 지사님은 어떻게 생각하십니까?

원희룡 기본적인 생각에는 동의합니다. 박정희 정부 때부터 내내 분양가상한제를 해오다가 1999년에 딱 한 번 풀었고 2005년 다시 시작했다가 2015년에 풀린 것으로 알고 있습니다. 그런데 이때만 주택가격이 폭등했거든요. 어떤 인과관계가 있는지, 정말 상관관계가 있는지 모르겠지만, 공공주택은 분양가상한제를 적용하는 것이 필요하다고 봅니다. 공공주택은 서민을 대상으로 한 깃이기도 하고 도로나 지하철 등 사회적 인프라를 분양가 인상의 요인으로 만들어 건설업자가 이득을 취하는 지금의 방식은 개선돼야 하기 때문입니다. 물론 수요공급에 따른 가격인상은 어쩔 수 없지만 단가를 올려 한 번에 최대이익을 얻겠다는 발상은 제어할 필요가 있어 보입니다. 제가 기업주라도 그럴 테니까요. 이런 인간 욕망의 본질을 고려해서 적절한 수준의 가이드가 마련돼야 합니다.

심교언 건설업은 워낙 경기를 많이 타는 업종이기도 하고 실제 2008년 금융위기와 유럽 재정 위기가 진행되던 당시에는 상위 50위 업체의 절반 정도가 법정관리에 들어가기도 했습니다. 미래를 장담하기 어렵다 보니 경기가 좋을 때 최대한 이익을 내야 한다는 논리가 있는 것 같습니다. 실제 이 경우에도 전체적인 총액으로 본다면 평균 수준일 뿐 초과이익은 아니라는 주장인 거죠.

원희룡 각각의 입장을 들어보면 충분히 공감할 부분도 있을 겁니다. 하지만 지금은 건설회사보다는 다수 국민의 이익을 우선 생각해야 할 때인 것 같습니다. 물론 기업이 감당할 수 없는 무리한 정책은 지양돼야겠지만 정책 목표 자체를 집값 안정에 두고 가급적 다수 국민이 혜택을 보는 방향으로 정책을 설계하는 것이 중요하다는 생각입니다.

심교언 가장 바람직한 방법은 건설업자가 분양가상한제를 자발적으로 지킬 수 있도록 하는 걸 겁니다. 분양가를 낮추면 세무감사를 일정 기간 유예한다든지, 아니면 세제 혜택을 주든지 하는 것이지요.

원희룡 모든 아파트에 분양가상한제를 적용할 필요는 없습니다. 강남에 타워팰리스 같은 고가의 아파트를 짓고 최고 분양가를 내세운다고 해도 이건 일부 부자들의 이야기일 뿐이니까요. 대신 서민들이 거주하는 주택에는 일정한 기준 가격을 잡아주어야 합니다. 다시 말해 공공의 목적과 행정 수단이 동원되는 때는 분양가상한제를 적용하도록 하는 것입니다. 공공에서 토지가 공급되거나 용적률의 적용 같은 행정규제 조치가 필요한 때, 공공의 개입을 통해 수익의 기초가 형성되는 때는 가격 옵션을 걸 수 있도록 하는 것이지요. 반대로 기존의 (상업)용도지구에 민간이 자체적으로 분양할 때는 정부의 개입 없이 자유롭게 가격을 설정하도록 하면 됩니다. 원칙은 공공재의 사용 여부에 있는 것입니다. 공공의 지원을 조금이라도 받는다면 반드시 서민들의 주거안정에 이바지해야 한다는 것이 사회적 정의로 정착됐으면 합니다.

심교언 과거 이명박 정부 시절 보금자리주택이라고 해서 시세의 80% 정도로 조정해서 시행한 경험이 있기도 합니다. 충분히 가능한 일인 거죠. 사실 택지는 분양만 되면 무조건 이윤이 날 수밖에 없는 구조니까요.

원희룡 주택공급의 목적 자체가 주거안정에 있거나 공공재가 투입된다면 그에 따라 옵션을 거는 방식도 검토할 수 있을 겁니다. 무엇보다 저는 충분한 공급을 통한 가격안정이 가장 최선이고 또 최종적인 정책이 돼야 한다고 생각합니다. 예컨대 게릴라식으로 반값에 해당하는 것을 소규모라도 계속 공급하는 것이지요. 이런 공급이 계속 이루어진다면 섣불리 분양가를 올리는 일은 없을 겁니다.

ㅣ다핵기능을 가진 압축도시로 도시재창조를 하자

심교언 조금 주제를 바꿔서 이야기해볼까요? 도시재생 문제인데요. 이건 세계적으로도 아주 활발하게 논의되는 이슈입니다. 일부에서는 K-도시재생이라는 말도 하는데요. 우리나라의 도시재생은 구조적인 노력보다는 벽화만 칠하는 등 외양에만 치중한다는 지적입니다.

원희룡 저는 도시 재개발을 가로막는 박원순 식의 도시재생에 반대합니다. 재개발과 재건축은 적절한 수준에서 이루어져야 하니까요. 그런 차원에서 미래의 도시정책, 즉 도시의 기능은 어떻게 재조정돼야 하는가에 대한 논의가 우선될 필요가 있습니다. 저는 미래의 도시 키워드는 콤팩트 도시, 그린 복합도시가 돼야 한다고 생각합니다. 예컨대 일정 정도의 블록을 묶어서 구역을 정비하고 건축물의 용적률을 높이는 대신 대지는 쾌적한 휴식공간이 되도록 하는 것입니다.

건축물의 저층(1~3층)에는 상점, 사무공간, 노인정 같은 커뮤니티 기능을 집어넣고 그 이상은 주거공간으로 활용할 수 있겠지요. 그러기 위해서는 저층의 낙후지역을 개발할 필요가 있습니다. 과거 뉴타운 정책보다 규모는 좀 작더라도 도시 곳곳의 낙후된 지역에 대한 재개발-재건축이 지속적으로 이루어져야 합니다. 여기에는 인프라 투자 비용이나 거주자의 건축비 부담 등이 뒤따르게 될텐데요. 다양한 인센티브를 부여함으로써 선택권을 주고 개발을 유도하는 방안이 마련될 수 있었으면 합니다. 무조건 때려 부수고 거주자를 쫓아내는 방식은 더 이상 안 됩니다.

다른 한편으로 쇠락해가는 원도심은 역사적, 문화적 전통을 반영한 도시재생이 필요합니다. 제주도에 이중섭 미술관을 중심으로 이중섭 거리를 조성한 것도 하나의 사례가 될 수 있겠지요. 하지만 서울 창신동은 방향 설정이 잘못된 경우입니다. 워낙 낙후된 지역이어서 재개발이 필요하고 인프라도 재정비해야 하는데, 지금 추진되는 도시재생은 벽화를 그리거나 지역 커뮤니티 센터를 만들어서 시민단체의 일자리를 창출하는 수준에 불과하기 때문입니다.

도시재생은 지역 주민의 선택권을 최우선 보장하되, 만약 역사 문화적 전통이랄까 과거 원도심의 모습을 유지할 필요가 있을 때는 적극적인 지원 정책이 수반돼야 한다고 생각합니다. 다시 말해서 재개발, 재건축, 도시재생이 융합적으로 이루어질 수 있는 설계와 구상, 말하자면 도시재창조의 관점에서 접근이 필요합니다.

심교언 도시재창조라는 단어가 의미심장합니다. 복합적인 의미를 담은 것 같으면서도 미래지향적이네요. 하지만 이런 재개발 재건축 문제는 도시에 국한된 문제만은 아니지 않을까요? 지방 혁신도시가 건설되면서 주변 지역과의 균형 문제가 새로운 이슈로 등장하고 있습니다.

원희룡 맞습니다. 도시재창조에서 핵심적 문제는 지방의 원도심, 지방 혁신도시, 수도권 신도시라고 할 수 있습니다. 지방 원도심은 혁신도시가 신도시로 구성되면서 인구 이동 등 원도심 쇠락 현상이 뒤따르게 됐지요. 저는 이들 도시를 모두 다 살리기보다는 특성에 맞는 기능을 부여하고 유기적으로 연결하는 것이 더 유용하리라 생각합니다. 현재 지방도시는 단순히 휴양도시나 농업 기반의 소비도시 기능으로 국한돼 있는데요. 한편으로는 세컨드 하우스 제도를 통해 인구 유입을 유도하고, 다른 한편으로는 새로운 산업을 유치하고 인프라를 구축해 콤팩트한 압축도시 형태를 만드는 것입니다.

다른 말로 하면 다핵도시입니다. 수도권 전체를 직職-교敎-주住, 즉 일자리, 교육, 주거 기능이 함께 있는 다핵도시로 구성하자는 거죠. 더 이상 수평적인 방법으로는 도시 확산이 불가능하니까 수직적 배치를 통해 콤팩트한 압축도시를 만들어야 합니다. 이때 반드시 필요하고 또 중요한 것은 지방정부의 일정한 자치 권한입니다. 규제가 완화되면 다양한 발전을 도모할 수 있습니다. 도시는 계획적인 조성을 위해 규제가 필요하지만 지방도시를 회생시키기 위해서는 스스로 성장점을 회복할 수 있도록 하는 규제 완화 특구, 즉 규제 프리존을 만들 필요가 있습니다.

|내 집 마련 지원 정책으로 주거안정을 이룬다

심교언 지금까지 부동산 정책과 관련한 다양한 정책과 문제점과 장단점 등을 짚어보았습니다. 이제 남은 것은 '그렇다면 무엇을 어떻게 할 것인가?'일 텐데요. 지금 이 자리에서 구체적인 정책을 밝히는 것은 무리겠지만 대략적인 원칙이나 정책의 방향에 대해서 구상하시는 바가 있으신지요?

원희룡 제가 생각하는 부동산 정책을 한마디로 표현하자면 '내 집 지원 정책'입니다. 앞서도 잠깐 언급했지만 현재 내가 살고 있는 집의 주거안정과 앞으로 내가 살 집에 대한 희망이지요. 집을 사지 말라거나 공공임대 또는 기본주택에서만 살라고 하는 좌파의 정책과는 근본적으로 다릅니다. 내 집을 갖고 싶다는 욕구, 더 좋은 환경에서 살고 싶은 인간적 욕구를 투기로 몰아선 안 됩니다. 오히려 그런 개인적 욕구를 실현할 수 있다는 희망을 주어야 합니다. 그리고 실제로 희망을 실현할 수 있도록 정부가 적극적으로 지원해야 합니다. 지금까지의 수요억제정책을 적극적인 내집마련 지원 정책으로 바꾸고자 합니다. 모든 것을 공공 주도로 하겠다는 망상에서 벗어나 공공과 민간이 각자의 영역에서 역할을 분담할 수 있도록 하겠습니다.

특히 공공재가 투입되면 더 싼값에 공급이 이루어질 수 있도록 함으로써 서민을 위한 주거안정과 민간의 자유로운 공급과 수요가 이루어질 수 있도록 하는 균형 있는 정책을 추진하고자 합니다.

심교언 저도 수요 억제 정책에서 공급 위주로 정책을 전환한다는 점에는 적극 찬성입니다. 공급 부족은 필연적으로 가격 인상으로 이어지게 되고 결국 서민들의 부담을 가져오니까요. 하지만 공급이 확대된다 해도 생애 첫 주택을 마련하고자 하는 수요를 감당하기에는 시간이 필요할 테고 그 과정에서 정책 불만이나 저항이 나타날 수 있지 않을까요.

원희룡 그렇죠. 지금은 부동산 정책에 대한 불신으로 국민들의 불안이 고조된 상태입니다. 정부가 적극적인 공급정책으로 전환한다 해도 당분간 혼란은 불가피하리라 생각합니다. 그런 점에서 좀 더 예측 가능한, 가급적 현실로 체감할 수 있는 정책도 필요하다고 봅니다. 예를 들면 얼마 전 정부는 3개 신도시 조성과 83만 호 주택공급 계획을 밝혔는데요. 이런 공급물량에 대해 구체적인 리스트를 공개하고 대기 번호표를 발부하는 것입니다. 물리적인 시간이 필요하긴 하지만 내가 가진 번호표는 그 자체로 미래에 대한 희망이니 지금과 같은 절망적인 상황을 이겨내는 데 도움이 될 수 있을 겁니다.

만약 이런 정책이 실제 긍정적 효과가 검증된다면 아예 주택공급계획을 법으로 제도화하는 방안도 검토할 수 있을 겁니다. 물론 정책적 효과나 부작용에 시뮬레이션이나 검증이 있어야 할 것입니다. 그러나 분명한 원칙에 따른 예측가능한 정책을 실현하는 것을 가장 염두에 두고자 합니다.

심교언 현실적으로 충분히 가능한 일이라고 생각합니다. 그리고 실제 서민이나 무주택자들한테는 큰 희망이 될 것 같네요.

원희룡 신도시 건설과 83만 호 공급이면 대략 200만 호 규모가 될 겁니다. 일단 이 두 가지 공급계획에서 시작해서 공급 시기와 규모 등을 파악하고 순차적으로 번호표를 주는 것입니다. 이건 단순한 대기표가 아닙니다. 나도 벼락거지에서 벗어날 수 있다는 가능성과 내 집을 장만할 수 있다는 희망을 담은 복권(?) 또는 상품권(?)이 될 겁니다.

심교언 상당히 구체적인 부분까지 구상이 이어진 것 같습니다. 전문가들의 검토나 정책 시뮬레이션이 있어야 하겠지만 일단 이론적으로 불가능한 일은 아닙니다. 앞서 원희룡의 부동산 정책은 '내 집마련 지원 정책'이라고 하셨는데요. 이와 관련한 다른 원칙이나 정책을 생각하신 게 있으신가요?

| 원희룡의 부동산 3원칙은 내집마련 지원, 공공과 민간의 역할분담, 도시재창조이다

원희룡 부동산 정책의 기본 원칙은 크게 세 가지입니다. 첫 번째 원칙은 수요억제 정책이 아닌 내집마련 지원 정책입니다. 두 번째 원칙은 공공과 민간이 역할을 나눠 정책규제와 자율성의 조화를 꾀한다는 것입니다. 마지막 세 번째 원칙은 도시재창조입니다.

정치의 본질은 모든 국민이 살 만한 사회를 만드는 것이기 때문에 부동산 정책은 주거안정을 통해 자립적 시민을 만드는 데 방점을 두어야 합니다. 내집마련이라는 인간적 욕망을 죄악시하고 수요를 억제하는 것이 아니라 오히려 그런 욕망을 인정해주고 지원해줄 때 우리 사회가 더 안정화되고 풍요로워질 수 있다는 믿음입니다. 그런 의미에서 첫 출발에 해당하는 '처음 주택'에 정책지원이 집중될 필요가 있습니다. 이 경우에는 LTV를 90%까지 완화하고 자립의 출발점이 되는 기초자산을 국가가 지원해주면 어떨까 합니다.

정부 대출로 최대 3억 원 정도를 생각하고 있고 생각의 출발점은 자산 격차를 메울 수 있는 주택 기초 자산이지만 개인의 선택에 따라 다른 용도로도 사용할 수 있게 할 생각입니다. 이미 자산 격차가 심해져 계층 이동의 사다리가 무너진 상태입니다. 이 자산 격차는 정부가 징검다리를 놓아주지 않으면 영원히 메워질 수 없습니다. 따라서 처음주택을 구입하는 사람 혹은 새롭게 사회에 진입하는 청년계층을 위해 정부가 무이자대출로 최대 3억 원까지 지급해서 내집마련 혹은 자아실현을 할 수 있도록 지원하고자 합니다.

심교언 우리나라는 새로 사회에 진입하는 청년 대부분이 빚을 안고 시작하게 됩니다. 학자금 대출을 안고 있는 경우가 대부분이니까요. 그러다 보니 어렵게 취업한다고 해도 자기계발은 고사하고 하루하루를 연명하는 데 급급하게 되지요. 결론적으로 결혼, 출산, 내집마련은 아예 포기할 수밖에 없는 구조가 되는 것입니다. 그런데 만약 이런 출발자금이 주어질 수 있다면 스스로 미래를 구상하고 투자할 여력이 생길 수 있겠네요. 주택뿐 아니라 직업교육, 자기계발, 기타 사회복지와도 연결시킬 수 있다면 좀 더 다양한 효과를 얻을 수 있을 것 같습니다.

원희룡 현재 예상하는 초기 재원은 대략 10조 원 정도가 될 것으로 보입니다. 아무래도 초기 몇 년간 투자가 집중되겠지요. 다만,

이러한 국가지원에 대한 담보로써 강제저축 제도 같은 보완장치가 함께 고려돼야 할 겁니다. 그저 소비에 그쳐서는 안 되고 스스로 자립할 수 있는 구조로 전환되기 위해서는 수혜자의 자립 노력이 병행돼야 하니까요. 그래서 급여의 일정 부분은 반드시 저축으로 전환될 수 있도록 한다거나 기업의 매칭도 가능할 수 있도록 하는 등 선순환 구조를 마련할 생각합니다.

심교연 일반적으로 학계에서는 시장에 정부가 직접 개입하기보다는 민간이 공급을 전담하도록 자율성을 부여하는 것이 바람직하다고 생각하는데요. 지사님은 공공과 민간의 역할 구분을 강조하는 것 같습니다. 정부의 시장 개입과 인위적인 간섭의 위험성을 감수해야 할 정도로 주택시장이 어렵다고 보는 건가요?

원희룡 공공의 개입은 분명한 원칙에 따라 제한적으로 이루어져야 합니다. 앞서도 언급했지만 제가 생각하는 부동산 정책은 실거주자 보호와 국민의 자립적 자산보유에 대한 지원입니다. 다만 실현 과정에서 대대적인 공급이 이루어져야 하는데요. 이걸 전적으로 민간에 맡겨두기에는 지금의 부동산 시장이 급박하다는 것이지요. 특히 서민을 대상으로 한 주택공급, 택지나 용적률, 행정규제 등 공공의 목적을 위해 행정권이 개입하는 공공주택 공급은 정부가 적극적으로 개입해서 가격 조정의 역할을 맡아야 한다는 것입니다. 공공 대 민간이라는 선악구분법을 적용하는 것이 아니라 공공과 민간이 조화롭게 역할을 분담하자는 것이 제 의도입니다. 주택공급의 원칙과 목적에 따라 공공의 개입 여부가 결정되는 시스템입니다.

심교언 서민을 위한 공공임대 주택에는 정부가 개입하되 그 외의 영역은 민간에 자율성을 부과하겠다는 의미 같습니다. 이런 원칙만 제대로 지켜진다면 명분과 실리를 모두 잡을 수 있겠습니다.

원희룡 주택문제는 특정 계층만의 문제가 아니고 우리 국민 모두의 문제입니다. 가구 형태나 소득이나 생애주기 등에 따라 그 분포가 넓고 다양하기 때문에 정책 역시 좀 더 폭넓게 그리고 두텁게 마련될 필요가 있습니다. 저는 대략 5개 소득분위로 계층을 나눠서 정책을 마련하면 어떨까 합니다. 공공임대주택과 안심월세제도, 민간임대, 처음주택(소형자가주택)을 거쳐 생애희망주택까지 이어지는 5단계를 거쳐 내집마련이 가능하도록 유도하는 것입니다.

공공임대는 지속적으로 확대하되 물리적인 시간과 비용이 필요한 만큼 바우처나 착한 임대인 정책을 함께 연결하고 민간의 다양한 주거자원을 끌어들여서 하루빨리 시장을 안정시키자는 생각입니다. 일명 '다섯손가락 정책'이라고도 할 수 있는데요. 깨물어서 아프지 않은 손가락이 없는 것처럼 이들 계층을 모두 아우를 필요가 있습니다. 최대한 다양한 계층적 특성에 따라 알맞게 지원 정책을 마련하자는 취지이기도 합니다.

심교언 공급을 늘리는 또 다른 방법인 재개발-재건축은 안전진단 이슈가 제기됩니다. 그동안 박원순 전 시장은 각종 (편법적) 수단을 동원해서 25만 2,000호의 재개발을 지연시켰다는 비판도 있습니다. 그러다 보니 안전진단 규제를 풀어서 조속히 공급을 늘려야 한다는 주장도 제기됩니다. 이와 관련해서 문재인 대통령께 이런 규제를 풀어달라고 했더니 '멀쩡한 집을 왜 부수냐'는 식으로 반응했다고 해서 회자가 된 일도 있지요. '수명이 50년 이상인 콘크리트 건축물을 왜 20년 만에 부숴야 하느냐, 낭비다.'라는 주장과 일맥상통한다고 볼 수 있습니다.

하지만 경제순환의 논리로 본다면 수익이 늘어난 만큼 소비가 늘어나기 때문이기도 합니다. 재건축 제도는 원래 살 수 있지만 낡은 집 혹은 마음에 안 드는 집을 수리하는 것입니다. 현재 서울은 좋은 집, 새집 물량이 부족하다는 것이 문제이기 때문에 공급 확대를 위해서라도 재건축-재개발은 꼭 필요한 일이라고 생각됩니다.

원희룡 원칙적으로 공감합니다. 다만 한꺼번에 일률적으로 규제를 풀면 부작용이 있을 수 있으니 지자체의 의견을 받아서 시기와 물량을 조절해야 합니다. 전체 공급량 대비 적정한 수준으로 우선순위를 정해야 하고요. 일부에서는 재건축-재개발의 경우 소유주가 과도한 이익을 가져가기 때문에 제한해야 한다고 합니다. 하지만 자산 증식 이전에 사회경제적 성장에 따른 새집 수요를 절대 과소평가해서는 안 됩니다. 특히 우리나라는 단기간에 급성장해왔기 때문에 인구 변화와 도시환경 등을 고려해서 공급량을 조절할 필요가 있습니다.

지금은 워낙 공급이 부족한 상황이니 가장 낙후된 곳 혹은 공급량 등에 따라 우선순위를 정해 수급을 조절해야 한다는 생각입니다. 이 과정에서 필요하다면 지방정부에 우선권을 부여하는 것도 고려될 수 있을 것입니다.

심교언 아까 말씀하신 세 번째 원칙, 즉 도시재창조도 이런 맥락으로 이해할 수 있겠군요. 재개발-재건축의 방향 자체가 다핵도시로의 기능재편이나 규제 프리존을 설정하는 것과 관련될 테니까요.

원희룡 도시재창조는 물론이고 한 발 더 나아가서 국토재창조로 연결될 수 있습니다. 현재 서울 도심권의 지나친 밀집과 일부 낙후된 지역은 기능에 걸맞게 사무공간이나 주거공간을 새롭게 공급해서 운용하고 수도권 전체로 보았을 때는 단순한 베드타운이 아닌 다핵복합기능을 수행하도록 하는 것이지요. 이 안에서 재건축과 재개발을 병행함으로써 수도권에도 일정 정도 신규 주택이 공급되도록 해야 합니다. 단계별 도시 전략일 수도 있고 다핵도시로 명명될 수도 있을 것입니다.

도시재창조 역시 단순히 도시의 성장을 억누른 채 외양만 단장하는 것이 아니라 도시의 가치를 높이기 위한 지원이 필요하고 또 민간의 투자를 유도할 방안도 함께 마련돼야 합니다. 지방 혁신도시가 원도심의 인구와 기능을 흡수함으로써 원도심이 몰락할 수밖에 없었던 지금까지의 방식에서 벗어나 원도심에도 각종 산업, 교육, 기술을 접목한 특구를 조성해 지속가능한 도시로 성장할 수 있도록 해야 합니다. 그러기 위해 규제자유특구를 전국 거점에 배치해서 성장점 역할을 할 수 있도록 할 생각입니다.

심교언 네. 저도 기대하겠습니다. 오늘 논의는 우리나라 전체 경제사회 구조 속에서 부동산 정책이 어떤 의미를 지녀야 하는지 그리고 어떤 방향으로 나아가야 할지에 관한 것이어서 더 의미가 있었습니다. 원 지사님의 정책구상과 부동산에 관한 기본 원칙도 확인할 수 있었고요. 뜻깊은 시간이었습니다. 감사합니다.

외교안보

장기적 관점에서 원칙 있는 평화를 구축하자

| 원희룡 - 신범철 |

신범철

경제사회연구원 외교안보센터장

충남대학교를 졸업하고 서울대학교에서 수학했으며 미국 조지타운대학교에서 박사학위를 받았다. 한국국방연구원에서 연구활동을 시작하고 북한군사연구실장 등을 역임했고, 국방부장관 정책보좌관과 외교부 정책기획관을 역임하며 이후 국립외교원 교수로서 외교관 양성에도 힘을 기울였다. 청와대 국가위기관리실, 국회 외통위, 국방부, 한미연합사 령부 등의 자문위원으로 활동했다. 2019년 현재 아산정책연구원 안보통일센터장으로 근무하고 있다.
주요 저서로는 『한반도 2022(공저)』『하마터면 편하게 살 뻔했다』등이 있다.

지금 우리에겐 상투적 평화가 아닌 역동적 평화가 필요하다

신범철 민주화 이후 수차례 정권이 바뀌었음에도 한국의 외교안보에서 북한 변수는 여전히 난제입니다. 국제질서 측면에서도 탈냉전 이후 세계질서를 주도했던 미국에 대한 중국의 도전이 거센 형국입니다. 북핵 능력은 더욱 고도화됐고 미중 간 전략 경쟁이 치열해지는 상황에서 한국이 어떠한 대외정책을 전개해야 할지가 정부의 가장 큰 고민 중 하나일 것입니다. 한국은 예전과 달리 세계 10위권의 경제 강국이고 자유민주주의, 시장경제, 그리고 인권을 존중하는 자유주의적 국제질서의 일원이지만 미·중이라는 양 강대국 사이에서 항상 선택을 고민해야 하는 지정학적 한계라는 구조적 제약을 동시에 안고 있기 때문입니다.

원 지사님은 보수정치인이면서도 '평화'를 강조하고 계신 것으로 압니다. 그동안 보수가 튼튼한 안보를 강조했다면 '평화'는 진보 진영의 전유물로 여겨져 왔는데요. 보수 정치인을 자임하면서도

'평화'를 강조하는 것은 어떤 맥락인지 궁금합니다.

원희룡 사실 그동안 보수의 평화 담론은 적극적인 대북정책에 대안 없이 반대만 하거나 북한의 자체 붕괴만 기다리는 식으로 이해되는 경향이 있었습니다. 북한과의 대화 방식에 문제를 제기하면 전쟁을 옹호하는 것처럼 낙인을 찍었기 때문입니다. 하지만 안보와 평화를 이분법적으로 접근하는 것은 문제가 있습니다. 안보는 평화의 기반이기도 한데 대화와 협력을 통해 더 튼튼해질 수도 있기 때문입니다. 단순히 전쟁이 없는 상태를 의미하는 소극적 평화가 아니라 화해와 협력의 문화가 정착된 적극적 평화가 중요한 것입니다.

역사적으로 봐도 한반도 평화 정착에 커다란 전환점을 마련한 것은 보수 세력이었습니다. 1945년 해방 이후 혼란스러운 좌우 대립 속에 자유민주주의를 선택하고 한국전쟁 과정에서 휴전을 원하는 미국을 상대로 한미상호방위조약을 얻어낸 것도 보수정권이었습니다. 박정희 정부는 분단 이후 최초로 통일과 관련한 3대 기본 원칙을 마련한 7·4 남북공동성명을 마련했고 국제 냉전질서가 붕괴 조짐을 보였던 이 시기 노태우 정부는 적극적인 북방외교를 통해 화해와 불가침을 주요 내용으로 한 남북기본합의서를 마련했지요.

물론 이들 정부가 국내 정치 차원에서는 반공을 토대로 한 소극적 자유민주주의라는 한계를 가진 것도 사실입니다. 하지만 결정적인 변화 국면에서는 정면 돌파를 선택해 세계질서의 변화를 적극적으로 수용하고 대처해왔다는 것을 절대 간과돼서는 안 됩니다. 반대로 김대중 정부 이후 진보 진영에서 추진해온 '대북 평화정책'은 교류협력과 대북 지원을 전면에 내세우고 있지만 북한에 끌려 다니며 현상유지를 하거나 혹은 내재적 접근법이라는 미명하에 일방적인 감싸기에 머무르고 말았습니다. 그 결과 오히려 주도성을 상실하는 우를 범했습니다. '평화'라는 틀에 얽매이다 보니 선택의 폭을 넓힐 수 있는 협상력이나 주도력을 빼앗기는 결과가 만들어진 것입니다.

그런 점에서 저는 지금까지 추진됐던 상투적인 평화가 아니라 '역동적 평화'가 필요하다고 생각합니다. 바둑 용어에 '아생연후살타我生然後殺他'라는 말이 있습니다. 내가 먼저 살아난 뒤에 상대의 패를 잡으러 들어간다는 뜻입니다. 앉아서 죽게 생겼다면 전쟁이라도 해야겠지요. 이때 전쟁의 목적은 생존, 즉 평화인 셈입니다. 평화라는 것도 살아야 의미가 있는 것이지 죽은 다음에 무슨 소용이겠습니까? 대북정책은 철저히 현실적이어야 합니다. 대한민국에 가장 유리한 방안이 무엇인지, 현실 권력의 긴장과 이완, 힘의 분배, 전략적 구도 등을 종합적으로 판단해서 파도를 헤쳐나가듯이 선택의 폭을 넓혀나갈 수 있어야 합니다. 바로 이것이 대북정책의 원칙이고 이런 원칙 아래에 추진되는 것이 '평화'여야 합니다.

신범철 현실 권력의 긴장과 이완, 힘의 분배, 전략적 구도를 종합적으로 판단하며 궁극적으로 평화를 구현하겠다는 말씀이 강동 6주를 얻어낸 고려 서희 장군을 떠올리게 합니다. 당시 거란의 침략에 대해 현실 권력을 유지하고자 하는 많은 귀족 관료들이 평양 이북의 지역을 내주면서라도 굴욕적인 평화를 얻어내고자 했다고 합니다. 고려왕 성종의 생각은 다르다는 것을 알고 서희 장군이 담판에 나서겠다고 자청했는데요. 거란이 고려와 장기전을 원하지 않았다는 것, 송宋과의 결전을 앞두고 후방의 위협을 제거하는 데

1차적인 목표가 있다는 것, 그리고 담판 직전 안융진 전투에서 거란군을 물리침으로써 고려가 만만하지 않다는 것을 적절히 활용해서 강동 6주를 얻어낸 것이죠. 이 과정을 보면 고려 내 권력층의 긴장과 이완, 전략적 구도, 힘의 분배를 모두 활용한 모습을 볼 수 있습니다. 그렇다면 지사님은 평화 담론을 통해 동북아와 한반도의 현실을 타개할 수 있다고 보시나요?

원희룡 과거 보수진영이 상대적으로 안보에 치중했던 것은 북한의 군사적 위협이나 핵 능력이 고도화되는 과정이었기 때문일 겁니다. 하지만 안보를 강조하는 상황에서 북한과의 군사적 긴장이 높아지게 되자 한편에서는 자연스럽게 평화에 대한 목마름이 생기게 됐지요. 그 결과 문재인 정부가 집권하고 북한과 대화를 갖는 과정에서 일종의 '착시현상'이 생겨난 것입니다. 화려한 정상회담 이벤트는 그 내용적 본질과는 무관하게 국민적 관심을 끌기에는 충분했습니다. 국민들 역시 잠시나마 긴장을 늦출 수 있었으니까요.

하지만 지난 4년간 문재인 정부가 추구해왔던 평화에는 원칙이 없어 보입니다. 2020년 북한이 남북 공동연락사무소를 폭파하고, 우리 공무원을 사살하고 또 시신을 훼손하는 과정에서 아무런 대응도 하지 못했습니다. 북한 인권문제와 관련한 유엔UN 차원의 논의와 결의안에 대해서도 침묵하고 표결에 참여하지 않았습니다. 중국의 압박이 두려웠는지 미중관계와 관련된 문제들에서는 중립적인 태도로 일관했지요.

그랬던 문 정부가 2021년 5월 한미 정상회담에서는 갑자기 방향을 바꿔 북한 인권문제를 제기한다거나 대만 해협 문제를 언급하는 등 갑작스럽게 대외정책의 기조를 바꾸었습니다. 과거 노무현정부 시절에도 좌측 깜빡이를 켜고 우회전을 한다는 식의 비판이 있었습니다. 하지만 이런 예측 불가능한 행동은 한반도의 평화 정착에 아무런 도움이 되지 않습니다. 언제든 마음만 먹으면 흔들 수 있는, 무력한 국가로 인식될 우려가 크니까요.

그런 점에서 저는 말로만의 평화가 아니라 실천하는 평화, 상황 논리 혹은 상대방의 회유나 압력에 휘둘리는 평화가 아니라 확고부동한 원칙에 따라 일관되게 추진하는 '원칙 있는 평화'를 추구하고 싶습니다. 당장은 어려울지 몰라도 한국 대외정책의 원칙을 만들고 일관되게 추진해나가는 모습을 보여야 합니다. 그래야 북한은 물론이고 주변국들도 한국의 외교를 평가하게 될 것입니다.

신범철 '원칙 있는 평화'를 추진한다는 말씀에 2021년 5월 개최된 한미 정상회담을 떠올리게 되는데요. 당시 문재인 정부의 북한 인권 문제, 쿼드Quad* 문제, 대만 해협 문제를 둘러싼 갑작스러운 방향 전환에 모두들 놀랐는데요. 정의용 외교장관은 다시 주한미군 철수를 전제로 하는 북한의 '비핵지대화' 개념과 입장 차가 없다는 발언을 함으로써 다시금 주위를 놀라게 했습니다. 미국에 가서는 미국 편을, 한국으로 돌아와서는 북한 편을 든 것이냐는 우려가 제기됐는데요. 정 장관이 이 발언을 나중에 철회하긴 했지만 이랬다저랬다 하는 문재인 정부의 외교가 스스로에 대한 신뢰를 해치고 있는 것입니다.

그런 점에서 지사님의 '원칙 있는 평화'는 시사점을 갖는다고 할

---

* 미국, 인도, 일본, 오스트레일리아 등 4개국이 참여하고 있는 비공식 안보회의체

수 있을 것 같습니다. 하지만 현실 적용의 문제는 다를 수 있고 자칫 선언적 의미와 공허한 외교적 수사에 불과하다는 비판도 가능할 것 같은데요. 좀 더 구체적인 원칙을 밝혀주실 수 있나요?

원희룡 '원칙 있는 평화'라는 것이 거창하게 혹은 완전히 새로운 담론을 의미하는 것은 아닙니다. 우리가 지향하는 평화를 구축하기 위한 과정에서 지켜나가야 할 행동규범이나 준칙을 만들고 일관되게 추진하자는 것이고 그럼으로써 예측가능한 대북정책을 만들고 실행하자는 것입니다. 이러한 관행이 정착되면 북한이나 주변국들이 함부로 한국을 압박하지 못하게 될 것입니다. 그런 점에서 핵심은 '원칙'을 만드는 기준입니다. 그동안 우리는 대외정책과 관련해 소모적인 남남갈등을 수없이 겪었습니다. 한때는 자유민주주의라든가 인권 같은 기본적인 가치를 간과하던 시기도 있었지요. 그런데 그런 방식으로는 지속가능한 대외정책을 수립할 수 없습니다. 잠시 위기는 모면할 수 있을지 모르지만 한 번 원칙이 무너지게 되면 다음 순서가 뒤틀려버리기 때문이지요.

저의 지난 현실정치 경험을 되돌려보면 '원칙'이라는 것은 본질을 지탱하는 힘인 것 같습니다. 원칙만 지킨다면 어쩌다 한 대 제대로 얻어맞더라도 발 뻗고 잘 수 있고 언제든 다시 일어설 수 있습니다. 하지만 원칙을 저버리는 순간 약육강식의 논리에 압도당하게 됩니다. 잎새 바람에도 흔들리는 동네북이 될 것인가, 아니면 오뚜기같이 넘어져도 다시 일어서는 생존능력을 가질 것인가는 '원칙'에 달려 있습니다. 물론 여기에는 반드시 대가가 따르고 엄청난 유혹도 있을 겁니다. 하지만 그런 불이익이나 불확실성에 대한 두려움에도 불구하고 일관된 원칙 아래 전략을 주도해나가야 합니다. 그럴 때 우리는 본질, 즉 실질적인 '평화'를 실천할 힘을 얻게 됩니다.

이런 기준으로 본다면 현재 대한민국에는 '외교'가 없다고 해도 과언이 아닙니다. 대한민국이 소멸 위기를 극복하면서 지금까지 버텨온 것은 동맹의 힘 때문이기도 하지만 국가 생존과 안보를 위한 국민적 결의 때문입니다. 결의 없는 외교, 원칙 없는 외교는 굴종일 뿐이지요.

신범철 상식에 기반한 '원칙 있는 평화'를 추구하자는 주장에 공감합니다. 사실 외교 안보 영역이 전문용어가 많이 등장하는 복잡한 분야지만 그 내용을 하나씩 파고들다 보면 궁극적으로 상식에 기반해야 하는 경우가 많습니다. 국익에 기반한 실용적인 외교를 하다 보면 결국 국민적 상식에 수렴되기 때문일 것입니다.

문제는 지사님이 지적한 바와 같이 남남갈등이 심화된 상황에서 복잡한 정책 안건들을 상식의 범위 내로 수렴할 수 있겠느냐는 것입니다. 물론 개방적인 접근을 통해 다른 의견을 수용하겠다고 말씀하셨습니다. 그럼 지사님이 지향하는 상식 있는, 원칙에 기반한 평화 노력은 어떤 것들이 있는지 궁금합니다.

원희룡 사실 국회의원을 하고 '평화의 섬' 제주도지사를 하면서 외교와 관련해서 정리해놓은 생각들이 있습니다. 이 땅에 대결과 전쟁 우려를 종식시키고 남과 북이 서로를 포용하며 주변국과의 협력 속에서 세계평화에 이바지하는 것이 제 목표입니다. 그러기 위해서는 세 가지 과제를 추진해나가야 하는데요. 이때 필요한 원칙들을 우선 말씀드리면 어떨까 합니다.

먼저 자유주의적 중견국 외교를 전개해야 합니다. 날이 갈수록 치열해지는 미중 전략 경쟁은 한국의 미래 생존에 커다란 도전이 될 수밖에 없습니다. 따라서 한미 포괄적 전략동맹과 한중 전략적 협력 동반자 관계를 잘 유지하는 것이 긴요합니다. 이와 동시에 무역국가인 한국의 입장을 고려할 때 자유주의 시장경제가 확산될 수 있도록 국제적 협력을 확대해야겠지요. 세계 각 지역과의 경제 외교를 강화하는 한편 국제적 기여를 확대해 한국의 위상을 높여 가야 합니다. 한 가지 덧붙이자면 이러한 자유주의적 중견국 외교의 본질은 우리 헌법에 명시된 보편적 가치인 인간의 존엄과 개개인의 자유를 보장하기 위한 것이기도 합니다. 한국의 국제적 위상이 높아지고 협력적 관계가 돈독해질 때 국민의 인권과 기본권도 신장될 수 있고 북한을 포함한 전 세계로 보편적 가치의 확산을 이어갈 수 있기 때문입니다.

둘째, 비핵, 상생의 남북관계를 만들어가야 합니다. 북한이 핵 보유를 강하게 추진하다 보니 일단 묵인하고 남북관계를 개선한 다음에 나중에 풀어보자는 생각을 할 수 있습니다. 하지만 이런 접근은 이미 실패를 경험했습니다. 김대중 정부와 노무현정부는 과감하게 대북 포용정책을 추진했지만 결국 북한의 핵무기 개발을 막지 못했습니다. 문재인 정부는 평화 프로세스를 내세웠지만 북한이 남북관계를 주도하면서 오히려 실질적 평화가 요원한 상황이 돼버렸습니다. 따라서 비록 시간이 걸리고 협력의 속도가 더디다고 해도 비핵 평화의 원칙을 끝까지 견지해야 한다고 봅니다. 북한이 비핵화 협상에 복귀하지 않으면 대북제재를 완화하기는 어려울 것입니다. 하지만 제한된 범위에서라도 북한과의 교류협력을 차분히 추진해 나가면서 변화를 유도해야 합니다. 물론 그 과정에서 북한에 대한 인도적 지원은 아끼지 않고 계속 이루어져야겠지요.

셋째, 전방위 국방력을 강화해야 합니다. 기술 혁신이 군사 혁신을 이끌어가고 있습니다. 우리 군도 4차 산업혁명 등 첨단기술의 군사적 활용에 관심을 쏟아야 합니다. 전통적인 육·해·공 작전을 넘어 우주와 사이버 등 다^多 영역 작전을 동시에 실현할 수 있는 미래지향적인 군사 역량을 구축해야 합니다. 군에 대한 복지를 강화하며 머물고 싶은 군대를 만들고 정신 전력을 강화함으로써 군의 대비태세를 발전시켜 나가야 할 것입니다.

신범철 맞는 말씀입니다. 문제는 실현 가능성이겠지요. 미중 전략 경쟁은 날로 치열해지고 북한은 핵 보유를 더욱 노골화하고 있습니다. 거기다 코로나19 이후의 국제 정세는 한층 더 불확실할 것으로 보입니다. 쉽지는 않겠지만 그렇다고 불가능한 일은 아닐 겁니다. 미중 전략 경쟁, 북핵 문제, 국제 정세의 불확실성은 사실 어제오늘의 일은 아니지요. 이전에도 있었고 또 앞으로도 계속 극복해나가야 할 문제이고요. 이 과정에서 두 가지 문제가 제기될 수 있을 겁니다. 우리가 환경 변화에 따르는 어려움을 극복해 나갈 힘이 있는가, 그리고 그러기 위해 충분한 노력을 기울여왔는가입니다.

우리는 주변 환경 변화에 따르는 도전을 극복할 만한 충분한 힘이 있습니다. 세계 10위권의 경제력, 한미동맹을 기반으로 한 억제력, IT와 인공지능, 그리고 4차 산업혁명으로 대변되는 첨단기술의 보유 등 대한민국은 국제사회에서 비교우위를 갖고 있습니다. 이러한 역량은 미국이나 중국 누구도 한국을 무시하거나 버리는 카드로 사용할 수 없게 만들지요. 심지어 북한조차도 함부로 남북 간에 군사적 충돌을 일으키기 어렵습니다. 또 다른 팬데믹이 찾아와도 우수한 방역 시스템과 백신 관련 교훈은 우리에게 더 효율적인 대응을 하게 만들 것입니다.

문제는 오히려 도전에 대처하는 우리의 자세에 있습니다. 과연 우리는 '장기적인 외교 안보 비전이 있었는가, 국론을 결집하려는 노력해왔는가, 미래를 위한 전략적 투자를 준비해왔는가'라고 물어본다면 선뜻 답하기 어려울 겁니다.

국내에서 정치적으로 성공한 지도자가 대통령이 되는 과정을 보면, 외교안보 문제를 직접 접하거나 공부할 기회가 많지 않습니다. 그 결과 특정 참모들이나 정치집단의 입장에서 정책을 추진하거나, 다른 집단의 목소리에 귀기울이지 않는 구조적 문제가 발생했습니다. 그러다 보니 장기적인 외교 안보 비전을 수립하고 구현해나가기보다는 당장 임기 내 무언가를 이루겠다는 의욕이 앞서고 정치적 견해가 다른 의견을 무시하며 일방통행을 하게 된 것입니다. 문제를 근본적으로 해결하는 것보다 임기 내 정상회담이나 외교적 이벤트를 하는 것에 더 집중하게 되는 악순환을 반복하고 있습니다.

문재인 정부의 임기를 돌아봐도 마찬가지입니다. 2017년 가을 중국과의 정상회담을 준비하는 과정에서 갑자기 사드 3불不이 나왔습니다. 누가 봐도 중국의 눈치를 본 것 아니냐는 의심을 할 만하죠. 그러더니 지난 5월 한미 정상회담에서는 공동성명에서 사상 처음으로 대만 해협 문제를 언급했습니다. 갑자기 미국의 편에 선 것입니다. 이랬다저랬다 하는 것 자체가 원칙이 없다는 방증입니다. 2022년 2월 베이징 동계올림픽에서 남북 또는 남북 미중 정상회담이나 고위급 회담을 하려는 모습을 보이는 것 역시 북한 문제의 해결보다는 이벤트를 통한 보여주기 성과를 추구하는 모습이라고 볼 수 있습니다. 우리의 역량을 고려할 때 중장기적인 비전, 국론결집, 그리고 실질적 성과를 추구하고자 하는 의지와 지혜를 발휘하면 아무리 어려운 환경이 다가온다 해도 충분히 극복해내리라 믿습니다.

원희룡 공감합니다. 문재인 정부의 외교안보 정책의 중심에는 북한만 있는 것 같습니다. 북한을 중심으로 미국이나 중국과 관련된 문제를 풀어가려는 듯한 모습이지요. 폭넓게 세상을 보고 여러 가지 문제들을 동시에 포괄적으로 접근해야 하는데 외교력의 대부분을 북한 문제에 쏟다 보니 한국이 해야 할 많은 일을 하지 못하고 있습니다.

과거 한국은 글로벌 코리아를 지향하면서 각종 글로벌 아젠다를 선도해왔습니다. 경제 외교의 지평을 넓혔고 동남아와 오세아니아는 물론이고 유럽, 중남미, 아프리카 등과의 경제협력과 공공외교에 힘을 기울여왔습니다. 하지만 문재인 정부의 외교는 북한에 몰두하다 보니 기능별 협력이나 교류 확대에는 상대적으로 소홀할 수밖에 없었습니다. 정부 출범 이후 신북방정책과 신남방정책을 외쳤는데 과연 실질적인 협력은 얼마나 이루어졌을까요? 새로운 시장은 얼마나 개척됐고 새로운 자원 확보는 얼마나 이루어졌을까요? 문재인 대통령은 유럽이나 중남미 그리고 오세아니아를 방문해서도 대북 제재 완화 필요성을 언급하다가 면박당한 바 있습니다. 그 소중한 시간에 한국과 해당 지역 간의 긴밀한 경제적, 문화적 협력을 논의했다면 얼마나 좋았을까 하는 생각이 듭니다.

물론 지난 보수정권 역시 잘못된 대북정책 혹은 결과적 실책을 '위기 조장' 혹은 '북한 조기 붕괴론' 등으로 몰아가면서 오히려 국민의 신뢰를 떨어뜨린 측면이 없지 않습니다. 현실정치의 측면에서 정책비판은 있을 수 있지만 안보와 대북 문제를 국내 정치에 이용함으로써 오히려 역효과를 가져온 것입니다. 하지만 대북정책에 있어 가장 중요한 것은 '북한에 대한 지속적인 관리'입니다. 당장의 현상에 일희일비하기보다는 어떤 상황에서도 대비할 수 있는 마스터플랜을 유지할 때 지속가능한 평화가 유지될 수 있는 겁니다. 이제 한국 외교의 시야를 한반도에서 글로벌 차원으로 넓혀야 새로운 변화에 대응할 수 있다고 봅니다. '원칙 있는 평화'는 외교적 시야를 넓히는 것으로부터 시작돼야 합니다.

| 강대국에 끌려다니지 않는 자유주의적 중견국 외교를 해야 한다

신범철 그동안 한국 외교는 한반도를 중심으로 한 주변 외교에 경도된 측면이 없지 않았던 것 같습니다. 원 지사님께서는 자유주의 중견국 외교를 강조하셨는데요. 이게 왜 필요하다고 생각하시나요? 구상하고 계신 구체적인 정책 방향도 있나요?

원희룡 자유주의 중견국 외교를 이야기한 것은 한국이 국제사회에서 지향해야 할 정체성이기 때문입니다. 우리는 자유민주적 국제질서를 통해 성장해왔고 앞으로도 마찬가지일 겁니다. 자유민주주의가 도전받는다거나 보호무역으로 시장경제가 훼손되면 우리가 누릴 수 있는 평화와 번영은 제한될 수밖에 없습니다.

동시에 이제 한국은 국제사회의 중견국으로서 해야 할 일이 많습니다. 이제는 개발도상국의 정체성에서 벗어나야 하고 책임 있는 국제사회의 일원으로서 다른 지역과의 개발 협력, 기후변화, 팬데믹, 재해재난 등의 국제문제에 더욱 적극적으로 나설 것을 요구받고 있지요. 북한만이 우리 외교의 전부인 양 착각해서도 안 되고 세계 속의 한국이라는 인식에서 문제를 풀어가야 합니다.

좀 더 구체적인 정책의 방향은 이렇습니다. 먼저 변화하는 미중 전략 경쟁의 흐름을 파악하고 한국의 위치를 일관되게 유지해야 합니다. 미중 전략 경쟁은 디지털 권위주의와 디지털 민주주의 간의 경합이라고도 볼 수 있습니다. 중국은 자국의 디지털 플랫폼을 국제 플랫폼화해 21세기 플랫폼 경제 시대의 패권국을 지향하고 있지요. 이러한 중국의 전략이 성공하면 한국을 둘러싼 국제질서는 불확실해지고 중국의 영향력은 더욱 커지게 될 겁니다. 따라서 한국은 '한미동맹을 기반으로 한 한중협력의 확대'라는 입장을 견지해야 한다고 생각합니다.

이때 중요한 것은 한미동맹을 기반으로 한다고 해서 중국 문제를 2차적인 것으로 보아서는 안 된다는 것입니다. 미국이 주도하는 규범 중심 국제질서Rules-based International Order나 쿼드에 가입을 한다 해도 그 과정에서 중국을 불필요하게 자극할 필요는 없겠지요. 신중하고 현명한 행보가 필요합니다. 예를 들면 2021년 5월 한미 정상회담에서 합의한 미사일 지침 폐기, 쿼드 참여, 그리고 미국과의 첨단기술협력 강화는 바람직한 결과입니다. 하지만 대만 해협 문제는 중국의 반발을 무마하고 다음 단계에서의 한미 협력과제로 남겨놓는 것이 더 나았다고 생각합니다. 그래야 미국에 대한 협상 지렛대도 남겨둘 수 있으니까요.

한일관계도 정상화해야 합니다. 한일관계를 풀기 위해서는 일본의 변화된 인식과 우리의 대일정책 목표에 대한 이해가 필요합니다. 우리는 항상 일본의 왜곡된 역사 인식을 문제 삼아 분노하는 모습을 반복적으로 보이고 있는데요. 지금 일본의 주류는 제2차 세계대전을 경험한 세대의 손자 혹은 증손자 세대입니다. 그들의 역사인식은 이전 세대와는 다릅니다. 과거 일본의 우익과 같은 생각을 하는 것도 아닙니다. 오히려 역사문제에 무관심한 세대라고 할 수 있지요. 역사 수정주의를 옹호하거나 지향하는 정치세력과 차이가 있다는 점을 알고 대응해야 합니다.

특히 문재인 정부 들어 우리의 대일정책 목표는 표류하고 있습니다. 양국이 자유민주주의와 시장경제를 지향한다는 점을 고려할 때 안보적으로는 북한의 위협에 공동 대응하고 경제적으로는 호혜적인 협력을 확대해야 합니다. 하지만 역사문제로 인해 여전히 필요한 협력을 하지 못하는 상황이지요. 따라서 역사문제는 역사문제로 풀어가면서 한일 간 경제적 협력과 인적·문화적 교류를 확대해나가는 접근이 필요하다고 봅니다. 한국과 일본이 더욱 밀접해지면 역사문제 해결의 기회도 새롭게 만들 수 있을 것입니다. 그렇지 않으면 역사문제도 해결되지 않고 협력도 제한되는 악순환이 반복될 수 있습니다. 선택의 문제입니다. 이제는 미래지향적인 시도가 필요하다고 봅니다.

신범철 지사님은 한국 외교의 가장 민감한 두 분야를 짚어주셨습니다. 사실 한미동맹과 한중관계를 조화롭게 조정하는 일은 어려운 과제입니다. 전과는 달리 양대 강국이 서로 제로섬 게임을 하고 있기 때문입니다. 그 결과 한국에 양자택일을 강요하고 있습니다. 문제는 그 과정에서 아주 세련된 외교를 하지 않는다면 정책을 추진하는 과정에서 갈등이 빚어질 수 있다는 것입니다.

그렇기에 어떠한 선택을 함에 있어 철저한 사전 준비와 주변 환경의 조성이 필요합니다. 예를 들면 2016년 사드 배치 같은 경우에는 예방 외교를 더욱 면밀하게 전개했어야 합니다. 당시 정부는 미국이 사드 배치를 요구한다는 것을 알고 있었습니다. 그럼에도 공식적인 요청이 없었다고 부인하다가 어느 날 갑자기 배치를 선언하니 반발과 충격이 클 수밖에 없었지요. 그보다는 미리 한국의 상황과 입장을 조금씩 알리고 북한의 핵실험이나 장거리 미사일 실험과 같은 전략 도발이 발생할 때 사드 배치가 불가피하다는 방향으로 정책을 전개했어야 한다고 봅니다. 사드 배치가 싫다면 중국이 알아서 북한의 전략 도발을 막으라는 암묵적 시그널이 되겠지요. 그랬다면 중국은 북한의 4차 핵실험 이후에 배치된 사드에 대해서 한국이 아닌 북한에게 비난의 화살을 쏟아부었을지 모릅니다. 최소한 한국 정부를 정면으로 비판하는 일은 없었을 겁니다.

2021년 5월 한미 정상회담도 마찬가지입니다. 지사님도 지적하셨지만, 저 역시 대만 해협 문제는 아껴두었어야 한다고 봅니다. 대만 문제를 언급하지 않았다면 중국도 별다른 반응을 보이지 않았을 텐데 오히려 한미 정상회담 결과를 내정 간섭으로 비난하고 나섰습니다. 또 중국의 왕이 외교부장이 베이징에 있는 북한 대사관을 방문하는 등 북중이 밀착하는 모습을 보이지 않았습니까. 미중관계와 관련한 한국의 선택 문제는 예방 외교가 너무도 중요합니다. 그런데 그런 부분에서 아쉬움이 많습니다.

한일관계와 관련해서는 이제 포괄적 해결책을 고민해야 하는 게 아닌가 싶습니다. 강제 징용이나 위안부 문제 등 역사문제는 역사문제로 풀되 안보 분야와 경제 분야의 협력을 강화한다는 원칙을 만들고 과거 '김대중-오부치 선언'과 같은 양국 정상 간의 미래 비전 선언이 필요하다고 봅니다. 그래야 각각의 분야에서 발생하는 갈등을 해소하거나 장기적인 문제로 유보하고 당장 현실적인 협력을 시작할 수 있을 겁니다. 좀 더 근본적으로는 일본에 진정성 있는 사과를 요구하고 배상 문제는 한국 정부가 주도적으로 풀어가는 지혜가 필요하다고 봅니다.

원희룡 동의합니다. 사실 외교정책은 국내외적으로 복잡한 구조적 한계를 지니고 있어서 획기적인 방안을 제시하는 것이 어렵습니다. 외교의 기본 원칙을 지켜나가는 것 자체가 어려운데다 외교정책의 실패는 되돌릴 수 없는 결정적 국익 손실로 이어질 가능성이 크니까요. 예컨대 최근 국내적으로는 반중 정서가 많이 증가하고 있는데요. 그런 대중 정서에 편승해서 정책을 추진한다면 단번에 인기를 끌지도 모릅니다. 하지만 외교정책은 국가의 생존과 직결된 문제입니다. 생존의 문제에서도 국민 정서가 중요하지만 어떻게 평화로운 상태를 유지할 것인지, 지속가능한 경제적 번영을 어떻게 추구할 것인지 신중하게 따져보아야 합니다.

중국은 우리 주변에 위치한 이웃입니다. 중국이 우리와 같이 자유민주적 기본질서를 유지하고 있다면 지금보다는 더 상대하기가 수월할 것입니다. 하지만 중국은 경제적으로 고도 성장을 거듭하면서 외교에서도 중심 국가가 되고자 합니다. 그 결과 주변국이 중국의 의사에 반하는 행동을 하지 못하도록 강요하는 모습을 보이고 있습니다. 까다로운 이웃이라고 할 수도 있을 텐데요. 중요한 것은 우리에게 중국은 여전히 제1의 무역 상대국이라는 점입니다. 중국과의 관계가 잘못되면 우리 경제에 치명적 상처를 입을 수 있습니다.

물론 우리가 중국의 무역보복에 일방적으로 당하는 것은 아닙니다. 최근 중국과 호주의 외교갈등과 경제보복 논란에서도 알 수 있듯이 글로벌 경제질서 속에서 특정 국가에 대한 보복은 자칫 스스로에게 치명상을 입히는 결과를 가져올 수 있기 때문입니다. 한 국가의 국력이 아무리 크다 해도 특정 분야와 이슈에서는 소국小國이라도 얼마든지 주도권을 쥘 수 있습니다. 싱가포르나 파키스탄 같은 나라도 중국에 맞서 자국 중심의 외교를 펼치고 있지 않습니까. 우리라고 못 할 게 없지요. 미래 불확실성은 갈수록 커지고 세계 경제 질서는 더욱 촘촘해지기 때문에 혹시 있을지 모를 갈등에 대비해서 평소 우리 체질을 개선하고 방어력을 키워나갈 필요가 있습니다. 일부러 도발을 자초할 필요는 없지만 그렇다고 맥 놓고 당할 수도 없지요. 공급구조, 분업구조, 동맹관계 등을 종합적으로 검토하되 스스로 생존할 수 있는 협상력과 방어력을 키워가야 합니다.

일본도 마찬가지입니다. 우리가 무시할 상대가 아니고 또 우리가 무시한다고 해서 더 잘되거나 하는 상황도 아닙니다. 오히려 한일 갈등의 실질적 피해가 양국 모두에게 돌아갈 가능성이 크지요. 우리 젊은 세대들이 일본에 대해 과거보다 훨씬 당당해졌고 경쟁할 수 있는 나라라고 여기게 된 것은 긍정적인 일입니다. 하지만 무조건 습관적으로 일본을 적대시해서는 안 됩니다. 외교 문제에 감정이 개입돼서는 안 된다는 것이 철칙입니다. 그리고 국익의 차원에서라도 일본이든 중국이든 우리를 필요로 하도록 하고, 또 우리는 우리가 원하는 것을 얻기 위해 어떤 국가와도 협상할 수 있어야 합니다.

따라서 외교적 지혜를 발휘해 주변국과의 관계가 최악으로 치닫는 것을 예방하고 협력의 기회를 키워가야 합니다. 그래야 불가피한 갈등이 생겨도 빠른 회복력을 보일 수 있을 것입니다.

신범철 관계 회복력을 말씀하셨는데요. 외교에서 아주 중요한 영역이라고 생각합니다. 오늘날의 국제관계에서 그 중요성이 점차 강조되고 있는데요. 한때 상황의 악화를 미리 막는 '예방외교'가 그 중요성을 인정받았고 이제 모든 나라의 외교정책에서 자리를 잡았다면, 이제는 회복력 쪽으로 화두가 옮겨간 것 같습니다. 최근 미국이나 주요 국가의 외교정책에서 회복력이라는 단어가 많이 등장하는데요. 사실 역사문제로 갈등을 예방하기 어려운 한일관계에서 회복력의 중요성은 아무리 강조해도 지나치지 않다고 봅니다.

회복력 있는 외교를 하기 위해서는 어떠한 경우에도 다음 단계의 조치를 고려해야 하고 여론에 휩쓸려 극단적인 선택을 하지 않는 것이 중요한데요. 제주도지사로서 이와 비슷한 경험을 해본 적이 있으신지요.

원희룡 네. 제주도지사 업무를 하면서 중국인 투자 혹은 중국인 관광객의 대거 입국으로 인한 크고 작은 문제를 접할 수 있었습니다. 특히 제주도 난개발과 관련한 문제는 상당히 심각한 수준이었고요. 제가 이 문제를 해결하려고 하자 「환구시보」는 저를 반중 분자라고 공격하기도 했지요. 한국의 이익과 관련된 문제일 때 심각한 사회갈등으로 치달을 수 있고 일자리 문제 등 개인적 차원의 불이익이 현실화될 경우 국민적 차원에서 불안과 고통을 느끼는 것은 당연한 일이기도 합니다.

하지만 이러한 국민 정서와 정부의 공식적인 외교정책은 분명히 구분돼야 하지요. 만약 이런 정서를 외교 전략에 그대로 투영한다면 이건 포퓰리즘 정책일 뿐이고 국가의 생존 전략과도 맞지 않습니다. 앞서 말씀드린 것처럼 외교라는 것은 국가의 생존을 좌우하

는 만큼 매우 전략적인 선택이 요구되기 때문이지요. 국익에 도움이 된다면 어떤 상대라도 포기하거나 저버려서는 안 됩니다. 우리가 먼저 의도적인 반중이나 반북을 표명할 이유는 없습니다. 이러한 원칙은 일본이나 미국 등 우방국에도 마찬가지로 적용될 수 있습니다. 이것이 제가 생각하는 회복력 있는 외교이고 또 그런 원칙을 견지해왔다고 자부합니다.

저는 항상 포퓰리즘을 반대해왔습니다. 그중 가장 경계해야 할 영역이 바로 외교 분야라고 생각합니다. 국가의 운명과 직결된 문제이니까요. 2018년 세 차례의 남북 정상회담을 개최할 때 문재인 정부는 마치 한반도에 평화가 온 것처럼 홍보했습니다. 하지만 우리 정부가 북한의 외교적 고립을 탈피시켜주었음에도 북한은 김정은 정권 출범 이후 막혀 있던 북중 관계를 복원하는 데 더 힘을 쏟았습니다. 결과적으로 문재인 정부는 북한의 핵 보유에 필요한 대외환경을 만들어준 셈이 되고 말았고 그 비용은 고스란히 후대 세대가 지게 된 것입니다.

제가 추구하는 '원칙 있는 평화'를 지향하는 외교는 전략적이고 장기적인 관점에서 출발합니다. 전략적인 행보는 매우 신중해야 하고 또 먼 미래까지도 염두에 두어야 합니다. 그러다 보니 획기적인 내용도 아니고 뜨겁거나 시원하지도 않습니다. 하지만 우리나라의 먼 미래를 위해 차근차근 해야 할 일을 준비한다는 점에서 국민께 이로운 외교라고 자부합니다. 정권에 이로운 것이 아니라 국민에게 이롭고 또 그렇기에 다음 정권이 혜택을 볼 수 있을 것입니다.

신범철 국민을 위해 먼 미래를 보며 다음 정권까지 생각하는 접근이 신선합니다. 임기 내 겉으로 드러나는 성과에 집착해서 먼 미래의 국가 이익을 생각하지 않는 정권을 보아온 경험 때문인 것 같습니다. 사실 먼 미래의 국가 이익을 고려한다면 한반도나 동북아에만 매달려서는 안 됩니다. 글로벌 경제 강국으로의 위상을 계속해서 만들어가기 위해서는 더 큰 지역적 차원의 문제에 관여하고 또 이바지해야 하기 때문이죠.

지사님이 말하는 글로벌 중견국 외교는 한국의 국제적 위상에 걸맞은 역할과 기여도 함께 포함하고 있는 것 같습니다. 미중관계나 일본 문제를 넘어선 지역 다자협력이나 글로벌 경제외교에 대해서는 어떤 고민을 하고 계신가요?

원희룡 한국의 외교 지평은 한반도와 동북아에서 인도태평양이나 글로벌 차원으로 더 확장돼야 합니다. 물론 지난 정부들도 이러한 고민을 해왔지만 구체적인 내용이 부족했습니다. 임기 초반 국정 과제로 신남방정책이나 신북방정책과 같은 지역 정책을 표방하기는 합니다. 하지만 정상회담을 통해 한차례 홍보를 하고 나면 형식적인 지역 정책에 머무는 정도입니다. 정권이 바뀌면 지역 정책의 이름만 바뀔 뿐 내용적 진전이 이루어진 적이 없습니다. 그래서 저는 지역 정책의 내실화를 이루려 합니다. 이름은 중요하지 않습니다. 예전의 이름을 일관되게 사용하는 게 더 낫다고 생각합니다. 대신 지역협력과 관련해 한국의 경쟁력을 키우는 내용에 좀 더 충실하고자 합니다.

신북방정책을 아무리 외쳐도 러시아나 중앙아시아 언어를 공부하고 그 지역에 진출하려는 학생들의 수가 줄어들면 의미가 없습니다. 신남방정책도 마찬가지입니다. 인재를 양성하는 일에서부터 시작해야 합니다. 그런 점에서 우리가 가진 기술국가와 문화국가의 강점을 토대로 젊은 세대의 해외 진출을 적극적으로 지원할 필요도 있습니다. 태어날 때부터 디지털 공간에 친숙하고 글로벌 네트워크를 자연스럽게 습득한 젊은 세대들이 해외에 진출한다면 민간외교의 지평을 넓힐 수 있을 뿐 아니라 인류 문제에 적극적으로 참여하는 주체로서 한국의 글로벌 위상을 높이는 데도 크게 이바지할 것으로 기대됩니다. 학습과 봉사는 물론 다양한 경험을 바탕으로 새로운 일자리 창출까지 이어지는 프로젝트가 될 수 있다고 생각합니다.

동시에 상대방의 입장을 고려한 지역협력을 강화할 필요가 있습니다. 동남아시아나 아프리카 국가들은 자국의 발전을 위해 한국의 성장 모델을 전수받고 싶어합니다. 그래서 우리의 새마을운동 이름을 딴 프로젝트를 추진해왔는데 문재인 정부가 '새마을'이라는 용어를 탐탁지 않게 여겨 사용하지 않으려 했습니다. 이런 식의 정책은 지속가능한 지역협력에 장애가 될 뿐입니다. 겉치레보다는 실용적 성과를 낼 수 있는 실질적 협력을 해야 합니다. 그런 점에서 빠르게 성장하는 동남아를 제2의 코리아 모델로 만들어주면 어떨까 합니다. IT가 장착된 코리아식 성장 모델이라고 할 수 있을 것이고 아프리카와 아시아로 확장해나갈 수 있을 겁니다.

과거처럼 숫자에 연연한 정부 주도의 공모사업 혹은 정권 임기 내에 끝나는 전시성 사업이 아니라 대한민국의 젊은이가 직접 세계 현장에 투입되고 인류의 보편적 문제에 적극적으로 참여하는 내실 있는 중견국 외교정책이 뒷받침돼야 합니다.

신범철 맞습니다. 사실 박근혜 정부의 유라시아 이니셔티브나 문재인 정부의 신북방정책은 이름만 다를 뿐 실제 내용에서는 큰 차이가 없습니다. 중점사업 일부를 조정해서 마치 새로운 지역정책인 양 홍보하고 정상회담을 통해 그럴듯한 성명을 발표하면서 마치 획기적인 지역협력을 이룬 것처럼 홍보하는 데 너무 익숙해져 있습니다. 그러다 보니 관련국의 냉소를 자아내는 경우가 종종 있습니다. 러시아는 한국의 새로운 북방정책이 나올 때마다 또 이름이 바뀌었냐며 아쉬움을 토로하기도 했습니다. 동남아 국가들도 비슷합니다.

지역적 차원의 협력 사업은 단기간에 성과가 나지 않습니다. 적어도 10~20년간 꾸준히 투자해야 합니다. 제2차 세계대전 이후 미국의 대 유럽 지원이나 대 한국 지원 역시 그 효과는 1960년대 들어서 본격적으로 나타나기 시작했습니다. 중국이 일대일로 사업을 시작한 지 10년이 돼가지만 가시적 성과는 여전히 미미합니다. 우리의 신남방정책이나 신북방정책도 꾸준히 추진돼야 합니다. 하지만 북한 문제나 미중관계처럼 한반도 주변 외교와 비교해 중요성을 인정받지 못하다 보니 형식적인 구호에 그치고 있습니다.

원희룡 글로벌 경제 협력은 갈수록 어려워질 것으로 예상됩니다. 코로나19로 국제 경제가 동시에 악화됐고 조금씩 회복 기미가 보이고 있지만 이미 자국 이기주의가 팽배한 상황입니다. 기후변화에 대응하는 국제사회의 노력은 탄소배출이 상대적으로 높은 편인 한국의 제반 산업에 커다란 도전이 될 수 있을 겁니다. 과거의 방식으로는 문제를 풀 수 없는 국제 경제 환경의 격변이 이루어지고 있습니다. 위기의식을 가져야 합니다. 이러한 상황에서 대한민국의 경제적 생존과 지속가능한 번영을 위해서는 첨단산업에서의 초격차를 유지하고 글로벌 어젠다를 선점하며 한국에 유리한 표준을 만들어야 합니다. 동시에 국제사회에 대한 이바지를 확대하는 것은 물론이고 한국의 위상을 높이고 다시 시장 확대로 연결 짓는 한 차원 높은 경제 전략이 필요합니다.

첨단산업에서 초격차를 유지하는 것은 사실 기업의 몫입니다. 하지만 기업이 마음껏 기술을 개발하고 투자를 확대할 수 있도록 하는 것은 정부의 몫이지요. 기업은 일류인데 정부가 이류이면 발목만 잡게 됩니다. 정부도 일류가 될 수 있게 끊임없이 개혁해야 합니다. 무엇보다 4차 산업혁명 시대 정보통신기술ICT 강국 역량을 이어가기 위해서는 인재를 양성해야 하고 외교 분야에서도 지역 전문가와 정보통신기술 전문가를 적극적으로 키워나갈 필요가 있습니다.

포스트 코로나 시대에 대비한 전략 수립은 변화된 글로벌 경제 환경과 통상 거버넌스 차원에서 매우 중요합니다. 비대면untact 경제 시대가 오고 있습니다. 코로나19가 종식된다고 하더라도 이미 진입한 비대면 사회로 되돌아갈 순 없으니까요. 이런 환경 변화에 대비해서 해외 진출과 협력 지원이 가능하도록 외교부의 체질을 바꾸어야 합니다. 통상 환경 변화에 따른 새로운 통상 규범 정립에 대처하고 재외공관이 국내 기업의 해외 진출 지원을 돕도록 해야 합니다. 그러려면 정부의 조직과 일하는 방식의 개선이 필요합니다.

기후변화에도 적극적으로 대응해야 합니다. 지난 2021년 5월 한국은 정부, 민간기업, 그리고 시민사회가 기후변화에 공동대응하자는 취지에서 '녹색성장과 글로벌 목표 2030을 위한 연대P4G, Partnering for Green Growth and the Global Goals 2030' 회의를 개최하고 온실가스 감축을 추진하고 있습니다. 하지만 의욕만 가지고 되는 일이 아닙니다. 온실가스 배출 기업들은 생산활동에 부담이 되다 보니 부정적인 반응을 보이고 있습니다. 그러나 적극적인 설득을 통해 유럽에서 논의되는 탄소 국경세 등과 같은 미래 환경 변화에 대응해야 합니다.

신범철 정말로 외교의 각 분야를 들여다보면 해야 할 일들이 너무 많습니다. 종합행정, 종합예술이라고 해도 과언이 아닙니다. 그간 우리는 너무 북한 문제에만 매달려왔기 때문에 중견국으로서 해야 할 일을 제대로 하지 못했던 것 아닐까요. 미래 우리에게 다가올 충격은 북한에서 비롯되는 것보다 글로벌 환경에서 비롯되는 변화가 더 클지 모릅니다. 북한 문제는 관리 가능한 안보 위협인데 반해 경제적 환경 변화는 그 폭을 예측할 수 없기에 한국의 생존과 번영에 치명적인 영향을 미칠 수도 있기 때문입니다. 따라서 지역협력과 경제외교에 더 많은 관심을 가져야 합니다.

지역협력의 목적은 해당지역 국가들과의 관계 강화 외에도 잠재적 시장의 확대를 통한 미래 먹거리를 만드는 데 있습니다. 이미 아세안이나 유럽지역 등에서 다양한 협력을 하고는 있습니다. 하지만 한 차원 더 긴밀한 관계를 만들고 경제적으로도 실질적인 성과를 가져오려면 한국 주도의 다양한 소小다자협력을 만들어야 합니다. 사실 아시아태평양경제협력체APEC, 동아시아정상회의EAS, 아세안 등과의 많은 협력이 있었지만 협력의 대상이 너무 광범위해서 실질적인 성과를 만들어내는 데 제한이 있지 않았습니까.

따라서 광역 협력도 중요하지만 그 안에서 개별 국가들과의 긴밀한 소다자협력 관계를 계속해서 만들어가야 합니다. 베트남과 캄보디아의 메콩강 개발협력처럼 서로 경제적으로 연계된 국가들과의 소다자협력은 우리에게 새로운 기회를 가져다줄 것입니다.

또한 민간이 주도하고 있는 동북아협력대화NEACD, Northeast Asia Cooperation Dialogue나 아태안보협력이사회CSCAP, Council for Security Cooperation in the Asia Pacific 등에 적극적으로 참여하면서 한국이 주도해서 만들어 놓은 믹타MIKTA라고 부르는 멕시코, 인도네시아, 터키, 오스트레일리아 등과의 협력도 강화해야겠지요.

한편으로는 미중 패권 경쟁으로 인한 보호무역주의 부활 움직임에도 미리 대응할 필요가 있습니다. 미국은 첨단산업에서 중국과의 격차를 벌리기 위해 글로벌 가치사슬 구축이나 공급망 회복 노력을 하고 있습니다. 그것이 한국에는 도전이면서도 기회라는 점을 잘 이해해야 합니다. 미국에 투자하면 반드시 첨단기술 이전을 확보해야 합니다. 그리고 중국에 투자할 때는 한국이 보유한 최첨단 기술의 유출 가능성에 유의하고 미·중 전략 경쟁의 유탄을 맞지 않도록 조심해야 합니다.

| 북한과 비핵화 문제를 풀고 상생의 한반도를 만들어야 한다

신범철 이렇게 중요한 외교적 과제들이 북한 문제로 인해 상대적으로 소홀히 다루어져 왔다는 게 안타깝습니다. 특히 문재인 정부는 북한 문제에 대한 집착이 그 어느 때보다 강했던 것 같고요. 하지만 이는 그만큼 북한 문제가 시급하고 중요하다는 방증이기도 합니다. 그런 점에서 지사님은 북한 핵 문제나 남북관계와 관련한 여러 문제에 어떤 접근을 하고 계신지 궁금합니다. 여기에도 원칙 있는 평화가 적용되는 걸까요?

예컨대 바이든 행정부가 출범하면서 대북정책검토 결과를 내놓았는데 여전히 원칙 수준에 불과합니다. 결국 한미 간의 구체적인 협상 방안에 관한 공조도 필요하고 핵을 포기하지 않으려는 북한을 설득해야 하는 과제도 안고 있습니다. 막혀 있는 남북교류를 어떻게 재가동할지 복안이 있으신가요?

원희룡 참 어려운 문제죠. 75년이 넘는 분단, 적대감, 그리고 30년이 넘는 핵 개발과 대응의 역사 속에서 한반도의 새로운 미래를 만드는 일은 우리의 생존에 가장 중요한 일이 아닐 수 없습니다. 고르디우스의 매듭처럼 한 번에 모든 문제를 풀기는 어렵습니다. 장기적인 시각과 전략을 바탕으로 차분하게 풀어가야 합니다. 이와 관련해서 저는 한반도의 미래가 비핵과 상생이라는 두 원칙을 기반으로 만들어져야 한다고 생각합니다.

현안에 이끌려 이리저리 움직이다 보면 원칙이 사라지는 때가 종종 있습니다. 문재인 정부도 처음에는 비핵화를 강조했습니다. 그런데 2018년 세 차례의 정상회담 이후에는 비핵화 문제보다 평화 프로세스를 강조하고 있습니다. 그러다가 다시 한미 정상회담에서 비핵화 문제를 강조했습니다. 그러는 동안 북한은 불만을 품고 한국 정부를 계속 무시해왔고요. 왜 이런 현상이 벌어질까요? 그것은 문재인 정부의 대북정책이 원칙 없이 상황에 따라 바뀐다는 것을 북한이 알았기 때문입니다.

문재인 대통령은 불가역적인 평화를 만들겠다고 말했습니다. 하지만 세상에 불가역적인 평화라는 게 존재할까요? 한 번 합의에 도달했다고 해도 미·중관계나 북한의 태도에 따라 새로운 환경이 조성되면 새로운 도전이 뒤따르는 건 어쩌면 당연한 일입니다. 임기 내에 불가역적인 무언가를 만들겠다는 시도 자체가 국제 정세에 대해 얼마나 둔감한지를 스스로 드러내는 것입니다.

저는 한반도 문제는 장기적 안목으로 풀어가고자 합니다. 100미터 달리기를 해서 1등으로 결승점에 도착하기보다는 장거리 이어달리기라는 생각으로 북한 문제를 다루겠습니다. 제 임기보다는 다음 정부의 임기에 더 좋은 여건을 물려주겠다는 마음으로 여야 모두의 의견을 폭넓게 수렴하고 지속가능한 정책을 만들 생각입니다.

물론 방향성은 분명합니다. 북핵은 폐기돼야 하고 남북이 서로 상생할 수 있는 공감대를 형성해야 합니다. 핵이 있는 한반도는 갈등과 긴장이 지속될 수밖에 없으니까요. 북한은 대북적대 정책이 문제의 원인이라고 주장합니다. 하지만 대화를 희망한다면 개방성과 유연성이 필요합니다. 우리 역시 북한 문제를 풀어감에 있어서 그들의 입장을 경청해야 합니다. 상생의 남북관계를 만들어 북한의 안보 우려를 해결하고 지속가능한 평화를 한반도에 구축할 생각입니다. 동시에 열악한 북한의 인도적 상황을 개선하기 위한 노력은 남북 간의 정치적 상황과 무관하게 지속함으로써 장기적으로 통일을 준비해나가고자 합니다.

문제는 구체적으로 어떻게 대화의 시동을 걸고 어떻게 북한을 설득해낼 것인가입니다. 북한은 대화에 앞서 대북제재 완화나 연합군사훈련 중단이 선행돼야 한다는 식의 요구를 하고 있지만 너무 과합니다. 최소한 먼저 대화에 복귀해서 이 문제를 풀어갈 유연성을 보여야 합니다. 대화 복귀의 조건으로 인도적 지원을 제공하는 것이 당연한 일이 돼서도 안 됩니다. 어차피 북한이 거부할 테니까요. 따라서 인도적 지원은 말 그대로 북한의 마음을 움직이기 위한 수단일 뿐 대화 복귀와는 무관하게 이루어지는 것이 효과적이라고 생각합니다. 때로는 할 일을 해가며 기다리는 것도 전략일 수 있습니다.

신범철 과거 정권이 북한의 입장이나 협상 관행을 몰라서 제대로 대응하지 못했던 것은 아닐 겁니다. 임기 내에 성과를 내야 한다는 조급증이 작용했을 수도 있고 북한을 객관적인 외교 협상 파트너로 생각하기보다는 동포 내지는 같은 민족이라고 여기는 감정적 개입 때문일지도 모릅니다. 하지만 그 결과 북한에 대해 제대로 된 대응을 일관되게 전개하지 못한 아쉬움이 큽니다. 보수진영은 대안 없이 기다리거나 북한 정권의 붕괴를 바란다는 '오해'를 받게 됐습니다. 진보진영은 우리의 역량이나 북한의 의도와는 무관하게 자기만의 계산으로 대화를 주도할 수 있다는 '희망적 상상'에 빠지게 된 것 같습니다. 아직 적대적으로 공존하는 상대가 있는 것이 남북관계의 특징입니다. 그런데 이 점을 간과하게 된 것이죠.

원희룡 문재인 정부가 '한반도 운전자론'을 제기한 것도 그런 맥락이었다고 생각합니다. 하지만 북한의 비핵화 대화 복귀는 한국 혼자의 힘만으로 될 수 있는 일이 아닙니다. 미국과 중국 그리고 무엇보다 김정은 위원장의 의지가 중요하지요. 동시에 북한에 대화 복귀를 요청한다고 협상이 시작되는 것도 아닙니다. 김정은 위원장 스스로 대화에 복귀하는 것이 자신의 체제 유지에 유리하다는 것을 깨닫도록 하는 것이 가장 중요합니다. 현재 북한은 코로나 19로 북중 국경이 차단된 상황이다 보니 심각한 경제난에 직면해 있습니다. 중국의 경제적 지원이 없다면 북한 경제는 더 큰 어려움에 빠지게 되겠지요. 북한은 경제적 어려움을 헤쳐나가는 유일한 길이 비핵화 대화라는 점을 알게 될 때 어느 시점에서든 대화에 복귀하려 들 것입니다. 제재 유지가 필요한 이유입니다.

그 대신 북한이 대화에 복귀하면 북한이 원하는 협상 방식이나 조건에 유연하게 접근할 수 있어야 한다고 봅니다. 일괄타결이나 단계적 비핵화 어떤 것도 다 수용할 수 있어야 합니다. 다만, 북한은 비핵화의 최종 상태에 대해 약속하고 그 과정에서 신고와 검증을 수용해야 합니다. 구체적인 보상조치로는 대북 경제지원과 경제제재 완화가 포함돼야 하지만 북한의 이행 거부시에는 다시 제재가 복원되는 스냅백snap back 조항이 필요합니다. 그렇게 하면 기존의 방식에서 외교적 유연성을 강조한 것 정도가 될 것입니다. 새로운 것은 아니죠. 그래서 저는 여기에 획기적인 아이디어 하나를 포함하고자 합니다. 그것은 이러한 비핵화 협상을 몇 개의 단계로 나누고 각 협상의 단계가 1~2년 단위로 짧게 진행되는 것이 아니라 3~4년 또는 4~5년간 이어지도록 해서 약 20년 정도의 시간을 갖고 비핵화 협상을 진행하는 것입니다. 저는 이것을 '더 긴 과정the longer process'이라고 부르고 싶습니다.

지금까지 북한과 맺은 여러 합의, 즉 1991년 한반도 비핵화 공동선언에서 2018년 판문점 선언에 이르는 남북 간 합의와 1994년 제네바 합의에서부터 2018년 싱가포르 공동선언에 이르는 북미 간 합의가 성공적인 결과에 이르지 못한 이유는 기본적인 신뢰가 부족했기 때문입니다. 신뢰의 축적에는 시간이 필요합니다. 동시에 북한의 지도자는 핵 협상 진전에 따르는 외부와의 접촉면 확대가 체제 유지에 불안 요인이 될 것으로 인식해왔습니다. 이러한 인식을 전환할 시간이 필요합니다. 단기간이 아니라 장기간의 협상과 이익의 교환이 이루어진다면 그 기간만큼 안정적으로 북한 내부 상황을 관리할 수 있다고 느낄 것입니다. 협상에 따르는 불안 요인을 제거해주는 거죠.

우리나라로서도 나쁘지 않습니다. 예를 들면 첫 단계라고 할 수 있는 기간, 즉 북한이 핵 활동을 동결하고 그걸 신고하고 검증하는 과정을 몇 년 단위로 잡으면 그 기간 동안 남북관계나 한반도 정세가 안정되는 긍정적인 효과를 거둘 수 있습니다. 그다음 북한의 핵 능력을 또 장기간 해체해나가면 그 시간만큼 남북 간에 신뢰를 구축할 수 있을 것입니다. 신뢰가 구축되면 자연스럽게 실질적인 교류 협력도 증가하고 이산가족 상봉 등 인도적인 문제도 점차 해결될 수 있을 것입니다. 그만큼 남북관계에서 원칙을 만들고 지켜나갈 시간적 여유가 생기고 그 결과 진정한 상생의 남북관계가 만들어질 수 있다고 봅니다. 다시 말해 비핵 상생의 남북관계를 구축하기 위해서는 정권 차원의 조급증을 버리고 긴 호흡으로 문제의 근본 원인을 풀어가며 신뢰를 쌓아가겠다는 발상의 전환이 필요하다는 것입니다.

신범철 지사님 이야기에 정말 공감하지만 과거의 접근과 차별화돼 '이게 가능할까?' 하는 느낌이 듭니다. 그간 우리는 보수와 진보진영을 떠나서 모두 조속한 남북관계 복원과 조속한 비핵화를 추진해왔습니다. 앞서 언급한 것처럼 임기를 1년도 채 남겨놓지 않은 문재인 정부가 불가역적인 평화를 만들겠다는 것이 가장 대표적인 사례라고 볼 수 있겠습니다. 어쨌든 임기 내에 성과를 가져오겠다는 조급함이 결국 아무런 성과로 이어지지 못했던 것이 지금까지 북한 비핵화 협상이나 남북관계의 현실이었습니다.

'더 긴 과정' 그러니까 영어로는 '더 롱거 프로세스the longer process'

라고 하니 냉전으로 접어들던 1946년 미국의 외교관이었던 조지 캐넌George Frost Kennan이 작성한 「더 롱 텔레그램the long telegram」이 생각 납니다. 사실 이건 전문이 길어서 붙여진 이름인데요. 제2차 세계 대전 이후 변화하는 소련의 내부 정치를 고려한 외교 전략의 대전 환과 관련된 것입니다. 지사님의 생각은 전통적인 의미에서 두 가지 변화를 의미합니다. 먼저 임기 내 성과에 치중했던 기존의 대북 정책에서 벗어나는 것입니다. 사실 모든 행정부가 북한 문제를 풀지 못했던 것은 모든 정부가 임기 내에 성과를 내고자 하는 의욕이 앞섰던 까닭이라고 봅니다. 그러다 보니 사실상 종신으로 집권하는 북한과 협상의 시간표가 맞지 않았던 거죠. 북한은 이러한 한국의 상황을 역이용한 측면도 있었고요.

다음으로 북한 비핵화를 통한 남북 간 신뢰 구축이라는 전통적 접근에서 신뢰 구축과 비핵화의 병행이라는 새로운 시도를 주장하고 계십니다. 과거 한국전쟁의 기억으로 국내에는 북한에 대한 불신이 자리잡고 있습니다. 그렇기에 북한의 위협에 대해 긴장하게 됐고 협상에서 유연성을 잃게 됐습니다. 하지만 오늘날 40여 배에 달하는 경제력의 차이와 튼튼한 한미동맹을 고려할 때 북한이 핵을 보유했다고 하더라도 한국이 북한에 대해 전략적 열세를 느낄 이유가 없다고 생각합니다. 그렇다면 창의적인 접근을 시도할 필요가 있다고 보는데요. 긴 프로세스의 협상은 그 과정에서 쌓인 남북 간 신뢰를 비핵화의 동력으로 활용한다는 의미가 있습니다.

근본적으로 과연 김정은 정권이 비핵화의 의지가 있느냐의 물음이 필요합니다. 만약 김정은 위원장이 끝내 핵을 포기하지 않겠다고 하면 모든 해법이 무용지물이 될 수밖에 없습니다. 하지만 북한에게 선택의 기회를 주면서 변화를 유도하기 위한 장기적인 접근을 하는 것은, 당장 비핵화 의지가 없다 해도 나중에 비핵화 의지를 만들 새로운 기회를 각각의 고비마다 제공할 수 있을 것입니다. 따라서 매우 현실적인 접근이라고 봅니다.

원희룡 '더 롱거 프로세스'는 '평화 공존을 위한 긴 호흡'이기도 합니다. 장기적 안목에서 평화를 추진하기 위해서는 '평화 공존적 호흡'이 뒷받침돼야 하기 때문입니다. 다시 말해 우리가 북한을 상대로 원칙을 지키고 유연성을 보이며 북한의 벼랑 끝 전술에 흔들리지 않고 협상의 우위를 점하려면 호흡부터 달라져야 한다는 것입니다. 민족 내부의 특수관계가 아니라 객관적 실체로서 북한을 규정하고 국가 대 국가의 평화 공존적 개념을 적용하는 것입니다. 헌법이나 법률에 따른 북한의 지위를 부인해서는 안 되겠지만 현실 외교의 차원에서 한반도 상황을 냉정히 판단하고 북한을 대할 필요가 있다고 생각합니다. 한반도 통일에 대한 헌법적 의무는 유지하되 실질적인 비핵 협상의 진전을 위해 일방주의나 낭만주의적인 접근은 자제하고 좀 더 긴 호흡으로서 평화 공존을 모색해나가야 합니다. 일방적인 포용의 대상도 아니고 무너져야 할 정권도 아닌 객관적 실체로서의 북한에 대해 '더 롱거 프로세스'를 적용하고자 합니다.

새로 출범한 바이든 행정부 역시 북핵을 절대 용인하지 않을 것이며 전략적 인내라기보다는 좀 더 긴 과정으로서 북한을 관리하고자 할 것입니다. 그런 의미에서 '더 긴 프로세스'에 기반할 때 새로운 북핵 협상의 프레임도 새롭게 마련될 수 있으리라 생각합니다. 그동안 우리 스스로 딜레마에 빠지거나 상대방의 의도에 일방적으로 끌려다녔다면 협상과 관리의 틀에서 장기적으로 북한을 관리한다는 점에서 좀 더 현실적인 프레임이 될 것입니다. 무엇보다 임기 내 성과 혹은 포퓰리즘 같은 국내 정치의 개입 가능성을 차단함으로써 북한 비핵화 자체에만 집중하도록 한다는 점이 과거와는 근본적으로 다릅니다. 이러한 '더 긴 프로세스' '평화 공존적 호흡' 전략은 미국, 한국, 중국과 북한뿐 아니라 6자회담까지도 확대 적용될 수도 있으리라 생각합니다. 우리의 통일은 평화 공존의 과정을 경유한 결과로 다가올 것입니다. 이 긴 호흡이 오히려 빠른 통일을 가져올 것이라고 봅니다.

신범철 문제는 의지입니다. 비핵화 상생의 남북관계를 만들기 위해서는 적지 않은 인내가 필요하고 임기 내 별다른 성과가 없을 수도 있습니다. 국내 정치적으로 당장 대화를 재개해서 성과를 내라는 요구도 받을 것입니다. 다시 말해 인기 없는 정책이 될 수 있습니다. 이런 위험 요인을 감수해내는 것이 중요합니다.

그동안 우리의 대북정책은 정책 변화의 폭이 너무 크지 않았습니까? 북한이 도발하면 억제력 강화를 외치다가 어느 순간에는 왜 북한과 대화를 갖지 않느냐고 아우성입니다. 그러다 보니 정부가 일관된 대북정책을 추진하기가 쉽지 않았지요. 하지만 이 역시 대북정책 추진 환경의 일부라고 봅니다. 특히 남북관계가 돌아가지 않으면 국민들은 대화의 길을 열어야 한다고 목소리를 높일 것입니다. 긴 호흡에서의 대북정책이 의미가 있음에도 현안이 생겼을 때 제대로 된 대응을 할 수 있을지 의문이 드는 이유입니다. 예컨대 개성공단이나 금강산 관광사업 그리고 남북 간 인적·물적 교류는 어떻게 추진할 생각인가요?

원희룡 저는 국민께 남북관계의 현실을 소상히 설명하고 차분하게 교류협력을 확대해나갈 것입니다. 북한이 비핵화 대화에 임하지 않는다면 제재를 유지하며 기다릴 것입니다. 이 과정에서 북한에 재난이 발생하지 않도록 국제사회와 협력해서 인도적 지원을 조건 없이 시작하고자 합니다. 비핵화 대화의 복귀는 결국 북한의 선택이지만 그 여건을 조성하는 일에 투자를 아끼지 않겠습니다. 개성공단은 대북제재와 직결돼 있습니다. 따라서 당장 추진하기는 어려울 것 같습니다. 반면 금강산 관광은 대량 현금이 들어가지 않고 정부나 단체의 사업이 아닌 개별 관광이라면 가능합니다. 물론 신변안전에 관한 보장은 받아야겠지요.

북한이 비핵화 대화에 돌아오면 단계적인 협상에서 한국의 우선권을 인정받고자 합니다. 남북관계를 연계시킴으로써 남북 간 물적, 인적 교류를 우선 추진하고 동시에 이제 얼마 남지 않은 이산가족 상봉도 병행 추진할 생각입니다. 이미 지난 정부에서 남북 간 협력 사업은 많이 개발해둔 상태입니다. 박근혜 정부에서는 통일준비위원회를 발족시켰고 수많은 경제협력 프로젝트를 구상해놓았습니다. 문재인 정부에서도 신한반도 경제지도를 만들어서 준비한 것으로 알고 있고요. 남·북, 남·북·러, 남·북·중 간의 다양한 경제협력 사업을 준비해놓은 상황입니다.

새로운 경제협력 사업을 만들기보다는 대북제재 저촉 여부나 경제적 파급효과 같은 추진상의 문제점을 확인해가면서 기존 사업의 장단점을 파악하고 우선순위를 식별하는 것이 더 중요하다고 생각합니다. 교류협력의 수준을 한 차원 더 높이 가져가기 위해서는 거창한 선전용 사업보다는 북한 주민에게 이익을 줄 수 있는 실용적 사업이 필요합니다. 또 한 가지, 지금까지 정부 차원에서 고려하지

않았던 사안이 하나 더 있습니다. 그것은 경협사업에 대한 북한의 불안감입니다. 경제적 열세에 놓인 북한은 우리와의 경협사업을 무조건 환영하지는 않을 것입니다. 아마도 당분간 김정은 위원장은 남북교류를 체제 불안정 요인으로 인식할 가능성이 큽니다. 대북제재가 완화된다 해도 남북 경협사업에 대한 북한 당국의 협조가 지연될 수도 있을 것입니다. 불확실한 상황이 한동안 이어질 수도 있겠지요. 그렇기 때문에 '더 롱거 프로세스'가 더욱 필요하다고 생각합니다.

김정은 정권의 불안감을 없애주는 장기적 협력 계획 아래에서 북한에 실질적 도움을 주는 인도적 지원을 제재 규범의 범위 내에서 시작하고 실질적 이익을 줄 수 있는 사업을 지속적으로 제시한다면 조금씩 남북 간에 신뢰가 만들어질 것입니다. 이렇게 신뢰를 쌓는 노력을 계속하게 된다면 어느 시점에서 대화는 재개될 것입니다.

┃국방 문화를 개선하고 디지털 전환을 통해 국방력을 강화해야 한다

신범철 남북 간의 신뢰 구축은 반드시 필요한 일이지만 결코 쉽게 만들어지진 않을 겁니다. 무엇보다 지금까지의 경험으로 볼 때 북한의 불만 표현, 즉 한국을 겨냥한 재래식 무력도발, 단거리 미사일 실험, 또는 미국을 겨냥한 장거리 미사일 실험 등을 하면 또 다른 선택에 직면할 수밖에 없을 텐데요. 어떻게 대응하고 또 준비해야 할까요?

2021년 기준 우리의 국방예산은 52조 원이 넘습니다. 적지 않은 돈입니다. 문재인 정부는 군사력 강화를 위해 많은 투자를 했지만 삼척항 정박 귀순이나 동해안 헤엄 귀순과 같이 경계선이 돌파당하고 군의 훈련이 약화되면서 여러 가지 우려가 제기되고 있습니다. 인구 감소와 복무기간 단축이라는 외부 환경 변화에도 불구하고 강군 건설은 여전히 국민적 요청사항입니다. 이에 대해 지사님은 어떤 문제의식과 목표를 갖고 계신가요?

원희룡 국방 환경은 기술 환경의 변화로 급격하게 변화하고 있습니다. 국방 역시 디지털 전환의 예외일 수 없지요. 우리는 여전히 성인 남성들이 군대에 가고 열심히 나라를 지키다 돌아오는 과거의 국방 시스템을 생각합니다. 하지만 그 안에 있는 기술적 요인들은 전혀 새로운 세상을 가리키고 있습니다.

4차 산업혁명은 군의 새로운 대응을 필요로 합니다. 전통적인 육·해·공의 합동작전은 지금도 중요하지만 사이버와 우주를 활용할 수 있어야 합니다. 육·해·공 합동작전과 함께 사이버전과 우주전을 전개할 수 있어야 하지요. 실제로 기술적으로 뒤처져 있는 북한도 스마트폰을 사용하고 있습니다. 무기 체계에 사용되는 전자장비도 적지 않을 것입니다. 실제로 사이버 공격을 통해 북한의 핵무기 발사를 실패하도록 만드는 '발사의 왼편left of launch' 이야기도 나오고 있습니다. 반대로 인터넷으로 연결된 우리의 많은 장비와 기간사업들은 북한의 해킹이나 사이버 공격에 취약한 상황입니다. 2016년에는 북한 소행으로 추정되는 해킹으로 국방부 인트라넷이 뚫리고 많은 정보가 유출된 것으로 확인된 바 있습니다. 공격이든 방어든 사이버전의 중요성이 더욱 커지고 있는 것입니다.

우주도 마찬가지입니다. 우주를 지배하는 자가 다음 전쟁을 지배한다고 합니다. 우주를 활용하면 북한 지역을 감시하고 전쟁 준비 태세를 파악할 수 있을 뿐 아니라 앞으로는 우주에서 직접 공격도 가능할 겁니다. 실제 이런 무기 체계가 개발 중이기도 하고요. 우리도 우주를 장악해야 합니다. 핵무기를 개발하기 어려운 한국으로서는 북한 핵미사일 공격을 차단하는 것이 가장 현실적인 대책일 수밖에 없습니다. 정찰위성 등을 빈틈없이 갖추어야 북한의 움직임을 파악할 수 있습니다.

기술 혁명은 무인전투장비로 이어지고 있습니다. 이미 미국은 무인전투장비와 자동화무기의 사용을 앞당기고 있지 않습니까. 핵잠수함이 아닌 무인잠수함의 시대가 열릴 수 있습니다. 항공모함이나 핵잠수함과 같은 재래식 전투력 중심의 사고를 탈피해야 합니다. 4차 산업혁명 기술은 매우 다양합니다. 흔히 ICBM(사물인터넷, 클라우드, 빅데이터, 모바일)으로 불리기도 하는데 그 외에도 인공지능, 나노, 바이오, 양자, 첨단소재, 새로운 에너지원, 레이저 기술을 군에 도입해야 합니다. 그래서 육·해·공은 물론이고 사이버와 우주전을 동시에 수행할 수 있는 첨단 군사력을 강화해야 한다고 봅니다. 그래야 전방위 국방력 강화를 끌어낼 수 있습니다. 지금처럼 육·해·공군과 나누어먹기 식으로 예산을 분배하는 일은 없어야겠지요.

신범철 지사님의 의견에 공감합니다. 미군은 이미 육·해·공 합동작전과 사이버작전, 우주작전을 통합적으로 운용하는 방향으로 정책을 이끌고 있습니다. 소위 다영역작전Multi Dimensional Operation이지요. 이들 두 영역이 합동작전과 어우러져 동시에 수행될 때 상대방에 대한 최대의 충격을 가할 수 있습니다. 물론 아군에 대한 효율적인 방어도 가능할 것입니다. 따라서 전방위적 국방력 강화는 기존의 균형 있는 육·해·공 3군의 발전 외에도 사이버와 우주 영역에서 물리적 타격 능력을 첨단화하고 전자기 마비 능력을 보유함으로써 북한의 핵무기 사용을 무력화하는 노력이 필요합니다. 물론 예산만 있다고 완성할 수 있는 일은 아니지요. 군대 밖의 첨단기술 시장에서 우리 군에 필요한 기술을 확보하고 또 도입하며 공동의 프로젝트로 승화시켜야 합니다.

동시에 우리의 무기 획득 체계도 개선해야 합니다. 지금은 무기 체계를 획득하는 데 짧아도 몇 년이고 길게는 10년 가까이 걸립니다. 일선 부대에서 무기 체계 수요를 제기하면 이를 심사하고 공개 경쟁을 통해 업체를 확정한 뒤 개발 후 심사를 거쳐 부대에 제공하는 데 드는 시간입니다. 문제는 그 사이 새로운 기술이 개발되면 새롭게 획득하는 무기 체계는 곧바로 구형 무기 체계가 된다는 점입니다. 따라서 무기 체계 획득 방식은 근본적으로 바뀔 필요가 있습니다. 첨단기술과 관련된 무기는 일선 부대, 국방부 관련 부처, 방위사업청 등이 한 단계 한 단계 절차를 밟아나가기보다 한자리에 모여서 결정하는 방식이 필요합니다. 그래야 비교적 최첨단의 무기 체계를 확보할 수 있습니다.

한 가지 덧붙이자면 저는 기본이 강한 군대를 만들어야 한다고 생각합니다. 첨단무기도 물론 중요하지만, 사실 우리 군에는 사용 기간이 지난 화약 등이 다수 존재하고 있습니다. 음식물처럼 상하는 것은 아니기에 큰 문제는 아닐 수 있지만 전시에 불발탄이 될 가능성이 큽니다. 이러한 문제들을 하나씩 풀어가야 합니다. 첨단무기 구매만 신경을 쓸 일이 아니고 유효기간이 지난 화약들의 성능을 다시 평가하고 현실적인 기준에 맞춰 폐기 처분해야 합니다. 예산 효율성을 고려하며 성능이 좋은 화약으로 점차 대체해 나가는 것입니다. 아주 기초적인 것부터 군의 내실화를 기해야 합니다.

동시에 첨단기술은 새로운 무기 체계 개발 시기를 획기적으로 앞당기고 있습니다. 과거에는 10년 이상이 소요될 무기 체계 개발을 수년 이상 앞당기고 있습니다.

원희룡 군사 혁신 과정에서 기술의 발전과 획득 체계 개선은 시계의 시침과 분침처럼 함께 움직여야 한다고 생각합니다. 어렵게 무기 체계를 획득하더라도 최첨단기술을 탑재한 무기는 속속 개발되기 때문에 그 격차를 메우기가 쉽지 않습니다. 그동안 우리나라는 한미동맹 차원에서 미국의 무기 체계를 우선적으로 구매해 왔습니다. 우리가 국방과학연구소나 민간 방위산업체와의 협력을 통해 개발한 것도 적지 않지만, 이 역시 부품은 미국이나 유럽의 선진국에서 수입해온 것들이 많습니다.

특히 차세대 전투기와 같은 대형 방산 프로젝트의 경우 동맹국인 미국의 의사가 중요하게 작용해왔던 것으로 보입니다. 한국은 어느 정도 물량을 흡수하는 역할을 담당하기도 했지요. 그런 점에서 획득에 주력하기보다는 보수유지나 관리에 더 신경을 써야 할 겁니다. 미국은 획득 예산보다 보수유지 예산이 더 많이 편성돼 관리가 이루어지기 때문에 수십 년이 지난 오래된 무기도 잘 활용한다고 하더군요. 하지만 우리는 새로운 장비를 구축하는 데만 신경을 쓸 뿐 노후화 관리나 유지를 소홀히 해 손실이 일어나고 있습니다. 무기 획득 체계의 변화와 더불어 전반적인 무기 관리 시스템도 점검할 필요가 있어 보입니다.

신범철 오늘날 첨단기술의 개발 속도는 몇 년이 아닌 몇 개월 단위라고 합니다. 그만큼 새로운 기술이 등장하고 세상을 바꾸는 데 활용되고 있습니다. 그런데 무기 획득 체계에 몇 년이 걸린다면 우리 군은 비싼 돈을 들여 구식 장비를 갖추는 결과가 됩니다. 무기 획득 체계의 개선이 정말 필요한 것 같습니다. 효율성의 측면에서 봐도 비싼 전투기를 구입하는 것보다 무인항공기 드론을 활용하는 것이 훨씬 안전하고 효과적이지 않겠습니까? 엄청난 비용과 거대 인력을 필요로 하는 항공모함이나 핵잠수함 1대를 배치하는 것과 유사시 즉각 공격이 가능한 무인잠수함 20~30대를 확보하는 것 중 어느 쪽이 군사적 효용성이 더 큰지는 자명한 이치입니다.

한 가지 첨언하고 싶은 것은 무기 획득 체계의 개선 외에도 인재 양성과 기술개발을 위한 좀 더 광범위한 노력이 선행돼야 한다는 점입니다. 군이 홀로 군사기술을 개발하는 것은 한계가 있기 때문에 민관군이 협력할 필요가 있고 산학연 협력 플랫폼 등을 구축해서 지속적인 인재 양성과 기술개발을 추진해야 합니다. 앞서 지사님이 지적한 전방위 국방력 강화는 재래식 무기 체계 외에도 사이버나 우주와 관련된 노력이 필요하다는 점에서 매우 공감이 가는데요. 한미동맹을 통한 연합방위력은 어떻게 관리해 나가야 하는지, 연합군사훈련은 중단하거나 축소해야 하는지 등의 문제는 어떻게 생각하시는지 듣고 싶습니다.

원희룡 그렇습니다. 앞서 언급한 부분은 우리의 독자적 억제력 강화를 말씀드린 것입니다. 연합방위체제를 강화함으로써 국방을 튼튼히 하는 일도 소홀할 수 없을 것입니다. 먼저 연합군사훈련은 가급적 원래대로 복귀하는 것이 필요하다고 봅니다. 주한미군의 주둔 형태는 다양하지만 순환 근무를 하는 군인들은 근무 기간이 채 1년도 되지 않습니다. 그 기간 중 제대로 된 훈련을 하지 못하면 전투력에 문제가 생길 수 있지요. 따라서 연합군사훈련을 축소한 것은 우리 국방에 바람직한 일은 아니라고 봅니다.

문제는 북한과의 대화가 시작되고 협상이 진행되는 상황에서 연합군사훈련이 장애가 돼서는 안 된다는 것입니다. 북한의 실질적 비핵화 조치를 끌어내기 위해서라면 조정할 수 있는 영역이 될 겁니다. 따라서 연합군사훈련을 절대적인 가치로 여겨서는 안 되고 원칙대로 추진하되 필요 시 조정할 수 있다는 정도가 바람직한 인식이 아닐까 생각합니다.

한미 연합방위체제를 생각하면 전시작진통제권 전환 문제를 빼놓고 생각할 수 없습니다. 애초 문재인 정부는 임기 내 전시작전통제권 전환을 이행하려고 했습니다. 하지만 코로나19로 연습이 제대로 진행되지 못해서 다음 정부의 과제가 될 것 같습니다. 전시작전통제권은 한미가 합의한 대로 조건에 기초해서 전환하면 된다고 생각합니다. 그 조건이 다음 정부에서는 어느 정도 충족될 수도 있기에 차분히 접근하는 것이 바람직하다고 생각합니다.

신범철 전시작전통제권 환수는 기존의 프로세스대로라면 문재인 정부 임기 내에 환수돼야 했지만 코로나19로 지연됐습니다. 전작권 환수를 위한 3단계 평가 과정을 거치지 못했기 때문입니다. 전작권 환수를 위해서는 초기운용능력IOC, Initial Operational Capability-완전운용능력FOC, Full Operational Capability-완전임무수행능력FMC, Full Mission Capability의 3단계를 거쳐야 합니다. 초기운용능력 단계에서는 편제와 인력에 대한 평가가 이루어지고 완전운용능력 단계에서는 실질적인 실행능력 평가가 이루어집니다. 마지막 완전임무수행능력 단계에서는 구체적인 작전수행능력을 평가합니다. 현재 초기운용능력 단계를 통과한 상태이고 2020년 8월에 완전운용능력을 진행할 예정이었지만 한미 연합군사훈련이 취소된데다 코로나19까지 겹쳐서 계속 지연되고 있습니다. 결국 전작권 전환은 차기 정부의 과제로 넘어간 셈이지요.

원희룡 한미 간 군사협력 문제는 중요하지만 특히 북한의 고도화된 핵 능력을 고려할 때 확장 억제 협력이 더욱 강화돼야 하지 않을까 싶습니다. 지난 4년간 확장 억제 노력은 제자리를 걷고 있었는데요. 문재인 정부의 평화 프로세스 때문이지요. 하지만 대화를 하더라도 억제력을 유지하는 노력을 병행해야 합니다. 따라서 확장 억제 정책협의체를 가동하며 미국의 지속적인 지원을 확보해내야 하고 필요에 따라서는 유럽식 핵 공유 가능성도 검토할 필요가 있다고 봅니다. '더 롱거 프로세스'의 관점에서 북한과의 대화를 지속적으로 추진하는 가운데 북핵 위협을 억제하는 한미 간의 협의를 병행함으로써 혹시 있을지 모를 안보 불안을 예방해야 합니다.

중요한 것은 현재 한미동맹은 튼튼하고 북핵을 억제할 수 있다는 자신감입니다. 억제력의 강화 역시 차분하게 내실을 기해야 합니다.

신범철 그렇습니다. 지금 북한의 핵 능력은 계속 강화됐는데 그에 대한 억제력 구축 노력은 크게 부족한 상황입니다. 따라서 2018년 이후 한동안 중단된 확장 억제 협력 강화 방안을 논의하고 대비 태세를 강화해야 합니다. 한미 핵공유에 대해서도 이야기가 나오는 상황인데요. 지사님 말씀처럼 북한의 위협을 평가해가면 서 조용히 추진해야 한다고 생각합니다. 대화한다고 억제력 구축을 소홀히 하면 대화에도 부정적인 영향을 미칠 수 있지만, 그렇다고 억제력 강화를 지나치게 강조하면 대화에 부정적인 영향을 미칠 수 있음에 유의해야겠지요.

다른 한편으로 우리가 국방력을 강화한다고 할 때 선진 병영 문화나 장병 복지를 빼놓을 수 없습니다. 올바른 병영 문화가 정착되고 장병 복지가 제대로 갖춰져야 군인들이 나라를 지키는 데 집중할 수 있기 때문입니다. 이 두 분야는 최근 들어 많이 개선된 것으로 알고 있지만, 그럼에도 여전히 미흡한 분야가 존재하는 것 같습니다. 지사님은 우리 군의 복지나 병영 문화에 대해 어떻게 생각하시나요?

원희룡 지난 20년간의 노력으로 병영 문화나 장병 복지가 많이 개선됐다는 점에 공감합니다. 하지만 최근 공군에서 발생한 성희롱 사건과 그 처리 과정은 우리의 병영 문화에 여전히 적지 않은 문제가 있음을 잘 보여준다고 생각합니다. 여군의 소중한 생명을 잃게 한 사건을 보면 결국 상명하복이 그 어느 조직보다 강조되는 군에서 잘못된 상사의 행동을 바로잡고 책임을 묻는 것이 얼마나 어려운지 알 수 있습니다. 문제를 근본적으로 해결하기보다는 덮어버리려는 잘못된 군 문화 속에서 한 개인의 인권이 어떻게 침해되는지를 적나라하게 드러냈다고 봅니다.

이런 관행을 획기적으로 개선해야 합니다. 성희롱과 같은 불법행위가 발생하지 않도록 관련 교육과 처벌 규정을 강화하는 한편 문제가 생기면 덮는 것보다 제대로 처리하는 것이 지휘관의 인사고

과에 긍정적으로 반영될 수 있도록 해야 합니다. 지휘관 대상 맞춤식 사례 교육을 강화하고 올바른 병영 문화를 정착시키기 위한 노력을 하면서 지휘권 위축 사례를 동시에 숙지케 함으로써 불필요한 사고를 예방해 나가야 할 것입니다. 일각에서는 국회 차원의 장병인권보호관 설치 주장도 제기되는데 검토가 필요하다고 봅니다.

최근 언론에서 문제가 된 장병 부실급식과 관련해서도 상황 파악과 제도 개선이 필요하다고 봅니다. 전반적인 장병 급식의 질을 개선해 나가면서도 왜 특정 부대에서 부실급식 문제가 생기는지 그 원인을 파악해야 합니다. 단순한 예산부족의 문제인지 관련된 제도나 관행을 바꾸어야 할지 장교가 아닌 장병의 눈높이에서 검토가 필요하다고 봅니다.

신범철 정말 병영 문화나 장병 복지 문제는 지속적인 관심이 필요한 분야인 것 같습니다. 저 역시 예전과 비교해 우리 군이 많이 좋아졌다고 생각했는데 너무 이른 착각이었나 봅니다. 다시는 지휘권 남용이나 은폐 행위 때문에 억울한 일을 당하는 일이 군에서 발생해서는 안 된다고 생각합니다. 지사님의 제도 개선 방향에 공감합니다.

끝으로 국방과 관련해 가장 민감한 질문을 하나 드리고자 합니다. 군복무 기간인데요. 저는 병역자원 제한으로 인해 당분간은 군복무 기간을 현행 18개월로 유지해야 한다고 봅니다. 하지만 최근 모병제 이야기가 나오고 있습니다. 이 문제에 대한 지사님의 생각은 어떠신지요.

원희룡 급격한 인구절벽으로 인해 병역 기간의 추가 감축 문제가 모병제 도입 주장으로 이어지고 있습니다. 그렇지만 미국이나 다른 나라의 사례를 고려할 때 가난한 집의 젊은이들만 군대에 가게 되는 상황으로 이어질 수 있어 '공정'에 맞지 않다고 봅니다. 모병제를 주장하는 분들은 이 점을 간과하고 있습니다. 장병에 대한 충분한 급여나 복지의 문제가 아닙니다. 부자는 군에 가지 않는 잘못된 관행과 군에 대한 부정적 인식이 궁극적으로 우리의 국방력을 약화시키게 될 것입니다. 따라서 모병제는 단호히 반대합니다.

그 대신 군 복무 중 복지와 급여를 확대하고 추가 복무를 하면 사회에서 제공하는 급여나 그밖의 혜택을 보장함으로써 병역자원 부족에 대응해나가도록 했으면 합니다. 동시에 부사관이나 직업 장병제도를 확대하는 등 장병 확보에 심혈을 기울여야 할 것입니다. 이러한 접근이 성공하면 다시 군 복무기간 단축으로 이어질 수 있을 것입니다.

신범철 최근 제기되고 있는 모병제 주장이 정말 외국 사례를 제대로 확인한 것인지 의문입니다. 세계에서 가장 군인 복지가 앞선 미군조차도 장교나 부사관이 아닌 장병은 가난한 가정 출신이 대부분입니다. 저 역시 우리 군 장병이 차별화된 사회계층에 국한되는 것은 바람직하지 않다고 생각합니다. 선거를 앞두고 젊은 남성과 부모의 마음을 얻고자 충분한 검토 없이 인기 영합성 발언을 하는 것이 문제라고 봅니다. 인기와 무관하게 우리 국방의 미래를 생각하며 원칙을 만들고 또 지켜주시길 바랍니다. 이 점에서 '원칙 있는 평화'는 대북정책이나 주변국 정책뿐만 아니라 국방의 영역에서도 적용될 수 있다고 봅니다. 끝으로 긴 대화의 마무리 말씀 부탁드립니다.

원희룡 한반도 주변을 둘러싼 정세의 변화로 한국은 앞으로 더욱 어려운 도전들에 직면하게 될 것입니다. 북한 문제 하나도 풀기 어려운 상황인데 지역협력이나 글로벌 차원의 협력은 더 어려운 일이 될 수 있겠지요. 하지만 우리는 세계적 냉전체제 속에서 사라질 뻔한 한반도의 위기를 극복한 나라입니다. 오일쇼크를 극복했고 혁명을 통해 민주화도 이루었으며 1997년 IMF 위기도 이겨냈습니다. 북한이 핵을 개발한다 해도 우리가 한미동맹을 잘 유지한다면 충분히 관리 가능한 위협일 수 있습니다. 북한을 안전하게 지속적으로 관리하기 위해서는 '원칙 있는 평화' '더 롱거 프로세스'를 적용해야 합니다. 북한과의 비핵화 협상 역시 더 긴 프로세스 차원에서 접근한다면 정책효과를 거둘 수 있으리라 생각합니다.

원칙 있는 평화를 한반도에 정착시키기 위해서는 미국과 중국의 지지를 받고 북한의 호응을 얻어내야 합니다. 그리고 변화하는 국방 환경을 반영한 첨단 군사 역량을 강화해나가야 합니다. 그 과정은 험난할 것입니다. 하지만 우리가 멈추지 않는다면 언젠가는 실현가능한 꿈이 될 것이라고 확신합니다.

신범철 동의합니다. 오늘 좋은 말씀 감사합니다.

국가 찬스 7

정치사회

진영주의와 편 가르기를 버리고
협치로 가야 한다

| 원희룡 - 진중권 |

진중권

전 동양대학교 교양학부 교수·사회 비판 평론가

서울대 미학과를 졸업했다. 동 대학원에서 「소련의 구조기호론적 미학」 연구로 석사학위를 받았고 독일로 건너가 베를린 자유대학에서 언어 구조주의 이론을 공부했다. 귀국 후 각종 토론과 방송에서 사회 비판 평론가로서 활동하면서 중앙대학교와 동양대학교에서 교수로 재직했다.

주요 저서로는 『미학 오딧세이』『춤추는 죽음』『네 무덤에 침을 뱉으마』『천천히 그림읽기』『시칠리아의 암소』『페니스 파시즘』『폭력과 상스러움』『앙겔루스 노부스』『레퀴엠』『빨간 바이러스』『조이한·진중권의 천천히 그림 읽기』『진중권의 현대미학 강의』『춤추는 죽음』『놀이와 예술 그리고 상상력』『첩첩상식』『호모 코레아니쿠스』『한국인 들여다보기』『서양미술사』『컴퓨터 예술의 탄생』『진중권의 이매진 Imagine』『미디어아트』『교수대 위의 까치』『정재승+진중권 크로스(공저)』『한번도 경험해보지 못한 나라(공저)』『진보는 어떻게 몰락했는가』등 다수가 있다.

진중권 저희가 같은 학교 같은 학번으로 대학 시절을 보냈더군요. 당시 한국 상황은 지금과 많이 달랐고 민주화 운동의 경험이 지금의 한국 정치를 바라보는 시각에도 적지 않은 영향을 미쳤을 것으로 생각됩니다.

원희룡 같은 82학번으로서 비슷한 고민을 하면서 보내지 않았을까 싶습니다.

진중권 아마 같은 데모현장에서 돌을 던졌을지도 모르지요. (웃음)

원희룡 그럴 겁니다. 저는 원래 도서관에만 있었던 학구파였는데 광주 5·18에 대해 알게 되면서 몇 달 고민하다가 학생운동에 뛰어들게 됐습니다. 대부분이 그랬겠지만 어린 나이에 정의감도 있었고 교과서에서 배운 민주주의와 군사독재의 현실 사이에 큰 괴리를 느꼈던 것이지요. 그래서 1학년 2학기에 서클에 가입했고 2학년 즈음부터는 시위대 선두에 서게 됐습니다. 얼마 못 가 2학년 5월엔가 무기정학을 받았고 구로공단 야학이나 노동운동에 전념하게 됐습니다. 그러다가 민주화가 된 이후 기존 운동권의 조직, 행태, 관념을 뛰어넘어야 한다는 생각에 어느 정도 거리를 두기 시작했고 스스로 자유로워지고자 했습니다. 그러다 결국 보수정당까지 들어오게 됐습니다.

돌이켜 보면 제게 20대의 민주화 운동은 그야말로 순수한 의미의 민주주의 개혁이었습니다. 마르크스-레닌주의 같은 이데올로기의 실현이라기보다는 눈앞의 민주화에 더 천착했던 것 같습니다. 진중권 교수님은 아마 저와는 다른 생각과 동기로 민주화 운동에 참여했을 테지만 이데올로기를 떠나 자유주의라는 공통분모를 갖고 있다고 생각합니다. 이때 자유주의는 영국의 정치사상가인 이사야 벌린Isaiah Berlin이 말한 단순히 간섭을 배제한 소극적 자유라기보다는 공동체의 발전을 위해 함께 시민적 자유를 공유한다는 좀 더 적극적 의미일 것입니다. 그런 점에서 오늘 진 교수님과의 토론이 더욱 기대됩니다.

진중권 원 지사님에 비하면 제 삶은 그리 대단치 않습니다. 저 역시 대학에 진학한 후 학습 서클에 가입해 데모란 데모는 다 쫓아다녔습니다. 나중에 보니 전설적인 학생운동 사례로 꼽혔던 현장에 제가 다 있었더라고요. 학생운동만큼은 누구 못지않게 열심히 했습니다. 군대에 다녀와서는 조직운동, 이른바 지하조직에서 활동하다가 1989년 사회주의 몰락을 경험한 뒤로 세계관이 바뀌게 됐습니다.

원희룡 저도 같은 경험을 했습니다. 아마 학생운동에 참여했던 대부분의 사람들이 비슷한 충격을 받았을 것으로 생각합니다. 1990년에 제가 속해 있던 운동권 조직을 걸어 나와서 스스로 조직과 이념을 정리하고 무전여행을 하는 등 방황을 했죠. 그러면서 '나의 이념의 집인 집단주의를 허물어야겠다. 다시는 특정 이념, 특정 집단을 절대화하는 건 하지 않겠다.'라고 제 스스로를 부정하고 껍데기를 깨고 나오는 과정을 겪었습니다.

진중권 마르크스주의에 따르면 이론은 실천으로 검증되는 것인데 사회주의 몰락은 결국 이론이 옳지 않았음을 말해주는 것이었으니까요. 마르크스주의는 과학이라고 믿었지만 과학이 아니라 종교였던 겁니다. 당시에는 자유주의를 지배계급의 이데올로기라고 보았지만, 실제 독일 유학을 가서 보니 평등 면에서 스웨덴은 소련보다 훨씬 높은 수준이더군요. 유럽은 자유민주주의를 기본질서로 하고 있지만 사회주의 몰락 이후에도 유럽식 사회민주주의는 온존할 수 있었다는 점에서 오히려 유럽은 작동 가능한 사회주의 모델을 보여주고 있다고 생각했습니다. 유럽 자체가 자본주의, 시장경제, 사회주의가 결합한 결과니까요.

그런 점에서 저는 좌파 자유주의자라고 할 수 있고 좌파 자유주의야말로 강력한 이념이 될 수 있다고 생각합니다. 그래서 잠시 포기했던 사회주의적 이상과 희망을 포기하지 않고 어떻게 합리적인 방식으로 실현시킬 수 있을까를 고민하게 됐지요. 그런 이유로 합법적인 진보정당 운동에 결합해서 민주노동당을 거쳐 얼마 전까지 정의당 당원으로서 활동했습니다.

원희룡 진 교수님의 인생경로는 학생운동을 경험한 세대의 또 다른 생각과 이상을 대변하는 듯합니다. 사실 보수와 진보, 좌파와 우파로 구분해서 이야기하지만 자유민주주의는 이 두 가지 사상을 모두 포함할 수 있는 유일한 가치라고 생각합니다. 우파의 자유가 불간섭이나 예종이 없는 자유 혹은 공동체의 가치를 함께 실현하는 자유라면, 좌파는 평등 혹은 공정을 실현하기 위한 자유의 연대를 강조하는 것이지요. 서로 강조점만 다를 뿐 전혀 배척되는 개념이 아니라고 생각합니다.

문제는 민주화를 쟁취한 이후 좌우의 자유 세력이 권력을 얻게 되면서 민주주의의 작동원리를 무시하고 거부함에 따라 혼란이 계속되고 있다는 점입니다. 절차적 민주주의를 완성했음에도 실생활에서 작동할 수 있는 심의 민주주의는 물론 의회에서의 타협과 협력조차 이루어지지 않고 있는 것이지요. 그러다 보니 자유민주주의 세력이라면서 오히려 민주주의를 파괴하는 모순에 빠지는 상황이 반복되고 있습니다.

| 자유민주주의에 대한 깊은 성찰이 필요하다

진중권 1987년 이후 한국의 민주화는 꾸준히 발전해왔지만 노무현 대통령 이후 조금씩 후퇴하고 있는 듯합니다. 급기야 국민들이 직접 촛불까지 들게 된 것은 민주주의를 다시 회복하라는 뜻이었습니다. 그런데 민주화는 여전히 제 방향을 잃고 있습니다. 이유는 여러 가지겠지만, 우선적으로 자유민주주의에 대한 개념적 혼란을 이야기해야 하지 않을까 싶습니다.

민주화 운동 시절에는 민주주의라는 용어를 특별한 구분 없이 사용했습니다. 자유민주주의자도 있었고 저 같은 민중민주주의자도 있었지요. 군부독재 타도라는 단일한 목표 아래 누구나 동지가 될 수 있었고 그만큼 이념적 스펙트럼도 넓었던 겁니다. 그런데 정작 민주화를 이루고 나니 민주주의라는 말에 혼란이 생기게 됐습니다. 현 정권의 주축 세력은 김대중-노무현 대통령 당시 정치권에 수혈됐는데요. 그때까지만 해도 정당은 두 분의 강력한 카리스마를 바탕으로 장악되고 있었습니다. 그들은 새롭게 제도 정치권에 진입한 운동권 출신들이었는데 두 분 대통령의 강력한 지도력으로 통제가 가능했고 정치활동은 자유민주주의 프레임 속에서 이루어졌습니다.

　문제는 두 분이 돌아가신 뒤 운동권 출신의 젊은 피들이 당내 주류 세력이 되면서 과거의 민중민주주의와 자유민주주의 가치 속에서 혼란을 겪기 시작했다는 점입니다. 이미 제도적 시스템을 구축한 자유민주주의 형식은 어쩔 수 없으니까 내용적으로 무력화하는 형태로 나타나는데 조국-추미애-박범계로 이어진 일련의 사태가 대표적이지요. 정의를 관장하는 법무부가 오히려 정의를 파괴하고 나선 것입니다.

　입법부도 반자유주의적인 입법에 몰두하고 있습니다. 과거 야당 시절 민주당은 테러방지법에 반대해서 필리버스터filibuster까지 하지 않았습니까? 그렇다면 정권교체에 성공하고 180석이라는 거대 의석까지 확보한 상황에서 제일 먼저 테러방지법을 폐지하는 것이 상식일 겁니다. 그런데 정작 폐지법안이 제출됐을 때 서명한 의원은 고작 8명뿐이었습니다. 다시 말해 테러방지법에 반대했던 것은 원칙이나 소신이 아니라 정치적 전술에 불과했다는 뜻입니다.

오히려 코로나19를 이유로 좀 더 강화하겠다고 나서고 있는 상황입니다. 5·18 역사왜곡처벌법도 마찬가지입니다. 역사에 대한 해석은 다양할 수 있고 누구나 자유롭게 의견을 말할 수 있어야 하는데 법률적 처벌 대상으로 만들어버린 것이지요. 친일파 처벌 문제는 학계와 시민단체의 의견을 물어 공정하게 공과를 평가하는 것이 순리입니다. 그런데 정권교체 때마다 덮었다가 다시 들춰내는 작업이 반복되고 있습니다. 또 집회와 시위의 자유는 국민이 가진 헌법적 권리입니다. 그런데 이것을 왜 보건 전문가가 판단해야 합니까? 최근에는 윤석열 출마 금지법이라는 끔찍한 발상까지 보여주지 않았습니까?

행정부와 입법부의 반자유주의적인 일탈과 더불어 지지자들은 상대 진영에 대한 폭력적-집단적 공격을 통해 표현의 자유를 억압하고 있습니다. 그런데도 대통령은 오히려 경쟁을 다채롭게 해주는 것이라며 옹호하고 나서고 있습니다. 이렇게 집권 여당의 정치 엘리트와 일부 지지자가 결합해 자유민주주의의 기본 가치와 시스템을 하나씩 무너뜨리는 현상이 나타나는 것이 가장 본질적인 문제라고 생각합니다. 민주주의는 비가역적 발전 경로를 따른다고 생각했는데 현정부는 정권을 누가 잡느냐에 따라 얼마든지 독재로 돌아갈 수 있다는 것을 보여주었습니다. 자유민주주의의 가치를 다시 되살려야 합니다.

원희룡 참담한 일입니다. 대통령을 비판한 대자보를 단국대학교 천안캠퍼스에 게재했다며 25세 청년을 기소하고 벌금을 부과했습니다. 단국대학교에서는 불법 침입으로 보지 않는다고 했는데도 처벌했습니다. 자유민주주의에 대한 사망선고나 마찬가지죠. 물론 민주주의가 하나의 완벽한 제도일 수는 없습니다. 구성원들이 어떻게 노력하느냐에 따라 형식과 내용이 달라질 수 있는, 끊임없는 견제와 감시가 필요한 불완전한 제도이지요. 민주주의는 주권재민을 원칙으로 하지만 현대적 의미의 대의 민주주의에서는 다수의 대중이 권력을 위임하기 때문에 대표자가 갖는 권력의 문제가 필연적으로 뒤따르게 됩니다.

철학자들이 누누이 경고했듯이 권력은 속성상 부패하기 쉽고 자의적, 임의적 권력 행사로 인간의 존엄성과 사회의 다양성을 해칠 위험이 존재하죠. 그래서 3권 분립, 입법부의 행정부 견제, 독립적인 감사기관 같은 제도적 장치들을 마련한 것입니다. 그런데 현정부는 이러한 권력의 통제, 견제, 감시의 원칙을 무너뜨리면서 스스로 괴물이 돼가고 있습니다. '적폐 세력 대 정의로운 집단'이라는 대립 구도를 통해 민주주의 투쟁을 지속하는 것처럼 국민의 눈을 속이고 있는데 정작 민주주의 가치는 찾아볼 수가 없습니다. 진영 논리를 통해 분노와 증오를 부추기는 전체주의 몰이를 하고 있을 뿐입니다.

진 교수님이 말씀하신 것처럼 운동권 시절 우리가 부르짖었던 민주주의는 독재에 대항한다는 의미가 가장 컸던 것 같습니다. 투쟁으로서의 민주주의가 통치의 차원으로 전환됐을 때 어떻게 적용할지에 대한 사회적 합의도 없었을 뿐 아니라 운동권 스스로의 고민과 성찰도 없었습니다. 대화, 타협, 지속가능한 민주 질서 속에서 공존하는 방법에 대해서는 생각해본 적도 없고 경험한 바도 없는 상태에서 권력만 쥔 셈이지요. 그러니 민주주의적 가치는 사라지고 권력욕만 남을 수밖에 없지 않겠습니까.

민주주의가 최선의 정치체제가 될 수 있었던 이유 중 하나는 복원력, 즉 특정 주체의 일탈이나 왜곡이 일어나더라도 자유로운 선거를 통해 극복할 수 있기 때문입니다. 그런데 지금 우리는 어쩌면 복원조차 불가능한 민주주의의 위기를 겪는 것이 아닌지 걱정스럽습니다. 비정상이 정상이 되는 상황이 반복되고 국민들의 눈과 귀를 막는 검은 장막이 계속해서 유지된다면 한국 민주주의는 치유 불가능해질 수도 있습니다. 그런 점에서 자유민주주의 가치에 동의하는 뜻있는 사람들이 다시 용기를 내서 행동하는 것이 필요하지 않을까 생각합니다. 요즘 젊은 세대는 민주화 투쟁이라는 말조차 생소할 수 있겠지만 생각의 본질은 같다고 할 수 있을 겁니다. 21세기 감성에 맞는 촛불민심의 회복과 민주주의의 복원 노력이 필요하다고 봅니다.

진중권 현 집권 세력의 사고방식은 1987년에 고착돼 있습니다. 시대적 배경과 조건이 엄연히 달라졌음에도 현재의 문제를 당시 상황에 대입해 착시현상을 일으키는 것이지요. 물론 그들을 전체주의자라고 단정지을 수는 없을 겁니다. 하지만 그들 스스로 전체주의적 요소가 내재돼 있다는 점을 인정하지 않고 어떠한 반성도 하지 않는다는 게 문제이지요. 어쩌면 진짜 모르는 것일지도 모르고요. 저는 사회주의 몰락 이후 독일 유학을 가서 자유주의 시스템이 무엇인지 사회주의적 이상과 자유민주주의적 시스템을 어떻게 결합하고 실현할 것인지 무수히 고민했습니다. 반면 그들은 현실적인 고민 없이 운동권 경력 하나만으로 제도 정치권에 진입했습니다. 자산이라고는 과거 학생운동 경험밖에 없으니 절반의 민중민주주의 사고에 절반의 자유민주주의 사고를 바탕으로 자유민주주의 시스템을 파괴하는 근본 없는 일을 벌이고 있는 것입니다.

하지만 한국의 자유민주주의 시스템은 1987년 이후 공고하게 자리잡혀 있기 때문에 자의적 권력에 맞서는 내재적 힘을 갖추고 있습니다. 한편으로는 법치 시스템이 권력의 압박과 명령을 막아내고 다른 한편으로는 대다수 국민이 권력의 부당함에 맞서고 있는 형국입니다. 집권 여당에서 무리수를 둘 때마다 지지율이 하락하는 것은 우리 국민들이 전체주의 가능성에 대한 거부감을 본능적으로 드러내는 것이라고 할 수 있습니다.

한편 민주주의 문제에서 한 발 더 나아가 공화국Republic의 이념 자체에서 이 문제를 바라볼 필요가 있다고 생각합니다. 공화국은 라틴어로 레스 푸블리카Res publica, 즉 공적인 것을 의미합니다. 과거에는 국가가 국왕의 소유물이었고 세습의 대상이었습니다. 하지만 공화주의는 국가를 공적인 대상으로 인식해 권력자 1인의 자의적 권력남용을 견제해야 한다고 주장합니다. 현 집권 세력에는 이러한 공적인 개념이 없습니다. 다시 말해 대통령이 공적 기능을 하지 못하는 것이지요. 검찰개혁 이슈 하나만 보더라도 이건 '개혁'이 아니라 '한풀이'일 뿐입니다. 이렇게 공적인 것Res publica과 사적인 것 Res privata의 구별이 모호해지고 사적인 것Private thing을 추구하는 경향이 늘어나게 되면 공적인 것 대신 사적인 것이 자리잡을 수밖에 없습니다. 권력이 사적 추구에 나설 때 가장 방해가 되는 것이 바로 법치 시스템이지요. 그래서 현 정권에서 법무부 장관을 앞세워 3권분립을 무너뜨리는 집요한 시도에 나서게 된 것입니다.

원희룡 맞습니다. 현 집권 세력의 가장 큰 문제는 권력의 사유화입니다. 사적 이익을 위해 모든 문제를 정치화하고 있다는 것이 문제의 본질입니다. 방역 문제도, 부동산 문제도 정치구호만 난무하고 실질적인 정책이 뒤따르지 못하고 있습니다. 더 큰 문제는 미래에 대한 준비가 전혀 이루어지지 않고 있다는 점이지요. 우리 시대의 당면 과제는 양극화 해소와 지속가능한 발전을 담보할 수 있는 디지털 혁신입니다. 새로운 시대 변화에 걸맞은 사회 시스템을 구상하고 실천하기 위한 사회적 합의와 국민적 동원이 이루어져야 하는 데 정책적인 노력이 뒷받침되지 않고 있습니다. 일자리 문제, 부동산 문제, 심지어 외교 현안까지 권력 연장을 위한 프레임 짜기에 동원되고 있습니다. 이런 것이 국정농단이 아니면 뭘까 싶습니다. 지금까지와는 다른 새로운 차원의 사적 집단에 의한 국정농단이고 '최순실 국정농단의 업그레이드 버전' 아닙니까?

진중권 이제 우리나라도 자유민주주의라는 개념에 대해 진지한 고민과 성찰을 할 필요가 있다고 생각합니다. 자유민주주의 개념은 우파의 전유물처럼 사용돼왔는데 실질적인 내용에서는 정권 유지를 위한 체제로써 반공주의에 불과했지요. 그래서 자유민주주의라는 이름으로 국가보안법을 만들고 적용할 수 있었던 것입니다. 이런 점에서 우파는 자유민주주의자가 아니었습니다. 그렇다면 좌파가 자유민주주의일까요? 그들은 자유민주주의보다는 인민민주주의에 가까운데 디지털 시대를 맞아 왜곡된 참여민주주의 형태로 변질되면서 이른바 '대깨문 현상'이 나타나게 됐습니다.

사실상 좌파와 우파 모두에게서 진지한 자유민주주의 개념은 찾아볼 수 없는 것입니다. 한국 사회 전체가 이 문제에 대해 성찰하고 한국의 민주주의를 업그레이드시켜야 한다고 생각합니다.

|정치가 해야 할 중요한 역할은 사회갈등 해결이다

원희룡 대한민국을 이끌었던 보수의 대각성이 필요합니다. 반공주의는 한국전쟁과 냉전의 질서 속에서 대한민국이 생존을 위해 강요받은 선택의 결과였습니다. 하지만 냉전이 해체되고 대한민국의 노선이 확고하게 승리한 이후에는 반공주의를 벗어나 헌법에 새겨진 자유주의를 제대로 구현해가야 했습니다. 사실 자유민주주의 개념은 텍스트로만 존재했지 일상생활에서의 적용은 매우 부족했던 것 같습니다. 이렇게 보수가 과거에 빠져서 헤어나지 못하는 상태에서 큰 불행이 엄습했습니다. 시민들의 촛불혁명을 통해 너무나 쉽게 정권을 얻게 된 현정부가 진지한 성찰과 진보정권의 역할에 대한 고민 없이 피아의 구분을 통해 사회를 분열시키고 있기 때문입니다. 권력을 가진 집단이 원한의 정치를 펼칠 때 이른바 '대깨문 현상'은 필연적인 수단일지도 모릅니다.

진중권 어쩌면 운동권 출신이라는 배경이 원인일 수도 있을 겁니다. 현 정권의 국정운영을 보면 과거 전대협의 모델을 그대로 가져온 듯한 착각이 들곤 합니다. 당시 운동권에서 조직 보위는 중요한 문제였지요. 조직을 지키는 것이 운동의 핵심을 유지하는 유일한 방법이었기 때문입니다. 권력의 억압에 대항해서 저항운동을 하기 위해서는 일부 문제가 있더라도 조직을 보호함으로써 핵심 세력을 유지하는 것이 필수적이었습니다. 이 논리가 현 집권 세력에도 그대로 적용되고 있습니다. 달라진 것은 조직을 옹호함으로써 기득권을 유지한다는 점뿐이지요. 기득권이 아니라 '대의'를 위한 것이라고 스스로 최면을 걸고 있을 뿐입니다.

다시 말해 대통령을 정점으로 조직을 잘 보위해서 다수를 점하고 선거에서 이기는 것이 목표가 된 것입니다. 칼 슈미트Carl Schmitt가 저서 『정치적인 것의 개념』에서 "정치의 본질은 적과 동지를 구분하는 것이다."라고 한 말을 직관적으로 적용해서 '선한 세력 대 적대 세력'이라는 대립구도를 만들어버린 것이지요. 그러다 보니 현정부는 항상적으로 운동 상태일 수밖에 없습니다. 그들에게 정치는 이기는 것이고 그러기 위한 핵심 동력은 다른 생각을 하는 사람은 '적'이며 '반동'이라는 이분법적 사고이기 때문입니다.

원희룡 정치의 본질 중 가장 대표적인 것은 사회갈등의 해결입니다. 다양한 생각을 하는 사람들의 이해가 충돌할 때 조정하고 해결해서 함께 살아갈 환경을 만들어주는 것이 정치이지요. 그런데 현정부의 정치는 프레임 전쟁일 뿐입니다. 상대편과 내 편이라는 구도 속에 모든 사람을 집어넣어 유불리의 싸움을 되풀이하고 있습니다. 이런 프레임 싸움에 아주 능한데다 새로운 이슈가 발생하면 또 다른 대결 구도를 만들어내니 대한민국 정치는 증오와 혐오의 장이 될 수밖에 없지 않겠습니까? 현정부 지지 세력도 이러한 프레임 싸움에 가담하지만 문제는 한때 같은 편에 섰던 사람이라도 언제든 '적'으로 간주될 수 있다는 점입니다. 이러한 '구분 짓기' 혹은 '경계선 긋기'는 효율적인 동원 전략일 수도 있지만 누구라도 '희생양'이 될 수 있다는 점에서 위험성을 내포하고 있습니다. 이제 이런 프레임 정치에서 벗어나야 합니다.

진중권 현 정권은 전대협과 한총련의 연합정권이라고 볼 수도 있을 겁니다. 잘 아시겠지만 50대가 전대협 세대이고 그들의 학습과 지도를 받은 것이 한총련 세대 아닙니까. 대통령은 특정 집단을 대변해서는 안 되며 국민 전체를 대표하는 사람입니다. 권력의 정점에 있다면 당연히 비판 세력까지 끌어안을 수 있어야 하는데 오히려 편가르기를 하고 있습니다. 의사들이 파업에 나서자 간호사들을 코로나 극복의 주역이라고 추켜세우며 '의사 대 간호사'라는 대립 구도를 만들지 않았습니까? 전형적인 포퓰리즘입니다. 이건 통치가 아니라 선전선동이고 국정 운영이 아니라 운동이지요. 예전에는 편가르기 정치라 해도 최소한의 공적 대의는 있었는데 지금은 오로지 사적 이익만 남은 것 같습니다. 그런데도 '민주화'를 위한 것이라고 착각하고 있는 겁니다.

원희룡 전형적인 '끼리들'입니다. 과거 민주화라는 대의를 위해 맺었던 인연을 각종 동문회 형태로 유지해 왔습니다. 학번을 넘나들고 학교의 한계를 훌쩍 뛰어넘어 서로를 밀고 당겨주며 사회생활을 해왔죠. 그것이 사적인 관계에 한정됐다면 뭐가 문제겠습니까. 하지만 이 끼리들의 문화를 공적인 국가 운영에 그대로 적용해버렸어요. 과거에는 이념에 기반한 학생운동의 무리였다면 김대중 대통령 이후 정치권에 진입하면서 권력공동체가 됐습니다. 대의가 사라지고 이제는 사적 이익을 위한 먹이사슬이 된 것 같습니다. 자신들의 이익을 정당화하기 위해 가상의 적을 끊임없이 만들어냈고요.

한국 사회에서 이들의 지배력은 엄청나게 커졌는데 책임성이나 윤리의식은 오히려 마비됐지요. 자정 기능을 상실한 집단은 부패

할 수밖에 없다는 것이 역사의 교훈 아닙니까? 국민들이 분노하는 것도 이 지점이 아닐까 싶습니다.

| 시민단체와 운동단체가 사적 이익을 추구해선 안 된다

진중권 시민단체나 운동단체도 퇴보하고 있습니다. 노무현 정권 때까지만 해도 이들 세력은 대통령 주요 지지 세력이면서도 비판할 부분에 대해서는 제 목소리를 냈습니다. 대표적인 것이 이라크 파병이었지요. 이들에게는 이라크 전쟁은 명백한 침략전쟁이었기 때문에 수용할 수 없는 일이었습니다. 물론 국제사회에서 한국이 처한 외교적 입장도 있고 한미동맹의 관점에서 정부의 고민을 이해할 수는 있었습니다. 그럼에도 원칙적인 반대 입장을 표명하고 나섰습니다. 물론 정부 측 입장에서는 이런 시민사회 단체의 반대가 전투부대 파병 같은 실무외교 측면에서 대미협상력을 높여주는 실용성을 부여하기도 합니다.

어쨌든 시민단체로서는 파병 반대가 기존 원칙과 대의명분에 합당한 일이었던 것입니다. 그런데 이런 문화가 사라졌습니다. 지난 4년간 참여연대, 민변, 기타 다른 운동단체들은 무얼 했습니까? 정부의 반민주적인 정책이나 시도에 대해 어떤 말도 하지 않았습니다. 왜 그랬을까요? 운동이 생업이 됐기 때문입니다. 제도권 밖에 포진해 있던 이들 단체가 정권 내에 수용되면서 자연스럽게 기득권 세력이 됐던 것입니다. 예전에 우스갯소리로 깨어 있는 듯했던 민주당 의원 몇몇이 어느 순간 이상하다 싶으면 삼성에서 다녀간 것이라는 이야기가 있었는데요. 그와 같은 맥락이라고 볼 수 있습니다.

원희룡 이 또한 운동권 문화와 중첩되는 부분입니다. 앞서 이야기한 것처럼 과거 운동권 조직은 일종의 경제공동체이기도 했습니다. 학생운동이 주 목적이기는 했지만 전단지 인쇄 같은 사업부문도 같이 포함됐는데 일종의 이권 사업으로서 경제 블록을 형성하고 있었습니다. 생업과 운동을 겸하는 이율배반적인 구조였지만 '민주화 운동'이라는 대의를 위해 불가피한 측면도 있었기 때문에 사실상 용인됐던 것입니다. 그런데 이런 논리와 구조가 오늘날에도 그대로 적용되고 있습니다. 다만 예전과 같은 대의나 가치가 사라졌을 뿐이지요. 다시 말해 그들은 '운동'이 아니면 먹고살 수 없는 사익 집단으로 전락하고 만 것입니다. 이것이 과연 진보일까요? 윤리의 상실입니다.

진중권 조국 사태가 대표적입니다. 조국이 상층부를 대변한다면 나머지는 그와 비슷한 철학을 갖고 살아온 사람들인 셈입니다. 다시 말해 조국을 옹호하는 것이 결국 나 자신을 옹호하는 구조입니다. 예전 같으면 이런 불합리하고 불공정한 일이 벌어졌을 때 형식적이나마 반성하고 사과하는 모양새를 갖추었는데 지금은 그런 시늉조차 없습니다. 오히려 문제를 제기하는 검찰, 법원, 감사원, 언론 등을 개혁 대상으로 몰아세우고 있지요. 원칙과 기준에 따라 잘잘못을 가리는 것이 아니라 자신들의 잘못된 행동을 무마할 수 있는 새로운 원칙을 만들면서 빠져나가고 있습니다. 스스로 촛불 세력이라고 생각하기 때문에 자신들이 세우는 것이 곧 법과 원칙의 정당성을 갖는다고 믿고 있는 것 같습니다.

원희룡 어떻게 이렇게까지 될 수 있는지 놀라울 따름입니다.

진중권 이것이 바로 운동권의 논리입니다. 물론 예전에도 운동권 조직 내부에는 크고 작은 문제가 많았습니다. 어떤 조직이든 마찬가지겠지만요. 하지만 당시에는 안기부라는 거대한 악의 조직이 있었고 유서조작이나 고문 등 정권 차원의 악행이 워낙 심하다 보니 운동권 내부 문제는 문제도 아니었던 겁니다. 그것이 시간이 지나면서 관행이 됐습니다. 이제는 코드로 굳어져버려 윤리의식 따위는 사라져버린 겁니다.

원희룡 개인적으로 가장 놀라운 것은 한명숙 사건입니다. 위증 문제는 차치하더라도 증거(수표)가 명백하게 드러났는데 억울하다고 합니다. 절차적 측면에서는 억울한 부분도 없지 않겠죠. 두 번째 검찰 수사가 별건으로 진행됐으니까요. 공적 관점에서 본다면 검찰이 별건 수사를 해서라도 권력 비리를 드러내고 바로잡는 것은 당연한 일이라고 볼 수 있을 겁니다. 하지만 개인의 권리라는 입장에서 본다면 검찰의 별건 수사는 인권 침해가 될 수도 있으니까요.

그럼에도 불구하고 돈 받은 건 분명한 범법 행위이고 그렇다면 잘못을 시인하고 반성하는 것이 당연한데 대통령까지 나서서 억울하다고 하니 기가 찰 노릇입니다. 판결문을 보더라도 1심과 2심 모두 일관되게 뇌물 수수에 대해 인정하고 있거든요. 그들은 사건의 본질보다 형식적-지엽적인 문제로 사건을 왜곡하는 것입니다. 정말 억울해서 억울하다고 하는 걸까, 아니면 억울하다고 선전선동하는 걸까 하는 의구심마저 듭니다.

법치의 기본은 모든 국민이 법 앞에 동등하다는 것 아닙니까? 공화주의에서 법치를 강조하는 것도 모든 사람에게 동등하게 주어져야 할 정치적 권리를 실현할 유일한 수단이 법률이기 때문입니다. 그런데 헌법적 가치를 수호해야 할 대통령이 앞장서 사법적 판단과 기준을 무시하고 있습니다. '대깨문'을 비롯한 지지 세력이 계속 용비어천가를 불러주니 자각증세조차 없어진 것 같습니다. 그들만의 세상입니다.

진중권 그런 의미에서 보수의 역할이 더욱 중요합니다. 제대로 된 견제 세력이 없다고 생각하니까 대범해질 수 있는 겁니다. 사실 민주화 이후 한국의 선거는 누가 중도층을 잡느냐의 싸움이었다고 해도 과언이 아닙니다. 우리나라는 사실상의 양당제이고 승자독식 구조를 갖추고 있기 때문에 중도층을 조금이라도 더 잡는 쪽이 모든 걸 다 갖게 됩니다. 3김 이후 수평적 정권교체의 기틀이 마련됐지만 이러한 균형의 추는 박근혜 대통령 탄핵으로 완전히 한쪽으로 기울게 됐습니다. 중도층이 다시는 보수로 회귀하지 않을 것이라는 믿음이 생긴 것입니다. 지난 4년의 분위기를 봐도 그렇고요.

그런데 이런 믿음이 깨지기 시작했습니다. 4·7 서울시장 선거만 해도 오세훈을 절대 심정적으로 지지할 수 없지만 민주당 때문에 어쩔 수 없이 찍어야 한다는 사람이 적지 않았습니다. 이것만 해도 엄청난 변화이지요. 그동안은 문 대통령의 견고한 지지층 40%만 잘 유지해도 재집권이 가능하다고 생각했는데 생각지 못한 LH 사태로 국민들의 분노가 표출된 것입니다. 그런 점에서 4·7 보궐선거는 중도층이 다시 보수로 회귀할 수 있음을 보여준 상징적인 사건이라고 할 수 있습니다.

원희룡 일각에서는 이와 같은 친문 운동권 세력의 부패와 타락의 책임을 노무현 대통령에게서 찾기도 합니다. 그들이 노무현 대통령 때 대거 정치권에 진입한 때문이지만, 저는 친노와 친문은 전혀 다르다고 생각합니다. 단적인 예로 노무현 대통령은 이념으로부터 자유로웠고 국가의 이익이 된다면 지지자들의 비난도 감수했죠. 지지자들 또한 자신의 원칙에 따라 노무현 대통령을 지지하거나 비판했고요.

진중권 그렇습니다. 그들이 김대중-노무현 대통령 시절 제도권에 들어온 것은 맞지만 두 분은 철저한 민주주의 신봉자였습니다. 그때도 운동권 출신들이 자유민주주의에 대한 철저한 인식이나 현실적 고려가 없었던 것은 마찬가지였습니다. 그럼에도 당시에는 강력한 카리스마를 가진 지도력으로 통제할 수 있었습니다. 그들과 노무현 대통령은 본질적으로 다른 부류죠. 선거법만 해도 그래요. 이번에도 그들은 연동형 비례대표제를 만들어놓고는 위성정당이라는 편법을 동원했습니다.

하지만 노무현 대통령은 당시 "우리가 정권 한 번 더 잡는 게 중요하지 않다. 설사 선거에서 지는 한이 있더라도 제대로 된 선거법 개정이 중요하다."라고 했습니다. 대의를 위해 자신을 희생했고 그걸 자신의 전략적 자산으로 삼았던 정치인이었던 거죠. 하지만 저들은 작은 이익을 위해 원칙을 저버리는 사람들 아닌가요. 노무현 대통령이 완벽한 사람은 아니지만 그런 유의 책임론이라면 억울합니다.

|진영주의와 적대정치를 버리고 통합의 정치로 가야 한다

원희룡 말씀하신 것처럼 프레임 정치로 인해 적대적인 대립구도가 형성돼 있기는 합니다. 하지만 결국 우리가 나아가야 할 방향은 통합의 정치 아니겠습니까? 우리가 민주주의를 지켜야 하는 이유는 정치 권력이나 경제적 부의 차이로 인해 발생할 수 있는 부당한 차별과 사회적 장벽을 깨기 위해서입니다. 다소 위험해 보일 수는 있지만 좌우 양극단의 일부 세력은 건강한 다수 대중이 건강성을 유지함으로써 자연스럽게 정리될 수 있을 것입니다. 그러기 위해서라도 우리의 자유민주주의 시스템을 신속하게 복원할 필요가 있습니다. 또 다른 권력으로 배제하고 보복하는 것은 불행의 악순환을 가져올 뿐이지요. 정권교체 과정에서 이미 넘치게 경험하지 않았나요?

그런데 그 과정에서 극단적인 일부 친문 세력까지 통합의 대상으로 삼아야 하는가에 대한 회의적인 시각도 일부 있기는 합니다. 실제 그들은 '고립' 심지어 '절멸'이라는 표현까지 써가며 적폐 세력을 처단할 것을 주장하고 있는데요. 그들과도 같이 갈 수 있을까요?

진중권 자유주의자라면 통합의 과정에서 누구도 배제해서는 안 되겠지요. 그들 역시 알고 보면 극단적인 몇몇이 과잉 대표되고 있을 뿐입니다. 극우로 분류되는 태극기 세력도 마찬가지죠. 성소수자, 외국인, 사회적 약자에 대한 극단적인 반감을 표시하고 심지어 지난 총선 이후에는 개표 조작 음모까지 제기하지 않았습니까? 이런 부류의 사람들은 어느 민주주의 사회에나 존재합니다. 물론 선진국도 예외는 아니고요. 결국 올바른 민주주의는 이들까지도 모두 포용할 수 있어야 합니다.

이들 좌우 극단세력의 주장대로라면 대한민국 인구의 절반은 종북좌파이고 나머지 절반은 토착왜구가 됩니다. 그렇지 않습니까? 대한민국에 정작 대한민국 국민은 없다는 말이지요. 이런 주장을 놓고 보면 대단히 비정상적인 사람인 것처럼 생각됩니다. 하지만 실제 만나보면 자신의 행동을 진정한 애국이라 굳게 믿는 순수한 경우가 훨씬 많습니다.

언젠가 폐지를 줍는 할아버지가 손수레에 태극기를 걸고 다니는 것을 본 적이 있습니다. 그분의 애국심은 너무 감동적이지만 그분의 순수한 마음이 그런 방식으로 표현될 수밖에 없는 현실이 너무 마음 아팠습니다. 친문 진영도 마찬가지입니다. 현정부의 부동산 정책으로 전셋집에서 쫓겨난 어떤 지지자가 자기 고백을 했는데요. 잠시 문재인 대통령을 원망했지만 다시 정신을 차리고 예전처럼 열렬히 지지하기로 했다는 내용이 담겨 있었습니다. 누가 봐도 순수한 열성 지지자이지만 얼마나 어리석은 생각입니까? 어쩌면 이런 극단주의자들은 우리의 적대적 정치문화가 만들어낸 결과물일지도 모릅니다.

원희룡 우리나라의 자유민주주의는 민주화가 심화 발전되는 과정에서 오히려 상당 부분 오염됐고 심각한 문제를 일으키고 있습니다. 최장집 선생은 민주화 이후에 민주화 세력 안에 내장된 문제가 터졌다고 지적하는데요 그렇다면 이제 이런 오염된 자유민주주의를 극복하기 위한 구체적인 노력을 해야 하지 않을까 싶습니다.

| '자유'와 '민주'의 본래 의미를 회복해야 한다

진중권 민주주의 시스템은 자유로운 선거를 통해 국민이 집권 세력을 심판하고 책임을 묻는 것입니다. 하지만 민주주의를 다수 결 제도로 단순화시키는 것은 주의할 필요가 있습니다. 특히 지금 처럼 선출직이라는 이유와 의회 절대다수를 구성했다는 이유로 모 든 정책을 무조건 다수결로 밀어붙이는 것은 민주주의라고 볼 수 없습니다. 다수결 민주주의는 대중독재의 위험을 안고 있어서 항 상 소수의 의견을 반영해 합의를 끌어내도록 하기 때문입니다. 인 류가 경험한 가장 최악의 민주주의가 바로 히틀러의 나치 정권 아 닙니까. 이는 과거 보수정권에서 똑같이 겪었던 일이기도 합니다.

선거라는 민주주의의 절차적 형식을 갖추었다면 내용 면에서도 합의와 숙고라는 질적 향상을 이루어야 합니다. 그런데 우리나라 에서는 아직 이런 경험이나 노력이 없었습니다. 이를 뒷받침할 수 있는 시민의식의 고양이나 사회 분위기도 갖춰져야겠지만 일단 정 치권의 반성과 노력이 우선돼야 한다고 봅니다.

원희룡 아직 우리 국민들은 보수진영에 대해 민주주의 가치를 정말 지키고 실현할 수 있을 것인가에 대한 의문을 제기하는 것 같 습니다. 과거의 집권 경험이 그 토대가 되겠지만 야당은 지금도 그 다지 달라진 건 없는 듯합니다. '자유'와 '민주주의'를 빗대어 현 집 권 세력을 비판하고는 있지만 '과연 그들은 민주적인 방법과 내용 으로 대안을 제시하고 있는가?'라고 묻는다면 쉽게 동의하기 어려 울 겁니다. 국민의힘이 진정한 대안 세력이 되려면 성찰과 자기 혁신의 노력이 있어야 합니다. 단지 권력을 잡기 위한 수단으로서가 아니라 자유민주주의에 대한 신념을 토대로 구체적인 언어와 행동 방식으로 체화한 사람들이 주도 세력으로 나서야 합니다.

진중권 개인적으로 우리나라 보수세력을 보면 참 안타깝습니다. 탄핵을 예로 들어볼까요? 당시 의회 구성으로 볼 때 박근혜 대통령 탄핵은 보수 정치인들의 참여가 없었으면 절대 불가능했습니다. 당시 조국 교수는 탄핵을 공개적으로 반대했습니다. 세 가지 이유였는데요. "첫째, 야당의 의석수가 모자라다. 만약 부결되면 집권 여당에 면죄부만 줄 수 있다. 둘째 의결이 된다 해도 헌재의 인적 구성을 볼 때 인용 가능성이 없다. 셋째 헌재 인용이 이루어진다 해도 황교안이라는 대안이 있다."라는 것이었습니다. 한 마디로 민중의 힘을 믿지 못했던 겁니다. 대표적인 야당 인사가 탄핵을 말리는 판이었습니다. 그런데 오히려 보수 정치 세력이 일부 참여하면서 국민들이 요구했던 탄핵이 의회에서 통과됐고 헌재 인용까지 났습니다. 결국 보수가 승리한 것입니다.

그런데 그 뒤에 어떻게 됐습니까? 탄핵을 이끈 보수세력은 사라지고 정작 촛불혁명의 주인공을 자처한 것은 탄핵에 반대했던 저들이었습니다. 보수는 촛불혁명과 탄핵을 계기로 과거와 절연한 혁명 세력으로 스스로를 이미지화했어야 하는데 그걸 못한 겁니다. 과거의 프레임에서 벗어나지 못했기 때문이지요. 과거 정권에서 보수가 잘못한 부분이 적지 않지만 스스로의 성과마저 빼앗긴 것은 크나큰 패착이고 전략적 실수였다고 생각합니다.

원희룡 보수의 딜레마입니다. 자유민주주의의 원칙에 따라 이

사건을 규정하고 대처했어야 하지만 그러지 못했습니다. 본래 뜻이 왜곡된 상황에서 자유민주주의를 언급하면 자칫 기득권을 옹호하거나 엘리트주의와 불평등 문제를 외면하는 것처럼 오해받을 수 있기 때문입니다.

진중권 어쩌면 자업자득이지요. 보수에서 자유라는 개념을 오염시킨 결과일 테니까요. 그동안 보수에서 사용해온 '자유' 개념은 두 가지였습니다. 하나는 리버럴리즘이 아니라 반공체제였고 다른 하나는 신자유주의적 자유, 즉 리버테리아니즘Libertarianism입니다. 과거에는 체제수호의 차원에서 '자유'의 이름으로 반공체제를 대체했다면 지금은 시장자유주의를 앞세운 최소 정부, 시장 만능주의, 불간섭의 자유인 것입니다. 반면 서구에서 말하는 전통적인 리버럴리즘은 평등의 의제를 제기하고 좌파는 평등보다 정의에 좀 더 방점을 두곤 합니다.

존 롤스John Rawls가 주장한 '무지의 베일veil of ignorance'의 개념과 흡사한데요. 이해당사자 간의 유불리를 미리 알 수 없을 때 도출될 수 있는 대체적인 합의안으로서 시장경제에 사회복지가 결합된 시스템을 강조하는 것입니다. 한국 보수세력의 '자유' 개념과는 상당 부분 거리가 있습니다. 실제 신자유주의로 인한 양극화 문제가 갈수록 심해지는 것을 고려하면 '자유'라는 개념은 보수진영에 의해 두 번이나 오염된 셈입니다.

원희룡 저는 1989년 베를린 장벽이 무너진 이후 운동권적 사고, 즉 사회주의에 경도된 시각을 전면 수정했습니다. 어쩌면 그때부터 자유주의는 제 사상적 체계의 토대가 됐던 것 같습니다. 진 교수님 말씀처럼 그동안 보수는 '자유'라고 쓰고 '반공주의'로 이해해 왔습니다. 결국 국가주의인 셈인데요. 이런 분위기는 지난 박근혜 정권까지도 관행적으로 이어졌던 것 같습니다. 국정교과서 문제가 국가주의의 대표적 사례라 할 수 있을 텐데요. 당시 새누리당에서 유일하게 저 혼자만 반대 입장을 밝혔습니다. 자유주의자로서 절 대 있을 수 없는 일이라고 생각했거든요.

시장자유 역시 마찬가지입니다. 국가의 시장 개입 혹은 재분배 기능을 반대하기 위한 논리로 사용되다 보니 복지를 반대하는 것 처럼 인식됐습니다. 하지만 이미 서구 민주주의 국가에서도 보수 정당은 복지의 개념을 수용한 지 오래입니다. 오늘날 자유주의는 생산성 혁신을 바탕으로 한 복지국가여야 한다는 것이 보편적인 인식인데요. 그렇지 않고는 인간 존엄과 국민의 기본권을 실현시 킬 방법이 없기 때문입니다. 세계적인 신자유주의 열풍으로 양극 화가 심해지고 경제 불평등이 가중되는 상황에서 최소한의 사회안 전망 구축은 필수적 과제가 되지 않았습니까? 대한민국 역시 자유 와 복지가 함께 나란히 갈 수 있는 시스템을 마련해야 합니다.

진중권 보수가 '자유'라는 단어를 오염시켰다면 진보는 '민주'라 는 말을 오염시켰다고 할 수 있습니다. 앞서 말한 것처럼 대표적인 사례가 '5·18 왜곡 처벌법'입니다. 과연 이것이 5·18 정신일까요? 5.18은 불가침의 성역이 돼야만 하나요? 5·18 민주화 운동은 독재 정권의 자유 억압에 항거하기 위한 것이었는데 정작 5·18 정신을 외치는 정권이 표현의 자유를 억압하고 있습니다. 그런데 '민주'라 니요? 가당치도 않습니다.

광주에서 5·18을 경험한 최진석 교수님은 '5·18 왜곡 처벌법'에 절망하며 시를 쓰셨습니다. 아주 감동적인 시인데 바로 이런 것이 5·18 정신을 지키는 일이라고 생각합니다.

원희룡 성 소수자 문제를 대하는 방식도 안타깝습니다. 사회적 약자에 관한 문제는 합리적 대안에 대한 사회적 논의가 필요한 것이지 정치적 유불리를 두고 다투거나 적대적인 흑백논리를 앞세워서는 안 됩니다. 보수나 진보의 가치가 덧씌워질 이유도 없습니다. 오히려 자유주의적 가치를 토대로 '다름'을 인정하고 수용할 수 있어야 합니다. 그런 점에서 보수는 이제 과거의 잘못과는 단절한 채 확실히 자유주의를 실천할 의지가 있고 실천 중임을 스스로 증명할 필요가 있습니다. 국민들이 더 이상 의문을 제기하지 않을 때까지 끊임없이 자기존재를 증명해야 합니다.

| 어떻게 대한민국을 다시 세울 것인가에 집중하자

진중권 과거 원 지사님 인터뷰 중에 공감했던 부분 중 하나는 원래 보수는 상당히 다이내믹하다는 점이었습니다. 국부 이승만, 경제 성장 박정희 같은 과거의 도식에서 벗어나 보수만의 강점을 살려야 합니다. 박정희 대통령은 경제 성장만 이룬 것이 아니라 고교 평준화, 건강보험, 그린벨트 같은 상당히 진보적인 정책을 채택해서 실행한 분입니다. 전두환 대통령은 국가 주도의 경제를 시장주도로 바꾼 공적이 있고, 노태우 대통령은 서슬 퍼런 안기부 시절에 냉전구도를 스스로 깨버렸습니다. 김영삼 대통령은 하나회 척결, 금융실명제, 역사 바로세우기 등 커다란 개혁과제를 실천했습니다. 이런 진취적이고 역동적인 보수의 서사가 필요합니다. 그런데 정작 성과는 제대로 챙기지도 못한 채 오히려 척결해야 할 과오를 정체성으로 유지하면서 일부 태극기 세력에 발목이 잡힌 형국이 돼버렸습니다.

서구 보수의 사상체계는 절대 간단하지가 않습니다. 칼 슈미트의 주권론이나 에드먼드 버크Edmund Burke의 실천적 지혜와 경험 등은 매우 엄격합니다. 과거 독일 유학 시절에 우리 학교에 틈만 나면 논쟁을 벌이는 교수 두 분이 있었습니다. 한 분은 헤겔주의자로 보수파였고 다른 한 분은 분석철학을 하는 진보주의자였는데요. 그렇게 틈만 나면 싸우면서도 서로의 존재에 존경과 감사를 표하곤 하더군요. 상대방 덕분에 생산적인 토론과 발전이 가능하디고 말입니다. 이런 멋진 보수였으면 좋겠습니다.

원희룡 과거 박정희 대통령이 부가가치세, 건강보험제도 등 시장자유주의자들이 반대할 만한 정책을 과감하게 도입한 것은 이념적 가치를 떠나 국민의 기본권 확대를 위해 필요하다고 생각했기 때문입니다. 일부 반대에도 정면돌파를 선택했지요. 전두환 대통령도 과외를 철폐하고 국가부채를 제로로 만들기 위한 과감한 정책을 펼쳤습니다. 심지어 노태우 대통령 때는 임금노조의 권리를 인정하고 토지공개념의 도입을 시도했습니다. 물론 그때는 권위주의 정권이었기 때문에 사회적 합의 없이도 밀어붙일 수 있었지만, 그렇다고 해서 최고 통치권자의 통치 행위가 과소평가돼서는 안 될 것입니다.

게다가 보수는 자신의 영역을 끊임없이 확장해왔습니다. 기존 보수정당을 김영삼 대통령의 민주화 세력이 재구축하면서 보수정당은 명실공히 산업화 세력과 민주화 세력의 결합으로 자신을 발전시키기도 했습니다. 이처럼 보수는 과거에 담대함, 정면돌파, 추진력을 갖추고 있었지만 점차 구태의연한 권력 집단으로 변하면서 결국 퇴출당하게 됐습니다. 대안 세력으로 여겨졌던 진보진영 역시 오래된 관념에 매달려 현실을 도외시하다가 퇴출 위기에 몰리게 됐고요. 이제 낡은 좌우 진영의 구세력이 퇴출된 이후 어떻게 대한민국을 다시 세울 것인가의 문제에 집중해야 합니다.

진중권 사회주의의 이상, 즉 모든 인간의 평등, 착취 없는 세상에 대한 믿음은 여전히 유효하다고 생각합니다. 유학시절 독일에서 경험한 것은 국민들의 생활 속에 이러한 이상이 실현되고 있다는 것이었습니다. 우리나라의 사교육은 내 아이만 잘 키워서 나만 그 덕을 보겠다는 것인데요. 이런 사교육비 총액의 절반만 투자해도 호화스러운 공교육 시스템을 만들 수 있습니다. 실제 독일에서 이룬 일이기도 합니다. 제 아이는 외국인이지만 유치원부터 대학원까지 학비가 무료이고 아동수당도 받을 수 있습니다. 만약 직업이 없다면 대학 졸업 때까지 수당도 받을 수 있지요. 이 돈을 모두 저축한다면 아이가 대학을 졸업하고 사회에 첫발을 내디딜 때 이미 1억 원을 갖고 시작할 수 있는 구조인 것입니다.

실제 아이들의 생각이나 사는 방식도 우리와는 엄청난 차이가 있습니다. 독일에서 한글학교 교사 생활을 할 때 아이들과 짝짓기 게임을 한 적이 있는데요. 이상하게 게임이 잘 진행되지 않는 겁니다. 아이들에게 왜 그러냐고 물었더니 "다 같은 친구인데 누구와는 같이 가고 누구는 떨어뜨릴 수 없다."고 하더군요. 정말 창피했습니다. 교사인 내가 대체 아이들한테 무얼 가르치고 있나 싶었습니다. 또 언젠가는 제 아이가 놀란이라는 친구와 항상 짝을 이루어 과제를 발표하는데 자꾸 자신의 발표 범위를 침해해 손해를 본다면서 투덜거리더라고요. 그래서 제가 그럼 다른 친구랑 짝을 하면 되지 않느냐고 했습니다. 그랬더니 아이가 잠시 생각하더니 "놀란은 나 아니면 같이 해줄 아이가 없으니까 그건 좀 어려울 것 같아."라고 말하는 것입니다. 스스로 사회주의자라고 자처하며 살았던 제가 고작 아이의 점수 몇 점을 위해 친구를 저버리라고 말했던 것이 너무 부끄러웠습니다.

우리나라는 정반대입니다. 아이 말이 한국 친구들은 자신을 '딱지'로 취급한다고 하더군요. 그들에게는 게임에 익숙하지 않은 제 아이가 딱지를 따먹을 수 있는 대상에 불과했던 것입니다. 커다란 이데올로기나 이상은 아니지만 사회를 어떻게 구성하고 어떤 가치를 지향하느냐에 따라 인간의 본능은 어느 정도 제어가 가능하다는 것을 경험했습니다. 제가 생각하는 이상은 이런 것입니다.

원희룡 보수와 진보의 이념은 인간 속성에 대한 서로 다른 이해에서 출발합니다. 예컨대 레닌의 '사회주의 인간형'은 수천 킬로미터 떨어진 누군가를 위해 뛰는 가슴을 안고 노동을 할 수 있는 인간입니다. 그야말로 성인 수준의 이상적인 인간을 전제로 사회 시스템을 구상한 것이지요. 하지만 열정은 순간일 뿐이고 언제나 욕망에 지배당하는 것이 인간입니다. 보수는 이런 이기적인 속성과 현실적인 제약을 인정합니다. 그런 점에서 보수는 인류의 경험과 지혜의 축적이기도 하지요. 저 역시 현실 사회주의는 이미 무너졌지만 그 이상은 여전히 살아 있다는 데 동의합니다.

문제는 어떻게 인간의 억압과 차별을 줄일 것인가, 계층과 계급을 가르는 현실적인 장벽을 어떻게 허물 것인가에 있는 것이지요. 그런 면에서 보수는 정책적 측면에서도 공격적으로 논쟁을 선도할 필요가 있다고 생각합니다. 예컨대 세금 인상에 대해 부가세를 늘릴 것인지 법인세를 인상할 것인지 등에 대한 공개적인 논의를 진행해야 합니다. 개인적으로는 토지공개념도 보수가 적극적으로 제시하고 논의를 이끌어갔으면 하는 바람이 있습니다.

진중권 토지는 자본주의 논리가 적용되지 않는다고 봐야 합니다. 부동산real estate의 어원도 제국주의 시대 획득한 영토, 즉 왕실royal, 국가의 영토를 의미한다고 하지 않습니까. 자본주의 개혁을 위해서는 토지개혁이 필수입니다. 실제 우리나라가 민주주의 체제를 지킬 수 있었던 것도 이승만 정권 시절 토지개혁을 성공적으로 단행했기 때문이지요. 김일성 주석이 6·25 남침 3일 만에 서울을 점령했지만 공산혁명을 이루지 못했던 것도 기대했던 농민 봉기가 일어나지 않았기 때문입니다. 이미 토지를 불하받은 농민들에게 북한의 서울 점령은 농지 수탈로 귀결될 수밖에 없었으니까요. 토지개혁은 우리나라 경제 성장의 토대가 됐던 것입니다. 이런 점에서 토지공개념은 근대적 개혁이고 자본주의 개혁이라고 할 수 있습니다. 더구나 현재 경제 불평등의 핵심은 소득이 아니라 자산에 있지 않습니까.

원희룡 맞습니다. 토지공개념은 좌파의 개념이 아닙니다. 지금은 제대로 된 정의 없이 혼용돼 쓰이지만 넓은 의미에서 볼 때 토지공개념은 이미 우리 헌법에 포함돼 있습니다. 자치단체와 행정부가 갖고 있는 용도변경과 허가권한도 넓은 의미의 토지공개념에 해당합니다. 세금이라든지, 택지보유상한 같은 제한조치가 필요하지만 합리적인 설계만 이루어진다면 현실적으로도 얼마든지 가능하다고 봅니다. 이런 점에서 토지공개념은 도시계획 같은 공적 차원에서 충분히 검토될 수 있다고 생각합니다.

진중권 우리나라에서 저는 고소득자에 속합니다. 하지만 제가 20년 동안 번 돈으로 서울에서 웬만한 아파트를 살 수 없습니다. 그럼 젊은 층은 오죽하겠습니까. 얼마 전에 제가 살던 아파트를 팔게 됐는데 여러모로 불편한 마음이 들어 새로 아파트를 사지 않고 전세를 구했습니다. 만약 내가 살던 아파트 가격이 3억 원이 올랐다면 그 아파트를 사는 누군가는 3억 원이라는 돈을 더 내야 한다는 뜻입니다. 그 누군가는 아마 우리 아이들일 겁니다. 이런 상황이라면 앞선 세대로서 집단적인 책임을 느껴야 합니다. '나 하나쯤'이라는 생각이 공동체 전체를 위협하고 있습니다.

실제 젊은 층의 좌절은 생물학적 재생산 위협으로 나타나고 있습니다. 보수의 가치가 국가를 지키는 것이라면 이 문제에 대해 큰 책임을 느껴야 합니다. 국가의 토대는 인구이기 때문이지요. 다시 말해 인구절벽이 시작됐다는 것은 국가적인 안보 위기 상황인 것입니다. 진보 역시 국가의 기본 기능을 국민의 생존권 보장에 둔다는 점에서 책임을 피할 수 없기는 마찬가지입니다. 국가의 위기 상황에 이념적 구분이 있을 수 있겠습니까.

과거로 돌아가지 않기 위해 근본적 변화가 필요하다

원희룡 진 교수님의 언행일치가 참 귀감입니다. 말이 쉽지 자신의 가치를 삶으로 지켜낸다는 것은 쉽지 않은 일이죠. 저 역시 제주도지사로 부임하면서 원래 살던 목동아파트를 팔았습니다. 지금 그 아파트 가격이 엄청나게 올랐다고 하는데 후회는 안 합니다. 그때도 주변에서 세를 주면 되지 왜 굳이 파느냐고 했지만 그런 식으로 정치하고 싶지는 않았습니다.

한국 정치가 나아가야 할 큰 방향에서 진 교수님과 같은 생각이어서 참으로 든든합니다. 이제 구체적으로 어떤 정치를 통해 가치와 이상을 실현할 수 있을까 이야기해보면 좋겠습니다. 정권교체도 하나의 방법이 될 수 있겠지만 과거의 오류를 반복하지 않기 위해서는 근본적인 제도 변화가 필요하다고 봅니다.

진중권 우선 의회정치가 부활해야 합니다. 지금까지의 관행을 깨고 여당이 법사위원장을 차지한 것이 상징적 사례가 될 수 있을 겁니다. 법사위원장은 야당이 가질 수 있는 최소한의 견제 장치였는데 거대 여당이 이런 관행을 파괴했으니까요. 여기에는 자유민주주의에 대한 강한 불신이 깔려 있습니다. 야당과는 대화가 불가능하니까 혹은 대화할 마음이 없으니까 자신들의 법안을 밀어붙이기 위해서는 법사위를 차지할 수밖에 없었던 것입니다. 이로써 의회는 대화와 타협의 공간이 아니라 다수결의 공간이 돼버렸습니다. 그 부작용으로 나타난 것이 '부동산 3법'이지요.

국민 생활과 직결된 중요한 정책을 추진하면서 시뮬레이션 한 번 거치지 않고 야당이나 각 분야 전문가와의 논의도 없이 법을 통과시켜 버린 것입니다. 그 결과 부작용에 대한 정책 책임은 온전히 집권여당에 돌아가게 됐습니다. 만약 야당의 반론을 수용하고 전문가의 의견을 더해 여야 합의하에 법안이 통과됐다면 정책 안정성은 유지되고 혹여 국민적 저항이 있더라도 여야가 공히 책임을 나눌 수 있었을 것입니다. 하지만 집권여당은 180석의 거대 여당으로서 마음만 먹으면 어떤 법도 가능한 상황이 되자 협의 정치의 문을 아예 닫아버렸습니다.

원희룡 민주주의는 선출된 권력이 통제권을 갖는 제도입니다. 대통령제는 대통령과 의회라는 두 개의 선출 권력이 병립하는 구조이고요. 이 경우 행정부와 의회는 감시와 견제를 통해 권력의 균형을 이루는 것이 상식인데요. 현정부는 대통령과 의회 권력을 모두 가진 단점 정부입니다. 그러다 보니 입법부와 행정부가 모두 청와대 눈치를 볼 수밖에 없는 구조인 것입니다. 오로지 청와대 권력만이 있을 뿐이지요. 문제는 의회의 행정부 감시 기능이 줄어들면서 갈등 해소와 정책 능력이 크게 감소했다는 점입니다. 공청회나 정책 보고 형태의 토론과 숙의 절차는 의회의 독립적인 권한으로 보장되고 행사돼야 함에도 다수결을 앞세우는 수의 논리로 합리적 절차가 무시되는 일이 반복되고 있어 안타깝습니다.

진중권 현정부 초기에만 해도 숙의민주주의가 이루어졌습니다. 원래 저는 탈원전에 찬성하는 입장입니다. 원전의 경제성도 중요하지만 일본의 후쿠시마 원전 사례에서 볼 수 있는 것처럼 예측할 수 없는 사고위험을 고려하면 근본적으로는 탈원전 정책으로 전환할 필요가 있다고 생각하기 때문입니다. 이 문제와 관련해 문재인 정부 초기에 시민과 전문가 토론 등 공개논의가 이루어졌고 그 결과 원전가동을 연장한다는 결정이 나왔습니다. 저는 여기에 100% 승복했는데요. 이유는 숙의 민주주의 절차를 거쳤기 때문입니다. 비록 원전가동 연장에 반대하는 입장이긴 하지만, 일단 다수의 토론을 거쳐 합의안이 마련됐다면 수용하고, 더 나은 반대 논거와 자료를 수집해서 다음 기회에 설득하는 것이 민주주의니까요. 하지만 이런 논의 방식은 더 이상 찾아볼 수 없게 됐습니다.

언론들도 찬반 논란에 치중하기보다는 이슈와 쟁점 중심으로 기사화할 필요가 있습니다. 국민 감정을 선동하기보다는 이성이 작동될 수 있도록 사회적 담론을 이끄는 것이 언론의 역할이니까요. 정치권 역시 극단적 지지층에 편승하기보다는 감정적인 부분을 덜어내고 자신들의 요구를 합리적으로 정식화하려는 노력을 해야 할 겁니다.

원희룡 이 정부가 숙의민주주의에 기여할 수 있는 좋은 모델을 오히려 웃음거리로 만들어버렸습니다. 자신들의 목적 실현에 걸림돌이 된다면 법도 제도도 헌신짝처럼 취급하는 사람들이니 공론화 토론 모델만 깊은 상처를 입고 말았습니다. 가덕도 공항 건설 재개 과정을 보면 정말 어이가 없습니다. 현정부 세력은 과거 이명박 정부 시절 약 20조 원이 투입된 4대강 사업을 두고 토건공화국이라고 강하게 비판했는데 지금은 더하면 더했지 덜한 것 같지 않습니다. 특히 가덕도 신공항 건설 결정은 선거라는 특수 상황을 제외하고는 전혀 납득할 수 없는 정책 결정입니다. 전문가와 이해관계자의 논의 없이, 심지어 예타도 거치지 않고 28조 원 대에 달하는 예산을 집행한다는 게 가당키나 한 일입니까? 아마 그 돈이면 전 국민에게 대학까지 무상교육을 하고도 남을 겁니다.

진중권 유권자들은 부산에 국가 예산이 들어가는 데 반대하는 것이 아니라 돈을 쓰는 방식에 반대하는 것입니다. 인공지능 기술이든 창업지원이든 다른 정책도 얼마든지 많은데 왜 굳이 건설에 돈을 써야 할까요? 지금 우리에게 필요한 것은 소프트웨어입니다. 건설 사업에서 이득을 얻는 것은 국민이 아니라 일부 건설사들 뿐입니다. 야당도 이런 분위기에 편승하면 안 되는데 선거 때문인지 지금은 '하나 받고 하나 더'를 외치는 형국입니다. 책임 있는 수권 세력이 되기 위해서는 당장의 손해를 감수하더라도 신뢰감을 줄 수 있어야 합니다.

원희룡 모든 것을 법과 규제로 해결하려는 관행도 문제입니다. 물론 무조건 규제를 풀어야 한다는 의미는 아닙니다. 안전, 환경, 기업의 경제 활동에 피해를 줄 수 있는 부분에 대해서는 정부 역할과 규제가 반드시 필요하지만 규제는 좀 더 스마트하게 작동돼야 합니다. 다시 말해 모든 사람을 잠재적 범죄자로 보고 통제하는 방식이어서는 안 된다는 의미입니다.

국민의 창의성과 다양성을 가로막는 경직된 통제장치에 대한 일대 혁신이 필요합니다. 다소 과할지 모르지만 폐법부를 만들거나 모든 법률에 일몰제를 적용하자는 주장이 제기되는 것도 일견 이해되기도 합니다. 입법부의 불필요한 규제 양산이 반복된다면, 이를 제어할 제도적 개선책도 검토해야 하지 않을까 싶습니다.

청와대의 기능, 청와대의 수석비서관 자리도 과감히 줄이고 장관과 장관을 보좌할 수 있는 연구 및 정책보좌기구를 보완했으면 합니다. 특히 미래세대와 관련된 정책은 10대와 20대 청년도 의사결정과 논의구조에 참여할 수 있는 영 보드 시스템을 만들어 정책의 실효성을 높여야 합니다. 대통령은 외교안보와 미래비전을 만드는 데 보다 힘을 쏟아야 합니다. 지금처럼 대통령이 외부와의 소통을 차단한 채 청와대에 앉아 수석들과 앉아 주요 정책을 결정하는 것은 매우 위험합니다. 지금은 대통령의 정치적 측근이 모든 정책을 좌우하고 있지 않습니까.

진중권 이른바 정무적 기능이라는 것입니다. 청와대, 입법부, 행정부처 간의 원활한 소통이 이루어져야 합니다. 그런데 지금은 모든 것이 대통령의 뜻, 청와대의 결정에 따르는 형국이지요. 울산시장 선거기획 사건이나 탈원전 정책도 모두 대통령의 말 한마디에서 시작됐습니다. 정무적 기능은 필요한 일이지만 정상적인 과정을 통해 발휘돼야지 정략적 방식으로 왜곡되면 반드시 문제가 발생하게 됩니다. 현정부 청와대 출신 중 기소를 당한 사람은 12명으로 역대 정권 중 가장 많습니다. 청와대 정무 기능 역시 전문적 역량이 강화돼야 합니다.

그런 점에서 현행 5년 단임의 대통령 중심 권력구조에 대한 개헌 필요성이 제기되기도 하는데요. 사실 1987년 개헌 때도 4년 중임제가 논의됐지만 수용되지 않았고 민주화 이후 개헌 논의에서도 4년 중임제는 설득력 있는 대안이었습니다. 하지만 제왕적 대통령제의 폐해가 워낙 크다 보니 8년이라는 기간이 오히려 부담됐지요. 그렇다고 5년 단임제를 유지하자니 한정된 임기 내에 정책성과를 끌어내려는 무리수가 반복되고 있습니다.

결국 문제의 핵심은 대통령의 권한, 즉 할 수 있는 일과 할 수 없는 일이 불분명한 데서 생기는 게 아닐까 싶습니다. 이 문제부터 해체해서 대통령의 권한을 분산시키는 방안을 마련하고 그다음에 권력구조 문제가 논의되는 것이 순서가 아닐까 싶습니다.

원희룡 우리나라는 개헌 문제를 항상 권력구조 개편 문제로 축소해왔습니다. 제도의 형식도 중요하지만 제도 때문에 모든 폐해가 발생했다고 보는 것은 지나친 감이 있습니다. 대통령이 가진 제왕적 권력의 자의적 행사와 남용, 행정부의 도구화, 입법부와의 갈등 같은 국가기구의 권위를 추락시키는 정치문화와 관행도 큰 문제일 수 있습니다. 사실 우리나라의 헌법은 대통령제와 내각제적 요소가 상당히 많이 포함돼 있어서 운용의 묘를 잘 활용한다면 현재의 헌법 질서 속에서도 일정 정도 개선이 이루어질 수 있을 것입니다. 개헌이 간단치 않은 조건에서 대통령이 현재의 헌법정신을 구현해 통합과 협치의 권력구조를 만들어내고 다시 권력구조에 안착시키는 길을 모색해야 할 듯합니다.

여기에는 무엇보다 대통령의 의지가 결정적입니다. 자신의 제왕적 권력을 스스로 자제하고 국회와 함께 내각을 구성하는 결단을 과연 할 수 있는가? 그 내각을 원만하게 이끌어갈 수 있는가? 하는 문제들이 모두 대통령의 의지에 많이 좌우될 것입니다. 이것이 꼭 불가능한 것만도 아닙니다. DJP연합정부에서도 그와 유사하게 작동했고 노무현 대통령도 대연정을 제안한 바가 있으니, 만약 야당에서 수용했다면 연정이 가능했겠죠. 역설적이지만 제왕적 대통령제를 극복하기 위해서는 대통령의 확고한 의지가 매우 중요하다고 할 수 있습니다.

국회도 다양한 국민의 의사가 반영될 수 있도록 국민 지지율에 상응하는 비례성이 확대돼야 합니다. 그래야 대화와 타협의 정치가 자리잡을 수 있겠죠. 많은 우여곡절 끝에 연동형 비례대표제의 성격을 조금 가미한 선거법이 가동됐습니다. 하지만 제1당과 제2당이 위성정당이라는 희비극을 연출하며 그 취지를 왜곡했죠. 일단 이 법을 잘 지켜가면서 국회에 국민의 대표성을 높여가야 할 것입니다.

진중권 현정부는 사실상 내각책임제라고 해도 과언이 아닐 정도입니다. 주요 부처의 장관들 상당수가 여당 국회의원이지 않습니까. 엄격한 도덕성 검증으로 사돈의 팔촌까지 탈탈 털리는 지금의 청문회를 통과할 만한 사람이 없고 아무리 능력 있는 사람이라도 공개적인 마녀사냥이 이루어지는 청문회에 쉽게 나설 엄두를 내지 못하게 되자 그나마 선거를 통해 검증된 국회의원을 임명하게 된 것입니다. 개인적인 생각이지만 이제 청문회를 비공개로 바꾸고 국회의원뿐 아니라 시민사회 섹터의 관계자가 함께 참여하는 것으로 운용방식을 개선하면 어떨까 합니다.

더 중요한 것은 여야가 합의해 청문회 통과의 기본 원칙을 세우는 것이겠지요. 예전에 장상 총리는 위장전입 한 건 때문에 낙마했는데 다른 사람은 수많은 비리에도 불구하고 장관으로 임명되기도 하지 않습니까? 장관 후보군에 오를 수 있는 우리 사회의 엘리트 대부분이 '관행'이라는 이름으로 불법과 비리에 어느 정도 관여돼 있는 것이 현실이라면 그중에서 허용할 수 있는 것과 절대 허용할 수 없는 것을 구분해 도덕성의 기준을 세우자는 것입니다. 또한

이 과정을 시민사회 등 중립적 인사가 참여해 교차 감시하는 시스템을 만들면 청문회의 내실도 기할 수 있을 것입니다. 그렇게 되면 오히려 다양한 인재를 활용할 수 있게 되고 국정에도 도움이 될 것입니다.

그런데 원 지사님은 현재 질서에서 대통령의 의지로 비서실 기능을 약화시키고 장관 책임제로 가자는 입장인데요. 이런 방식만으로 제왕적 대통령제가 극복 가능할까요? 문재인 대통령 취임 때도 이런 기대감이 있었지만 결국 안 되지 않았습니까?

원희룡 물론 시스템으로 해결할 문제이긴 한데요. 결국 다음 대통령의 의지가 우선돼야 할 것 같습니다. 누가 대통령이 되든 진통을 만들어가는 것이 중요합니다. 문재인 대통령은 처음부터 그럴 마음이 없었던 거죠. 정치가에게 필요한 두 가지 요소는 권력에 대한 의지와 자기 비전인데요. 문재인 대통령은 둘 다 없었습니다. 주변에 의해 사후적으로 권력의지만 갖게 됐고 비전 없이 끌려다니다 보니 대통령의 윤리 기능을 방기해버린 것입니다. 대통령이 갖추지 못한 자기 비전의 공백을 운동권 출신이 채워왔는데 그러다 보니 통치권 자체에 의문이 제기되는 상황까지 와버린 것이죠. 대표적인 것이 신현수 패싱 사건입니다. 이 문제는 과연 인사권을 누가 행사하느냐에 관한 근본적 질문이기도 합니다.

진중권 저도 모르겠습니다. 어쩌면 내부적으로 권력투쟁이 벌어지고 있는지도 모르지요. 대통령이 검찰수사권에 공백이 없도록 하라고 공개적으로 지시했음에도 신현수 수석은 결국 쫓겨났고 양정철까지 미국으로 출국한 걸 보면 내부 인적 네트워크 안에서 여러 그룹 간 알력과 다툼이 벌어지는 게 아닌가 짐작할 따름입니다.

원희룡 청와대 내부인지 대통령 주변인지는 모르지만 검찰 사태를 주도해온 집단이 결국 대한민국을 두 동강 내버렸습니다. 또 다른 측근 폐해는 김수현 수석이 주도한 부동산 문제인데요. 어떤 의사결정 과정을 거쳐 정책이 결정됐고 어떻게 책임을 질 것인지도 불분명합니다.

진중권 매사 알 수 없는 경로를 통해 법안이 만들어지고 문제가 생겨도 책임지지 않고 넘어가는 일이 반복되고 있습니다. 그들이 내놓는 정책이라는 것은 일종의 슬로건이고 지지율 관리에 가까운 것 같습니다. 국민의힘도 검찰개혁의 당위성은 인정하는 입장입니다. 그렇다면 야당과 함께 의회에서 정책이 논의돼야 하는데 이미 정책의 방향과 내용은 청와대에서 결정한 뒤 의회는 법안 통과의 수단으로 전락해버리고 말았습니다. 한편으로는 정책을 반대하는 세력을 수구 혹은 적폐로 낙인찍음으로써 지지 세력을 결집하는 수단으로 활용하고 말이지요.

원희룡 현정부의 정책 결정 과정에서 가장 황당했던 것 중 하나가 대통령이 비전문가인 국토부 장관에게 부동산 세제개편안을 만들라고 지시한 것입니다. 아시다시피 세금제도라는 게 얼마나 복잡합니까? 그런데 정작 전문가인 경제부총리는 패싱하고 정치인 출신 국토부 김현미 장관에게 세제개편안을 맡겼으니 정책이 제대로 나올 리가 있겠습니까? 이런 게 국정농단이 아니면 뭐겠습니까?

진중권 그런 것을 가리켜 통치행위라고 하더군요. 통치행위라는 것은 시스템에 없는 일을 하면서 정당화한다는 의미입니다. 예컨 대 남북관계나 급박한 외교 현안의 경우, 현행법과 충돌할 가능성 이 있을 때 대통령에게 일정 정도 면제권을 부여하는 것이지요. 그 런데 현정부는 대통령의 통치행위를 국내 정책, 특히 공적 이익에 반하는 경우에 적용하고 있습니다. 현정부가 말하는 통치행위란 '해서는 안 될 일을 했다.'는 의미인 셈입니다.

원희룡 공간 이야기를 해보죠. 문재인 대통령은 광화문 대통령 시대를 열겠다고 하지 않았습니까? 그런데 실천하지 않았어요. 사 람은 공간의 지배를 받게 마련인데 청와대라는 물리적 공간은 폐 쇄적 구조로써 소통에 큰 장애를 일으킵니다. 보안이나 경호상의 이유도 중요하지만 지금의 청와대는 구조적으로 문제가 있다는 지 적이 많은데요. 만약 지금의 청와대의 폐쇄적 구조가 문제라면 청 와대를 세종시로 옮기는 것도 대안이 될 수 있다고 생각합니다. 저 의 경험을 들자면, 대통령 별장으로 불리던 제주도지사 관사를 도 서관으로 개방하고 민간 주택에 살다 보니 확실히 도민과의 정서 적 일체감이 잘 유지되는 듯합니다.

진중권 좋은 생각입니다. 세종시는 훨씬 개방적 구조이고 경관 도 훌륭하니까요

|한국정치의 미래는 2030세대와 함께
  만들어야 한다

원희룡 이번 4·7 보궐선거에서 드러났듯이 최근 들어 세대 간 인식 차이가 뚜렷해지고 있습니다. 2030세대, MZ세대의 특성이 자주 회자되고 있고 우리 사회를 이끌어갈 미래세대라는 점에서 정치권에서 풀어야 할 일이 적지 않아 보입니다. 먼저 2030세대의 특성을 깊이 이해할 필요가 있습니다.

진중권 2030세대는 586세대에 대한 강력한 반감이 있습니다. 저희 세대는 너무나 당연하게 느끼는, 그리고 동시대인에게 인정받았던 공감대가 젊은 층에서는 거부되고 있는 것입니다. 대표적인 것이 인국공 사태죠. 한 번은 학생들에게 이 문제에 대한 물어본 적이 있습니다. 솔직히 말해 대학을 졸업하면 비정규직이 될 확률이 많은 당사자인데 왜 반대하는지 궁금했습니다. 그랬더니 자신은 정규직이 되기 위해 밤을 새워가며 노력하고 있는데 대통령과 악수 한번 했다는 이유로 정규직이 되는 것은 불공정하다고 하더군요. 평창 동계올림픽 남북 하키팀 구성에 문제를 제기하는 것도 마찬가지 맥락입니다. 우리 세대는 남북 단일팀이라는 의미와 명분을 생각합니다. 하지만 젊은 세대는 열심히 훈련한 남한 선수들의 기회가 박탈당했다고 느끼는 겁니다.

이처럼 2030세대는 공정이라는 화두에 매우 민감합니다. 우리 세대는 완전고용의 시대를 살았고 열심히 저축하면 아파트를 살 수 있었습니다. 심지어 학생운동으로 감옥에 다녀온 친구들이 당

대표에 장관도 할 수 있는 세상 아닙니까. 그래서 우리는 국가, 정치사회, 민족이라는 거대 담론을 이야기할 수 있었지만 지금 젊은 세대에게는 그럴 여유가 전혀 없는 것입니다.

2030의 민주당 지지율은 60대보다도 낮은 수준입니다. 지표상으로는 60대 이상과 20대의 지지율이 같이 움직이는 것처럼 보이지만 내용의 본질은 전혀 다릅니다. 2030세대는 비유하자면 국경이 정해지지 않은 만주 땅과 같습니다. 공백 상태인 것이지요. 이념이나 세계관이 없어진 공간에 오로지 자기들의 관점만이 존재하며 자기들만의 연대의식이 자리하고 있습니다. 지금은 진보정권에 실망해서 보수로 기울었지만 언제든 이동할 수 있는 세대이기도 합니다. 그들은 평등을 믿지 않습니다. 삼성의 이재용과 나, 조국 딸 조민과 나는 절대 평등할 수 없다고 생각하는 것입니다. 이런 경우 우리 세대는 불평등한 사회구조를 바꿔야 한다고 생각하지만 그들은 운명이라 여깁니다.

교수 입장에서는 서울의 일류대학 학생이나 지방대 학생이나 그다지 큰 격차가 없다고 느낍니다. 그런데 그들은 그 차이를 인정하죠. 서울 소재 대학과 지방대의 소득격차에 대해서도 '열심히 공부해서 좋은 대학에 간 결과'라며 어느 정도 정당성을 인정하는 것입니다. 결과적으로 그들이 원하는 것은 과정의 공정성입니다. 기회의 불평등과 결과의 불평등을 모두 수용할 테니 과정만 공정하게 해달라는 것인데 이것마저 무너지고 있습니다. 진보적 관점에서 본다면 평등을 믿지 않는 세대의 등장이라는 점에서 엄청난 위기일 수 있습니다.

원희룡 그렇습니다. 20대는 철저히 개인주의입니다. 부정적 의

미로서의 개인주의가 아니라 태생적인 개인주의, 즉 자유주의입니다. 정치사회적인 거대 담론보다는 개인의 삶, 개인의 문제를 가장 절박하게 느끼는 것입니다. 그런 점에서 2030세대와 4050세대 사이에는 건널 수 없는 강이 존재하는 것 같습니다. 이를 해결할 수 있는 것은 정치뿐입니다. 젊은 세대가 접근할 기회를 확장시키되 한편으로는 실패에 대비한 사회적 안전망을 만들어줘야 합니다. 기성세대가 미래세대의 기회를 박탈하고 기득권의 장벽을 쌓아서 격차 밖으로 청년들을 밀어내는 역할을 하면 안 됩니다. 부모세대로서 2030세대의 절대적인 지지자이자 응원군으로 역할을 해야 합니다.

특히 결과의 불평등의 핵심이 자산의 문제라는 점에서 국가 차원의 혁신이 필요합니다. 다양한 분야에서 청년들의 목소리와 경험 공유를 통해 미래세대 앞에 있는 불안과 장벽을 해소하고 영역을 열어젖히기 위해 저부터 실천하려 합니다.

진중권 페미니즘 이야기를 해볼까요. 20대 남성의 페미니즘에 대한 반감은 상상을 초월합니다. 그들의 코드는 이렇습니다. 그들은 성장 과정에서 여자 형제와 비교해 차별대우를 받은 적이 거의 없습니다. 그런데 그들은 군대에 가야 하고 여성은 그 시간에 공부하고 취업을 준비합니다. 여성은 상대적으로 꼼꼼해서 학업성적도 좋습니다. 그런 여성이 남성의 군 복무기간에 취업을 준비하니 20대 남성 입장에서는 입사 시험에서 불리할 수밖에 없습니다. 그들이 과연 남녀평등이라는 것에 공감할 수 있을까요? 구조화된 차별이야 어쩔 수 없다 하더라도 스스로는 여성을 차별해본 적도 없는데 엄청난 불이익을 당한다고 느낄 수밖에 없습니다.

그런데 기성세대가 한국사회의 남녀평등을 부르짖으며 유리천장이니 '82년생 김지영'이니 하고 목소리를 높이니 더 화가 나는 겁니다. 정작 불평등을 만들고 누려온 사람들이 그 결과적 책임을 젊은 세대에게 떠넘기는 형국이니까요. 결국 메리토크라시meritoc-racy*에 대한 불만입니다. 이러한 젊은 세대의 불만을 얼마나 포용하면서 생산적인 방식으로 이런 요구를 정식화해낼 수 있는가가 정치의 역량일 겁니다.

원희룡 20대 여성의 입장은 또 다를 겁니다. 과거와 비교해보면 우리 사회의 남아선호 사상은 많이 없어졌습니다. 하지만 20대 여성이 체감하는 차별은 여전히 사회 곳곳에 잔존하지요. 취업하는 순간 남녀 간에 현실적인 연봉 차이가 존재한다는 것을 알게 되고 육아와 살림을 병행해야 하는 부담과 승진에 불리한 구조 등을 느끼면서 살아가게 됩니다. 또한 엄마와 할머니의 삶을 간접 체험하면서 얻는 것은 그런 삶을 살고 싶지 않다는 생각뿐입니다. 사회 진입 과정에서의 불공정함을 느끼는 20대 남성과 달리 20대 여성은 전통적인 구조적 차별에 대한 반감이 있는 것입니다.

따라서 2030세대의 특성들을 고려해 정책도 달라져야 합니다. 포스트 코로나 시대에는 패러다임의 변화가 예상되는 만큼 2030세대를 염두에 둔 변화나 개혁이 준비돼야 하죠.

진중권 2030세대는 노동에서 희망을 보지 못하고 있습니다. 제

---

* 능력주의, 능력주의 사회. 개인의 능력에 따라 사회적 지위나 권력이 주어지는 사회를 추구하는 정치철학이다.

가 가르치는 학생 중 한 명이 똑똑하고 인문학적 재능이 돋보이길래 학문을 해보는 게 어떻겠냐고 권했는데 한 마디로 거절당했습니다. 차라리 공무원 시험을 보겠다고 하더군요. 이런 나라에 희망이 있겠습니까? 단지 이 학생만의 이야기는 아닐 겁니다. 실패를 용인하는 사회가 아니라 한 번 실패는 죽음과 마찬가지라는 분위기 속에서 할 수 있는 일은 빚을 내서라도 집을 사고 주식투자를 하는 것이지요. 이런 상황인데도 정치권은 전혀 위기의식을 느끼지 못하는 것 같습니다.

원희룡 현실 정치의 차원에서 본다면 일단 저는 젊은 세대를 의사결정 구조에 체계적으로 참여시켜야 한다고 생각합니다. 제가 취임한 이후 제주도에서는 4년째 청년원탁회의를 운영하고 있습니다. 분야별로 지원자를 신청받아 선정하고 원탁회의를 열어 함께 논의하는 시스템입니다. 그들이 정책 제안을 하면 실현 가능성을 검토해서 정책으로 반영합니다. 아직은 미숙하지만 아이디어는 적극적으로 수용하는 편입니다. 젊은 세대들의 새로운 경험과 기성세대의 노련함을 융복합해 새로운 시대의 정책을 이끌어가야 합니다. 국가 차원에서도 얼마든지 적용 가능하다고 생각합니다. 요즘은 디지털 기술이 뒷받침되고 다양한 플랫폼이 마련돼 있기 때문에 참여방식도 다양할 수 있습니다.

사실 디지털 시대에는 오히려 기성세대들이 무경험자나 다름없습니다. 청년을 지원해야 할 대상으로만 볼 것이 아니라 역동적인 미래를 선도할 집단이라는 시각을 가져야 하는 것이죠. 자신들의 문제이니 자신들이 가장 잘 알지 않겠습니까? 그들에게 직접 해결 방법을 찾고 실행하게 해보자는 거죠. 이를 위해서는 두 가지 조처가 필요합니다. 국회와 행정부에 청년들이 참여할 수 있도록 하는 거죠. 국회에는 20~30세대의 대표성이 반영되도록 20% 정도의 청년할당제를 실행해야 합니다. 청년세대와 직접적인 연관을 지닌 정부 각 부처에 청년차관제를 도입하는 것도 검토해볼 수 있습니다. 이렇게 청년세대가 구체적인 방법이나 형식을 마련해서 자신들이 공감하는 정책을 만들고 함께 동행할 수 있는 시스템을 마련했으면 합니다.

진중권 저 역시 과감한 결정권을 줄 필요가 있다고 생각합니다. 물론 젊으니까 실수도 하겠지만 기성세대의 역할은 실수를 용인하고 기다려주는 것이라고 생각합니다. 그렇게 성장하는 것 아니겠습니까? 하지만 기성 정당에게 2030세대는 마스코트에 불과합니다. 선거 때 몇몇 젊은 정치인이 등장하기도 하지만 잠재력을 갖춘 인재를 충원하는 것이 아니기 때문에 선거가 끝나면 버려지기 일쑤입니다. 과거 정당에는 기성 정치인을 비판하는 남·원·정 같은 개혁 세력이 존재했고, 소장파로서 정당에 혁신을 불러오기도 했는데요. 지금의 초선은 기성 정치인 저리 가라 아닙니까?

실제로 민주당에서 부동산 투기로 적발된 국회의원 대부분은 초선이었습니다. 보수든 진보든 인재충원의 재생산 구조가 끊겼기 때문입니다. 과거에는 인재 충원의 통로가 학생운동권과 노동-시민운동권이었는데요. 시민사회는 이미 기득권과 결탁해 타락해버렸고 노동운동 세력이나 학생운동 세력은 더는 존재하지 않게 됐습니다. 과거처럼 이슈를 제안하고 현안을 토론하던 네트워크가 사라진 것입니다. 독일에서는 학생 차원에서 의회를 구성하고 정책을 제안하는 훈련이 이루어지고 그 과정에서 공직자 윤리의식도 갖추게 됩니다. 우리나라에서도 이런 재생산 구조를 하루빨리 만들어야 합니다.

이제 10년 뒤면 2030세대는 우리 사회의 주류가 됩니다. 지금 당장 정권을 잡는 것보다 2030세대가 살아가야 할 미래를 준비하는 것이 더 중요합니다. 능력 있고 참신한 젊은 세대를 충원하고 실수하더라도 북돋아주어야 합니다. 의사결정 과정에 참여시키는 것뿐 아니라 과감하게 공천도 주고 결정권도 줘야 합니다. 원 지사님께서 그런 일을 해주셨으면 합니다.

원희룡 제가 생각하는 것은 디지털 트윈 개념입니다. 기존의 의회, 행정부, 청와대 시스템과 상응하는 구조로 온라인에 젊은 세대가 직접 참여하고 운영하는 디지털 의회, 행정부, 청와대를 만드는 것입니다. 이를 통해 제기되는 아이디어나 제안, 개혁안은 그 자체로 성과일 수 있고 그중 일부는 실제 정책으로 반영할 수도 있으리라 생각합니다.

예컨대 최근 한 유튜버가 방송 중에 우리나라 공무원 시험과목을 코딩이나 사회문제 해결 같은 실질적인 내용으로 바꾸자는 이야기를 한 적이 있습니다. 매년 수십만 명에 달하는 학생과 취업준비생이 공무원 시험에 매달리는데 적게는 수년, 많게는 십여 년에 걸쳐 국어나 국사공부만 하다 보면 나중에 다른 분야로 취업을 하고 싶어도 할 수가 없으니 차라리 시험에 실패하더라도 사회 적응이 가능한 과목으로 대체하자는 것입니다.

실현 가능성 여부를 떠나서 이 제안에는 우리 사회가 당면한 핵심 문제가 담겨 있습니다. 시험제도에 대한 고정관념, 실패자를 양산하는 시스템, 폐쇄적인 조직 등 우리 사회의 문제점을 예리하게 꿰뚫어본 것입니다. 개방형 공무원제도만 해도 기존의 폐쇄적인 관료제도를 혁신의 분위기로 이끄는 힘이 있다는 것이 증명되지 않았습니까. 기존의 통념을 깨는 과감한 아이디어가 수용될 수 있어야 합니다.

20대는 가상공간을 현실세계와 다름없이 즐기고 창출합니다. 우리 세대는 상상조차 할 수 없는 디지털 공간이 2030세대에게는 일터이자 놀이터인 것입니다. 이것이 우리 대한민국이 가야 할 방향이라면, 이런 세상을 만드는 데 가장 적합한 것은 2030세대이겠지요. 그런 점에서 우리는 갑오경장이 아니라 디지털 경장 차원의 시스템 변혁을 이루고 자원과 기술을 제공해야 합니다.

지난 국민의힘 전당대회에서 '이준석 현상'이라는 젊은 바람이 휩쓸었습니다. 이 바람의 동력은 변화에 대한 열망입니다. 더 이상 기득권 보수, 내로남불 진보는 존립하기 어렵습니다. 2022년 대선은 누가 더 빨리, 누가 더 많이 변하느냐의 싸움이며 익숙한 과거와 결별하는 정당이 집권하게 될 것입니다. 젊은 후보들의 돌풍은 당의 변화를 상징하고 시대가 바뀌었음을 보여주고 있습니다. 젊은 후보들로 인해 중진들의 변화도 시작될 것입니다. 저도 중진으로서 두려운 마음도 있지만 '변화를 두려워하는 사람'으로 비쳐서는 '변화를 이끄는 사람'을 이길 수 없다고 생각합니다. 2030의 지지를 받는 정당으로 변할 수 있다면 할 수 있는 모든 것을 다해야 합니다.

원희룡이 말하다: 자유와 혁신의 세상을 여는 국가 찬스

초판 1쇄 인쇄 2021년 7월 23일
초판 1쇄 발행 2021년 7월 30일

지은이 원희룡 조장옥 김소영 양재진 백순근 심교언 신범철 진중권
펴낸이 안현주

대담 정리 허유정
기획 류재운 **편집** 안선영 **마케팅** 안현영
디자인 표지 최승협 본문 장덕종

펴낸 곳 클라우드나인   **출판등록** 2013년 12월 12일(제2013-101호)
주소 우) 03993 서울시 마포구 월드컵북로 4길 82(동교동) 신흥빌딩 3층
전화 02-332-8939   **팩스** 02-6008-8938
이메일 c9book@naver.com

값 19,000원
ISBN 979-11-91334-25-8 03320